난민, 경계의 삶
1945~60년대 농촌정착사업으로 본 한국 사회

지은이 **김아람**

한국 현대 사회사를 연구하고 있다. 연세대학교 대학원 사학과에서 『한국의 난민 발생과 농촌정착사업』으로 박사학위를 받았다. 현재 한림대학교 글로컬융합인문학·사학 전공 교수로 재직하고 있다. 권력과 사회, 주체의 삶과 의지를 중층적으로 규명하기 위해 노력 중이다. 또 지역 현장과 당사자들의 경험을 연구와 교육으로 풀어낼 방법을 모색하고 있다. 저서로는 『한국 민주주의 100년, 가치와 문화』, 『한국 현대사 연구의 쟁점』, 『6·25전쟁과 1950년대 서울의 사회변동』, 『댐과 춘천』, 『1980년 사북항쟁과 일상의 사회사』(이상 공저) 등이 있고, 논문으로는 「1960~70년대 한센인 정착촌의 형성과 '자활'의 한계」, 「1960~80년대 사회정화와 여성 수용」, 「'세월호 유가족'이 된 희생자 부모의 활동과 그 의미」 등이 있다.

난민, 경계의 삶 —1945~60년대 농촌정착사업으로 본 한국 사회

1판 1쇄 인쇄 2023년 2월 20일
1판 1쇄 발행 2023년 3월 3일

지은이 김아람
펴낸이 정순구
책임편집 정윤경
기획편집 조원식 조수정
마케팅 황주영

출력 블루엔
용지 한서지업사
인쇄 한영문화사
제본 대원바인더리

펴낸곳 (주) 역사비평사
등록 제300-2007-139호 (2007.9.20)
주소 10497 : 경기도 고양시 덕양구 화중로 100(비전타워21) 506호
전화 02-741-6123~5
팩스 02-741-6126
홈페이지 www.yukbi.com
이메일 yukbi88@naver.com

ⓒ 김아람, 2023

ISBN 978-89-7696-142-6 94910
978-89-7696-199-0 (세트)

역비한국학연구총서 42

난민,
경계의 삶

| 1945~60년대 농촌정착사업으로 본 한국 사회 |

김아람 지음

역사비평사

이 책의 내용은 다음의 논문들을 통해 발표되었음.

「5·16 군정기 귀농 추진과 정착—이탈의 갈림길」, 『인문학연구』 64, 2022.

「38선 넘고 바다 건너 한라산까지, 월남민의 제주도 정착 과정과 삶」, 『분단시대 월남민의 사회사—정착, 자원, 사회의식』, 혜안, 2019.

「피난지에서 미군기지까지, 평택에서의 이주와 정착」, 『역사와현실』 114, 2019.

「여순사건 이후 지역의 피해와 재정착의 정치성—하동군 화개면의 사례를 중심으로」, 『한국근현대사연구』 84, 2018.

「1960년대 개척단의 농지 조성과 갈등 구조」, 『사학연구』 131, 2018.

「한국전쟁기 황해도민의 서해안 피난과 전후 전라남도 정착」, 『동방학지』 180, 2017.

「한국전쟁기 난민정착사업의 실시와 구호의 성격」, 『한국민족운동사연구』 91, 2017.

「1950년대 후반~60년대 전반 정착사업의 변천 과정과 특징」, 『역사문제연구』 38, 2017.

책머리에

한국 현대 분단과 전쟁이 삶과 사회에 미친 영향은 주체의 구체적인 경험과 권력의 다층적인 작용에 역사적으로 접근할 때 규명할 수 있다. 사람과 사회를 향한 역사적 시각과 분석은 한 시대를 선험적인 이론과 개념으로 규정하지 않으면서도 그 성격을 밝히고, 사실의 집합을 드러내는 것을 넘어 인간의 의식과 해석을 궁구하려는 노력이다. 이러한 사회사 연구는 분과 학문의 분야로서만이 아니라 역사 연구의 본질을 묻게 하며, 나아가 지속적인 인문학적 성찰을 시도하게 한다.

해방과 분단, 한국전쟁과 산업화 과정에 대한 사회사 연구는 당대에 진행된 법과 제도의 구상, 정책과 사업의 실행, 사회조사와 분석에 힘입고 있지만, 이를 만들어낸 사람들의 실재를 포함하여 총체적인 역사상을 그리기까지는 부단한 탐구 과정이 필요하다. 이 책은 한국 현대 사회사 연구를 어떻게 할 것인가의 질문에 답하려는 긴 여정 위에 있다. 특히 해방 이후 1960년대까지 사회사를 관통하는 문제로 한국 내부 난민의 형성과 변화에 초점을 맞추고 있다.

한국 현대사에서 국내에 난민이 있었다면, 누가 난민인가라는 물음보다 왜 난민이 발생했는가, 어떠한 권력 구조와 사회 맥락 속에 존재했는가에 주목하고자 한다. 1950~60년대의 난민은 차별과 배제 속에 놓인 소수자가 아니라 한국을 구성한 역사적 사건의 당사자이자 사회적 문제의 거울이다. 난민의 경험은 예외적인 것이 아니라 관계적이며 난민을 둘러싼 환경과 조건은 가족, 마을, 사회, 국가에 이르기까지 중층적이다. 각 층위는 사회정책과 사업을 매개로 긴밀하게 연결되기도 하고 치열하게 갈등하기도 한다. 이러한 궤적은 오늘날 한국의 가족-사회, 주체·사회-국가권력이 가진 역동의 기원이 된다.

지금 한국에서 난민은 타국 출신으로 인종과 종교가 다른 사람들을 가리키며 이들의 수용(受容)과 수용(收容)이 문제시되고 있다. 세계적으로 전쟁이 계속되고, 그 외에도 강제로 이주할 수밖에 없는 폭력적 원인은 줄지 않고 있다. 번영을 이룬 시대에 국제적 난민이 체감하는 국가의 강력한 경계와 사회의 타자화는 현재의 한계를 드러냄과 동시에 미래의 불안을 예견하는 듯하다. 이러한 현재가 과거와 연속적이거나 계기적이지만은 않아서 급변하는 현실 속에서 과연 역사는 무엇을 할 수 있을까.

한국 현대사에서 규명하는 우리 안의 난민 역사에는 세계사적 사건으로서의 남북 분단과 한국전쟁으로부터 농촌의 작은 마을에서 살아낸 한 사람의 일생까지 담겨 있다. 이 격동의 시공간이 초래한 역사는 문제의 해결에 앞서 그 연원을 이해하고, 타자의 삶을 읽어내는 기회를 제공할 것이다.

해방부터 1960년대까지 한국의 사회사를 난민 발생-이주, 정착 과정으로 풀어낸 박사학위 논문이 이 책으로 나오게 되었다. 한국 현대사 연구는 과거와 현재가 깊이 연루될 수밖에 없고, 사회사 연구는 직접적으로 사람들의 삶 속 주제와 사건에 관련된다. 분단과 전쟁의 사회적 영향을 연구하겠다는 구상은 1950~60년대 미군 남성과 한국 여성 사이의 '혼혈인'에서 출발해서 점차 확장·심화하여 난민에 이르렀다. 2004년부터 시작된 미군 기지 이전과 미군 장갑차에 의한 여중생 사망 사건으로 기지촌에 관심을 가지던 시점이 대학원 진학을 결정하던 때였다. '혼혈인'은 존재 자체가 곧 분단이자 미군, 기지촌이자 여성이라고 생각했다. '혼혈' 아동의 입양과 교육 문제를 석사학위 논문에서 다룬 후, 주제의식은 고아와 '부랑아'로 이어졌다.

2011년, 5·16쿠데타 50주년을 앞두고 군정기 공부를 하다가 실로 놀라운 사실을 발견했다. 5·16 군정에서 부랑아를 '개척단'으로 농촌 개간과 간척에 강제로 동원했고, 감금하여 여성과 합동결혼까지 진행했다는 사실이었다. 군정은 이 부랑아 대책을 가장 성공적인 정책으로 꼽고 있었다. 정부의 이런 홍보 내용은 '진실화해를위한과거사정리위원회'의 기록과도 괴리가 있었고, 실상을 확인해보지 않을 수 없었다. 처음으로 연구의 현장에 가고 구술을 시작하게 된 사건이 바로 이 '서산개척단'이었다. 개척단원이었던 당사자들을 만나서 충남 서산과 전남 장흥에서의 피해를 파악하며 수천 명 단위의 감금, 구타, 사망 사실과 토지 분배의 부당함도 알게 되었으나 연구 외에 할 수 있는 일이 없었다. 여러 명의 피해자를 만났어도 이들의 합동결혼 등 피해 사실을 가족에게조차 알릴 수 없었고 이를 사회적 이슈로 만들어낼 힘이 내게는 없었다. 그로부터 6~7년이 지나 언론의 관심이 모였고, 진실 규명을 위한 운동이 시작됐다. 개척단은 2기 진실화해위의 주요 규명 과제로 부상했지만 전국에서 벌어진 사건들의 사실 파악도 여전히 쉽지 않다.

개척단을 찾기 위해 전남 장흥에서 조사를 진행하면서 또 다른 중요한 사실을 접했다. 개척단이 동원되어 간척을 했던 사업장을 만든 것이 전쟁 당시 황해도에서 피난 온 난민들이었다는 것이다. 전쟁기부터 1960년대 전반까지 미국 군사 원조기구와 한국 정부가 합동으로 전국에 난민정착사업을 실시했고, 이를 5·16 군정은 개척단, 즉 자활정착사업으로 연장하고 있었다. 또한 이 사업은 비단 몇몇 곳에 국한되지 않았다.

난민정착사업의 규모와 의미에 비추어 박사학위 논문 주제로 충분하다고 판단했다. 이제 본격적인 자료 수집에 들어갔다. 국가기록원에 남아 있는 제주도 자료는 가장 오래된 자료이자 4·3사건 재건 과정으로서 의미가 컸다. 장흥 현지조사에서는 구술뿐만 아니라 군청 소재 자료도 확보할 수 있었다. 여기서 확인한 바로 난민정착사업은 1960년대 중반 자조근로사업으로 연장되고 있었다.

중앙정부의 자료와 지역의 사업 자료 등 문헌 자료를 근거로 현지조사를 하는 과정에서 정착사업의 역할과 한계, 사업 주체와 대상자의 인식 및 현실의 차이를 체감했다. 그 과정에서 논문의 주제의식과 범위가 확장됐다. 논문 구상 초기에는 정착사업 자체에 대한 선행연구가 거의 없었고, 2~3개 지역에서도 새로운 사실들이 발견되었기 때문에 사업에만 초점을 맞추어도 모양을 갖출 수 있다고 보았다. 시기도 사업에 맞추어 한국전쟁기부터 1960년대 중반까지로 구상했다.

하지만 사업만으로는 그 중층적인 역사상을 드러내기에 한계가 있다는 생각이 들었다. 사업에 치중할 경우, 정책 당국의 의도와 시각이 주를 이루게 되어 난민은 대상화될 수 있다는 우려가 있었다. 여기에 유의하여 난민 당사자의 이주 상황을 비롯해 정착 과정의 생생한 변화를 장기적으로 포괄하여 풀어가야겠다고 생각했다. 그에 따라 연구 시기는 한반도에서 난민과 정착의 문제가 대두되기 시작한 해방을 시점으로 했고, 사업 이후에도 1960년대 후반까지 농지 분배와 이주/정착이 진행되었기 때문에 해방 후부터 1960년대를 다루게 되었다. 개척단에서의 인권 침해, 경기도 평택 사업장의 농지 분배 문제는 1990년대 이후의 경과와 그 의미도 함께 담았다.

이 책의 1~4부는 난민 발생-난민정착사업 추진-사업장의 실태-난민의 경험이라는 한 줄기 맥락으로 구성했지만, 각 부의 내용은 분석 대상과 방식에서 서로 다른 특장점이 있어서 떼어 읽어도 큰 무리가 없다. 1부에서는 해방~한국전쟁기의 귀환, 소개(疏開), 피난 실상을 볼 수 있다. 지역 단위에서 혼란한 상황에 어떻게 대응했는지 새롭게 밝히고자 했다. 2부는 1952년 난민정착사업이 시작되어 1960년대까지 변용된 과정을 보여준다. 농촌 정착을 위한 당국의 시도가 어떻게 변화해갔는지 알 수 있다. 3부는 제주도, 경남 하동, 전남 장흥의 사업장을 다룬다. 전국 1,700여 개 사업장 중 세 곳이 선정된 데는 풍부한 자료가 결정적으로 작용했지만, 우연히도 각 사업장은 서로 다른 역사성을 잘 드러낸다. 4부는 난민에서 농민이 된 당사자들의 이야기이다. 과연 정착사업에 참여했던 이들은 계속 정착할 수 있었을까. 그후 어떻게 살았을까.

4부의 주인공들 덕분에 이 책이 나올 수 있었다. 거의 모든 분들을 무작정 찾아가서 만났는데, 외지의 생면부지 연구자와 대화하며 기꺼이 아픈 기억마저 끄집어냈던 그분들의 환대와 용기는 지금도 가슴을 벅차게 한다. 자신은 죽음을 비껴 갔지만 가족과 동료를 잃었던 순간, 피난 중 방 한 칸 얻기가 어려워 전전했던 날들, 가지 못하는 이북의 고향이 그리워 술로 지내는 남편을 대신해 온갖 일을 다하며 생계를 꾸려왔던 나날… 이 깊은 슬픔의 감정적 전이는 자연스럽게 받아들여졌지만, 그 삶의 곡절을 글로 잘 담아내지 못하겠다는 불안은 며칠 밤을 뒤척이게 했다.

장흥에서 구술을 인연으로 만난 후 작은 부모님이 되어주신 관산읍 고마3리 노대진 이장님과 김금남 님께 감사하다. 황해도에서 피난 후 안정적으로 정착한 이장님 가족의 원동력을 지금도 짐작해볼 때가 있다.

사회사 연구의 근간을 현장에 두어야 한다는 깨달음을 비롯해 한국 근현대사를 보는 관점을 만들어갈 수 있게 해주신 분은 김성보 선생님이시다.

선생님의 제자였기 때문에 공부하는 시간이 즐거웠고, 작은 결과물에도 선생님께서 기뻐하며 독려해주셔서 보람차기 그지없었다. 박사학위 논문을 쓰는 몇 달 동안 2주마다 선생님을 뵈러 괴롭혔는데, 그 시간은 앞으로도 연구자로서 가장 행복한 때였다고 기억될 것 같다. 선생님과 한성훈 선생님의 노고로 진행된 '월남민 구술생애사' 사업에 참여하면서 일과 공부를 동시에 할 수 있었다. 인천, 전남, 제주도를 같이 누볐던 이준희, 김지훈, 박은영, 김은아에게도 고맙다.

미진한 문제의식과 앙상했던 박사학위 논문 초고를 대폭 수정·보완하도록 이끌어주신 김도형, 홍성찬, 김귀옥, 허은 선생님께도 감사드린다. 덕분에 무사히 졸업을 했고 책을 낼 용기를 얻었다. 부족한 글이 논문으로 나오기까지 세미나를 함께 한 송은영, 오제연, 이상록, 이은희, 이정은, 정무용 선생님의 도움말이 큰 자양분이 되었다. 또한 졸업 후 이기훈, 신지영, 권혁태, 김예림, 조경희 선생님과 난민 세미나를 하며 문제의식을 가다듬고 글을 보완할 수 있었다. 여순사건을 비롯해 군과 관련한 물음에 답해주신 노영기 선생님께 감사의 마음을 전하고 싶다. 나도 생각하지 못한 글의 의의를 짚어주시고 책 출간을 적극 권해주신 김태우 선생님께도 감사 인사를 올린다. 박사과정 수업 때 선생님의 미 공군 공중폭격 박사학위 논문을 보고 차올랐던 북받침이 이 책의 또다른 기원이라고 감히 말씀드리고 싶다.

연세대 사학과 선생님들의 가르침으로 역사 연구의 토대를 만들어갈 수 있었고, 대학원 생활은 활기찼다. 감사 인사를 이렇게 대신하여 송구하다. 고(故) 방기중 선생님께서는 엄밀하지만 뜨겁게 공부하도록 가르쳐주셨다. 지나가듯 하신 말씀들이 공부의 지침이 되었다. 학부 시절, 정호훈 선생님께 사상사 수업을 듣고 공부할 결심을 하게 되어 오늘에 이르렀다. 하일식 선생님께서는 경북 군위군 화산산성 근처에 귀농정착사업장이 있었다는 사실을 알려주셨고, 동행하여 함께 구술자를 만났었다. 산의 외길을 몇 킬로 올라가서 사업장이었던 마을을 발견하고 당사자도 만나게 되었을 때, 선생님께서 더 기뻐하셨던 것 같다. 최윤오 선생님께서 박사학위 논문 주제를 한국 현대 자본주의의 흐름에서도 유의미하게 해석할 것을 제안해주셨다. 도현철 선생님께서는 근현대사에만 한정적일 수 있는 문제의식을 전근대 시기까지 확장하도록 조언해주셨다. 임성모 선생님 수업에서는 일본 패전 후 귀환자 문제를 다루는 행운을 얻었다. 이주와 경계에 관한 문제의식은 선생님께도 가르침을 얻었다.

　박사과정 도중과 졸업 후에 정규 일자리를 가지지 못했던 상황에서 프로젝트와 강의를 할 수 있게 도와주신 분들께도 특별히 감사하다. 채웅석 선생님께서 오래 전의 한국역사연구회 활동을 기억해주셔서 가톨릭대 학생들과 만날 수 있었다. 주진오 선생님께서 첫 강의를 하셨던 한일장신대학교에서 나도 첫 강의를 할 수 있었다. 윤덕영 선생님께서는 구술 자료로 국사편찬위원회 구술선집을 편찬할 수 있게 제안해주셨다. 박태균 선생님 덕분에 맡게 된 서울대 국제대학원 강의에서는 외국인 연구자들의 생각을 들을 수 있었다. 정용서 선배와 일하게 되어 학교 도서관 안에 따뜻한 자리도 가질 수 있었다. 이태훈 선배의 추천으로 원주에서 학생들을 만났고, 대학원 수업도 처음 맡을 기회를 얻었다. 이신철 선생님, 책방 이음의 조진석 대표님, 한역연 현대사분과장을 했던 서준석 선생님은 학위 논문 발표와 토론의 기회를 만들어 주셨다. 부족한 글로 함께 논의해주신 모든 분들께 진심으로 감사를 올린다.

　이화여대에서는 공부의 즐거움을 알게 되었다. 학부를 조기졸업하고 연구자로서의 길에 들어설 수 있게 해주신 차미희 선생님께는 교육자로서의 자세 또한 함께 배우고 있다. 1학년 때 선생님의 열정적인 강의에서 여성 연구자의 멋있는 모습을 보았다. 졸업 후 가끔 여쭙는 안부에도 인사하기보다 공부를 열심히 하라고 하셨던 선생님의 뜻을 다 헤아릴 수 있을까. 임종명 선생님께서는 석사학위 논문의 '혼혈인' 주제가 역사 연구로 유의미하다는 확신을 주셨고, 지금도 늘 후의를 베풀어주셔서 감사를 전하고 싶다.

이대의 '시스터즈' 언니들과 석사과정을 보낼 수 있어서 다행이었다. 말하지 않아도 통하는 김진아 언니와는 연구 주제부터 소소한 일상까지 대화를 하면 시간 가는 줄 모른다. 다재다능한 김지윤 언니의 유쾌함과 유가영 언니의 따뜻한 마음은 바쁜 서로에게 큰 위로가 된다. 책을 곁에 두는 언니들은 독자 입장에서도 이 책을 무척 반가워할 것 같다.

스물세 살에 대학원에 진학한 후 선배들의 애정이 없었다면 공부도, 일상도 이어가기 어려웠을 것이다. 치열하고 날카롭게 연구하며 사람을 아끼고 신뢰하는 정진아 언니는 나뿐만 아니라 여러 사람에게 귀감이다. 인생의 중요한 판단을 할 때마다 언니가 버팀목이 되어주셨고 앞으로도 벗이자 자매로 함께 걸어가리라 믿는다. 맡은 일에 진심을 다하는 장미현 언니는 삶의 모든 것을 공유하는 동반자이다. 여러 면에서 내 부족함을 언니가 채워주고 있음을 알면서도 표현을 잘 못했는데 고맙고 사랑한다고 전하고 싶다. 선배로 만났지만 귀한 친구가 된 송용운 오빠는 힘들다고 투덜거릴 때마다 마음을 다해 위로해주었다. 나도 힘이 되는 친구이기를 바라고 있다.

공부를 시작하며 홍정완 선배의 학문적 열의에 탄복한 적이 한두 번이 아니었고, 또 다른 선생님처럼 배웠다. 곽경상 선배는 한국역사연구회, 역사문제연구소와 만나게 해주었고, 공부의 시야를 넓힐 수 있게 해주었다. 이세영 선배 덕분에 나 자신과 내 연구가 깊이 연관됨을 깨달았다. 진정성 있는 연구자의 모습을 선배들에게서 보고 있다. 역사문제연구소 민중사반으로 이끌어주고 고락을 함께했던 이홍석 선배, 연구소에서 도시락을 함께 먹으며 일상을 풍요롭게 해준 홍동현 선배에게도 고마움을 전한다. 김대현, 김효성 오빠와 김은정 언니는 지방에 구술조사를 하러 다닐 때 친히 동행해주었다. 대학원 학우회 활동과 답사에서 우리가 쉴 틈 없이 말하고 웃었던 추억이 생생하다. 합동연구실 생활을 같이 하며 내 연구 주제를 응원해주고 좋은 책을 읽으라고 권해준 안정준 선배와 스스럼없이 대화할 수 있어서 감사하다. 번거로운 일들도 단숨에 해결하고 묵묵히 챙기는 이준희 오빠, 소속 학교의 울타리를 넘어서 공부하는 길을 안내하고 진솔하게 조언해주는 박창희, 유상수 선배에게도 항상 고맙다. 안부를 묻고 위로를 보내주었던 문미라 언니에게도 고마움을 전한다.

이 책은 2010년부터 역사문제연구소 민중사반에서 공부해온 결과물이기도 하다. 민중사반의 지주(支柱)이신 고(故) 이이화 선생님께서는 스스로 '난민'이었다고 하시며 중요한 논문을 썼다고 과분한 찬사를 보내주셨다. 배항섭, 허영란, 허수, 이용기, 조형근, 이나바 마이, 이경원, 김헌주, 비온티노 율리안 선생님과 밤을 새워 이야기를 나누던 때가 그립다. 예지숙, 배영미, 정계향, 최은진, 김이경, 최보민, 장원아, 김태현 선생님과 함께 공부해서 더욱 즐겁다. 이동헌 선생님은 미국 NARA에서 자료 원본에 누락 페이지가 있음을 확인해주셨다. 선생님들과 나누는 학구열과 인간애가 민중사의 뿌리가 되고 있지 않은가 생각한다.

민중사반 안에서의 팀 활동은 더욱 뜨거웠다. 가족팀을 함께했던 소현숙 언니는 선도적인 문제의식으로 자극을 주면서도 묵직한 애정으로 다독이고 아낌없이 칭찬해주신다. 언니의 사랑으로 하루하루가 든든하다. 흥미로운 토론거리로 고민을 인도하는 한봉석 선배는 궂은 일을 도와주었고 값진 추억을 공유하게 해준다. 장용경 선배로부터 역사 공부의 의미와 사람의 가치를 성찰하는 기회를 가지게 된다. 점점 더 비슷한 생각을 많이 하게 되어 '소울메이트'라 할 수 있어서 기쁘다. 이정선 선배는 난감한 부탁도 흔쾌히 들어주었고, 새로운 모델이 되는 교육자여서 크나큰 본보기가 된다. 사북팀을 함께 하고 있는 후지타 타다요시와는 4년 동안 반장-총무로 환상의 콤비를 이뤘다. 그의 헌신과 진심 어린 응원에 깊이 감사한다. 문민기, 김세림과 사북을 오가는 길은 언제나 즐거웠고, 그들이 없었다면 사북팀을 하지 못했을 것이다.

박사학위 논문을 쓰던 2015~16년은 안산에 다니던 때이기도 했다. 이봉규 오빠가 진중하고 책임감 있게 역사문제연구소 세월호 구술팀을 맡아주어 감사하다. 더 나은 세상을 상상하는 장원아와 마음을 나눌 수 있어서 어떤 일이든 엄두를 내는 적이 많다. 단원고 2학년 9반 고(故) 임세희의 아빠 임종호 님, 엄마 배미선 님과 제자가 된 임경원의 격려로 내게 주어진 삶에 감사하고 있다. 안산 가족과 함께 웃는 날이 지금보다 더 많기를 바란다.

나의 귀한 직장 한림대학교와 아름다운 도시 춘천에서 많은 분들의 애정으로 2020년부터 새로운 일상을 만들어가고 있다. 사학과의 염정섭 선생님께서는 넉넉한 마음으로 한참 어린 교수들의 의견도 늘 존중해주신다. 박은재 선생님과는 서로 공감할 일이 많고, 일상을 공유할 수 있어서 기쁘다. 두 선생님의 인자함은 우리 학생들에게도, 내게도 무척 따뜻하다. 한림과학원의 이경구 선생님께서 넉넉하게 품어주셔서 일도 즐겁고 춘천 생활도 더 흥이 난다. 아시아문화연구소의 노성호 선생님께서는 춘천 소개 작전을 다룬 미 육군 통신대 촬영 영상을 직접 찾아주셨다. 학교법인 일송학원 역사문화실에서 뵙게 된 박신애 선생님, 서병철 선생님까지 '오남매'의 호흡에 감사하다. 이제 막 대학원에서 한 학기를 보낸 나의 첫 제자 임혁에게도 고맙다는 인사를 전한다.

이 책에는 여러 기관의 도움이 담겨 있다. 박사과정 재학 중에 서울시의

장학금으로 등록금을 충당했다. 국사편찬위원회의 구술 자료수집·지역사 자료수집사업, 한국학중앙연구원의 토대연구사업을 하게 되어 현지조사가 더 풍부해졌다. 아모레퍼시픽 재단과 국편의 연구 지원은 불안정한 생활에 단비였다. 학교법인 연세대학교에서 일한 4개월로 중고차도 샀고, 어여쁜 동생 민수정도 만날 수 있어서 기뻤다. 무엇보다 출판 지원도 없는 상황에서 역사비평사의 책으로 낼 수 있어서 영광이다. 편집부와 정순구 대표님께 감사드린다.

이렇게 많은 분들에게 빚을 지고 살면서도 지척의 돌봄이 없이는 평범한 일상을 꾸리기가 어렵다. 대학 시절부터 촌철살인의 조언 속에 두둑한 우정을 담고 있는 친구 안나영과 똑같이 나이 듦에 감사하다. 끊임없는 대화와 웃음으로 함께하는 백재현에게 '모든 차원에서' 고맙다. 어릴 때부터 언니 김누리의 걱정과 다독임 속에 살아왔다. 깜찍한 조카들 최서율, 최서이에게 그 사랑을 이어 전하고 싶다. 선한 언니가 쓰는 동화들이 널리 감동을 주길 소망한다. 형부 최진호의 덕택으로 부모님도 안심하실 수 있어서 감사하다. 바쁘다며 살갑지 못한 딸이지만, 늘 배우고 도전하시는 아버지 김익진 님과 타인을 배려하며 정의로운 어머니 윤영순 님의 지원으로 마음을 다잡을 수 있었다. 부모님의 영원한 자랑으로 살고 싶다.

2023년 봄내(春川)에서
김아람

그림과 표 차례

사진 차례

서론

서론

1. 문제제기

한국은 식민지 해방과 분단, 한국전쟁 속에서 근대국가를 성립했고, 그 과정에서 수많은 사람들이 강제로 이주했다. 일제시기에 해외로 갔던 사람들은 해방을 맞아서 한반도로 귀환했고, 남북 체제의 분단으로 월남·월북민이 발생했다. 남한 정부수립 과정에서 벌어진 제주4·3[01]과 여순사건[02]에서

---

01 '제주4·3사건'은 특별법에서 "1947년 3월 1일을 기점으로 하여 1948년 4월 3일 발생한 소요사태 및 1954년 9월 21일까지 제주도에서 발생한 무력충돌과 진압 과정에서 주민들이 희생당한 사건"이라고 정의하였다. 「제주4·3사건 진상규명 및 희생자 명예회복에 관한 특별법」(법률 제6117호), 시행 2000. 4. 13, 제정 2000. 1. 12.

02 '여순사건'은 '여수·순천 10·19사건'의 약칭으로 특별법은 다음과 같이 정의했다. "정부수립의 초기 단계에 여수에서 주둔하고 있던 국군 제14연대 일부 군인들이 국가의 '제주4·3사건' 진압 명령을 거부하고 일으킨 사건으로 인하여, 1948년 10월 19일부터 지리산 입산 금지가 해제된 1955년 4월 1일까지 여수·순천 지역을 비롯하여 전라남도, 전라북도, 경상남도 일부 지역에서 발생한 혼란과 무력 충돌 및 이의 진압 과정에서 다수의 민간인이 희생당한 사건을 말한다." 「여수·순천 10·19사건 진상 규명 및 희생자 명예회복에 관한 특별법」(법률 제18303호), 시행 2022. 1. 21, 제정 2021. 7. 20.

도 폭력적인 소개(疏開)와 진압을 피해야 했던 사람들이 있었다. 한국 현대사에서 가장 대규모의 이주가 벌어졌던 것은 한국전쟁 시기이다. '1·4후퇴' 후인 1951년 봄에는 600만 명 가까운 사람들이 피난민이었다.

한국 근현대의 정치 변동 속에서 집과 고향을 떠날 수밖에 없었고, 불안정한 주거와 생활을 감수해야 했던 사람들은 국내의 '난민(難民, Refugee)'이었다. 제2차 세계대전이 끝난 후 국제적으로 난민 문제가 본격화되고 유엔에서 난민을 정의하던 무렵, 한국에서도 대규모의 난민이 발생하고 있었던 것이다.[03]

유엔이 국제적으로 난민을 정의하고 지금도 난민 구호에 앞장서고 있지만, 여러 지역과 국가의 역사적 맥락을 고려하면 난민을 한 가지 의미로 정의하기는 어렵다. 난민협약 및 의정서의 규정으로는 사유가 제한적이기 때문에 난민 상황에 처해(refugee-like) 있어도 난민으로 인정받지 못하는 경우가 많았다.[04]

---

03 제2차 세계대전 후 유엔은 난민을 "인종, 종교, 국적, 정치적 의견을 이유로 박해 우려와 공포로 인해 국적 국가의 밖에 있는 사람들"로 정의하였다. 1951년에 유엔난민기구(UNHCR)를 창설하며 개최된 제네바회의는 '난민 지위에 관한 협약(Convention Relating to the Status of Refugees)'을 채택했다. 하지만 난민협약이 제정된 이후에도 각 지역과 국가 내외부에서 전쟁이 계속되었기 때문에 난민 범주는 확대될 수밖에 없었다. 난민협약(1951년)의 난민 범주에서 시간과 지역의 제약을 없앤 '난민 지위에 관한 의정서(Protocol relating to the Status of Refugee)'가 1967년에 채택되었다. 의정서에 따라 지역적으로 전 세계에서, 시기상으로 1951년 이후에 발생하는 난민도 보호하기로 하였다. 지역 단위에서는 대표적으로 아프리카통일기구협약(1969), 카타헤나선언(1984)에서 외부의 지배와 침략, 일반적 폭력도 난민을 발생시키는 박해로 규정하였다. 'Convention Relating to the Status of Refugees(난민 지위에 관한 협약)' 제1조 A(1), UN General Assembly, "Convention Relating to the Status of Refugees", 28 July 1951, United Nations, *Treaty Series*, vol. 189, p. 152; 장복희, 「현대 국제법상 난민의 정의와 박해의 의미의 변화」, 『국제법학회논총』 47-1, 2002, 168~169쪽.

04 난민 개념 규정의 한계는 냉전의 형성과 맞물려 있다. 유엔난민기구의 출범과 난민협약 채

난민과 난민 문제는 근대국가가 구획되며 그 국민을 구성하고 재편해가는 과정을 보여준다. 제2차 세계대전 후 1948년 유엔이 '세계인권선언'을 선포했지만, 국민국가의 제도적 보호를 상실한 이들에게 인권은 아무것도 제공하지 않았다. 한나 아렌트(Hannah Arendt)는 국민국가 내에 존재한다는 것만으로 인권을 보장받는 국민이 되지는 않음을 난민 존재가 보여준다고 하였다.[05] 조르조 아감벤(Giorgio Agamben)은 아렌트의 논의를 연장하면서도 '주권'에 착안하여 '인민'은 실제로 배제되는 벌거벗은 생명(popolo)과 정치적 실존으로서의 주권자(Popolo)로 구분된다고 보았다.[06]

근래에는 난민이 생겨나고 난민의 보호가 모색되는 것이 근대적인 현상이자 국가 건설 과정의 필수적인 부문이라고 강조되기도 한다. 엠마 하다드(Emma Haddad)는 난민이 분할된 주권국가의 결과이지만, 동시에 역사적으로 국가의 주권이 강화되고 사회적으로 주권을 구성하는 데 역할을 한다고 강조한다. 국가는 난민을 통해 국가 내부와 외부(정상과 타자)를 구분하지만, 또한 난민은 그 내부와 외부를 관계 맺게 하는 존재가 된다는 것이다. 그렇다면 난민은 근대국가의 경계와 주권 사이에서 타자이면서도 국가와 주권 형

택 과정을 서구 열강이 주도하였고, 미국과 유럽은 자국이 난민에 대한 부담을 질 것을 우려하여 난민 정의를 둘러싸고 갈등했다. 이연식은 초기 난민 문제의 국제 공조는 난민의 입장보다 승전국의 국익을 우선시했다고 지적했다. 이연식, 「해방 직후 '우리 안의 난민·이주민 문제'에 관한 시론」, 『역사문제연구』 35, 2016, 123~126쪽.

05 Hannah Arendt, *The Origins of Totalitarianism*, New York: Harcourt Brace Jovanovich, 1951, p. 296; 스테파니 데구이어 지음, 김승진 옮김, 「권리들을 가질 '권리'」, 『권리를 가질 권리』, 위즈덤하우스, 2018, 34~35쪽.

06 한나 아렌트 지음, 박미애·이진우 옮김, 「국민국가의 몰락과 인권의 종말」, 『전체주의의 기원』 1, 한길사, 2006; 조르조 아감벤 지음, 박진우 옮김, 「인권과 생명정치」, 「수용소, 근대성의 '노모스'」, 『호모사케르—주권 권력과 벌거벗은 생명』, 새물결, 2008 참조.

성에 상호작용하는 주체라는 의미를 지닌다. 경계 밖에 있는 난민을 통해서 경계 내의 주권이 어떻게 형성되는지, 경계는 어떻게 작동하는지 알 수 있게 된다는 뜻이다. 이때 중요한 점은, 난민과 경계의 의미를 국경이라는 기준과 국제 난민에 한정하지 않는 것이다. 엠마 하다드는 국가 내부에서도 난민이 실질적인 주권을 가질 수 있는지 문제를 제기한다.[07]

이러한 논의에 바탕을 두고, 난민 개념에는 국가를 벗어난 사람들뿐만 아니라 국내에서 난민이 된 사람들까지 포함할 수 있다. 난민이 발생하여 주권을 가지거나 또는 상실하는 과정은, 근대국가와 주체가 어떻게 관계를 형성하는지 그 과정과 성격을 보여준다. 국내 난민(Internally Displaced Person: IDP)[08]은 국가의 경계 내에 있고, 국가는 국내 난민을 국민의 범주에 포함한다는 점에서 국가 외부에 존재하는 난민과는 차이가 있지만, 이들은 국내에 있더라도 국민과 동등한 상태로 안전을 보장받거나 권리를 누리지 못한다. 국외 난민을 구분하는 경계가 물리적 국경이라면, 국내 난민은 정치·경제·사회의 복합적인 경계들로 국민과 구분되는 상태에 있다. 이러한 국내외 난민이 발생하게 된 배경과 원인, 난민에 대한 국가의 인식과 정책이 국민국가

---

07 엠마 하다드는 2021년 2월부터 영국 내무부 망명 및 보호국장(General for Asylum and Protection in the Home Office)을 맡고 있는데, 유럽의 역사적 맥락에서 난민 개념의 형성과 의미를 분석한 바 있다. 그의 문제의식도 한나 아렌트와 조르조 아감벤을 발전시켰다. https://www.gov.uk/government/people/emma-haddad; Emma Haddad, *The Refugee in International Society*, Cambridge University Press, 2008, pp. 41~46, 62~69, 113~127.

08 2017년 초까지도 IDP를 '국내 난민'으로 지칭했는데 최근에는 '국내 실향민'으로 바꾸어 번역하고 있다. 2023년 2월 현재 유엔난민기구는 전 세계의 '보호대상자'를 난민, 비호신청자, 귀환민, 국내 실향민, 무국적자, 기타, 국경을 넘은 베네수엘라인으로 구분하는데, 국내 실향민이 4천 1백만여 명으로 가장 많고, 난민이 2천만여 명으로 그 다음이다. https://www.unhcr.or.kr/unhcr/html/001/001001002.html(검색 2023. 2. 1).

의 형성 과정과 그 성격, 국가 내부에서 시도하는 국민화의 방식과 그 실체를 규명할 수 있게 한다.

한국의 난민 또한 근대국가로의 변동 속에서 발생했고, 국가 내부에서 난민에게 여러 경계가 작동했다. 한국에서는 난민협약에서와 같은 국제적 차원의 협력과 보호를 필요로 하는 난민이 발생한 것이 아니라 귀환, 소개, 피난에 의한 국내 난민이 다수 생겨났다. 이 난민이 생겨난 결정적인 계기는 남북의 분단과 전쟁이었다. 한국의 난민 개념과 정책이 형성되는 데는 이 현실이 결정적으로 작용했다.

제2차 세계대전에서 패배한 뒤 분단된 독일에서도 서독으로의 이주와 정착 문제가 중요했다. 독일의 경험은 한국과 유사한 점이 많다. 전쟁 이전에 과거 독일제국이었던 지역에는 강제로 이주했던 이주민이 돌아왔다. 분단국 수립을 전후해서는 강제이주민과 더불어 동독 사람들의 상당수가 서독으로 이주했다. 서독 정부는 유입된 난민을 분산 배치하고 서독에 정착시키는 정책을 시행했다. 이러한 서독 내 강제이주민과 동독 난민은 남한의 귀환민, 월남민과 같은 형태이다. 서독 정부가 난민을 수용하기로 결정하고 정책을 실행한 것 또한 남한과 같다. 동독 난민이 높은 수준의 노동력으로 서독의 경제성장을 뒷받침했다는 점 역시 남한 내 난민이 담당했던 역할과 유사하다.[09]

---

09 독일에서 강제이주민과 동독 난민은 각각 발생 시기와 이주 동기가 달랐고, 서독 정부도 동독 난민에게 강제이주민에 비해 제도적으로 낮은 지위를 부여하며 견제했다. 남한의 귀환민과 월남민은 이주 동기가 다르지만 전쟁 이전에 이주한 시기가 거의 동일했고, 정책 대상으로서 귀환민과 월남민 지위에 차이가 없었다. 전쟁 전후에도 남북한 출신 지역에 따라 피난민을 구분하여 파악했지만, 정책에 차등을 두지는 않았다. 그렇다 하더라도 전후에 피난민 중에서 특히 월남민에 대한 국가와 사회의 인식은 차별적이었다. 독일에서의 난민 발생과 구분, 서독의 난민 정책에 관하여 박명선, 「동서독의 난민 문제에 관한 연구—전후 동독 난민

독일과 한국처럼 분단국가에서의 난민은 분단을 전후로 중첩된 이주의 결과였고, 난민들은 양측의 대립 속에서 하나의 국가를 선택하는 과정을 거쳤다. 서독과 남한은 난민을 수용하고 국민으로 편입시켰지만, 사회적으로는 견제와 차별이 존재했다. 또한 국가 차원에서 적극적으로 난민을 노동력으로 활용했다. 결과적으로 남한과 서독에서 난민이 정착해가는 과정을 통해 분단 체제의 국민이 구성되고, 이들은 제2차 세계대전과 한국전쟁 이후 재건과 경제개발 과정의 주체 역할을 맡게 되었다.

이 책에서는 해방 후~1960년대의 급격한 변동 속에서 한국의 난민이 발생하는 과정과 국가의 정책을 규명할 것이다. 또한 난민들이 이주·정착 과정에서 생존하고 국민으로서 재건과 개발의 주체가 되었던 현실을 밝히고자 한다. 남한에서는 해방 후 국가를 성립하고 국민을 구성하는 시기에 국가에 의해 난민이 발생했고, 국가는 다시 이들을 정착시켜야 한다는 과제에 직면했다. 난민이 발생하게 된 계기와 배경은 정치적으로 분단국가 형성의 한계와 폭력성이었다. 그 결과 난민은 사회의 중대한 문제로 취급되었고, 난민 대책은 신생 국가가 기획하는 사회정책의 핵심이었다. 정부의 난민 대책은 사회 영역 전반과 사회구성원에 대한 인식을 토대로 형성되었다. 여기서는 난민을 통해 이러한 신생 국가 형성에서의 모순을 드러내고, 난민을 향한 국가의 대응 방식이 가진 특징을 밝혀낼 것이다.

해방 후~1960년대 한국(남한)의 난민은 같은 배경을 가지고 있지 않기 때문에, 그 발생 계기와 성격에 따라 분류하고자 한다. 먼저 분단과 한국전쟁

의 수용과 통합을 중심으로」, 『자치행정연구』 1, 1996, 133~166쪽; 이용일, 「추방, 탈출, 난민— 독일 문제와 이주(1945~1998)」, 『역사와 세계』 38, 2010, 91~110쪽 참조.

에 의한 '체제형' 난민이다. 이 난민은 다시 ① 남북 간 이주, ② 남한 내 이주로 나뉜다. 남북 간 '월남'과 '월북'은 해방 후 전쟁 시기까지 연속되었고, 전쟁 후 복귀가 불가능했다. 남한 내 이주는 정부수립 과정에서의 제주4·3과 여순사건 당시에 인근 지역으로의 소개(疏開), 전쟁 시 피난이 해당된다. 체제형 난민은 그 발생 시기가 전쟁기까지 한정되고 전후에 원주지로 복귀가 가능했거나 다른 지역에 정착하여 더 이상 난민이 아니게 된 경우를 포함하므로 일시적인 성격을 지닌다. 또 남북 간 극한의 이념 대립 과정에서 발생한 이들 난민은 대한민국의 체제와 사상에 적극적으로 순응할 것을 요구받았다. 현 북한 지역 출신의 '월남민'은 지역으로의 정착과 체제 정착을 동시에 수행해야 하는 '이중 정착'의 난제 앞에 있었다.

전쟁이 끝난 후 1950~60년대의 재건과 개발 과정에서는 '사회형' 난민의 정착이 문제시되었다. '사회형' 난민은 주거가 불안정한 존재로서 고아와 부랑인, 도시 철거민, 실업자와 영세민 등을 가리킨다. 물론 이러한 존재는 전 시기에 걸쳐 있었지만, 한국의 전쟁과 급속한 산업화는 많은 사람들을 사회경제적으로 취약하게 만들었다. 전후 계급의 분화와 도시-농촌 공간의 재편이 급속하게 진행될 때, 농촌은 빈곤해지고 도시 중심의 산업화로 빈부와 도농의 격차는 더욱 커졌다. 이때 가족이 없거나 직업이 없고 가난한 이들은 강제적으로 이주할 수밖에 없었다.

한국의 국가와 국민 형성 과정에서 난민은 탈식민과 분단국가 형성의 결과이면서 동시에 국가를 구성하는 주요한 주체로 자리 잡았다. 이들은 수동적인 정부 정책의 대상에 머물지 않고 스스로 정부 정책의 문제점을 인식하고 이에 대응했다. 거주지를 벗어날 수밖에 없거나 박탈당하는 과정에서 불안정한 상태에 놓이고 죽음이 일상인 극단적인 상황에 처하면서도, 삶을 지속하기 위해 분투했던 존재가 난민이었다.[10] 이 책에서는 한국에서 난민이 왜 발생했는가, 어떠한 어려움에 직면했는가, 어떻게 생존을 유지하고 불안정한 삶을 극복해갔는가를 밝히려고 한다. 난민은 분단과 전쟁의 상흔을 심각하게 경험하고 살아남은 사람들이자 역사의 주인공이다. 이들의 인식과 삶이 한국의 전후 재건 및 개발에 미친 영향과 성격을 보여줄 것이다.

한국에서 난민이 이주하고 정착했던 공간의 의미 또한 이 연구가 천착하고자 하는 바이다. 난민은 한반도 외부에서 내부로, 남북한 사이에서, 남한 내에서 각각 이동하고 정주했다. 분단과 전쟁 과정에서 난민의 공간은 남북한이 확정하는 경계에 따라 좌우되었다. 남북한 사이의 '월남'과 '월북'은 해방 후 전쟁 시기까지 연속되었는데, 전쟁이 끝난 후 고향으로 복귀할 수 없었다는 점이 중요하다. 남한 내에서는 정부가 제주4·3과 여순사건 당시에 봉기를 진압하고 지역을 초토화하는 과정에서 주민들을 소개(疏開)했고, 전쟁기에는 전황의 변화에 따라 피난이 이루어졌다. 남한 지역 출신으로서 난민이 된 경우에는 전후에 원 거주지로 복귀할 수도 있었으나, 현재 북한 지역 출신의 '월남민'[11]은 그렇지 않았다. 복귀하지 못하는 난민에게는 새롭게 주어진 공간이 삶에 미치는 영향이 더 클 수밖에 없었고, 특히 이미

---

10 서경식은 제1차 중동전쟁이 끝난 뒤 이주 과정에서 처참하게 목숨을 잃는 팔레스타인 난민들을 다룬 카나파니의 소설 『불볕 속의 사람들』을 인용하며 난민들에게는 죽음의 강요가 보편적인 경험이었음을 지적했다. 서경식 지음, 임성모·이규수 옮김, 『난민과 국민 사이』, 돌베개, 2006, 197~211쪽.

11 전쟁기에 피난한 사람들에게는 피난의 경험이 매우 강렬한 기억으로 남아 있어서 '월남'의 정체성보다 피난민으로서의 정체성이 강하다. 스스로 월남민으로 지칭하지 않았고, 1950년대 사회적으로도 피난민을 곧 북한 출신으로 동일시하는 경향이 많았다. 여기서는 전쟁 이전에 월남한 사람들과 전쟁기 현재의 북한 지역에서 피난 내려온 사람들을 월남민으로 통칭한다.

북한 체제를 살았던 사람들에게 남한의 모든 곳은 새로운 지역이자 체제였다.

해방 후 1960년대까지 난민 발생과 정착 문제에는 정부의 인식과 사회정책, 난민이 처한 조건과 삶, 정착하게 되는 사업장 공간이라는 세 차원이 결합되어 있었다. 정부는 난민을 사회문제로 다루며 이들에 대한 정책을 수립하고 실행하는 과정에서 국민으로서의 역할과 과제를 규정했다. 기본적으로는 일정한 지역에 정착해야 한다는 것이었다. 유동하는 사람들을 문제시했고, 그에 대한 대책이 필요하다고 보았다. 정부가 난민을 정책 대상으로 포착하는 과정과 그 정책 실행 방식에는 어떠한 국민을 지향하고 구현하고자 했는지에 관한 정부의 시각이 담겨 있다.

난민을 정착시키고자 하는 정부의 문제의식은 농촌정착사업에서 분명하게 드러났다. 정부가 추구하는 난민의 정착 지역은 농촌이었고, 난민의 역할은 농지를 새롭게 조성하는 것이었다. 정착 대상으로서의 난민 인식과 농촌정착사업의 기조는 1950년대와 1960년대의 시대적 상황에 따라 차이를 지녔다. 1950년대에는 이미 발생한 난민을 정착사업의 대상으로 보았으나 1960년대에는 그 대상이 고아, 부랑인, 한센인, 실업자, 영세민 등 사회정책을 필요로 하는 사람들로 확대되었고, 이들을 동원하는 방식으로 변화했다. 정착사업의 대상과 방식이 달라진 것은 시기에 따라 정부의 사회정책 방향과 목적이 변했음을 의미한다. 1950~60년대에 시간이 지나며 난민은 점차 감소했지만, 난민이 정착한 후에도 정부는 또 다른 주체들을 난민과 같이 인식하며 농지를 조성하고 식량을 증산하는 데 활용하고자 했다.

그렇다면 난민의 관점과 실제 삶은 어떠했을까? 정부의 목표는 난민이 농촌에 정착하는 것이었지만, 이에 대해 난민은 다양한 방식으로 대응했다. 결과적으로 정부와 난민의 지향이 같은 경우도 있었으나 현실의 구조적인 조건과 개인의 욕망이 복잡하게 얽혀서 다른 선택들이 나타났다. 난민 당사자의 입장에서는 정치·사회적 변동에 의해 난민의 처지가 되어버린 것이지만, 국가는 난민을 부차적인 결과물이자 사회적 문제로 취급했기 때문에 그 괴리는 명확했다.

하지만 난민은 차별적인 의미를 담은 '난민'의 정체성을 그대로 받아들이지 않았을 뿐만 아니라, 이주와 정착의 선택지 앞에서 주체적인 판단을 내렸다. 정부가 법과 제도로 정착을 규정했지만, 난민은 그것을 활용하거나 '위반'하면서 대응했다. 난민을 향한 정책이 실제로 이루어지는 과정과 그 결과를 보면, 난민은 적극적인 주체였다. 농촌정착사업에서 정부의 목적은 정착이었으나 난민은 현실적인 조건을 고려하고 미래를 전망했다. 난민이 정착사업에 참여하게 되는 배경, 사업 과정에서의 지위와 삶, 사업의 성과와 보상은 사업장마다 달랐고, 같은 조건에 있었다 하더라도 난민의 정착 여부는 달라졌다. 난민의 시각에서 접근할 때, 정착사업의 과정과 결과는 정부가 구상하고 의도한 것과 일치하지 않았다.

정부가 농촌을 난민의 정착지로 설정한 이유는, 새로운 생산 공간이 창출될 수 있었기 때문이다. 농촌정착사업은 임야 등 미개간지나 황무지를 개간하거나 바다와 하천을 매립하는 것이 주된 방식이었다. 이는 영농이 가능한 농지를 형성함으로써 토지의 효율을 높이는 작업이었다. 한국은 1960년대 중반까지 식량 증산을 추구하고 있었고, 정착사업이 그 수단이 되었다.

또 사업에 참여하는 사람들이 특정한 공간에 모였던 목적, 과정, 결과를 보면 다층의 경계가 드러난다. 이 경계는 정부가 난민과 사업장을 통치하는 경계, 사업장이 새로운 마을로 변모하며 형성한 경제적 경계, 사업장 내외부의 사람들 사이에 존재하는 사회적 경계를 의미한다. 정착사업장에서는 이러한 경계가 어떻게 실제로 영향을 미쳤는지 살펴볼 수 있다. 이는 앞서 제시한 대로 난민이 국내에 존재하더라도 국민과 다르게 실질적인 주권을 지니지 못한다는 논의와 이어질 수 있다. 난민 존재와 그들의 정착사업장은 마을, 지역, 국가의 경계가 만들어지는 곳이자 경계의 지속과 변용, 극복이 진행되는 곳이었다. 이 경계의 형성과 변화가 난민이 사업장, 지역, 국가에 정착하는 과정이기도 했다.

이런 문제의식으로 이 책은 해방 후 1960년대까지 난민이 발생/정착/이탈했던 역사적 과정을 추적한다. 이를 통해 궁극적으로 해방과 분단, 전쟁과 재건의 변동 속에서 행해진 국가와 국민 형성의 성격을 파악하고자 한다. 한국 현대사에서 짧지 않은 기간 다양한 주체를 난민 개념으로 포괄해 밝히려는 이유는 이 주제가 한국 현대 사회사를 관통할 수 있기 때문이다.

먼저 한국 현대에 벌어지는 여러 주체의 이주는 직접적·개인적인 강제성과 자발성의 차원이 아니라 구조적 모순에 의한 것이었다는 점에서 주목해야 한다. 그 모순은 분단과 전쟁, 독재라는 체제에만 국한되지 않고, 재건과 개발 과정에서 심화하는 자본주의의 억압을 포함한다.

다음으로 유동하는 주체가 정착해가는, 또는 권력이 주체를 정착시키려는 과정에서 사회의 모순이 구체적으로 발현된다. 이때 모순의 담지자, 실행자는 국가뿐만이 아니라 중층적인 사회 속에 공존하는 여러 주체들이기도 하다. 동시대를 살아가는 구성원들이 난민과 공통된 억압 또는 시대적 과제에 놓여 있었더라도 난민 상태에 있는 사람은 사회경제적 차이와 차별, 경계를 경험하는 약자였다. 따라서 난민을 향한 정책, 이들의 삶 속에서 국가·사회의 모순이 드러난다고 보는 것이다.

이러한 사회사 연구는 여러 선행연구에 빚지면서도 몇 가지 점에서 그 궤를 달리한다. 첫째, 분단과 전쟁 시기의 생존에 초점을 맞춘다. 그동안 이 시기의 사회사는 학살의 피해를 규명하는 것에서 출발했다. 물론 그 참상은 여러 번 강조해도 지나치지 않다. 남북에서 수백만의 민간인이 폭격과 학살로 목숨을 잃었고, 그 진상은 여전히 다 밝혀지지 못했다.[12] 그럼에도 불구하고 살아남은 사람들의 삶 또한 역사적으로 자리매김해야 한다는 것이 이 책의 목표이다.

둘째, 1950~1960년대 사회정책의 흐름과 성격은 경제정책과 다르다는 점이다. 선행연구들은 이 시기 경제개발에 관해 1950년대 국가 주도 경제개발론과 미국의 근대화론의 결합, 원조기구의 전반적인 계획과 역할, 원조의 구체적인 실행과 특징,[13] 이승만 정부의 경제재건 구상과 자립계획[14] 등을 규

---

12 미군과 한국군에 의한 민간인 학살, 인민군 후퇴 시 벌어진 학살은 전쟁 최대의 비극이었다. 작전상 벌어진 학살뿐만 아니라 마을, 가족 단위에서도 학살이 벌어졌고, 그 경험은 주체의 이후 삶, 인식을 완전히 지배할 수밖에 없었다. 또한 남북한에 걸친 미 공군의 폭격은 미군에게 전투의 '부수적' 결과였으나 한반도에는 치명적인 살상이었다. 한국전쟁 전후 피해에 관한 대표적인 연구들은 다음과 같다. 김동춘, 『전쟁과 사회』, 돌베개, 2000; 김기진, 『끝나지 않은 전쟁 국민보도연맹』, 역사비평사, 2002; 김선호, 「국민보도연맹의 조직과 가입자」, 『역사와 현실』 45, 2002; 강성현, 「전향에서 감시·동원, 그리고 학살로—국민보도연맹 조직을 중심으로」, 『역사연구』 14, 2004; 정병준, 「한국전쟁 초기 국민보도연맹원 예비검속·학살 사건의 배경과 구조」, 『역사와 현실』 54, 2004; 서중석 외, 『전장과 사람들』, 선인, 2010; 박찬승, 『마을로 간 한국전쟁』, 돌베개, 2010; 서중석 외, 『전쟁 속의 또 다른 전쟁』, 선인, 2011; 김태우, 『폭격』, 창비, 2013; 양영조, 「북한의 남한 점령기 민간인 학살—한국 정부와 미군(KWC) 조사 기록의 비교를 중심으로」, 한모니까, 「'봉기'와 '학살'의 간극—황해도 신천 사건」, 황윤희, 「인민군 후퇴기 북한 지역 학살 양상—한국전쟁범죄조사단 자료를 중심으로」, 『한국전쟁기 남·북한의 점령 정책과 전쟁의 유산』, 선인, 2014; 한성훈, 『가면권력—한국전쟁과 학살』, 후마니타스, 2014; 신기철, 『한국전쟁과 버림받은 인권』, 인권평화연구소, 2016; 한성훈, 『학살, 그 이후의 삶과 정치』, 산처럼, 2018; 노용석, 『국가폭력과 유해 발굴의 사회문화사』, 산지니, 2018. 또한 '진실·화해를위한과거사정리위원회'는 2006~2010년 동안 활동하며 8,187건의 사건을 규명했고, 2020년부터 2기 위원회가 조사를 진행하고 있다.

13 박태균, 『원형과 변용』, 서울대출판부, 2007; 이현진, 『미국의 대한경제원조정책 1948~1960』, 혜안, 2009.

14 정진아, 『한국 경제의 설계자들—국가 주도 산업화 정책과 경제개발계획의 탄생』, 역사비평

명했다. 이들 연구는 1950~60년대 전반 경제개발계획의 연속과 그 사상적 토대를 밝혔고, 경제정책은 한국전쟁 후 부흥과 개발로의 진전을 이루어냈다고 보았다. 그러나 사회정책의 구상과 그 실제는 1950년대에서 60년대 시기에 '구호-부흥-개발'로 이어지는 경제정책의 흐름과 일치하지 않는다. 사회정책 입안의 주체와 운영이 경제와 무관하지 않다는 점에서, 당대에 추구되는 목표가 사회정책에도 영향을 미치는 것은 당연하지만, 1960년대에도 1950년대 이래로의 구호 문제가 지속되는 가운데 그 정책의 기조 또한 전환되지는 않았다.

셋째, 난민으로 포괄되는 사회적 약자 혹은 소수자를 국가권력에 의한 피해자로만 보지 않는다. 먼저 가해 주체는 국가만이 아니다. 난민을 만든 폭력의 원천은 물론 국가에 있지만, 다층의 차별과 배제는 사회구성원들에게서 비롯되었음을 지적할 것이다. 근래에 고아 및 부랑인, 한센인 등 사회형 난민에 관한 관심이 높고, 국가에 의한 혹은 국가가 묵인한 강제수용과 인권침해가 매우 심각했음이 드러나고 있다.[15] 하지만 이 책에서는 난민의

사, 2022.

15 1960년대까지로 한정해도 많은 연구가 진행되었다. 박홍근, 「사회적 배제의 형성과 변화」, 『사회와 역사』 108, 2015; 정수남, 「1960년대 '부랑인' 통치 방식과 '사회적 신체' 만들기」, 『민주주의와 인권』 15(3), 2015; 이소영, 「"건전사회"와 그 적들―1960~80년대 부랑인 단속의 생명정치」, 『법과 사회』 51, 2016; 하금철, 「한국의 부랑인 강제수용―빈곤의 범죄화와 사회안보의 적(敵) 만들기」, 성공회대 NGO대학원 석사학위 논문, 2017; 추지현, 「박정희 정권의 '사회악' 호명―형사사법의 효율성 확보 전략을 중심으로」, 『사회와 역사』 117, 2018; 박해남, 「한국 발전국가 시기 사회정치와 부랑인의 사회적 배제」, 『민주주의와 인권』 19(4), 2019; 유진·강석구·박경구·김아람, 『과거사 청산을 위한 국가폭력 연구―노역동원을 중심으로 I. 1960년대 초법적 보안처분과 국토건설사업』, 한국형사정책연구원, 2019; 김재형, 『질병, 낙인―무균사회와 한센인의 강제격리』, 돌베개, 2021; 정일영, 「노동의 부정을 통한 최대효율의 추구―식민지 시기 한센인 소록도 강제노동과 1960년대 오마도 사건을 중심으로」, 『역사연구』

피해를 국가권력의 문제로만 보지 않으며, 난민을 억압받은 피해자의 모습으로만 가두지 않는다. 난민의 삶은 국가권력과도 맞닿아 있지만 일상과 관계는 가족, 마을, 지역과 같은 사회 속에 있었다. 고통 속에서도 일상은 지속되었고, 지금의 관점으로 과거의 폭력이나 인권 문제를 단정할 수도 없다.

　이 책에서 주목하는 난민 정착에 대한 본격적인 연구는 월남민 연구에서 출발했다. 해방 후, 전쟁기에 남한으로 이주하거나 피난한 월남민은 복귀가 불가능했고, 남한 정부는 이념 선전 또는 사회 불안 해소를 위해 이들을 필수적인 정착 대상으로 여겼다. 사회에서는 1950년대 '난민' 개념을 '월남민'으로 이해했거니와, 난민정착사업의 대표를 월남민이 맡도록 했다는 증언으로 보아도 월남민 연구는 난민 연구의 중요한 토대가 된다. 김귀옥은 강원도 속초와 전북 김제의 월남민 정착촌 내부 심층 조사를 통해, 정착민은 반공의식이 투철한 엘리트 월남민과는 다른 정체성을 지닌다고 밝혔다. 다만 그의 연구는 월남민의 월남 이전 경험과 이후 인식 및 정체성에 중점을 두고 있어서, 정착사업은 정착의 한 배경으로만 다루어졌다.[16] 속초 아바이마을과 같은 월남민의 자연 정착촌은 정착사업과 다르게 원조물자 등 외부의 요인 없이 난민이 자체적으로 정착하여 공동체를 이루었다는 측면에서 난민의 인식과 행위를 적극적으로 해석할 수 있는 사례이다.

　'난민정착사업'은 전쟁기와 1950년대에 정부와 미국 원조기구가 실시한 주요 구호 정책이었다.[17] 선행연구에서는 전시 구호 대책의 성격을 규명

44, 2022 등.

16　김귀옥, 『월남민의 생활 경험과 정체성』, 서울대학교출판부, 1999.

17　미국 원조기구는 정착사업을 'Resettlement(재정착)' 또는 'Assimilation(동화)'으로 다루었다. 전쟁 전후 피난민의 복귀 과정과 함께 사업이 실시되었다는 점, 원주지를 떠난 난민의 정착이라는 점에서 '재정착'은 틀리지 않지만, 한국 정부와 사회는 이 과정, 사업 모두 '재정착'이

하는 가운데 정착사업이 언급되었다. 허은은 미군이 민사 활동을 통해 한국인과 직접 대면했고, 이는 미국의 문화 선전과 권력의 관철에 역할을 했다고 지적했다. 그는 한국전쟁 당시 전선 교착 이후 월남민 정착 문제의 대두와 한미합동위원회 설치 및 1950년대 사업 지속에 대해 다루었다. 정착사업의 대부분이 간척지와 염전에서 시행되었고, 자립을 위한 구호 예산의 삭감으로 지원이 이루어지지 않았으며, 많은 가구가 도시로 나왔다고 분석했다. 이는 사업이 그리 성공적이지 못했다는 평가로 이어졌다.[18]

유엔민간원조사령부(United Nations Civil Assistance Command in Korea: UNCACK)를 분석하며 난민 정착 문제를 다룬 연구도 참고가 된다. 강성현은 정부와 유엔군에 의해 전쟁기 피난민이 '반공 국민'으로 배제된 채 포섭되고 무력행사에 의해 희생되었음을 규명했다. 난민 정착을 위한 사업에서 민간 원조의 인도주의적 기준 적용과 그에 대한 평가는 군사상 목적과 방법의 하위에 있었다고 지적했다.[19] 최원규는 정착사업 대상자가 월남민, '반공포로'였다고 한정하고, 외원 단체의 역할을 다루었다. 난민정착사업이 1960년대 이후 지역사회개발사업으로 계승되었다고 분석한 점은 의미가 있다.

그러나 이상의 연구는 미국 및 원조기구와 외국 민간 단체의 의도와 목

라고 칭하지 않았다. 또 미국 측은 이 사업의 목적을 정착할 지역 내 경제, 나아가 자본주의 경제로의 '동화'로 보았지만, 한국 측에서는 '동화' 개념도 사용하지 않았다. 따라서 미국 자료에서의 Resettlement, Assimilation은 모두 '정착' 또는 '정착사업'으로 번역했다.

18 허은은 정착사업에서 간척사업이 주된 사업이었다고 했으나 이는 1957년부터 원조기구의 사업 방향이었고, 실제로는 농지 개간과 개량이 압도적으로 높은 비중을 차지했다. 허은, 『미국의 헤게모니와 한국 민족주의』, 고려대학교 민족문화연구원, 2008, 141~154쪽.

19 강성현, 「한국전쟁기 한국 정부와 유엔군의 피난민 인식과 정책」, 『전장과 사람들』, 선인, 2010; 최원규, 「한국전쟁기 가톨릭 외원 기관의 원조 활동과 그 영향」, 『교회사연구』 26, 2006, 179~181쪽.

적 및 활동을 규명하는 데 중점을 두었고, 미국 측 자료를 주된 분석 대상으로 삼았다. 한국 정부의 인식과 정책, 지역의 현실 및 난민 당사자에 대해서는 다루지 않았다. 또한 정착사업을 구호 대책의 일부로만 파악했기 때문에 그 자체가 지닌 성격과 의미를 간과했다.

이에 본 연구는 농촌정착사업을 중심으로 난민과 정착 문제를 검토하여 다음의 과제를 해명하고자 한다.

첫째, 해방 후~1960년대 사회정책의 성격이다. 이는 당시 난민을 발생시킨 구조적 모순에 대한 정부의 인식과 대응에 관한 것이다. 정부와 미군정 및 미국 원조기구가 수립했던 난민 정책은 난민을 정착시키고자 하는 최상위의 목적과 기획을 담고 있었다. 난민, 난민 상태의 사람들이 발생하게 된 핵심적인 계기였던 전쟁과 불균형한 개발의 영향은 현재까지 지속되고 있다. 1950~60년대 사회는 경제적 변화에 조응하여 '구호-재건-부흥-경제개발'로 이어지는 흐름에 놓여 있었다고 전제되지만, 정착사업에서 볼 때 구호와 개발은 1950년대에도 공존했고 1960년대까지도 구호 문제는 개발 정책으로 완전히 전환되지 않았다. 따라서 이 시기의 사회정책은 경제정책의 부문이 아닌 그 자체의 성격으로 규명될 필요가 있다.

둘째, 전후복구와 경제개발에서 행해진 난민의 역할이다. 이는 난민이 실제 경험을 통해 직면한 현실을 어떻게 받아들이고 대응해갔는지에 관한 것이다. 사업장 내 난민은 농지 조성과 생계 유지를 위해 노동하고 공동체를 형성하여 살아갔다. 난민의 과거 출신 지역과 배경, 사업장에서의 지위와 역할, 가족 구성 여부는 난민의 삶을 규정하는 중요한 조건들이었다. 난민의 대응을 결과로만 판단하거나 국가나 난민이 아닌 타자의 입장에서 본다면 소소하거나 제한적이었다고 평가할 수 있으나, 사회적 약자는 그 사회가 당면한 문제를 가장 심각하고 객관적으로 경험하기 때문에 그 인식과 행위는 사회 변화를 위한 중요한 근거가 될 수 있다.

셋째, 사업장에서 형성되는 정부와 난민의 관계이다. 양자의 관계를 밝히는 것은 정부의 정책을 기획 수준이 아닌 실행 과정으로 파악하고 그 한계까지 살펴보는 데 도움이 된다. 전국 각처에서 행해진 정착사업으로 인해 새롭게 마을이 만들어졌고, 지역에도 변화가 일어났다. 지방정부는 중앙의 의도나 방침을 대체로 수용하는 구조의 하위에 있지만, 자원의 배분과 활용, 지역 및 사업장 내 협력과 갈등을 책임지고 있었다. 중앙의 원칙은 지역의 상황에 따라 달라졌다. 정착사업의 시행 여부와 과정에서 지방정부와 지역사회, 난민 등 사업장 운영자의 의지가 크게 작용했다. 동시에 원조 물자, 소유권 문제 등 정부의 정책 역시 사업장 정착민의 삶에 지대한 영향을 미쳤다.

2. 연구 대상과 구성

이 연구 과제를 규명하기 위해서는 정착사업의 구체적인 실행과 결과를 살펴봐야 한다. 여기서는 사업장 현지의 구체적인 사례를 파악했다. 난민의 이동은 한반도 전체에 걸쳐 있었고, 정착사업은 남한 농촌 전역에서 실시되었기 때문에 공통의 계획과 구상 아래서도 실제로는 다양하고 복잡한 양상이 나타났다. 이 연구에서는 경기도 부천·김포·화성, 충남 서산, 경북 군위·월성(경주), 경남 하동, 전남 장흥·영암·진도, 제주 서귀포 지역 내 정착사업장을 조사했다. 그중 제주도 서귀포시, 경남 하동군, 전남 장흥군의 사업장은 사업 기획과 과정을 집중적으로 분석했다.

제주도 서귀포의 법호촌에서는 1950년대 중반에 난민정착사업이 인가

되었다. 제주도의 사업장을 다루게 된 데는 몇 가지 중요한 이유가 있다. 우선 제주도는 정부수립 과정에서 모순이 폭발했던 지역이다. 4·3과 한국전쟁이 연이어 벌어지며 분단국가 형성기의 제주도 내 난민과 육지로부터 온 전쟁 난민이 공존했다. 정착사업은 이 난민들을 모두 포괄한 것이었으므로 제주도에서 중첩된 변동이 사회와 주체에 미쳤던 영향을 밝힐 수 있다. 다음으로 정부가 내세운 사업 기획과 사업의 성과가 제주도에서는 다르게 나타났다. 이는 정착사업의 운영상 문제가 있었기 때문이기도 하지만, 제주도가 섬 지역으로서 육지와 다르게 지닌 특징도 작용했다. 끝으로 제주도에서의 정착사업은 1955년에 시작되었는데, 이 시기의 사업장 자료는 거의 남아있지 않다. 제주도 사업장 문서철 『1469난민정착(4·3사건피해상항조사)』(1955)는 『제주4·3사건진상조사보고서』(2003)에서 일부 활용된 바 있으나 정착사업에 관한 구체적인 사실들은 밝히지 않았다.[20]

1950년대의 또 다른 난민정착사업 지역인 경남 하동군 화개면은 전쟁 이전에 여순사건, 전쟁 전후에 빨치산 활동과 진압 작전이 마지막까지 벌어졌던 지역이다. 지역민은 여순사건 당시에 소개(疏開)되어 난민 상태로 장기간 생활하다가 1950년대 후반에 복귀가 가능해지자 마을로 다시 돌아왔다. 하동군 화개면의 사례는 외부에서 유입된 난민이 아니라 현지인이 난민이 되었다가 복귀하여 사업을 주도했다는 점에서 중요하다. 해방 이전부터 지역정치를 주도하던 이들이 사업에서도 주축이 되었다. 또한 이 사업장은 1950년대 후반에 난민정착사업의 성격이 변화할 때 사업이 실시된 사례이

---

20 수해로 인해 발생한 난민의 정착사업이 추진되었던 경북 김천시 조마면 자료가 가장 오래된 것으로 그 시기는 1954년이다. 경북 김천시 조마면, 『난민정착』, 1954(국가기록원 BA0746493).

므로 이 시기 난민정착사업의 실상을 규명할 수 있게 해준다.

전남 장흥군에서는 1950년대부터 1960년대에 걸쳐 다양한 형태의 정착사업과 근로사업이 진행되었다. 1950년대에 북한 출신 난민이 시작한 정착사업에 1960년대 전반부터 고아·부랑인이 강제동원된 '개척단'이 참여했고, 1960년대 중반 이후에는 정착사업, 자조근로사업이 동시에 진행되었다. 따라서 장흥군의 사례만으로도 정착사업의 시기별 변화와 특징을 추적할 수 있다. 또한 간척을 위주로 했기 때문에 기존의 소유권이 있는 지역 개간과는 달리 사업 이후의 농지 문제가 비교적 원만하게 처리되었다. 장흥군 대덕읍은 자조사업장이 처음으로 완공된 지역이기도 해서 전국적으로 잘 알려졌다. 장흥군은 여러 방식의 정착사업을 구체적으로 파악할 수 있는 동시에, 농지 분배 과정과 이후의 정착 문제까지 고찰할 수 있는 지역이므로 그 의미가 크다.

이 연구는 1945년 해방부터 1960년대 후반까지의 시기를 다루고자 한다. 농촌정착사업은 1950년대와 1960년대의 사회경제적 변화와 맞물리고 있었다. 난민의 구호와 정착 문제가 전 국가·사회적인 문제가 되었던 시기는 한국전쟁 당시였고, 이때 체제형 난민을 대상으로 한 정착사업이 공식적으로 시작되었다. 전후 1950년대까지의 정착사업은 정부와 원조기구가 추진한 사회정책의 핵심이었다.

1950년대 후반부터 농촌뿐만 아니라 도시에서의 정착사업이 실시되었으나, 도시의 비중은 농촌에 비해 현저히 낮았고 그 형태는 주택 건설이었다. 1950년대 후반의 난민 정착은 이전 시기보다 적극적으로 농촌 개발의 논리를 강조했다는 점에서 차이가 있었다. 농지 조성이나 개량 자체가 개발의 성격을 지니고 있었으나, 경제개발을 본격화하며 난민의 정착 또한 경제개발과 연동되어야 한다는 구상이 나타났다.

5·16쿠데타 이후 정부가 신규로 추진하는 정착사업의 대상에서 체제형 난민의 비중은 줄어들고 고아와 부랑인, 실업자 등 사회형 난민이 사업 대상으로 주목받기 시작했다. 정부는 정권의 정당성을 확보하고자 눈에 띄는 성과에 몰두했다. 당시 사회문제로 여겨졌던 대상을 정착사업으로 유도하거나 강제하고, 적극적으로 홍보하며 정착사업을 정부의 치적으로 삼았다.

1960년대 중반 이후에도 이전 시기와 같은 방식으로 사업이 지속되었지만, 사업의 의미는 난민 구호가 아닌 사회 취약계층의 근로 수단으로 변화해갔다. 이 시기에는 체제형 난민이 정착한 상태였음에도 불완전한 농지 소유 관계 등 문제들이 연장되고 있었다. 또한 농촌에서 정착민의 삶과 사업의 결과는 짧은 시기만으로는 구체적으로 파악하는 데 한계가 있다. 1960년대 후반까지는 농촌이 정부 차원에서도, 사회적으로도 생산적인 공간으로 주목되었고, 농지를 확장하는 사업이 유의미하다고 여겨졌다. 초기에 정착했다가 재이주하는 사람들의 자리는 다른 사람들이 유입되어 채웠다. 이러한 배경에 따라서 이 연구는 1960년대까지 시기를 분석하고자 한다. 그러나 정착사업 이후 농지 소유권 문제는 수십 년 동안 이어져왔고 최근의 개척단 문제에서도 제기되었으므로 그 과정을 포함한다.

이 책은 정부, 난민, 사업장 세 차원에서 1945~1960년대에 걸쳐 난민의 발생과 농촌정착사업을 분석하기 위하여 각 부를 구성했다. 제1부에서는 해방과 분단, 한국전쟁 시기에 난민이 발생하게 된 과정과 정부 및 유엔군의 난민 인식 및 대응을 살펴보고자 한다. 제2부에서는 정부의 정착사업 구상과 기획에서 드러나는 사업의 쟁점과 목표, 대상과 방식을 1950~60년대의 시기별로 파악하고자 한다. 제3부에서는 정부의 기획에 따른 정착사업이 지역에서 실제로 진행되었던 과정을 사업장 사례를 통해 보고자 한다. 제4부에서는 난민의 차원에 집중하여 사업장에 형성되었던 다층의 경계를 분석하고, 난민이 정착하거나 이주했던 삶의 현실을 조명하고자 한다.

1부 1장에서는 귀환과 월남, 제주4·3과 여순사건 과정에서 난민이 발생하게 된 계기와 주거 문제의 실태를 다룰 것이다. 귀환 또는 월남한 난민은 도시에서 주택 부족 문제와 맞닥뜨린 반면, 제주와 전남 및 지리산 지역에서는 마을의 강제적 소개 및 파괴와 집단 거주 문제가 불거졌다. 2장은 한국전쟁기 피난과 복귀 및 정부의 대응을 다룬다. 정부는 피난민을 배치하고 수용하는 원칙과 규정을 가지고 있었고, 피난민의 규모를 파악하고자 했다. 전쟁기의 피난과 피난민은 전황 변화에 큰 영향을 받았기 때문에, 시기별 이동과 규모의 차이를 드러낼 필요가 있다. 또 전쟁 당시의 정착 문제로 피난민이 원거주지에 복귀하는 과정과 이에 대한 정부의 대책을 살펴보고자 한다.

2부 1장에서는 전쟁 이전에 농촌 정착을 시도했던 경험을 중심으로 사업의 사적(史的) 배경을 알아본다. 한국전쟁 당시 정부의 구호 대책 전반을 살펴보고, 난민정착사업을 정식으로 추진한 주체였던 '한·미합동난민정착위원회'의 조직과 사업의 원칙 및 쟁점, 지역의 역할을 다루고자 한다. 전후 월남민의 정착 문제와 '수복지구'에서의 난민정착사업으로 사업이 확대되었음을 밝히고, 1950년대에 정부가 난민을 구분했던 방식을 정리하고자 한다. 2장에서는 난민정착사업이 1950년대 후반에 어떻게 변화했고, 지역사회 개발의 추진과는 어떠한 관계를 지녔는지 살펴보고자 한다. 난민정착사업의 성과를 통계와 몇몇 사업장의 실상으로 파악하고, 장면 정부 시기까지 사업이 어떻게 취급되었는지 다룬다. 3장에서는 1950년대의 난민정착사업이 마무리되는 과정과 군사정부가 귀농정착사업을 추진한 배경 및 사업 운영을 살펴보고 '개척단', '자활단'으로 고아·부랑인 등을 정착사업에 동원·활용했던 실태를 다룬다. 또한 1960년대 중반 이후에 계속 도입된 잉여농산물이 활용되어 정착사업이 근로사업으로 흡수되었던 변화상을 조명하고자 한다.

3부 1장에서는 전쟁기부터 제주도가 난민의 정착 지역으로 어떻게 활용되었는가를 살펴보고, 난민정착사업장의 사례로 서귀포 중산간 지역의 법호촌을 다룰 것이다. 제주도는 4·3 이후 전쟁까지 겪으며 난민이 중첩된 지역이었고, 이들은 법호촌으로 모여들었다. 사업 운영에서도 육지와 다른 차이를 보였다. 2장에서는 여순사건으로 소개되었던 지리산 지역 중 마지막 빨치산 토벌 작전이 있었던 하동군 화개면을 살펴본다. 여기서는 지역의 장기적인 피해 상황과 지역민의 실상을 밝히고, 사업장의 추진 주체와 그 성격을 토대로 지역 출신이 원주지에 복귀하는 정착사업의 특징을 살펴보고자 한다. 3장에서는 전남 장흥의 사업장을 다룰 것이다. '한국정착사업개발흥업회'라는 월남민 단체가 1950년대에 장흥에서 난민정착사업을 주도했던 과정과 실상을 다루고, 1960년대에 사업장에서 일반 취로자와 자활단이 노동했던 방식과 사업의 결과인 농지 분배의 상황을 분석했다.

4부 1장은 '통치의 경계'에 관한 내용으로, 1950년대 정부가 사업장 조성 당시 적용했던 원칙이 이후 사업장에서 변용되는 과정과, 1960년대 정부가 사업장을 통제하여 참여자의 정착을 유도했던 방식을 다루고자 한다. 2장은 '경제적 경계'를 다룬다. 장기간 지속되었던 농지 소유권 문제를 평택의 난민정착사업과 서산의 개척단 사업장의 사례를 통해 살펴보고자 한다. 농지 소유권을 확보한다는 것이 생존 기반이 없는 이들이 정착하는 데 중요한 배경으로 작용했지만, 현실적으로는 소유권이 인정되지 않았던 사례들을 볼 수 있다. 해당 사업장에서는 수십 년에 걸쳐 분쟁이 지속되었다. 3장에서는 '사회적 경계'를 살펴보고자 한다. 사업장 난민이 정착하게 되었던 배경을 사업장 내부 및 사업장과 기존 마을의 관계 속에서 살펴보고, 정착한 난민들과 다르게 떠나간 사람들의 동기와 원인을 함께 다룰 것이다.

3. 사료

연구를 위해 활용한 사료는 중앙정부와 미국 측 자료, 지역 및 정착사업 관련 자료, 난민의 구술 자료로 크게 구분된다. 먼저 난민 형성 배경과 정부의 대응을 이해하기 위해 국무회의 자료, 국회회의록과 보건사회부, 농림부의 국정감사 자료 및 각종 정책보고 자료를 활용했다. 제주4·3과 여순사건은 진상규명 보고서를 포함했다. 연구의 주요 내용은 기존에 활용되지 않았던 문헌 자료들을 새롭게 발굴하여 구성했는데, 전쟁기 사회부의 피난 대책과 관련하여 『정부소개대책관계서류』(1950), 『구호상황월보(救護狀況月報)』(1951), 『사회부』(1952) 등과 같은 문서철과, 정착사업과 관련하여 농림부의 귀농정착사업(1961) 문서철(『귀농정착관계철』 등 다수)이 국가기록원에 소장되어 있다.

미국 측 자료로는 미 국립문서기록관리청(NARA)이 소장한 한국 정부와 미국이 조직한 한미합동난민정착위원회의 회의록과 민사 업무를 총괄한 원조기구(UNCACK, KCAC)의 보고서 및 정착사업 관련 문서철을 활용했다.[21] 이 자료들은 국립중앙도서관과 국사편찬위원회 소장본으로 분석했고, 정착사업의 원조기구 정책이 처한 위치와 그 목적, 초기 위원회의 활동과 주요 쟁점, 한국 정부와의 협력과 차이를 규명할 수 있게 했다. 정착사업뿐만

---

21 UNCACK의 기구와 전반적인 활동, 관련 자료의 유형 및 구성은 김학재, 「주한유엔민간원조사령부(UNCACK) 자료 해제」, 『전장과 사람들』 선인, 2010 참조.

아니라 원조기구의 구호 정책 중 다른 분야를 검토할 수 있는 자료들로 활용할 수도 있다. 그러나 미국 자료는 구호 문제에서 인도주의적·시혜적 인식이 두드러지고, 물자 공급량과 성과에 치중하는 경향이 있다. 정착사업에 관해서도 서울 미아리 등 일부 사업장 사례의 자료가 남아 있는데, 사업 전체에 관한 것으로 오해의 소지가 있어서 주의가 필요하다.[22]

지역 발간 자료는 도, 군, 읍·면의 향토지를 참고했다. 광역 단위의 자료는 지역 전반을 이해하고 농지 조성의 성과를 파악하는 데 도움이 되지만, 전쟁 당시 피난민 외의 난민은 다루지 않은 경우가 대부분이다. 난민 정착의 구체적인 모습은 읍·면지에 마을 단위로 기록되어 있어서 참고가 된다. 지방정부에서 생산한 정착사업 관련 문서철은 국가기록원에 이관된 다수를 활용했다. 국가기록원이 소장한 1950~60년대 난민, 정착과 관련된 문서철 60여 개를 참고했다. 사업 진행과 운영의 구체적인 실상은 이 자료들로 규명할 수 있다. 시·군과 도에서 생산한 문서들을 비롯하여 정부의 전국적 지침이나 요령이 포함되어 있으므로 중앙정부 차원에서 발견하지 못한 자료들을 문서철에서 발견할 수 있었다. 사업 인가서, 정부 지시, 원조물자 배급 상황, 사업 진행 보고서, 건의서 및 청원서, 회의록, 계약서, 사업 대상자 명단, 농지 분배 기준과 명단, 영수증 등을 포함하고 있어서 사업 추진 과정과 지역의 현황, 사업 결과를 밝힐 수 있는 자료들이다. 읍·면 말단의 정부가 사업 현장을 이해하고 정착민의 요구를 처리하는 과정을 살펴볼 수 있기도 하다.

---

22 미아리 사업장과 서울의 정착사업 연구로는 황윤희, 「1950년대 후반 서울시 난민정착사업—미아리 정착사업을 중심으로」, 『6·25전쟁과 1950년대 서울의 사회 변동』, 서울역사편찬원, 2018; 신나리, 『1957~1973년 서울시 정착사업 전개 과정과 정착지 도시형태』, 경기대 건축학과 박사학위 논문, 2021을 참조할 수 있다.

다만 국가기록원 문서철의 상당수가 1960년대 사업에 관한 것으로서, 1950년대와 비교할 때 양적 불균형이 있다. 이러한 자료의 양이 사업의 의미와 비중의 확대를 의미하는 것이 아니므로, 사업의 배경과 정부의 의도를 유의해서 분석할 필요가 있다. 또한 각 지방행정 기관에는 중요한 사료들이 다수 소장되어 있을 것으로 추정된다. 예를 들어 장흥군청 기록관의 자료는 1950~60년대 정착사업의 연속과 사업 이후의 과정을 규명하는 데 핵심적인 근거가 되었고, 국사편찬위원회의 지역사 자료 중 평택의 자료로 난민 정착사업장 조성 후 소유권 분쟁이 장기간 이어지다가 구조적인 요인으로 결국 해소되지 못했던 사례를 살펴볼 수 있었다. 국사편찬위원회는 전국 각 지역 행정 기관과 개인 등이 소장한 지역사 사료를 수집하고 있다. 필자는 2015~16년 사업을 통해 제주도와 장흥에서 개인 일기 및 마을 자료, 장흥군청 소장 자료를 수집·이관했다.

이미 간행된 자료로는 신문과 잡지, 자서전과 회고록을 참조했다. 해방 후부터 1950년대의 난민의 발생과 이주 실상은 국회의 현지조사 보고를 검토하며 신문과 대조했다. 지역 신문은 『자료대한민국사』에 수록된 것을 활용했다. 신문이나 잡지의 기사는 난민의 이주·정착 과정에서 드러난 문제나 사건들이 주를 이루고 있으나, 당시 사회의 인식과 감수성을 추정할 수 있는 배경이 된다. 자서전과 회고록은 더욱 신중하게 인용할 필요가 있어서 동일한 내용을 다룬 문헌 자료로 교차 분석했다.

다양한 층위의 문헌 자료가 이 연구에서 주요하게 활용되었으나 정부 자료와 사업 관련 공문서, 언론 보도에서는 난민이 정책과 사건의 대상으로서만 존재한다. 지역사회 내부의 생동한 실정과 마을 공동체 내 관계 및 인식을 세밀하게 파악하는 데도 한계가 있다. 난민은 당시 사회에서 가장 약자였고, 공식 기록과 상반된 경험을 가지고 있기도 하다. 특히 난민 정착 과정에서의 폭력과 인권 유린은 권위적인 정권하에서 철저히 은폐되었기 때문에 그 기록이 전무하다. 그런 점에서 이 연구의 구술 자료는 문헌을 보완하는 보조적 자료가 아니다. 또한 고통의 경험을 가진 평범한 사람들은 대체로 감정과 언어가 다듬어지거나 가공되지 않기 때문에 엘리트의 기억이나 목소리와는 전혀 다른 성격을 지닌다.[23]

이 연구에서는 문헌 자료로는 확인할 수 없는 새로운 사실들을 구술 자료로 규명했고, 중요한 역사적 행위자였던 난민과 그 현장을 확인할 수 있었다. 난민 당사자는 문헌 자료보다 오히려 객관적인 시각을 지닌 경우가 많았고, 차별과 폭력의 피해 경험으로 인해 억압과 고통을 과장하기보다 축소하려는 경향도 나타났다. 연구 과정에서 만난 모든 구술자는 생에 처음으로 자신의 삶 전반을 이야기한 것이었고, 그 자체를 스스로 유의미하게 여겼다.

이 책이 나오기까지 2012~16년에 걸쳐서 과거 난민이었던 40여 명과 구술을 진행했다. 구술 자료의 수집은 사업장 현지조사 과정에서 이루어졌다. 문헌 자료로 과거 사업장 지역을 조사한 후, 현지 면사무소를 통해 해당 마을의 이장을 접촉했다. 정착사업 경험자는 대체로 마을의 최고령자였다. 이장이 소개하거나 마을 조사 과정에서 구술자를 발견할 수 있었다. 생존자는 마을 단위 5명 이내로 극소수이므로 전국 여타의 사업장 조사 기한이 많지 않다. 연구에서 인용한 대다수의 구술 자료는 국사편찬위원회의 구술사업(OH파일)과 한국학중앙연구원이 지원한 연세대 역사와공간연구소의 '월남

---

23 스베틀라나 알렉시예비치 지음, 박은정 옮김, 『전쟁은 여자의 얼굴을 하지 않았다』, 문학동네, 2015, 19~20쪽.

민 구술생애사 조사 연구' 사업으로 수집했다.[24]

이 연구에서는 영상 및 사진 자료도 참조했다. 1950~60년대 정부는 정착 사업을 공보 수단으로 적극 이용하고, 농촌 정착을 독려했다. 당시에 미 공보원과 국립영화제작소가 제작한 공보영화로 확인할 수 있다. 〈대한뉴스〉는 난민과 정착 문제를 대하는 정부의 인식과 사회 메시지를 분석하는 데 매우 효과적이다. 이 또한 1960년대에 집중적으로 제작되었다. 〈대한뉴스〉의 보도와 공보영화는 공통적으로 농촌 정착의 성공과 그 필요성을 강조했다. 전쟁기 피난 자료는 국가기록원에서 사진철로 소장하거나 유엔기록보존소 소장 영상 및 사진을 공개하고 있다. 장흥군청과 장흥문화원이 소장한 사진으로도 당시 사업장 현장의 모습을 볼 수 있다. 사진은 1950년대 피난민, 수용소, 구호 물자 등 전쟁 당시의 모습과 1960년대 지역 사업장 준공식 등을 촬영한 것으로 당시의 실상을 이해하는 데 도움이 되었다. 또 한림대학교 아시아문화연구소가 소장한 미 육군 통신대 촬영 영상(ADC/LC필름)은 한국전쟁 전후의 생생한 현장을 보여준다. 아직 공개되지 않은 영상도 많은데, 이 연구와 관련된 장면을 일부 수록했다.

---

24 이 구술 자료 중 일부가 국사편찬위원회의 구술사료선집 23권으로 발간되었다. 국사편찬위원회, 『이주와 정착—1950~60년대 농촌 정착사업 참여자의 경험』, 2016.

1부

난민의 발생과 정부의 대응

현대 한국에서 다수의 난민이 발생한 데는 해방, 분단, 한국전쟁이라는 역사적 계기가 있었다. 해방 후 1950년대에 난민은 취약한 사회경제적 조건을 지니고 있었고, 정부와 원조기구는 난민을 사회문제로 취급했다. 1부에서는 난민이 발생하게 된 계기와 배경을 살펴보고, 난민이 구호 대상으로서 어떻게 인식되었는지 밝히고자 한다. 또한 난민이 발생했던 시기에 정부의 대응은 어떻게 이루어졌는지 살펴보겠다.

1장
분단국가 성립 과정과 난민의 발생

1. 해방 후 귀환과 월남

해방 후 한반도 내외부에서 대규모의 이주가 시작되었다. 식민지기에 해외로 이주했던 조선인은 한반도로 귀환했다. 한반도에 거주하던 일본인은 본국으로 송환되었다. 식민지기에 조선인이 일본으로 약 183만 명, 만주로 약 103만 명이 이주했고, 해방 후 1948년까지 남한으로 들어온 귀환민은 일본, 만주, 중국의 순이었다.[01] 또한 분단으로 인해 한반도 내에서도 남북

---

01 이주가 아닌 자연증가 수까지 포함한다면 귀환하지 못했던 조선인도 상당히 많다. 김두섭, 「미군정기 남한 인구의 재구성」, 『미군정기 한국의 사회 변동과 사회사』 I, 한림대학교 아시아문화연구소, 1999, 149~152, 154쪽. 만주 지역에는 해방 전 약 216만 명의 조선인이 있었고, 해방 이후 약 140만 명이 남았다고 집계되었다. 金春善, 「광복 후 중국 동북 지역 한인들의 정착과 국내 귀환」, 『한국근현대사연구』 28, 2004, 198쪽. 조선인의 귀환에 대한 초기 연구로 장석흥, 「해방 후 귀환 문제 연구의 성과와 과제」, 『한국근현대사연구』 25, 2003을 참조할 수 있고, 근래의 연구는 중국 지역의 경우 황선익, 「동북아 정세와 중국 지역 한인의 귀환 (1944~1946)—중·미 교섭을 중심으로」, 『한국독립운동사연구』 46, 2013의 서론에 잘 정리되어 있다. 재조선 일본인의 귀환에 관한 조선총독부의 정책, 조선 사회의 논의, 귀환 과정과 체험에 대해서는 李淵植, 『解放 後 韓半島 居住 日本人 歸還에 關한 研究』, 시립대 국사학과 박

(단위: 명)

통계 출처 출신 지역	① 등록 수(1945~1949)		② 권태환 (1945~1949)	③ 미군정 정보 보고서(G-2) 1947. 12. 21	④ 조선은행 1946~1948
	외무부	사회부			
일본	1,118,000	1,407,000	1,379,000	1,110,972	
북한	649,000	456,000	740,000	541,330	464,248
만주	423,000	619,000	416,000	343,581	
중국				71,619	
하와이, 오키나와 열도, 필리핀, 호주, 기타 태평양, 대만, 홍콩, 북 인도차이나, 기타				33,959	
총계	2,190,000	2,482,000	2,535,000	2,101,461	464,248

* ①과 ②의 추정 규모는 Tai Hwan Kwon, *Demography of Korea: population change and its components, 1925~66*, Seoul National University Press, 1977, p. 177 참조.
* ③ 통계는 김두섭, 「미군정기 남한 인구의 재구성」, 『미군정기 한국의 사회 변동과 사회사』 I, 한림대학교 아시아문화연구소, 1999, 154쪽 〈표 4〉에서 재인용.
* ④ 통계는 조선은행, 『조선경제연보』 VI-19(김귀옥, 김귀옥, 『월남민의 생활 경험과 정체성』, 서울대학교출판부, 1999, 42쪽에서 재인용).
* 북한 출신 월남민 규모를 보면 권태환과 조선은행 자료의 차이가 큰데, 김귀옥은 권태환의 추정치가 남한이 고향인 사람을 포함하고 있어서 고향을 떠나 이주한 실제 월남민보다 많은 것이고, 조선은행 자료는 38선 검문소에서 분류한 순수 월남, 방문, 상업차 왕복 중 순수 월남민만을 집계한 것이라서 수가 적다고 추측했다. 김귀옥, 앞의 책, 41~43쪽.
* '만주' 부분은 외무부, 사회부, 권태환의 자료에서는 '만주와 기타(Manchuria & others)'로 표시되었다.

간의 이동이 이루어졌다. 남한으로 들어온 월남민은 약 46만~74만 명으로 추산되었다. 1945~48년 시기 남한에 들어온 귀환민과 월남민은 약 250만 명으로 추정된다.[02]

〈표 1-1〉에서 미군정 정보보고서는 정기 보고서와 주간 정보를 통해 비교적 정확한 통계로 평가할 수 있으나 해방 직후 3주 동안의 귀환민과 랴오

사학위 논문, 2009 참조.

02 이연식은 여러 자료를 통해 해방 직전의 남한 인구를 약 1,600만 명으로 추산하고, 해방 후 2년간 약 60만 명의 일본인이 돌아갔고, 조선인 약 250만 명이 귀환했다고 추정했다. 이연식, 앞의 논문, 2016, 138~140쪽.

둥(遼東)반도, 텐진(天津), 칭다오(靑島) 등에서 밀항한 귀환민, 1945년 10월 1일 이후 수용소를 경유하지 않고 이주한 월남민이 누락되어 있기 때문에 실제 규모는 총계 수치를 상회할 것으로 추정할 수 있다.[03]

1) 귀환·월남 배경과 과정

귀환민은 제2차 세계대전 패전국의 식민지 출신으로서 고국으로 돌아와야 하는 정치·사회적 조건에 처해 있었다. 한반도 분단과 소련군 주둔은 38선 이북에서 이남으로 이주한 월남민이 형성된 배경이었다. 귀환민과 월남민은 공통적으로 제국 질서에서 해방되어 신 국가를 건설하는 과정에서 이주하게 되었고, 새로운 체제에 정착할 수밖에 없는 난민이었다.

남한에 온 귀환민과 월남민은 이주 이전의 역사적 경험과 성격을 서로 달리하지만, 이주한 후에는 양자가 구분되기보다는 동일한 난민 집단으로 여겨졌고, 구호 대상이 되었다. 먼저 귀환민은 대다수가 일본과 만주 지역으로부터 한반도로 돌아왔다. 남한 내 귀환민의 규모는 일본에서 출발한 수가 가장 많았고, 만주가 뒤를 이었다.[04] 일본 내 조선인은 1945년 9월부터 1946년 2월까지 자발적으로 귀환했다. 연합군 총사령부는 11월 1일부터 군인, 강제노무자, 기타의 순서로 귀환 순위를 규정했는데, 조선인을 불만 세력이나 위험 세력으로 분류했기 때문에 신속하게 송환하고자 했다. 이로 인해 식민지기 강제동원자의 임금이 지급되지 않거나 사망자 보상이 제대로 이루어지지 못한 문제가 남겨졌다.[05] 일본에서의 귀환민 규모는 해방 직후

03　김두섭, 앞의 논문, 154~156쪽.

04　위의 논문, 154쪽 〈표 4〉 참조. 이 책 1부의 주 01 참조.

05　제2차 세계대전 종전 후 연합군 총사령부는 '서태평양 지역 귀환'을 3단계로 구분했다. 조선

인 이 시기 규모가 전체 귀환민의 90.4%에 달했다.[06]

일본에서는 연합군 총사령부가 1946년 3월에 귀환 희망자 조사를 시행했다. 1945년 말부터 남한의 상황이 좋지 않고, 미군정이 귀환에 소극적으로 대처하면서 귀환 수효가 급격히 감소했다. 연합군 총사령부는 조사를 통해 일본에 잔류할 조선인을 파악하고, 귀환을 재촉하고자 했다. 1946년 12월 말에 연합군 총사령부는 공식적인 송환이 중단되었다고 발표했다. 그러나 조선인의 자발적인 귀환이 계속되어 귀환 업무는 유지되다가 1950년 11월에 이 업무도 종료되었다.[07]

만주에서의 조선인 귀환은 중국 내 국민당과 공산당의 군사적 대립에 크게 좌우되었다. 해방 직후 조선인은 대부분 자유롭게 귀환했는데, 1946년 12월부터는 국민당 점령 지역인 '수복구'에서 송환이 시작되었다. 조선인은 한반도로 귀환하거나 공산당 점령지인 '해방구'로 이동했다. 국민당이 조선인을 전부 송환한다는 기본 방침을 세우고 산업과 재산을 몰수했기 때문이다. 공산당은 조선인에게 이중국적을 부여하고 토지 소유권을 승인했기 때문에 수복구보다 해방구에 정착하는 조선인이 많았다.[08]

월남민은 한국전쟁 이전 시기에 다양한 동기로 이주했다. 정치적·사상적, 종교적인 직간접적 탄압을 비롯하여 1930~40년대에 직업을 찾아 이주

인은 그중 1단계에 해당한다. 황선익, 「연합군 총사령부(GHQ/SCAP)의 재일한인 귀환 정책」, 『한국근현대사연구』, 64, 2013, 166~169쪽.

06 강인철, 「미군정기 남한 유입 인구의 사회인구학적 분석과 정치적 효과」, 『미군정기 한국의 사회 변동과 사회사』 I, 한림대학교 아시아문화연구소, 1999, 176~185쪽.

07 황선익, 앞의 논문, 174~178, 185쪽.

08 金春善, 앞의 논문, 198~199, 208~212쪽; 손춘일, 「해방 직후 재만조선인들의 한반도 귀환」, 『전농사론』, 9, 2003, 16~27쪽.

했다가 귀향한 경우, 과거의 친일 경력, 북한의 식량난, 남한의 연고 등을 들수 있다. 이 시기 월남민의 특징은 전쟁기와 비교할 수 있다. 전쟁 시기에 비해서는 엘리트층의 이주가 많았다. 그중에서도 계층이 높을수록 정치·사상적 동기로 이주하는 규모가 컸다.[09] 전쟁 시기에는 전반적으로 군의 작전 수행과 소개 등에 의한 피난이 이루어졌다. 북에서 남으로 이주한 당사자들은 그 시기에 따라 전쟁 이전은 '월남', 전쟁 시기는 '피난'으로 구분하여 명명했다.[10]

귀환민과 월남민은 식민지기의 공간적 경험은 물론이고 이주 배경 및 동기와 이주 과정도 차이가 있었다. 그러나 해방 후 남한에서는 이들을 분류하기보다는 통합하여 인식했고, 관련 정책에서도 차이를 두지 않았다. 남한 사회는 구호를 필요로 하는 귀환민, 월남민을 전재민, 전재동포, 피난민으로 통칭했다.[11]

2) 미군정의 난민 인식과 난민의 주거 문제

미군정은 국제적으로 난민 개념이 확립되기 이전인 1945년 9월 진주 시

---

09 김귀옥, 앞의 책, 43~70쪽, 391~424쪽.

10 특히 전쟁기에 내려온 경우, 내가 구술한 16명 중에서 '월남'이라고 말하는 사람은 없었다. 김귀옥은 전쟁기 월남민이 자신들과 이전 시기 월남민을 비교하여 스스로는 전쟁 때문에 어쩔 수 없이 고향을 떠난 것으로 인식한다고 분석했다. 김귀옥, 앞의 책, 257쪽.

11 해방 후 남한에 들어온 '전재민'의 분류와 개념, 미군정의 구호에 대해서는 이영환, 「미군정기 전재민 구호 정책의 성격 연구」, 서울대 사회복지학과 석사학위 논문, 1989; 이연식, 「해방 직후 해외동포의 귀환과 미군정의 정책」, 서울시립대 국사학과 석사학위 논문, 1998; 황병주, 「미군정기 전재민 구호(救護) 운동과 '민족 담론'」, 『역사와현실』 35, 2000 참조. 귀환 및 귀환민을 통해 국가의 억압적 통치가 인민의 삶을 제약한다는 연구로 김예림, 「'배반'으로서의 국가 혹은 '난민'으로서의 인민—해방기 귀환의 지정학과 귀환자의 정치성」, 『상허학보』 29, 2010.

점부터 귀환자, 월남민을 하나의 난민 범주로 파악했다. 난민과 관련하여 미군정은 한반도와 주변 광역에 걸친 외환 거래와 밀수에 관한 정보를 가장 많이 수집했다. 또한 미군정은 사회 각 분야의 정보원을 통해 난민과 사설 구호 단체의 정보를 수집하고, 38선을 따라 수용소를 설치하여 월남하는 사람들을 관리했다. 이들이 남하하는 동기, 북한에서의 행적, 생활 수준과 학력, 이념적 성향 등을 조사하면서 만주와 북한 지역의 실시간 정보를 수집했다. 미군정이 월남민의 정보를 수집한 것은 남하하는 난민을 정보원이자 사상 검열이 필요한 경계의 대상으로 삼았기 때문이다. 이러한 난민 인식이 정책에 반영될 때는 장기적인 원호가 아니라 재정 부담을 최소화하는 응급 구호로 이어졌다.

남한 사회의 경우, 시기에 따라 난민 인식에 다소 변화가 있었다. 해방 직후에는 남한에 들어온 귀환자와 월남민을 동포로 보고 구호해야 할 집단이라고 생각하는 공감대가 있었다. 그러나 그 수가 증가하며 점차 환경이 악화되고 물자가 부족해지자 난민을 당면한 사회문제로 인식하게 되었다.[12]

미군정기에 사회와 경제는 매우 불안정했다. 식량난과 물가고, 실업이 생활을 궁핍하게 했고, 난민은 특히 열악한 상황에 놓였다. 주거 문제는 식량 문제와 함께 가장 심각한 문제였다. 미군정은 난민의 주거 문제에 대한 대책으로 몇 가지 정책을 추진했다. 첫째, 일본인의 적산가옥 등 기존 건물

---

12 이연식은 해외에서 돌아온 귀환자에 대한 남한 사회의 인식은 해방 후 귀환 초기에 구호, 동포애, 건국이라는 정서에서 대책을 필요로 하는 사회문제로 변화해갔다고 지적했다. 특히 1946년 봄부터 본토 귀환이 늦어진 일본인들이 사재기로 물가를 앙등시키고 생산 시설을 파괴하여 경제 상황을 악화시키면서 남한 사회의 난민 인식 및 수용 문제가 이와 연계되었다고 보았다. 이연식, 「전후 해외 귀환자에 대한 한일 양국의 지원법 비교 연구」, 『근현대 한일 관계의 제 문제』, 동북아역사재단, 2010, 134~136쪽; 이연식, 앞의 논문, 2016, 140~150쪽.

을 활용하는 것이었다. 남한 내 정당과 사회단체는 일본인을 조속히 송환하고, 일본인의 유휴 가옥을 난민에게 개방하자고 주장했다. 경성부 주택과가 설치된 후 난민들이 직접 찾아와서 주택 알선을 요구했고, 20세대의 알선이 추진되었다.

사회 각계에서는 적산가옥 외에 사회적으로 비판 대상이 되고 있던 유곽과 요정도 난민에게 개방하자는 주장을 펼쳤다. 1946년 여름에 수용소에 있던 787명이 용산 미생정(현 용산구 도원동)의 유곽에 수용되기도 했다.[13] 동절기가 시작되면서 적산가옥의 개방을 주장하는 목소리는 더욱 커졌다. 서울 시내의 고급 요정에서 손님과 기생들이 도색영화를 관람한다는 사실이 알려지자 요정에 대한 비난과 폐쇄 요구가 더욱 높아졌다.[14] 그러나 명도 명령을 받은 요정은 종업원의 실직 문제를 내세워 명령 철회 운동을 전개하며 반발했다. 곳곳에서 요정 측과 난민이 서로 싸우거나, 요정은 영업을 계속한다는 광고를 하고 난민은 거리에서 통곡하는 등 분쟁이 벌어졌다. 급기야 미군정 당국은 요정 개방을 연기했다. 여러 정당과 사회단체는 이와 같은 미군정의 결정을 비판했다. 미군정이 동포애와 인류애가 부족하고, 행정력이 무능하다는 것이었다. 이들은 겨울철 난민의 동사가 우려되므로 개방이 시급히 추진되어야 하고, 종업원들의 실직보다 난민의 구호가 더 중요하다고 강조했다. 이후 7개소에서 요정 개방이 이루어졌는데, 계획 인원의 40% 정도인 778명이 수용되었다.[15] 요정 개방이 부진하다는 비난을 면치 못했던

---

13 「경성부주택과, 전재민 위한 주택 알선에 진력」, 『서울신문』 1946. 8. 3.

14 이연식, 앞의 논문, 2016, 152~153쪽.

15 「전재민의 입주를 거절, 명도령에 불복한 난정에 비난」, 『경향신문』 1946. 12. 24; 「13개 요정의 전재민 수용이 한 달간 연기」, 『서울신문』 1946. 12. 25; 「전재민을 위한 시내 요정 개방 연기령에 대한 각계 여론」, 『조선일보』 1946. 12. 26; 「맹반성을 경고」, 『동아일보』 1946. 12. 27; 「요정

서울시에서는 당해 겨울에 2차로 10개소의 요정을 개방하여 8백여 명의 난민을 수용하겠다고 알렸으나 요정업자 측의 반대와 시 당국의 갈팡질팡한 태도로 겨울을 지났다. 이듬해 봄이 된 후 요정 4개, 여관 2개, 사찰 1개에서 772명을 수용했다.[16]

미군정의 난민 주거 대책의 다른 하나는 가주택 건설이었다. 1946년 11월, 보건후생부 내에 군정청 보건후생부장 이용설(李容卨)을 회장으로 하고 서울 시내 각계 유지로 구성된 '전재민가주택건설조성회'가 설치되었다. 보건후생부는 당시 난민의 수를 198만여 명으로 추산했다. 이들에게 필요한 주택 7만 3천여 호를 임시 토막으로 짓는다 해도 9천만 원의 비용이 필요했다. 보건후생부는 4천만 원을 각 도에 배부하고 나머지 5천만 원은 의연금을 모집하기로 했다. 그에 따라 경기도 후생부는 움집 2,500호와 가주택 1천호를 계획하며 3년 이상 농업을 경영해본 경험이 있는 사람들을 각 부·군에서 선정, 입주시키고 매호당 밭 300평, 논 1,500평씩 배당하기로 계획했다.[17]

그러나 가주택 건설은 난민 주거 문제 해소에 성과를 내지 못했다. 서울시는 특히 가주택 건설에 적극적이지 않았다. 1,350호를 영등포, 이태원 등의 국유지나 적산용지를 활용한다는 계획이었으나 실현 가능성이 낮았다. 시장 김형민(金炯敏)은 기자회견에서 토막을 짓는 것에 대해 "민족적 체면으

개방의 공약은 어데로」, 『동아일보』 1946. 12. 28; 「요정 개방은 결국 매명적 수용량의 60% 다시 주홍장으로」, 『동아일보』 1947. 1. 9.

16 「10개소의 적산 요정에 8백 명을 입주 계획」, 『경향신문』 1947. 1. 23; 「제2차 요정 개방! 1차 불발탄의 재발?」, 『동아일보』 1947. 1. 23; 「전재동포 수용에 요정 4개처 개방」, 『경향신문』 1947. 3. 27.

17 「전재민에 대한 시급한 원호 계획이 알려짐」, 『동아일보』 1946. 11. 17; 「사설: 전재민의 가주택 건설」, 『동아일보』 1946. 11. 19.

로도 나는 반대하였다. 그러나 이 안은 군정청 후생부의 안으로 서울시에서는 대행을 할 뿐이다"라고 밝혔다. 1946년 겨울을 지내기에는 건축 시기도 문제가 되었다. 전재동포원호회 중앙본부도 토막집 건축이 시기로 보아 기대하기 어렵다는 의견을 군정 당국에 제출했다.[18] 각 도에 할당된 일반후생자금을 차용하여 가주택 건설을 추진하는 등 재정 부족과 공사 지연으로 인해 가주택 건설은 부진할 수밖에 없었다.[19]

이처럼 주거 문제 해소를 위해 기존 주택을 활용하거나 가주택을 건설한다는 미군정의 방안은 실효를 거두지 못하고 있었다. 도시의 난민이 감소하지 않는 상황에서 미군정은 난민을 각 지역으로 분산시키고자 했다. 서울에는 만주에서의 귀환민과 월남민의 규모가 컸다.[20] 보건후생부는 경기 북부 지역과 강원도에 검역소를 설치하는 한편, 국영 시설이 38선 근처에 편재하고 있어 난민의 도시 집중이 심화되고, 각 도에 연락기관이 없어서 전체적인 계획을 수립할 수 없다는 이유로 전국 각 지역에 수용소를 신설하기로 결정했다.[21]

---

18 「서울시장 김형민, 오물 처리 등 제반 문제 기자회견」, 『조선일보』 1946. 11. 19; 「수도 해결에 미기술진 쓰레기는 동회서 각기처리」, 『동아일보』 1946. 11. 19; 「귀환동포 2백 70만」, 『동아일보』 1946. 12. 10.

19 「보건후생부, 전재민 수용 가주택의 건설 상황 발표」, 『조선일보』 1947. 1. 31.

20 서울시에서 난민 실태 조사를 실시한 결과, 난민의 총수는 20,744세대 105,800명이었고, 이전 거주지로 볼 때 만주 방면 8,543세대 44,298명, 38이북 5,487세대 28,983명, 중국 3,637세대 17,524명, 일본 2,907세대 14,318명, 남방 107세대 382명, 기타 63세대 295명 순이었다. 「서울 시내의 전재민 이월말 현재」, 『동아일보』 1947. 4. 2.

21 청단·토성·동두천·춘천·주문진 5곳에 하루 총 2,750명을 수용할 국영구호검역소를 설치했고, 강원도와 경기도는 별도의 임시검역구호소를 곳곳에 두었다. 또한 수용소는 청주·충주·대전·진주·대구·영주·의성·마산·광주·전주·춘천·원주·김천·오산에 신설하기로 했다. 「보건후생부, 월남동포 구호 위해 국영구호검역소 설치」, 『조선일보』 1947. 3. 22; 「남하하는 이

난민 주거 문제는 서울에서 특히 두드러졌다. 서울시는 이미 들어온 난민을 대상으로 임시수용소를 추가 설치했고, 각 지방 사찰에 난민을 분산시킬 계획도 세웠다. 1947년 7월 1일부터는 각 도의 '전재민수용계획안'을 개정하면서 월남민의 서울시 거주를 금지하기로 했다. 개성·의정부·주문진·춘천의 각 수용소들은 수용된 난민을 도별로 할당해 이주시키도록 했다.[22]

해방과 분단에 의한 한반도 안팎의 이주는 남한에서 귀환과 월남으로 나타났다. 귀환민과 월남민은 국제적·정치적 변동에 따라 정주할 곳을 찾은 난민이었다. 미군정은 난민을 정보원으로 활용하면서도 통치에 부정적인 영향을 미칠 수 있음을 경계했다. 생활 환경을 악화시킬 수 있다는 우려 속에서 남한 사회는 난민의 존재를 사회문제로 인식했다. 특히 주거 문제는 가장 시급하고 중요한 문제로 여겨졌다. 미군정이 시도했던 정책으로서 새로운 주택을 짓거나 기존의 주택을 활용하는 방식은 모두 임시적이었다. 당시의 주택은 수용소의 집단적 형태와 마찬가지로 불안정했다. 가주택은 명칭 그대로 임시방편이자 토막집 형태였고, 그나마도 실현되지 못했다. 난민이 살게 될 기존의 주택은 일본인 가옥이나 요정이 다수였다. 일본인이 송환된 후 요정업자나 미군정 관리들은 요정 개방을 반대하는 등 사적인 이해타산을 추구하고 있었다. 난민의 열악한 처지에 대해 사회에서도 대책을 촉구했지만, 미군정은 장기적인 대책을 강구하지 않았다. 결국 난민의 주거

북동포 위해 국영구호검역소설치」, 『동아일보』 1947. 3. 30; 「38선 요처에 전재민수용소가 설치」, 『조선일보』 1947. 4. 20; 「남하하는 동포 위해 각도에 직영수용소 설치」, 『동아일보』 1947. 5. 21.

22 할당 내용은 충북, 경기 각 5%, 충남, 경남, 강원 각 10%, 경북, 전북, 전남이 각 20%였다. 「서울 인구포화 상태 임시수용소 설치도 계획」, 『경향신문』 1947. 6. 7; 「천막 전재민 사찰에 수용」, 『동아일보』 1947. 6. 10; 「남하동포 서울 거주 금지」, 『경향신문』 1947. 7. 9.

문제를 해소하는 방안은 지방에 분산수용하는 것으로 귀결되었다. 수용소 설치와 가주택 건설안에서도 난민을 지방으로 분산시키는 시도가 병행되었으나 성과를 얻지 못했다.

2. 국가폭력과 난민 형성 ① 제주4·3 진압과 소개

남한에 정부가 수립될 당시에 발생한 난민은 외부로부터 유입된 귀환민·월남민뿐만이 아니었다. 남한 정부는 분단 상태에서 북한 정권의 사회주의 이념을 적대시하고, 내부의 저항을 극도로 억압하며 정부의 반공 지향에 적합한 국민을 구성해갔다. 정부가 봉기를 진압하고 이후에 봉기 지역 전체를 초토화하는 과정에서, 수많은 사람들이 생명을 빼앗기거나 집을 떠나야 했다. 제주4·3과 여순사건이 벌어진 제주도와 남부 지방의 지역민은 국가폭력이 자행하는 학살의 위협과 공포 속에서 난민이 되었다.

1) 강제 소개(疏開)

이승만(李承晚) 정권은 제주4·3의 진압을 목적으로 제주도 전체의 '초토화 작전'을 감행했다. 특히 1948년 10월 하순부터 1949년 3월 시기에 무차별적인 소개와 학살이 이어졌다. 1948년 10월 17일 경비대 제9연대장 송요찬(宋堯讚) 소령은 10월 20일 이후 해안선으로부터 5km 이외의 지점 및 산악 지대의 무허가 통행금지를 발표했다. 포고를 위반하면 그 이유에 상관없이 총살한다고 했다.[23] 제주도 지형에 따라 진압 대상으로 설정한 해안선 5km 이

---

23 「연대장 포고」, 『조선일보』, 1948. 10. 20.

외의 지점은 한라산 등 산악 지역에 국한되는 것이 아니라 사실상 해변을 제외한 중산간 마을 전부였다. 따라서 주민이 살고 있는 마을에서의 통행금지란 결국 거주를 금지한다는 것이었다. 송요찬의 포고문 발표 다음 날 해군은 제주 해안을 봉쇄하고, 본격적인 초토화 작전을 개시했다.[24]

11월 중순에는 중산간 마을 주민들에게 해안 마을로 이주하라는 소개령이 발동되었다. 11월 17일에 계엄령이 선포되며 강경 진압 작전이 시작되었다. 진압군의 작전은 중산간 마을 주민들을 해안 마을로 소개시키고, 해안 마을에서는 주민 감시 체계를 구축함으로써 유격대의 근거지를 없앤다는 것이었다. 이범석(李範奭) 총리 겸 국방장관은 국회에서 도민의 다수가 '폭도의 정신적 가담자'라고 보고했다. 소개 작전은 산간의 주민을 해안으로 이주시켜서 보갑제(保甲制)를 실시하고, 유격대에 대한 보급선을 차단, 협력자를 처단하겠다는 내용이었다.[25] 보갑제는 몇 개의 마을을 하나로 묶어서 주민들이 보초를 서며 서로 감시하게 하고 유사시 공동 책임을 묻는 것이었다.

소개령 이후 중산간 마을을 모두 불태우고 남아 있던 주민들은 즉시 사살했다. 일부 마을은 소개령이 채 전해지지 않은 상태에서 진압이 이루어졌다. 영화 〈지슬〉[26]의 실제 배경이었던 안덕면 동광리에서도 소개령 통보 없이 11월 21일에 무차별 총격으로 10여 명이 죽었다. 살아남은 120여 명의 주민들은 근처의 큰넓궤로 피신하여 굴 속 생활을 하다가 다시 발각되었다.

---

24 제주4·3사건 진상규명 및 희생자 명예회복위원회, 『제주4·3사건진상조사보고서』, 2003, 264쪽.

25 위의 책, 297쪽.

26 오멸 감독, 2013. 3. 21 개봉.

이들은 20km 정도 떨어진 볼레오름으로 피신했으나 거의 모두 붙잡혀 학살당했다.[27]

주민들은 중산간 마을에서 소개되어 해변 마을에 머물거나, 소개되지 않은 경우에도 불안에 떨어야 했다. 진압군은 소개된 가족과 본래 해변 마을의 주민들을 모아놓고, 가족 중 청년이 없으면 '도피자 가족'으로 몰아 총살했다. 진압 작전을 피해 산간 지역의 굴이나 숲에 은신해 있던 사람들도 발각되면 총살당했다. 1992년 다랑쉬굴에서 발견된 희생자들도 도피 생활을 하고 있었던 것으로 밝혀졌다. 각종 가재도구와 함께 여성, 어린이 유해도 발견되어, 소개된 사람들의 피신 생활을 짐작할 수 있게 했다.[28]

소개민에 대한 효율적인 감시와 통제 및 자체 경비를 위해 1948년 11월부터 1949년 3월 사이에 해안 마을의 축성 작전이 시작되었다.[29] 언론에서는 축성 작업에 남녀, 노인과 어린이까지 적극적으로 참여하여 만리장성을 연상시킬 정도의 길이(약 12만 미터)를 짧은 기간 내에 준공했고, 이는 마을 내의 '자가숙청(自家肅淸)', '폭도내습(暴徒來襲)'에 효과를 발휘한다고 의미를 부여했다.[30] 장거리 축성에 동원된 것은 도민들이었다. 특히 젊은 청년들이 도피

---

27 제주도 서귀포시 안덕면 동광리 1486번지 '헛묘' 묘비; 양정심, 『제주4·3항쟁—저항과 아픔의 역사』, 선인, 2008, 166쪽.

28 제주4·3사건 진상규명 및 희생자 명예회복위원회, 앞의 책, 299~300쪽.

29 제주도에서 성을 쌓아 감시와 경비를 수행한 마을을 '전략촌'이라 명명하고, 시기에 따른 그 성격 변화를 분석한 연구를 참고할 수 있다. 이 연구에 의하면 1948년 11월부터 1949년 3월까지는 초토화 작전을 통해 해안 마을을 분리하기 위해, 1949년 3월부터 1954년 3월까지는 중산간 마을 재건과 분산수용을 위해, 1954년 4월부터 1957년 4월까지는 산간 마을의 완전 재건을 위해 각각 전략촌이 형성되었다고 했다. 그런데 당시에는 전략촌이라는 개념은 사용되지 않았고, 중산간 마을의 재건과 복귀가 모두 전략촌 형태였다고 보기는 어렵다. 김은희, 「제주4·3 시기 '전략촌'의 형성과 주민 생활」, 『역사민속학』 23, 2006.

30 「군정 3년이 유죄」, 『자유신문』 1949. 3. 22.

한 상태에서 주로 여성과 노인, 어린이 등 노약자들까지 노역에 시달렸다. 축성 이후에는 주민들이 교대로 보초를 서야 했다.

주민들은 토벌대 부역도 담당해야 했다. 토벌대의 식사와 심부름을 맡아주거나 서북청년회(서청)의 뒤치다꺼리를 해주었다. 서청은 집집마다 5~10명씩 기거하며 잠자리와 식량을 제공받았다. 주민들은 부역이 아닌 직접 토벌에도 동원되었다. 향토 방위를 목적으로 창설된 민보단(民保團) 등 우익청년단에 가입해 토벌대 보조 병력이 되었다. 1949년 가을부터는 토벌대가 주민들을 경찰 산하 특공대에 합류시키며 토벌의 최전방에 내세웠다.[31]

4·3으로 소개된 난민은 8~9만 명, 제주도 인구의 1/3로 추산되었다.[32] 해안 마을로 내려온 중산간 마을 주민들은 초등학교 교실이나 공회당, 창고 등을 활용한 수용소에 집단수용되거나 친지에게 의탁하여 생활했다. 제주농업학교와 제주주정공장 창고 수용소는 군경에 잡힌 귀순자 3,300여 명이 수감되기도 했고, 제주 각 지역의 공회당과 학교에도 토벌대가 주둔하며 주민들을 수용하거나 학살했다. 정미소·농회·주택·창고 등은 주로 도피자 가족의 집단수용소로 이용됐다.[33] 해안 마을 주민들은 중산간 사람들과 접촉하면 폭도로 취급받는 상황이었기 때문에 중산간 사람들을 경계하고 냉대했다.[34]

---

31 제주4·3사건 진상규명 및 희생자 명예회복위원회, 앞의 책, 314쪽; 양정심, 앞의 책, 189~193쪽.

32 이재민 숫자는 『자유신문』(1949. 3. 23)에 86,797명, 『조선일보』(1949. 6. 2)에 88,990명, 『서울신문』(1949. 9. 1)에 97,703명으로 기록되어 있다.

33 임송자, 「제주4·3과 냉전 공간—제주4·3수용소를 중심으로」, 『성균관대 동아시아역사연구소·수선사학회 2022 추계학술대회 자료집』, 2022, 9~16쪽.

34 예부터 중산간 마을이 해변 마을보다 물적 토대의 우위에 있어서 부촌으로 인정되고, 중산간 사람들은 해변 사람들을 '알뜨르 보재기'라며 무시해왔던 것도 4·3 이후 갈등의 배경이

2) 난민 실태

정부는 제주도의 난민 실태를 파악하기 위해 현지조사를 시행했으나 실질적인 대책은 미미했다. 1948년 12월 제주 출신 국회의원 오용국(吳龍國)[35]은 제주도 시찰 이후 결과 보고에서 난민에 대한 응급 구호 대책의 필요를 주장했다. 난민이 해안 마을의 민가 또는 사찰에 수용되어 있는데, 도 당국은 유격대로부터 압수한 식량이나 재고품, 마을 주민의 의연 양곡 등을 배급하고 있지만 식량 보급이 어렵다고 강조했다. 감자를 대용하고 있으나 절박한 상황임을 덧붙였다. 의류 등의 보급에 대해서도 지방 독지가로부터 수집하여 배급하고, 중앙에서도 면포를 배급했지만 겨울철이라 의류가 부족하여 '목불인견의 참상'이라고 알렸다.[36] 그러나 겨울이 지나 해가 바뀌어도 상황은 개선되지 않았다.

소개령에 의해 피해를 입은 마을의 복구는 1949년 봄부터 시작되었다. 이범석 국무총리와 신성모(申性模) 내무부장관이 제주도를 시찰하고 귀경한 후 비로소 난민에 대한 식량과 의류 공급이 시작되었다. 사회부는 식량, 의복, 침구, 생필품 등을 제주도에 보냈다.

되었다. 양정심, 앞의 책, 186쪽.

35 1905년 출생으로 제주공립농업학교와 도쿄대학 법제학회를 졸업했다는 기록이 있다. 서귀면 양원사숙을 설립했고 서귀면 회계, 제주농회 서기, 제주도 안덕면장, 서귀면장, 서귀면 효돈수리조합장, 남조선과도입법의원 의원, 제헌국회 의원(무소속, 남제주군) 등을 역임했다. 한국전쟁 당시 납북되었다. 대한민국헌정회(http://rokps.or.kr/) 참조. 그런데 법제학회는 도쿄대의 공식 편제가 아니다. 윤현상(역사문제연구소 연구원)의 확인 결과, 도쿄대학 법학과 한국인 재학/졸업생 60명에도 포함되어 있지 않아서 법제학회 졸업이라는 이력은 허위일 가능성이 높다.

36 「반란지구 선무반 파견에 관한 건」, 제헌국회, 『제1회 국회속기록』 제124호, 1948. 12. 8; 「선무반 보고」, 제헌국회, 『제2회 국회 정기회의속기록』 제3호, 1949. 1. 11.

해안 지대에 가까운 곳부터 경찰의 허가를 받아 주민의 자력으로 복구가 시작되었다. 오용국 의원은 마을 복구에 관한 정부의 공식 대책이 수립되지 않았던 1949년 1월에, 주택의 복구를 위해 제주도의 공유림, 기타 사유림을 벌채하여 건축 자재로 보급하고, 자력으로 복구하기 곤란한 이재민에게는 건축비를 중앙에서 지원해야 한다고 요구했다.[37] 같은 해 3월 초에 제주도를 현지 답사한 주기용(朱基瑢)[38]의원은 중산간 마을이 전소 상태여서 난민의 의식주 문제가 심각하다고 강조하며 가주택을 설치해야 한다고 주장했다.[39] 정부는 1949년 7월부터 3개월간의 제주도 이재민 구제기금으로 1억 2천만 원을 책정했다.[40]

이 시기에 중산간 마을 주민들은 거주지 외에도 경찰 주둔소라는 일종의 축성 작업에 동원되었다. 한라산 밀림에 인접한 주요 거점마다 경찰 주둔소가 세워져 유격대 방어와 효율적 토벌을 위해 경찰과 마을에서 차출된 청년들이 보초를 섰다. 주둔소는 한라산 토벌에 나선 군인들의 임시 숙소로 사용되기도 했다.[41]

---

37 1호당 3~5만 원의 건축비 지원을 제안했다. 「선무반 보고」, 제헌국회, 『제2회 국회 정기회의 속기록』 제3호, 1949. 1. 11.

38 주기용(1897~1966)은 경남 창원 출생으로 오산중학교, 세이소쿠영어학교, 도쿄고등사범학교 수학과를 졸업하고 오산중학교 교장, 문교부 보통교육국장, 제헌국회 의원(무소속, 창원 을), 오산중고등학교 이사장을 역임했다. 한국학중앙연구원, 『한국민족문화대백과사전』 참조.

39 「험난한 한라산봉 ③ 군경 소탕전에 지장 막대, 제주 답사기」, 『자유신문』 1949. 3. 23; 「인심 수습에 치중 ① 복구에 관민 협력 지요」, 『자유신문』 1949. 3. 24.

40 「민심 수습이 요체 제주도서 이총리 연설」, 『동아일보』 1949. 3. 16; 「제주도 구제비 일억 이천만 원」, 『경향신문』 1949. 7. 21.

41 제주4·3연구소, 『4·3장정』 5, 나라출판, 1992, 78~79쪽.

3) 복구의 시작과 난점

1949년 5월에 제주도지구 전투사령부가 해체되고 육지에서 파견된 응원경찰대도 철수하며 사건이 진정 국면에 접어들자, 정착사업이 전개되었다. 대상은 소개되거나 피난 입산했다가 하산한 중산간 마을 주민들이었다. 완전 소각된 마을부터 재건에 착수했으나, 재목의 벌채와 수송의 어려움 때문에 임시로 함석집이나 초막을 지어서 주민들을 수용했다.[42]

정착사업으로 형성된 마을의 생활도 재건 이전과 마찬가지로 열악하기 그지없었다. 제주 화북동 거로마을에 만들어진 '건설부락'은 "원시시대 인간들이 살던 생활 상태"를 방불케 할 정도였다. 약 200세대 1천여 명의 난민이 살고 있었는데, 주택은 돌과 흙으로 벽을 쌓고 그 위에 바로 지붕을 얹은 간소한 형태였고, 방에는 짚, 초목, 낙엽 등을 펴놓았다. 방은 침실이자 부엌으로 쓰였다. 이들의 식량은 잡곡 혹은 고구마죽이었는데, 그나마 하루 한두 끼로 연명해야 했다.[43]

제주도의 상황이 크게 나아지지 못하고 있는 가운데, 정부는 1950년에 전국적으로 주택 피해자에게 보조금을 지급한다는 방침을 밝혔다. 완파 가옥은 15,000원, 반파는 10,000원, 가족이 철수한 세대는 5,000원을 지급한다는 기준을 세워 주택 피해자에게 전국적으로 총 3억 원을 활용한다는 것이었다. 제주도에는 2,700만 원을 배정했다. 제주도와 전남은 가장 피해가 큰 지

---

42 1949년 8월 말 현재 7,379명의 귀순자와 97,703명의 이재민을 구하고자 35개 '재건부락' 또는 '건설부락'이 세워졌으나, 3만여 명밖에 수용하지 못하고 있었다. 「4·3사건 이후의 최근 제주도 재건 상황」, 『서울신문』 1949. 9. 1; 제주4·3사건 진상규명 및 희생자 명예회복위원회, 앞의 책, 512쪽.

43 「제주 4·3사건으로 피해 입은 도민의 생활상」, 『한성일보』 1950. 2. 16.

역이었지만 다른 지역에 비해 적은 금액이 책정되었다.[44] 현실적으로 피해 복구에 태부족한 금액이었다.

김충희(金忠熙)[45] 제주도지사 겸 제주부흥위원회 위원장은 정부에 특별지 원을 요청했다. 4·3사건으로 인한 난민 10만여 명이 대부분 토막 혈거 생활 을 하고 있으므로 피해 주택과 각종 산업기관 및 공공시설 복구, 난민에 대 한 생업자금 조달을 위해서는 약 89억 원이 소요된다고 하였다.[46] 이러한 소 요 비용을 고려할 때 정부가 책정한 2천 7백만 원은 매우 적은 금액이었다.

정부는 제주도에 구호 물자를 배정했지만 교통·통신이 불편하여 중앙 과 긴밀한 연락을 취하지 못했고, '소동'이 심해져 수송에 지장이 많았다고 보고했다.[47] 제주도에서 계획이 수립되어도 실질적인 구호가 거의 이루어지 지 못했음을 짐작할 수 있다. 도내에서 재건이 시작될 무렵 전쟁이 발발했 으므로 제주도의 피해는 설상가상이었다.

4·3 당시 제주도에서 정부는 유격대 진압과 보급 차단을 위해 마을의 강

---

44 지역별로는 전남 8,400, 경남 3,600, 경북 5,000, 충북 3,000, 강원 2,100, 전북 1,500, 경기 900만 원 이었다. 「구제금 3억 원을 소개 재민 3만 호에 배당」, 『동아일보』 1950. 1. 12.

45 1889년 제주 출생으로 의신학교, 보성학교, 제주 회문의숙을 개설했다. 제주도지사, 대한독 립촉성국민회 제주도지부장, 자유당 제주도당 부위원장을 지냈다. 「삼도지사 경질」, 『동아 일보』 1949. 11. 17; 한국학중앙연구원, 『향토문화전자대전』.

46 1949년 12월 20일에 도지사를 위원장으로 한 제주도 재건부흥위원회가 결성되었다. 각계 인 사를 총망라한 이 위원회는 수산·공업·문화·치안 등의 분과위원회를 두고 본격적인 재건 활동에 나섰다. 자금은 제주도 부담액 약 27억 1천만 원, 국고 보조 약 14억 2천만 원, 융자액 약 47억 7천만 원 등으로 구성되었다. 『자유신문』 1950. 1. 21; 「제주도 부흥자금 융자 요청의 건」, 『國務總理室 關係書類』, 1950. 2. 10(제주4·3사건 진상규명 및 희생자 명예회복위원회, 앞의 책, 361쪽에서 재인용).

47 이윤영 사회부장관, 「반란지구 선무반 보고와 대책 강구의 건」, 제헌국회, 『제2회 국회 정기 회의속기록』 제13호, 1949. 1. 25.

제소개를 단행했다. 중산간 마을 대부분이 파괴되었고, 소개된 마을의 주민들은 난민이 되어 해안 마을로 이동하거나 산속, 동굴에 숨어서 피신 생활을 했다. 유격대가 주민들에게서 물자 충당을 하자, 토벌대는 주민들을 토벌에 활용하고 유격대와 차단하기 위해 축성을 통해 집단부락 형태를 만들었다. 난민은 학살의 위협과 공포로 처참한 생활을 이어갔으나 육지의 중앙정부는 섬의 상황을 인지하지 못했다. 제주에서 현지조사가 실시되고 그 결과가 중앙에 보고되어도 대책이 실행되기까지 시간이 지체되었다. 난민이 복귀하고 마을을 복구하기 이전에 다시 한국전쟁이 발발하며 제주도에는 육지로부터의 전쟁 난민까지 유입되었다. 1950년대 제주도에는 4·3사건 난민과 전쟁 난민이 공존하게 되었다.

3. 국가폭력과 난민 형성 ② 여순사건 및 빨치산 진압, 소개

제주4·3의 연장선에서 일어난 여순사건은 분단국가 형성 과정에서 정권에 대한 비판과 저항을 완전히 배제하고 반공 이념으로 국민을 통제하게 된 결정적인 사건이었다. 반란군과 정부군의 전투로 지역의 점령과 재점령이 반복되었고, 정부 및 우익 세력에 의한 협력자 색출과 학살이 벌어졌다. 지역민은 전투 상황에서 가옥을 소실하여 난민이 되었고, 계엄의 발동으로 지역 내 거주와 이동이 군의 명령에 따라 제한되었다. 여순사건 이후 반군의 빨치산 활동과 정부 측 토벌이 이어지면서 해당 지역은 전장이 되었고, 지역민은 양측에 활용되거나 지역을 떠나야 했다. 이때 정부의 지시와 통제에 따르지 않는 사람은 국민이 아닌 적이 되었고, 무력을 동원한 생존 위협 앞에서 집을 버리고 난민이 되어야만 '반공 국민'임을 증명할 수 있었다.

1) 주택 소실과 마을 소개

여순사건은 1948년 10월 19일에 여수에 주둔하던 제14연대가 제주도로의 진압 명령에 불복하며 일으킨 봉기로 시작되었고, 전남 동부 지역으로 확산되었다. 정부는 초기 진압에 실패하자 미군의 지휘를 받으며 3군을 동원한 본격적인 진압에 나섰고, 민간인과 반란군을 구별하지 않았다. 정부 진압군은 10월 말부터 12월 중순까지 협력자를 색출하고, 계엄하에서 탈출 또는 반항의 위험이 있다고 간주할 경우 재판 없이 즉결 처형하는 등 학살을 감행했다.[48]

겨우 학살을 피한 지역민도 피해는 극심했다. 당장의 생존이 어려운 난민이 속출했다. 당시 정부 통계가 부정확하고, 정부 기록은 반란군에 의한 피해만을 강조하고 있으나, 진압군에 의한 피해가 훨씬 심했던 것으로 밝혀졌다.[49] 봉기군이 지리산에 입산한 이후의 시점에서 가장 사실에 근접하다고 판단되는 1949년 11월 11일자 전남도 당국의 조사에 의하면, 사건 발생 지역 전체에서 인명피해가 11,131명, 가옥의 파괴와 소실이 11,871호였고, 구호 대상은 주택 58,734호에 인원 318,457명에 달했다.[50]

많은 사람에게 피해가 발생한 것은 여수 시내의 대형 화재 사건과 지리산 진압 작전 때문이었다. 여수에서는 진압군이 들어온 10월 26일 서시장, 27일 충무동 시민극장 주변에서 큰 화재가 일어나서 2천여 호의 가옥이 소실되고 4만여 명의 난민이 발생했다.[51]

---

48 김득중, 『빨갱이의 탄생』, 선인, 2009, 295~346쪽.

49 위의 책, 352~357쪽.

50 「유격대 토벌 작전으로 소개된 전라남도 도민 수는 18만여 명」, 『호남신문』 1949. 11. 11; 위의 책, 350쪽.

51 「여순사건, 여수·순천 현지 르포」, 『조선일보』 1948. 11. 2. 기사는 화재가 반란군의 방화 때문

여수 화재로 인해 난민이 된 사람들은 의식주 전반의 위기에 처했다. 그 와중에 정부는 여순사건 지역에서도 양곡 매상을 실시했고, 여수에서 가장 높은 성과가 나왔다. 당시 여수는 식량 공급이 원만하지 않아서 아사자를 우려하던 상황이었기 때문에, 높은 매상 실적은 실정에 맞지 않는 것이었다. 주거 문제에 있어서는 최소한의 천막이나 바라크를 지을 자재도 거의 없는 상태였다. 여수자치위원회도 마땅한 대안이 없어서 난민은 친지의 집이나 학교 등 큰 건물에 머물러야 했다. 이불이나 옷가지도 없었는데, 화재가 난 곳이 시내 번화가여서 공급할 의류 자체가 거의 없었다.[52]

여수에서 집을 잃은 사람들은 대도시 지역으로 빠져나갔다. 광주에는 사건이 일어난 다음 달인 11월부터 매달 1천여 명이 새로 유입되었다. 실제로는 통계보다 더 많았을 것으로 추측되는데, 새로 오는 사람에게는 식량 배급이 원칙적으로 중단되었다. 광주에 인구가 증가하며 거주지가 불안정한 사람들 또한 늘었다. 사건 후 부모를 잃은 아이들도 많이 생겼는데 이들은 고아원으로 보내졌다. 전남 일대의 고아원 어린이들 중 여순사건으로 부모를 잃은 경우가 가장 많았다.[53]

한편, 14연대 반란군은 여수를 떠나 빠른 시간 내에 지리산에 입산하여 유격 근거지를 만들고 장기적인 무장투쟁을 전개하고자 했다.[54] 반란군

이라고 했으나 화재 원인이 정부에 있다고 추정할 수 있는 몇 가지 근거를 찾을 수 있다. 위의 책, 355~357쪽 참조.

52 「전라남도 양곡 매입 50만 석으로 목표량의 40% 달성」, 『호남신문』 1949. 2. 10; 「여순사건, 여수·순천 현지 르포」, 『조선일보』 1948. 11. 2.

53 「전라남도 광주, 여순반란사건 후 이농 현상으로 인구 격증」, 『호남신문』 1949. 3. 18; 김득중, 앞의 책, 366쪽.

54 최선웅은 반군의 목표가 여수와 순천을 해방시킨 후 서울로 진격하는 전국적 봉기의 추진이 아니라 지리산 입산과 장기 유격투쟁에 있었다고 보았다. 최선웅, 「14연대 반군의 종착지, 지

이 지리산에 입산하고 진압군이 빨치산 토벌 작전을 본격화하면서, 진압군은 빨치산 보급을 차단하기 위해 산악 지대 마을 전체를 소개시켰다. 1948년 11월 16일 호남 전투사령관은 지리산을 중심으로 한 남원·운봉·함양·하동(이상 제7관구)과 광양·순천·곡성(이상 제8관구) 간의 일반인 통행을 금지했다. 그 결과 전남에서 소개된 농민 수는 1949년 10월 25일 현재 18만 2,852명, 3만 3,646호에 달했다.[55]

지리산의 소개 작전과 지속되는 전투는 주민들의 피해를 가중시켰다. 국회에서도 소개 작전에 대한 문제가 제기되었다. 최범술(崔凡述)[56] 의원은 집을 소각하여 주민들이 겨울철에 갈 곳이 없어서 괴로움을 겪고 있다고 지적했다. 그는 모든 집에 불을 지르거나 그 지대가 반란군에게 넘어갈 것이라는 인상을 주면 국민 여론에 좋지 않다고 주장했다.[57] 사회부는 현지에 구호반을 보내고 사상자 처리비, 주택비, 의료·급식비, 생업 보조비를 송금했다며 응급구호가 이루어지고 있다고 보고했으나[58] 지역의 현실은 미진했다.

리산」, 『지리산의 저항운동』, 선인, 2015 참조.

55 「제8관구 경찰청장, 지리산 부근 일반인 통행금지 경고문을 발표」, 『동광신문』 1948. 11. 19; 「유격대 토벌 작전으로 소개된 전라남도 도민 수는 18만여 명」, 『호남신문』 1949. 11. 11.

56 최범술(1904~1979)은 경남 사천 출생으로 다이쇼대학 불교학과를 졸업한 뒤 조선불교청년동맹 중앙집행위원장을 지냈다. 독립운동으로 옥고를 겪었고 사천 광명학원 설립했다. 국민대학 이사장, 제헌국회 의원(무소속, 사천)을 역임했다. 한국학중앙연구원, 『한국민족문화대백과사전』.

57 「반란지구 실정 보고」, 제헌국회, 『제2회 국회 정기회의속기록』 제8호, 1949. 1. 19.

58 이윤영 사회부장관, 「반란지구 선무반 보고와 대책 강구의 건」, 제헌국회, 『제2회 국회속기록』 제13호, 1949. 1. 25.

2) 지역민의 요구

이재민이 된 주민들은 열악한 상황을 타개하고자 정부에 직접 호소했다. 1949년 1월 곡성군 시국대책위원회 대표가 서울로 올라와 정부 각부를 방문하여 7만 주민이 실업과 기한에 직면해 있다며 계속되는 진압군과 빨치산 간의 전투로 이재민이 계속 늘어난다고 호소했다. 또한 곡성 지역의 피해 복구에 필요한 이재민 구제금으로 2억 원의 정비 보조를 요청했다. 이들의 주장에 따르면, 곡성군 내 전소된 가옥은 100호였고 소개된 집만 해도 600호가 넘었다. 구례군 시국대책위원회 대표들도 상경하여 현지 주민들의 억울한 실정을 호소했다. 구례 지역 7만 주민이 실업과 기한에 직면해 있다며 밤낮으로 계속되는 진압군과 빨치산 간의 전투로 이재민이 계속 늘어난다고 고발했다.[59]

지역민의 요구에 대하여 사회부는 반란 지구에서 토벌 작전으로 마을을 전소시킨 피해가 반란으로 인한 것보다 더 크다는 점을 인정하고 국방부와 내무부에 조치를 요청한다고 했으나,[60] 산간 지역에서의 소개는 계속되었다. 계엄 상태에서 지역의 모든 권한은 군이 행사했기 때문에 사회부가 요청한다 하더라도 소개 작전이 중지될 가능성은 낮았다.[61]

1949년 7월 27일, 송호성(宋虎聲) 제5사단장은 백운산에 직접 출동하여 포위 작전을 전개하고, 산간 마을을 집단 소개하겠다고 밝혔다. 빨치산이 집중된 지역은 주민의 협력이 부족했던 탓이라고 하며 농사에 종사하지 않는

---

59 김득중, 앞의 책, 366~367쪽.

60 「이민 문제 실현 막연」, 『경향신문』 1949. 4. 28.

61 노영기, 『1945~50년 한국군의 형성과 성격』, 성균관대 사학과 박사학위 논문, 2008, 214쪽.

주민들의 협력으로 '군민합작' 작전을 실시하겠다고 공언했다.[62] 주민들은 군경에 의해 '소개'되거나 '동원'되어야 했다.

이범석 국무총리도 나서서 지리산 지역 내 빨치산으로 인한 피해가 우려되거나 '통비(通匪)'의 경향이 있는 마을은 피해를 미연에 방지하고 빨치산에 편익을 제공하는 길을 차단한다는 목적으로 조기에 소개시킬 것을 지시했다. 아울러 소개된 주민의 이주와 생업 보도(補導) 등 정착에 대한 적절한 시책을 강구하라고 지시했으나[63] 실제로 대책이 마련되고 실행되었는지는 확인할 수 없다.

전남과 지리산 지역은 물론, 다른 지역에서도 소개가 이루어졌다. 태백산지구 봉화군 36개 마을에서 일주일 만에 모든 집을 파괴하고 지정 장소로 소개하라는 군의 명령이 있었다. 울진에서는 모든 면을 1면에 4개 마을 이하의 집단부락으로 만들라는 명령이 있었다. 국회에서 군의 일방적인 명령에 대한 항의가 있었지만, 해당 사령장관은 면장이나 군수와 협정했으므로 문제가 되지 않는다는 반응이었다. 국회는 20호 이상의 마을이나 자동차 도로 2km이내 마을의 소개 시에는 대책위원회의 동의를 얻어야 한다고 결의했다. 중앙소개대책위원회는 회의를 통해 군부 전략상 필요에 의해 소개 요청을 한 때에는 지방관청이 실시하게 하고, 20호 이상의 집단 소개는 대책위의 승인이 필요하며 소개민의 구호 대책을 강구한다는 사항들을 결의했다. 대책위는 과동(過冬) 대책으로 매호 1만 원씩 배당하기로 하고 이들에 대

62 「송호성 제5사단장, 산간 부락민을 집단 소개시켜 게릴라를 완전 소탕하겠다고 기자회견」, 『호남신문』 1949. 7. 28.

63 「이범석 국무총리, 유격대 토벌을 위해 지리산에 산재한 마을을 소개시킬 것이라고 언명」, 『조선일보』 1949. 8. 26.

한 양곡 매상도 면해줄 것을 농림부에 요구했다.[64]

3) 집단부락과 난민 실태

지리산 지역에서도 제주도에서 축성을 통해 집단부락을 형성했던 것과 마찬가지로 집단부락을 축조한다는 계획이 있었다. 이 집단부락은 내무부가 군경과 협력하여 지리산 부근 일대에 산재한 마을들을 몇 개 지점에 몰아놓는 방식이었다. 이는 과거 만주에서의 집단부락과 유사하다고 보도되기도 했다. 가옥 50~100호를 단위로 그 주위에 높은 담을 쌓아 주야로 경비함으로써 만주에서 많은 성과를 얻었다는 것이었다.[65]

그러나 집단부락이 실제로 조성되었다고 보기는 어렵다. 정부나 군경은 진압 경로를 확보하기 위해, 명목상으로는 소개 지역 주민들을 구호한다는 구실로 집단부락을 계획하거나 지시했지만 그마저 일시적이었다. 오히려 주민들 스스로가 소개되어 머물 장소로서의 집단부락 설치를 요청했다. 구례군수는 상경하여 이재민 공동수용소를 설치하여 집단부락을 만든다는 구호책을 진정했다.[66] 산간 지역에서는 빠른 시일 내에 복귀가 가능할 것으로 예상되었기 때문에, 소개민이 집단 정착할 만한 장소가 정해져 있지 않았다.

소개민은 군경의 빨치산 토벌에 협조해야 했고, 반란군과의 경계를 유지하는 작전하에 있었으므로 적절한 구호나 정착은 구조적으로 불가능했

---

64 이선아, 「여순사건 이후 빨치산 활동과 그 영향」, 『역사연구』 20, 2011, 198~199쪽.

65 「군경, 지리산록에 게릴라 습격에 대비한 집단부락 축조를 계획」, 『서울신문』 1949. 8. 8.

66 「반란 복구 지구를 차저 눈물겨운 군경의 활동」, 『동아일보』 1949. 2. 1; 「이재민 구호 시급 유 구례군수 진정」, 『경향신문』 1949. 2. 8.

다. 지리산 경남 지역 시찰 보고에 따르면, 소개된 지역의 주민들은 소개로 인해 농경지와 거리가 멀어져 의식주의 어려움을 느끼고 있었으며, 방 한 칸이라도 얻을 수 있는 여유가 있는 이들은 거의 다 도시로 가버렸다. 그러나 도시로 나온 사람들은 할 일이 없었고, 산촌에는 "무식하고 빈약한 사람" 만 남아 있는 형편이라고 하였다. 주민들은 남녀를 불문하고 낮에는 의용호국대에 나가 훈련을 받고, 밤에는 교대로 지서 경비 등 경찰에 협력해야 했기 때문에 경제적으로나 시간적으로나 여유가 없어서 농지개혁법이나 지방자치법 등 정치 문제를 생각하지 못한다고 지적했다.[67]

지리산뿐만 아니라 전남 지역에서도 소개가 계속되었다. 순천시 북쪽 학구에서는 10월 하순부터 소개가 시작되었다. 추수도 끝내지 못한 채 떠난 이들은 갈 곳이 없어서 개천의 다리 밑에 머무는 경우도 많았다. 가축들도 우리를 벗어나 먹을 것을 찾아 헤맸다.[68] 소개민들은 군의 통제 때문에 농지 접근이 자유롭지 못하여 조속한 복귀를 희망했다. 남원에서는 추수가 끝날 때까지 산에 올라갈 수 있게 허락해달라고 하였고, 함양에서는 가을에 움집을 짓고 사는 소개민들이 봄에는 돌려보낸다는 말에 기대를 품고 있었다.[69]

사회부의 1950년 2월 20일 집계에 의하면, "제주4·3사건 및 여순사건을 비롯한 각종 사변으로 집을 잃고 혹은 형제자매를 잃고 거리에서 방황하는 이재민"은 14만 9,899호, 총 78만 9,913명에 달했다. 그중 11만 3,574호, 60만 189명이 구호를 필요로 하는 사람들로서, 그들 대부분은 산간 마을 주민이

---

67 「황두연 국회의원, 전라남도 지역을 시찰하고 실정을 보고」, 『국도신문』 1949. 9. 26.

68 「희망과 건설을 찾아서: 호남 지구 탐방 행각기」 (3), 『국도신문』 1949. 12. 17.

69 「통비부락 소개의 실태 지리산 현지 보고」, 『동아일보』 1949. 10. 24.

라고 보고되었다.[70]

그러나 정부는 이 시기 학살의 책임과 소개의 원인을 전적으로 '공비', '폭도'에게 돌렸다. 국회 일각이나 사회부가 현지조사를 통해 난민의 현실을 알리고 강제적인 소개를 반대하거나 구호를 촉구했으나 재정 및 예산 문제, 교통과 운송의 문제로 현실화되지 못했다. 근본적으로는 군경이 4·3사건과 여순사건 및 이후 빨치산 활동 지역을 장악하고 있었고, 지역민은 반란군을 효율적으로 진압하기 위한 수단 혹은 토벌의 장애물로 인식되었기 때문에, 지역민 대상의 정책은 부차적인 문제로 취급되었다.

해방과 분단, 정부수립 과정에서 남한에는 한반도 외부로부터의 귀환, 북한에서의 월남이 있었고, 분단을 반대하는 사람들은 철저히 억압되었다. 대한민국이 성립될 때 국가에 의한 난민 흡수와 난민 발생이 동시에 이루어졌다. 미군정은 귀환·월남하여 주로 도시의 난민이 된 이들에 대한 구호대책을 시도했으나 실효는 없었다. 이승만 정권은 봉기를 진압하는 데만 몰두하면서 그 과정에서 많은 사람들을 학살하고 난민으로 만들었다. 정부는 이 난민의 문제를 지역 문제로 국한시켜 사고했고, 그마저 지역의 현실에 무감각했다. 난민은 가족이나 마을 단위에서 자체적인 생존 방안을 모색해야 했다. 그러나 곧이어 전쟁을 겪으면서 난민을 벗어나는 시간은 더욱 지체되었다.

---

70 「전국의 전이재민이 총 79만 호에 육박」, 『연합신문』 1950. 3. 8.

2장
한국전쟁기 피난과 복귀

남북한의 내전이자 미국과 중국의 국제전으로 벌어진 한국전쟁이 미친 영향은 사회적으로도 매우 컸다. 양측의 사활을 건 전면전에서 민간인에 대한 폭격과 학살 또한 만연했고, 피난은 죽음을 피하기 위한 거의 유일한 방법이었다. 전쟁 시 피난과 난민은 민사 영역에서 군 당국이 가장 중시한 문제였다. 전쟁기 난민은 빠른 시일 내에 집으로 돌아가기를 희망했다. 복귀가 가능해지면서 원주지로 돌아간 난민은 파괴된 곳에서 다시 정착하기 위한 방안을 필요로 했다. 복귀하지 못하는 북한 출신 난민은 남한의 새로운 공간에서 정착을 모색하게 되었다.

1. 난민 배치와 수용

난민을 이동시키고 정해진 곳에 배치·수용하는 것은 전쟁을 원만히 수행하기 위한 또 다른 작전이었다. 개전 직후 비상 상황에서 정부는 군사적으로도, 민사 차원에서도 제대로 된 대응을 하지 못하고 있었다. 민간인 통제를 맡아야 할 경찰 병력 또한 상당수가 한강을 넘지 못했기 때문에 군과의 협조나 소통이 이루어지지 않았다. 서울을 비롯한 경기, 강원 북부 시민과 농민들의 피난이 시작되었지만 정부의 대책은 부재했다.[71]

1) 개전 직후 지역·사회의 대응과 정부의 정치적 활용

피난민이 수원에서 열차나 도보로 남쪽으로 이동 중이었지만 중앙정부는 이에 대응하지 못하고 있었다. 지방 단위에서는 지방행정 기관과 사회단체, 지역 유지가 중심이 되어 즉각 대책위원회를 구성하고 전시 상황에 대처하고자 했다. 마산에서는 6월 26일에 시국대책위원회가 개최되었다. 통영은 27일부터 시민대회를 개최했는데, 시민들이 해상 교통 두절로 인한 물가 폭등을 우려하자 대책위원회를 두기로 결정했다.[72]

경상남도는 도 단위에서 비상사태 대응에 나섰다. 6월 28일 비상사태대책협의회를 열어서 향후 위원회 조직, 군사 원호, 선전 계몽, 민심 안정, 직장별 총궐기대회 개최 등을 토의했다.[73] 위원회가 결성된 후에는 구체적인 활동에 나섰다. 위원회는 군수품을 배에서 육지로 내리고 운반하기 위해 관공서 및 학교 직원, 학생, 일반 각 사업장 단위의 봉사 작업을 시행하기로 결정했다. 공무원, 공장 노무자, 회사원, 단체원 등은 평소에 노동복으로 출근하도록 하여 동원 요청이 있을 시 즉시 부두에 출동할 수 있도록 했다. 또한 상

---

71 개전 후 정부의 초기 대응에 대해서는 김동춘, 『전쟁과 사회』, 돌베개, 2006, 2부 '피란'; 박명림, 『한국 1950, 전쟁과 평화』, 나남, 2002, 3장 '남한의 대응—혼돈'; 강성현, 「한국전쟁기 한국정부와 유엔군의 피난민 인식과 정책」, 『전장과 사람들』, 선인, 2010, 130~141쪽.

72 「마산시, 비상시국대책위원회를 구성」, 『부산일보』 1950. 6. 28; 「경상남도 통영시, 비상시국대책준비위원회 결성」, 『부산일보』 1950. 7. 1.

73 「경상남도 비상사태대책협의회 개최」, 『민주신보』 1950. 6. 29.

이군경 위문 및 출동 군인, 난민 등에 공급할 부식물을 모으는 데 있어서 대한부인회의 동원 요청이 있을 시 여성들이 솔선할 것을 결의했다.[74] 비상사태대책위원회는 민간에서 자발적으로 발족한 것이었다. 활동은 도민들의 협력과 봉사로 이루어졌고, 기금은 유지들의 갹출로 충당했다.[75]

경상북도에서는 도청이 나서서 7월 1일 전시대책위원회를 결성했다. 후방의 제반 사태 수습에 대한 전권을 위원회에 이양하여 군 작전 사항에 속하지 않는 광범한 사태 수습을 결정하기로 한 것이었다. 일반 행정 사무는 중지하고 동원·구호·수급 등 긴급 사무만 우선 취급하기로 했는데, 최우선은 식량 문제였다. 위원회는 극빈층을 대상으로 하던 초중점 배급을 계속하고 정부미 방출을 지속하며 미곡 자유시장의 개방을 육성하여 양곡 보유량을 유지하겠다고 밝혔다. 도민들에게는 혼식과 절식을 권유하며 곡류 가공과 밀주 및 음주, 매점매석, 개인의 모리를 위한 곡물 반출을 금지했다. 위원회의 활동이 성과를 보이자 정당 등 각계의 대표가 위원으로 추가되었다.[76]

정부 차원의 전시 민간 대책은 불가능했다. 대통령이 서울을 떠나 대구, 대전, 이리(익산), 목포, 부산으로 이동했고, 정부 각료들은 대통령의 행적을 추적하고 있었다. 지방 단위에서는 개전 직후부터 전시에 예상되는 문제들에 대비하고 주민들을 동원하기 위한 조직 구성과 활동에 나섰다. 전시 대

---

74 「부산시, 간소복으로 근무할 것을 지시」, 『민주신보』 1950. 7. 11; 「경상남도 비상사태대책위원회, 각 관공서와 기업체에서는 노동복으로 출근하여 근무 동원을 강화할 것을 결의」, 『민주신보』 1950. 7. 13.

75 「사설: 비상대책위의 사업과 부유층의 궐기를 촉함」, 『민주신보』 1950. 11. 25.

76 「경상북도, 전시대책위원회를 결성하고 전쟁 발생 후 사태 수습의 전권을 이양」, 『경제신문』 1950. 7. 3; 「경상북도 전시대책위원회, 식량 문제 대책을 수립」, 『경제신문』 1950. 7. 5; 「경상북도 전시대책위원회, 위원 구성을 완료」, 『경제신문』 1950. 7. 8.

책의 수립과 전개가 실제로 가능하기 위해서는 말단 주민 개개인의 의지와 행동이 필요했다. 전쟁 이전부터 국민반을 활용한 반공 국민 운동과 계몽·선전 활동이 이루어졌기 때문에, 조직적으로 주민을 동원하는 것이 가능했다.[77] 경상남도 전시대책위원회는 국민반이 전시 대책 활동에서 "연대 책임을 지고 서로 권면하고 감독하자"고 독려했다.[78] 정부가 수행하지 못했던 지역의 방어와 전시 대응을 지방에서 먼저 실시하고 있었으나, 대책위원회의 조직은 국민반 등 이전의 통제 체제를 활용했고, 실질적인 활동은 주민들의 자발적인 참여와 봉사로 가능할 수 있었다.

정부는 지방 단위에서 구호 활동을 위주로 하던 조직을 다시 정치적으로 동원, 활용했다. 조병옥(趙炳玉)을 위원장으로 하여 결성된 '구국총력연맹'(구국연맹)은 "현 국가비상시에 처한 애국적 국민 총력체로서 난국을 초극(超克)하고 강토의 통일을 기함을 목적"으로 했다. 구국연맹은 지방에서부터 기반을 다진다는 목적으로 경상북도 전시대책위원회를 도지부에 편입시켰다. 구국연맹에서는 새롭게 도지부를 결성하고자 했으나 이미 전시대책위원회가 활동하고 있었기 때문에 대책위는 명칭과 구성을 그대로 두고 형식상 도지부로서 상호 연락하기로 결정했다.[79] 구국연맹은 경상남도 전시대책위원회와 함께 국민총궐기대회를 열어서 적의 격퇴를 다짐하고, 정부와 미

---

77 전쟁 이전에 정권의 대국민 통제와 정치적 동원을 위해 국민반이 활용되었다면, 전쟁 이후부터는 전쟁 수행을 목적으로 운영이 체계화되고 후방에서의 의무가 부가되었다. 김학재, 「1950년대 국가권력과 행정 말단기구—국민반을 통한 감시와 동원」, 『역사연구』 14, 2004, 172~180쪽.

78 「경상북도 전시대책위원회, 식량 문제 대책을 수립」, 『경제신문』 1950. 7. 5.

79 「경상북도 전시대책위원회, 위원 구성을 완료」, 『경제신문』 1950. 7. 8; 「경상북도 전시대책위원회, 명칭과 구성을 그대로 두고 구국총연맹 도지부로 형식상 편입하기로 함」, 『경제신문』 1950. 7. 9.

국의 전쟁 수행을 선전하며 민간의 협동을 독려하는 등 대국민 이데올로기 활동에 주력했다. 겨울 후퇴 시기에는 청장년층의 총무장화와 전 국민의 총궐기를 주장하며 "성전에 매진"할 것을 촉구했다.[80]

전쟁이 지속되면서 구국연맹과 같이 관권이 개입된 단체는 민간의 동원과 협조를 더욱 강요했다. 구국이라는 미명하에 민간에 기부금품을 강요하여 민폐를 끼친다는 주장이 대두되었고, 국회에서는 애국적인 단체라도 기부 징수 및 권력 행사를 금지할 것을 정부에 건의하게 되었다.[81]

2) 난민의 분산 배치와 수용

개전 후의 구호는 군(軍)에서도 구상하게 되었다. 군은 7월 8일 정일권(丁一權) 육군총참모장의 명의로 비상계엄령을 공포하고 다음 날 육군본부에 민사부를 설치했다. 민사부 담당 업무는 민간을 효율적으로 통제·동원·감독하는 것이었다.[82] 민사부의 초점은 민간인을 전투 지역에서 분리시키고, 필요시 민간에서 물자와 인력까지 동원하며 행정·사법·치안의 감독을 담당하는 데 있었다. 민간인에 대한 실제 구호 체계 정립과 활동은 미뤄졌다.

---

80 「구국총력연맹 주최 국민총궐기대회가 부산에서 거행」, 『경제신문』 1950. 7. 22; 「구국총력연맹, 청장년의 분발을 격려하는 격문 발표」, 『서울신문』 1950. 12. 12; 「성전에 매진하자」, 『동아일보』 1950. 12. 13.

81 윤길중 의원, 신광균 의원, 「단기 4284년도 세입세출 총예산안」, 제2대 국회, 『제2대 제10회 국회 정기회의속기록』, 1951. 4. 28; 「국회, 구국총력연맹의 해체를 놓고 격론」, 『민주신보』 1951. 6. 10.

82 민사부는 전투 지구로부터의 민간인의 철퇴 또는 복귀, 필요한 물자 또는 인마(人馬)의 징발, 계엄군사재판 및 일반 사법 사무의 감독, 난민(이재민) 구호, 지방행정 및 치안기관에 관한 감독, 기타 민간 기관과의 연락 등의 사무 관장을 맡기로 했다. 「육군본부, 민사부를 설치」, 『경제신문』 1950. 7. 15.

정부 차원에서 실질적인 난민 대책으로 나온 것은 7월 10일 사회부·농림부·국방부·내무부·교통부·보건부가 충청남북도·전라남북도·경상남북도 각 지사에게 통첩한 '피난민 분산 계획 요령'(《부록 ⑥》)이었다.[83] 난민 대책의 주된 내용은 난민을 지정된 장소로 유도하고 수용하는 것이었다. 사회부가 각 도에 난민 수용소 설치를 지시했다. 철도 선로를 따라 있는 지역과 기타 필요한 곳에 난민을 완전히 수용할 수 있도록 난민 수용소를 급히 설치하라는 것이었다. 사회부·국방부·내무부·교통부가 공통적으로 지시한 바, 대전에서 목적지인 수용소까지 난민을 인솔하는 것은 각 도가 수행해야 한다고 했다. 수용소에서는 1인당 하루에 2홉(1홉=약 180㎖)의 양곡을 배급했다. 농림부는 각 도가 즉시 대금 지불을 할 수 없더라도 이를 유예하고 양곡을 인도해줄 것을 지시했다. 보건부는 난민 중 환자를 각 의료기관을 동원해서 무료로 치료해주도록 했다. 정부가 마련한 난민 대책에서 수용소 설치 및 난민 인솔, 양곡 인도와 배급 등 구호와 관련된 사안의 실행 주체는 중앙정부가 아니라 각 도였다.

정부가 직접 관여한 것은 난민 증명에 관한 업무였다. 불순분자를 제외한다는 명목으로, 연고와 지인이 없고 사상이 온건한 자에 한해 난민 증명서를 교부하도록 지시했다. 증명서 소지자만 무상으로 교통수단을 이용할 수 있었고, 수용소 수용도 원칙적으로 증명서 소지자에 한했다. 정부는 각 도 난민 수용소가 "난민의 질서를 유지하고 사상불온자의 개입을 방지하기 위해" 항상 경비를 주재하여 심사하고 감시해야 한다고 명시했다. 요컨대 정부의 첫 난민 대책은 난민 분산수용이었지만 그 실행은 각 도가 담당했고, 정부는 사상 감시와 통제에 집중한 것이다.

---

[83] 국방부, 『한국전란일년지(韓國戰亂一年誌)』, 1951. 10. 15, C49~50쪽.

난민 수용 지역과 수용소의 설치 및 운영 규정은 점차 구체화되었다. 8월 24일 국무회의에서 결정된 '피난민 구호 대책 요강'(《부록 2》)은 정부와 민간이 난민 구호에 중점을 두어야 한다는 원칙을 두고, 대구-영천-경주-포항을 잇는 직선의 남쪽 및 대구-경산-청도-밀양-창원을 잇는 선의 동쪽 지역, 기타 완전한 지역 및 제주도 내에 난민을 수용하기로 했다. 규정에 따르면 인민군 점령 지역은 난민 수용 지역에서 배제되었다.[84]

난민 수용소는 각 가정에 두거나 집단의 매 수용소 정원을 최하 1만 명, 최고 2만 명으로 하고, 그 시설로 사회부 출장소, 보급소 진료소, 영업관 주재소, 교육 계몽반을 두게 했다. 수용소 운영은 구호위원회가 담당하기로 했다. '중앙피난민구호위원회'는 사회부·보건부·농림부·내무부 등 관계 부처로 구성하고, 구호 사업의 감독 감찰, 구호 대책의 수립, 구호 물자의 제1차 분배를 그 기능으로 했다. 지방에는 군수와 지방 유력 인사, 난민 대표로 구성된 '지방피난민구호위원회'를 설치했다. 이 위원회는 해당 구역 수용소의 운영 계획과 수용소 생활 개선책 수립, 구호 물자의 2차 분배를 맡았다. 또한 수용소는 서울특별시, 도·군·면·동 혹은 리·통·반의 종적 조직을 갖추도록 했다.[85]

이 대책은 낙동강 방어선까지 후퇴한 당시 전황을 반영하면서도 규정에 따른 대책 이행에서 각 지방의 역할이 지닌 중요성을 한층 강화시켰다. 난민 수용이 가능하다고 정해진 "기타 완전한 지역"은 군의 작전과 현지 상황이 신속하게 연락·보고되어야 실제로 피난이 가능한지 판단할 수 있었다. 수용소의 운영 주체로 중앙과 지방에 각각 구호위원회를 설치했는데 수용

84　「국무회의, 피난민 구호 대책 요강을 결정」, 『민주신보』 1950. 8. 26.

85　위와 같음.

소 운영 계획, 생활 개선, 구호 물자 분배는 지역의 최소 행정 단위인 반까지 조직을 구성하도록 했다. 위원회에는 군수와 유력 인사뿐만 아니라 난민 대표도 소속되도록 하여 수용소 운영에 대해 당사자에게도 책임을 부여했다.

또한 규정에 따르면, 난민 수용소는 집단적인 수용 기관만을 의미하는 것이 아니라 각 가정에도 분포했음을 알 수 있다. 난민 입주에 대해서 '피난민 수용에 관한 임시조치법'은 비상사태하에서 임시로 난민을 수용 구호함을 목적으로 했다. 그에 따라 사회부장관은 귀속재산 건물의 관리인에게 난민의 인원과 피난 기일을 지정하여 수용을 명령할 수 있었고, 명령을 받은 관리인은 난민에게 임대료를 징수할 수 없었다. 명령을 기피하거나 임대료를 징수할 경우 귀속재산의 임대차계약이 취소되었다.[86] 임시조치법에 따라 난민들은 귀속재산 건물에 입주하고, 임대료를 면제받을 수 있었다. 그러나 귀속재산만으로 난민 수요를 충족시키지 못하는 상황이었다. 따라서 이후 법 개정을 통해 귀속재산 외의 건물에도 사회부장관의 명령에 따라 난민 입주를 허용하고, 명령을 거부·기피하거나 제3조를 위반할 시에는 벌금, 구류 또는 과료에 처하도록 했다.[87]

3) '1·4후퇴'와 난민 소개

유엔군과 국군이 다시 후퇴하게 된 겨울, 북한으로부터의 피난과 '1·4후퇴'로 인해 남한 내에도 대대적인 피난이 일어났다. 12월 3일 유엔군이 평양을 포기할 당시에 평양에는 난민 약 20만 명이 있었고, 4~5일간 약 5만 명의 난민이 대동강을 건넜다. 11일 '흥남 철수' 이전에 흥남, 해주, 개성, 진남포

---

86 「피난민 수용에 관한 임시조치법」(법률 제154호), 시행 1950. 8. 1, 제정 1950. 8. 4.
87 「피난민 수용에 관한 임시조치법」(법률 제146호), 시행 1950. 9. 25, 일부 개정 1950. 9. 25.

에는 각각 약 90만 명의 난민이 집결하고 있었다.[88]

사회부는 12월 15일에 '피난민 소개 및 구호 요강'(《부록 3》)[89]을 통해 피난 경로와 장소를 지정하고, 수용할 지역을 선정했다. 구호 대상자 선정과 수용소 규정도 더욱 구체화했다. 난민을 출신 지역에 따라 효율적으로 배치하고 수용소에서 관리·통제하기 위한 세부 규정이 마련되었다.

피난은 부녀자와 노약자를 우선으로 했고, 다른 이들은 비전투원이라도 정부의 지시가 있기 전에는 '최후까지 직장을 사수'해야 했다. 난민의 이동 경로와 장소는 출신 지역에 따라 지정되었다. 황해 지구 난민은 선박을 이용해서 인천을 경유하거나 직접 당진 및 서산으로 이동한 후 홍성을 경유해서 남하해야 했다. 이북 및 개성 지구의 난민은 수색에서 부천 소사를 경유하여 화성 발안리를 통과해서 아산 이남의 지정 도로로 남하해야 했다. 강원도 지구 난민은 용인을 경유해서 온양을 거쳐 남하해야 했다. 기타 지역 난민은 지시 도로로 남하하되 국도 또는 군사도로는 일반 난민의 통과를 불허했다. 난민의 이동 수단 역시 제한되었다. 기차, 자동차, 선박 및 우마차로 이동하되 부득이할 때는 도보로 소개하는 것이 원칙이었다. 피난 장소는 국방부·내무부·사회부에서 합의 후 결정하여 4개 지구로 구분했다. 이 또한 출신 지역에 따라 달랐다. 제1지구는 경상남북도, 제2지구는 전남 일부와 전북, 제3지구는 충남, 제4지구는 제주도였다. 38선 이북의 난민은 충남과 전라남북도로 이동해야 했고, 서울과 경기 지구의 난민은 다시 구분하여 일반 시민은 전라남북도로, 기타 난민은 경상북도로 정했다. 지구별 수용

---

88 강성현, 앞의 논문, 161~163쪽.

89 사회부, 「피난민 소개 및 구호 요강 송부에 관한 건」(1950. 12. 15), 『정부소개대책관계서류』, 1950(국가기록원, BA0852069).

인원은 약 2백만 명으로 예정하고 각 지방에 우선 배정했는데, 충남 지구를 조기 피난 지구로 정하고 영남과 제주 지구를 최후의 피난 지구로 하였다.[90]

난민은 신청한 경우에 한하여 일반 주택이나 공공건물에 입주할 수 있었고, 집단으로는 수용소에서 공동생활을 했다. 수용소의 관리 및 운영은 지방정부가 담당하고, 비용은 중앙정부가 충당했다. 난민은 수용소에서 가급적 도·시·군별로 통반을 조직하도록 규정되었고, 질서 유지를 위해 관련 기관 및 수용소 내 각급 책임자의 명령과 규약을 엄수해야 한다고 명시되었다. 또한 모든 난민은 피난민증을 소지해야 했다. 피난민증은 각 도 사회국과 수용소에서 발행했는데, 등록한 자에 한해 물자를 배급받을 수 있었다. 수용소 책임자는 난민의 동태 및 구호 물자 수급 및 경리 상황을 소관 기관에 보고해야 했을 뿐만 아니라 난민의 제5열을 방지한다는 명목으로 경찰에 수시로 연락하기로 했다. 수용된 난민은 전력 증강에 협조하고 제2국민병에 자진해서 등록하도록 명시되었다.

이러한 규정은 피난 과정에서 빚어지는 난민의 희생이나 수용소의 운영상 문제들을 난민의 책임으로 전가하는 기능을 했다. 정부는 세세한 규정을 마련하며 난민과 지역 단위의 역할을 명시했다. 이는 난민의 관리와 통제를 당사자와 피해 지역의 자체적 노력으로 실행하도록 유도하는 것이었다.

4) 난민의 피해와 지역의 역할

앞에서 살펴본 대로 정부는 각종 규정으로 난민을 통제하려 했지만, 피

---

90 충남은 논산·대덕·공주·아산·홍성·청양·온양·대천·부여·당진·서천·예산, 전북은 군산·김제·부안·남원·이리·전주·정읍, 전남은 목포·여수·해남·진도·완도·강진·고흥·광주, 경북은 대구·경산·청도·영천·경주, 경남은 부산·울산·마산·고성·거제도·김해·사천·밀양·통영·남해·동래, 제주도를 피난 지역으로 지정했다.

난 상황에서 벌어지는 문제에 대해서는 무책임했다. 민간인이 피난하는 과정에서 군과 경찰의 전황 보고가 혼선을 빚으면서 난민의 희생이 따랐다. 예컨대 1950년 11월에 강원도에서는 '탈환'과 '침략'이 반복되고 있었다. 그에 따라 피난도 반복될 수밖에 없었다. 화천이 재점령되고 춘성군(현 춘천시) 일대가 포위된다는 소식에 춘성, 춘천의 시민들이 피난을 시작했는데 군인과 경찰은 치안이 확보될 것이라며 피난을 막았다. 그러나 다음 날 춘천이 점령되자 군경이 먼저 배를 타고 건넜고, 시민들은 산악 지대에 있다가 희생되었다. 춘성군 박승하(朴勝夏)[91] 의원은 개전 직후 서울과 똑같은 상황이었다고 문제를 삼았다. 이에 대해 내무부 차관은 사실을 부인하며 경찰이 춘천을 사수하기 위해 노력했다는 미 군사고문단의 보고를 들어 반박했다.[92]

그러나 춘천시의 홍창섭(洪滄燮)[93] 의원은 내무부 차관의 주장에 재반박했다. 11월 16일에 춘천시민, 춘성군민 약 20만 명이 후방으로 피난하려고 하는데 경찰에서 '전적으로 군경을 믿어라, 유언비어를 하는 사람은 엄벌에 처하겠다'는 포고문을 발표해 피난을 막았다는 것이다. 포고문 때문에 시민

91 박승하(1912~1994)는 강원 춘성(현 춘천시) 출생으로 춘천농업학교 및 경성사범학교 강습과를 졸업하고, 조선총독부 농림부 촉탁으로 근무했다. 신탁통치반대 강원도위원회를 춘천에서 결성했고 제2대 국회의원(무소속), 자유당 강원도당 부위원장, 강원방송국 사장 및 반공청년연맹 이사를 역임했다. 한국학중앙연구원, 『한국민족문화대백과사전』.

92 박승하 의원, 내무부 차관 홍헌표, 「강원도 방면 전황 및 피난민 대책에 관한 질문」, 제2대 국회, 『제8회 국회 임시회의속기록』, 1950. 11. 21.

93 홍창섭(1905~2001)은 강원 양구 출생으로, 춘천농업고등학교를 졸업하고 원주군수, 삼척군수, 초대 춘천시장을 지냈다. 제2대(무소속), 제3대(자유당), 제8대(신민당), 제9대(무소속) 국회의원, 제7대 강원도지사를 역임했다. 한국학중앙연구원, 『한국민족문화대백과사전』; 나무위키 홍창섭(https://namu.wiki/w/%ED%99%8D%EC%B0%BD%EC%84%AD).

들은 20~30리를 피난을 나왔다가 다시 시내로 몰려서 피해를 입었다고 했다. 이 포고가 어느 기관의 지시였는지 묻자, 내무부 차관은 춘천경찰서의 보고가 없었고, 내무부에서도 지시한 바가 없다고 부인했다.[94]

정부 기관과 관료, 고위층의 무관심과 비인도적인 행태가 국회에서 도마에 오르기도 했다. 서울 시내 사회부장관 관사 주변에도 집 없는 아동들이 있었으나 아무도 관심을 가지지 않았다. 국회의원이 시청에 문제를 제기했지만, 수용소로 쓰던 학교가 개학을 하여 사용하지 못하고 있다는 답변만 받았다. 이러한 상황에서 시내 음식점들은 호황을 누리고 있다는 점도 문제로 지적되었다. "어떤 사람은 배불리 먹고 장구 치고 떠들고 노는가 하면 그 반면에 엄동설한에 죽을 지경에 있는 마당"에 학교만을 수용소로 사용하는 것에 대한 문제제기가 이어졌다.[95]

정부는 난민 대책에서 각 도의 자치적인 구호가 가장 효과적이라고 판단했다. 사회부는 각 도지사의 책임하에 각 도별로 수용소를 만들고 전재민을 등록해서 사회부에 보고하면 그 내용에 따라 구호 물자를 분배하겠다는 방침을 정했다. 사회부 등 정부 각 부처는 "도저히 적절한 대책을 실시할 가능이 없다"는 판단의 결과였다. 내무부가 한강에 가교를 설치하고 교통부가 열차를 편성했지만 인민군이 난민을 가장하고 들어올 수 있다는 이유로 작전 당국에서는 "전재민을 지금 어떻게 처리할 여유가 없다"고 하는 상황이었다. 사회부는 난민의 철수 속도를 따라가지 못하고 있었다.

난민 구호 사업의 모순으로 지적된 점 중에는 지역적 격차가 있었다. 정

---

94   홍창섭 의원, 내무부 차관 홍헌표, 「강원도 방면 전황 및 피난민 대책에 관한 질문」, 제2대 국회, 『제8회 국회 임시회의속기록』, 1950. 11. 21.

95   곽의영 의원, 「강원도 방면 전황 및 피난민 대책에 관한 질문」, 제2대 국회, 『제8회 국회 임시회의속기록』, 1950. 11. 21.

부 소재지, 도청, 군청 등 지방행정 기관의 구호는 잘 이루어지지만, 중심지에서 멀고 전선에 가까운 안동·영주·봉화, 경기 지구 등에서는 전혀 구호가 없다는 지적이 나왔다.[96]

또한 사회부는 당시에 미8군으로부터 대구와 부산의 난민을 일소하라는 지시를 받았으나 당장 시행할 여력이 없었다. 정부는 "경상남북도 이외의 다른 도에 지시한다고 해도 안전지대를 찾아서 온 난민들이 자기 자신의 판단으로 안전하지 못하다고 하는 장소에 갈 리가 만무하다"며, "막대한 숫자에 있는 피난민을 단시일 내에 보낼 도리가 없고, 보낼 곳이 없다"고 토로하기도 했다.[97] 그러자 미군이 지원에 나서서 대구에 있는 난민을 마산으로, 부산에 있는 난민을 거제도, 제주도, 가덕도로 소개했다.[98]

1·4후퇴 이후 정부의 난민 대책이 난항을 겪는 가운데, 일부 군과 고위층의 부적절한 행태는 계속되었다. 군인이 영리를 위해 난민을 차에 태우지 않는 일은 드물지 않았다. 국회에서도 이 문제가 지적되었고, 정부·국회의 실질적인 역할이 촉구되었다. 100만 명이 피난 중인데 군부, 정부 요인들은

---

96 태완선 의원, 「재수복지구의 실정 및 피난민 동태 조사에 관한 건」, 제2대 국회, 『제10회 국회 정기회의속기록』, 1951. 2. 27.

97 「비상사태 수습 대책에 관한 긴급질문」, 제2대 국회, 『제10회 국회 정기회의속기록』, 1951. 1. 16.

98 1951년 2월, 대구에서는 17회에 걸쳐 트럭 118대를 동원하여 5,101명을 마산으로 '이송'했고, 부산에서는 14회(거제도 8, 제주도 5, 가덕도 1회)에 걸쳐 TK호 22척으로 29,734명(거제도 8,391명, 제주도 20,975명, 가덕도 268명)을 보냈다. 거제도로 보내진 사람들에는 원산에서 도착한 월남 난민들이 263명, 기독교인 325명, 걸인 115명, 죄인 118명이 포함되었다. 국방부, 『한국전란일년지』, 1951. 10. 15, D38쪽. 사회부에서 3월 10일자로 조사한 이 자료와 다르게 사회부 차관은 1월 20일에 국회에서 난민이 제주도에 4만 8천 명, 거제도에 9만 8천 명이 있다고 보고하여 그 차이가 심하다. 「피난민 강제소개 및 양곡 정책에 관한 긴급 질문」, 제2대 국회, 『제10회 국회 정기회의속기록』, 1951. 1. 20.

〈사진 1〉 1951년 부산에서 거제도로 이동하는 난민
사회부는 미8군으로부터 대구와 부산의 난민을 일소하라는 지시를 받았으나 당장 시행할 여력이 없었다. 그러자 미군이 지원에 나서서 대구에 있는 난민을 마산으로, 부산에 있는 난민을 거제도, 제주도, 가덕도로 소개했다. 사진은 국가기록원 소장 (DTC0000392).

개를 싣고 가며 도로에서 도움을 청하는 전재민을 총으로 위협하고 그대로 통과하더라는 국회 보고가 있었다. 이진수(李鎭洙)[99] 의원은 "공산당보다 더한 개 같은 놈들"이라 분개하며 국회가 솔선해서 직접 지역 파견에 나서자고 제안했다. 사회부는 대전 북쪽에 주재원을 두었는데 실제로 현지에 아무도 없었다고 보고했다. 자신을 포함하여 국회의원들과 차량을 동원할 수

---

[99] 이진수(1900~1968)는 함남 이원 출생으로, 북청보통학교, 경성 오성중학교, 니혼대학을 졸업했다. 변리사로서 제헌국회 의원(무소속 양주을), 제2대 국회의원(민국당 양주을)을 지냈다. 한국학중앙연구원, 『한국민족문화대백과사전』.

있는 자들이 소수라도 결사대를 조직해서 현지에 가서 즉각 난민을 도와야한다는 주장이었다. 이에 대해 곽의영(郭義榮)[100] 의원은 소수의 의원으로는 실행력이 없으며 민간 자동차는 모두 징발한 상태이므로 문교사회위원회에서 각 부처에 교통수단을 마련하도록 해야 한다고 방안을 제시했다.[101]

국회의원 현지 파견에 대해 문교사회위원회는 '위문단'을 조직·파견하기로 결의했다. 파견 지구를 제1지구와 제2지구로 나누었는데 제1지구는 현재 사회부가 구호를 관여하고 있는 지역인 제주도, 거제도, 군산이었고 제2지구는 난민이 집합되어 있으나 사회부 시책이 미치지 못한 곳이었다.[102]

국회의원 현지 방문의 실현 여부와 그 성과는 알 수 없으나 1951년 봄, 정부의 난민 구호 상황은 더 악화되었다. 정부는 전시재정 절약과 국민 자력 자급 정신의 계몽이 요청된다며 구호 대상자를 제한하는 것으로 기존의 구

---

100 곽의영(1912~1991)은 충북 청원 출생으로, 경성법률전문학교를 졸업하고 충북 광공국 상무과장, 괴산군수, 청원군수, 제2대 국회의원(무소속 청원을), 제3대, 4대 국회의원(자유당 청원을), 주정협회 회장, 임광토건 회장, 대성공업 회장을 지냈다. 한국학중앙연구원, 『한국민족문화대백과사전』.

101 「전재 피난민 위무 급(及) 전의 앙양 격려단 파견에 관한 결의안」, 제2대 국회, 『제10회 국회임시회의속기록』, 1951. 1. 17.

102 위문단의 구성은 각 지역별로 국회의원 4명, 기타 일반인 약간 명으로 했다. 조직은 조사반, 구호반, 선전반을 두기로 했다. 조사반은 난민 실태와 행정 시책에 관한 조사를 담당하고, 구호반은 사회부와 보건부를 통해 난민에게 배당된 구호 물자를 직접 가지고 난민을 방문해서 위로하는 일을 맡았으며, 선전반은 국회의원과 대학 교수 혹은 '문화인'을 위촉하여 강연회나 '선무(宣撫)'에 필요한 공작'을 하는 역할이었다. 단원 선출은 해당 지역 출신 국회의원 혹은 인접 지역 국회의원 및 희망 의원으로 조직하고 제1지구는 배편이 연락되는 대로 즉시 단행, 제2지구는 실행성이 있을 때 파견하는 것으로 했다. 제2지구에는 밀양, 김해, 마산, 통영, 창녕, 남해, 울산, 여수, 거문도, 완도, 진도가 해당되었으나 광주, 전주, 대구, 영천, 경주를 추가해야 한다는 의견이 나온 뒤 재의하기로 했다. 「전재 피난민 위무 급(及) 전의 앙양 격려단 파견에 관한 결의안」, 제2대 국회, 『제10회 국회 임시회의속기록』, 1951. 1. 17.

호 원칙을 변경했다.[103]

이즈음에는 난민의 경로와 장소도 1·4후퇴 때와 달라졌다. 그 배경에는 빠른 시일 내 전쟁에 승리할 것이라는 낙관적인 예상이 있었다. 피난 지역은 경기도 남단과 대전 이북 지역으로 지정되었고 남부 지방까지 내려가지 않았다.[104]

2. 난민 복귀와 주거 문제

1) 전쟁 후반기 난민 복귀 현황

난민의 이동 규모가 커지고 경로가 복잡해지자 정부는 실효성 있는 구호 계획을 수립한다는 명목으로 난민 동태 파악에 적극적으로 나섰다. 1951년부터 각 도에서 난민, 수용자, 요구호자를 구분하고 변동이 있을 때마다

---

103 "노무를 감당하기 곤란한 노유약자, 불구질병자, 병자 및 부녀자만을 구호 대상으로 하여 구호 양곡을 무상으로 배급한다"는 원칙을 세웠고, "피난민 또는 전재민이라 할지라도 노무를 감당할 수 있는 자는 구호 대책에서 제외하고 구호 양곡을 무상배급하지 말 것, 단 수입의 방도가 전무한 자에 대하여는 구호 양곡의 무상배급을 실시하되 지방 실정에 즉응(卽應)하여 청소, 도로, 교량 수리 등 기타 공공작업에 종사하는 자에만 한하여 규정에 의한 무상배급을 실시토록 적절히 지도할 것"으로 원칙을 정했다. 원칙상 배급을 위해서 '절대요구호 대상자'의 통계를 작성하고 무상배급을 최소화하고자 했다. 사회부, 「1. 구호 대책에 신(新)조치」, 『구호상황월보』 5월 상반기 16호, 1951. 5. 15(국가기록원 BA0135071).

104 피난 장소는 아산, 둔포(아산시 둔포면), 발안리(화성시 향남읍 발안리), 서천, 온양, 논산이었다. 경로는 서울시 성동, 성북, 동대문구, 포천, 가평, 양평, 광주의 난민이 A선(이천-용인-신갈 경유), B선(안성-안중(평택시 안중읍)-평택-장호원 경유)으로 이동하고 개성, 문산, 장단, 김포, 영등포의 난민은 소사-신천리-반월리-수원을 경유하여 평택, 장호원 방면으로 남하하기로 결정했다. 사회부, 「1. 구호 대책에 신(新)조치」, 『구호상황월보』 5월 상반기 16호, 1951. 5. 15(국가기록원 BA0135071).

〈그림 1-1〉 난민 추이(1951. 1~1951. 5)

(단위: 천 명)

* 출전: 사회부, 「8. 주별 이재민 동태표(週別罹災民動態表)」(1951. 5. 15), 『구호상황월보』 5월 상반기 16호(국가기록원 BA0135071).

속보하도록 지시했다. 난민의 출신 지역도 구분하여 파악하도록 했다.[105]

1951년 1월부터 5월까지의 난민 현황과 그 추세는 〈그림 1-1〉과 같다. 통계에 의하면 1951년 3월 셋째 주부터 복귀가 시작되어 4월에 최대치를 기록했다. 복귀 지역은 경기도, 강원도, 충청북도였다.[106] 1951년 춘경기에 접어들며 난민의 복귀가 시작되었던 것이다. 사회부의 '복귀 후 조치 요령'에 적시된 것처럼, 거주지 없이 복귀한 경우에는 집단수용하게 되어 있었으므로 같은 시기 수용 인원도 증가했다. 난민은 3월 첫 주까지 계속 증가하다가 복귀가 시작된 시점에 약간 감소했다.

전쟁 기간 중 각 지역별 난민 수의 변동은 〈표 1-2〉와 같다. 총수로 볼 때

---

105 사회부, 「지방장관회의 지시 사항」, 『특별지방관회의관계서류』, 1951(국가기록원 BA013510 1).

106 국방부, 『한국전란일년지』, 1951. 10. 15, D36~37쪽.

<表 1-2> 한국전쟁기 지역별 난민 현황

조사 시기·주체 / 지역	① 1951년 2월 6~20일 사회부	② 1952년 1월 16~31일 UNCACK	③ 1952년 3월 15일 UNCACK	④ 1953년 6월 30일 UNCACK
서울		80,890	47,925	57,547
경기	308,110	680,848	821,678	913,447
강원	192,785	418,844	139,084	140,317
충북	763,830	158,255	137,980	155,298
충남	888,949	697,278	340,980	289,350
전북	257,558	512,005	312,637	285,047
전남	1,004,343	535,838	157,132	171,655
경북	1,334,062	726,601	273,033	270,891
경남*	540,401	602,506	476,374	557,196
제주	106,353	54,873	25,360	21,525
합계	5,396,391	4,477,938**	2,732,183	2,862,273

* 출처: ① 사회부, 「구호상황주보 제7호」(1951. 2. 18~24), 『특별지방관회의관계서류』, 1951(국가기록원, BA0135101); ② RG 338, UN Civil Assistance Command, Korea(UNCACK), 1952, En UNCACK, Box 5753, Classified Command Report Files(1 Jan.~30 Dec. 1952), Korea Civil Assistane Command(2 of 2) 1952(이임하, 「한국전쟁기 유엔민간원조사령부의 인구조사와 통제」, 『전장과 사람들』, 선인, 2010, 112~113쪽에서 재인용); ③ UNC, United Nations Command Civil Assistance and Economic Affairs: Korea 1 JULY 1951~30 JUNE 1952, p. 9, PUBLIC WELFARE REFUGEES IN REPUBLIC OF KOREA 30 JUNE 1952. 자료는 3월 15일자로 표기되어 있음; ④ UNC, United Nations Command Civil Assistance and Economic Affairs: Korea 1 JULY 1952~30 JUNE 1953, p. 9, REFUGEES IN REPUBLIC OF KOREA 30 JUNE 1953(source: UNCACK).

* 거제도와 합한 수치이다.

** 북쪽섬 1만 명 포함.

1952년 3월부터 급격하게 그 수가 감소했다. 난민정착사업이 시작되고, 영농을 위해 복귀가 활발하게 이루어질 무렵이다. 지역별로는 1951년 2월에 편차가 큰 가운데 경상북도와 전라남도에 가장 많은 난민이 있었다.[107] 1952

---

107 이임하가 UNCACK 지역팀의 보고를 활용해서 낸 결과와 차이가 있다. 그의 통계는 조사 시점이 모두 달랐다는 점을 볼 때, 각 도별로 정해진 기간에 추산한 이 결과가 보다 정확하다고 볼 수 있다. 또한 이 통계는 서울로 복귀한 난민은 추산하지 않았고, 총수를 내지 않았다. 이임하, 「한국전쟁기 유엔민간원조사령부의 인구조사와 통제」, 『전장과 사람들』, 선인, 2010, 115쪽, <표 7> 전쟁기 피난민의 동태 참조.

〈표 1-3〉 '전체 전쟁 피해자(全戰災民)' 통계

(단위: 명)

	남한 각 도 피난민	월남 피난민	전재민	원주빈민	전재고아	기타	총계
세대수	421,228	135,745	656,949	890,739			2,104,661
인수	1,714,992	618,721	3,419,996	4,375,413	48,322	11,857	10,189,301

* 출전: 국방부, 「전전재민통계표」(1950. 6. 25~1952. 3. 15), 『한국전란이년지』, 1952. 4. 20, 사회부(서울시 및 각 도 보고에 의함).

년 1월에는 경상북도, 충청남도, 경기도 순으로 많다가 3월부터 1953년 6월까지 경기도, 경상남도, 충청남도, 전라북도의 순으로 지속되었다. 특히 경기도는 난민 총수의 감소에도 불구하고 그 수가 계속 증가하여 난민이 집중되어 있었음을 알 수 있다.

난민 숫자가 큰 폭으로 감소한 전라남도와 경상북도는 1952년 1월 조사당시 출신지별 난민 분류에서 도내 난민이 가장 많았던 지역이었다.[108] 복귀역시 도내에서 빠르게 진행되었다고 추정할 수 있다.

1952년 총인구는 약 2,100만 명이었는데, 전쟁의 직간접적 피해를 입거나 빈곤 상태에 있는 사람이 천만 명이 넘었다. 정부는 〈표 1-3〉과 같이 '전체 전쟁 피해자(全戰災民)'를 다시 피난민, 전재민, 원주(原住)빈민, 전재고아로 구분해 파악했다. 사회부에 따르면, 전재민은 직접 전화(戰禍)를 입은 남한 사람, 원주빈민은 자력으로 생계가 불가능한 자, 전재고아는 공·사립수용소에 수용·보호 중인 자, 기타는 전국 각지의 부랑인 및 걸인을 가리켰다. 그 규모는 원주빈민이 43%, 전재민이 34%, 남한 내 피난민 17%, 월남한 피난민이 6% 정

---

108 북한, 서울, 다른 지방, 도내로 구분했다. RG 338, UN Civil Assistance Command, Korea(UNCACK), 1952, En UNCACK, Box 5753, Classified Command Report Files(1 Jan.-30 Dec. 1952), Korea Civil Assistance Command(2 of 2) 1952(위의 논문, 112~113쪽에서 재인용).

〈사진 2〉 춘천 고아구호대　1952. 10. 20,
한림대 아시아문화연구소 소장(LC31574).
〈사진 3〉 춘천 난민 이송　1952. 10~11,
한림대 아시아문화연구소 소장(LC31575A).

〈사진 4〉 춘천 난민 임시 수용　1952. 10~11, 한림대 아시아문화연구소 소장(LC31575B).
〈사진 5〉 춘천 난민 임시 거주　1952. 10~11, 한림대 아시아문화연구소 소장(LC31579).

도였다.

　　정부도 난민을 피난민으로만 한정하지 않았다. 사회부는 실업자 대책을
마련하기 위해 1952년 3월부터 '전국 난민 등록'을 실시하여 각 도로부터 난
민을 추산했는데, 그 결과는 1,046만 4,491명이었다.[109] 〈표 1-4〉와 같이 실업
자의 과거 직업을 조사한 자료에서도 1천만 명 이상으로 추산되었다. 즉, 전
쟁기 난민은 곧 실업자이기도 했다. 이들의 이전 직업은 농업이 전체의 60%

109　「전국 난민 총 수천여만 당국 예상보다 2백만이 증가」, 『동아일보』 1952. 4. 29.

〈표 1-4〉 실업자 전직별 통계표(사회부 1952년 3월 15일 현재)

구분	농업	수산업	광업	공업	토목건축	상업	운송교통	사무원	자유업	기타	계
계	674,034	20,843	8,941	33,249	14,268	121,590	8,216	41,157	84,647	90,374	1,097,319

* 출전: 국방부, 「전전재민통계표」(1950. 6. 25~1952. 3. 15), 『한국전란이년지』, 1952. 4. 20, 사회부(서울시 및 각 도 보고에 의함).

이상을 차지했고 상업이 약 11%, 기타 8.2%, 자유업 7.8%로 그 뒤를 이었다.

2) 정부의 귀경 통제와 귀향 유도

1951년부터는 피난과 동시에 복귀가 이루어졌다. 정부의 복귀 대책은 군 작전에 지장이 없는 범위에서 추진되어야 했고, 복귀할 지역으로서 서울과 다른 지역은 대책 내용에 분명한 차이가 있었다. '서울 수복' 이후 피난을 떠난 사람들의 귀향 대책은 경상남북도부터 1차로 실시할 예정이었다.[110]

정부의 귀향 대책은 1·4후퇴 후 얼마 지나지 않아 나오기 시작했다. 1951년 2월부터 전선 교착에 따라 북상하는 난민이 증가했고, 정부는 대책을 마련했다.[111] 귀향은 부산·대구 등 난민이 다수 집결된 도시부터 우선 실시하고, 도착 지역은 "38선 이남 지역에 한하여 비전투 지구로서 행정 및 치안 기관이 복귀되어 안전하다고 인정하는 지역"으로 했다. 귀향 순서와 방식

---

110 경남 지구 계엄사령관과 사회부장관의 '피난민 귀향 조처에 관한 공동발표'(1950. 10. 1)에 따르면 난민은 체류지의 읍·면장, 시 동회장이나 수용소장의 귀향증명과 방역증명을 받아야 했다. 증명을 받으면 도내 귀향자는 헌병대장(파견대) 또는 경찰서장(지서장)의 인정을 받아야 하고, 도외 귀향자는 이에 더하여 경남 지구 계엄사령관의 인정을 받아야 했다. 일반 난민을 귀향시킨 다음에 군·경·관 공무원들의 가족이 귀향하는 것으로 정했다. 부산 지구 출발 역인 부산역과 도착하는 역에는 안내소를 설치하고 며칠분의 식량을 배급했다. 「피난민 귀향 조처에 관한 공동발표」, 『부산일보』 1950. 10. 5.

111 「귀향은 도보 원칙」, 『동아일보』 1951. 2. 14.

은 38 이남 원주민을 우선으로 하고, 월남민은 별도 지시가 없는 한 현주지에 잔류하게 하는 것으로, 출신 군 또는 단체별로 집단 귀향을 계획했다. 제주도와 거제도만 선박을 이용하고 도보 귀향을 원칙으로 했으며 부산-서울 간, 대구-서울 간, 호남 지구-서울 간의 경로를 지정했다.[112]

또한 귀향할 난민의 구호 대책도 수립되었다. 30~50리 간격으로 도로변 각 마을에 '귀향민중계수용소'를 설치하여 급수·급식·숙박 및 구급 치료에 대한 준비를 하고, 출발 전에 출발지에 있는 도·시 당국이 5일분의 식량과 규정된 구호금을 지급한다는 계획이었다.

그러나 이 대책은 '준비'로서의 성격이 강하여 시행 여부가 불투명했다. 난민의 원주지 복귀는 미8군의 지시가 있어야 가능했는데, 사회부 등 관계 여섯 부처가 계획만 먼저 세운 것이었다. 사회부는 난민이 서울이나 원거리에 복귀할 때 식량이나 구호 물자 문제, 중간에 보급하는 보급 사업 등을 준비 중이라고 밝혔다.[113]

미군은 대책이 보도된 당일에 9군단장 콜터(John B. Coulter)의 명의로 이승만 대통령과 조병옥 내무부장관에게 난민의 북상을 엄금한다는 서한을 보냈다. 그에 따라 조병옥은 시장, 도지사, 경찰서장에게 난민의 귀환 이동을 중지시킬 것을 명령했고 미군은 각 군단에 10만 장의 삐라를 할당했다. 신문사들에게 귀환을 단념시키는 기사도 쓰게 했다.[114]

---

112 [부산-서울 간] 부산-김해-진영-창녕-현풍-고령-성주-김천-a, b로 분화(a. 김천-상주-보은-괴산-충주-이천-광주(廣州)-서울 / b. 김천-무주-금산-논산-공주-온양-평택 발안리-소사-서울). [대구-서울 간] 대구-성주-김천-서울. [호남지구-서울 간] a, b로 분화(a. 이리-논산-공주-온양-서울 / b. 이리-논산-부여-청양-예산-온양-평택-서울).

113 「전시 시책에 관한 질문」, 제2대 국회, 『제10회 국회 임시회의속기록』, 1951. 2. 17.

114 강성현, 앞의 논문, 187~188쪽.

이때 정부도 서울로의 복귀를 막고 있었다. 이기붕(李起鵬) 서울시장은 "시민 중에는 무질서한 각자 행동으로 귀경할 태세를 취하고 있는데 아직 치안 확보는 물론 방역 및 구호, 식량과 연료의 보급, 교통·수도·전기 시설 등의 복구가 완전치 않고 따라서 군의 작전과 보조를 맞추는 의미로 보더라도 시민의 귀경할 시기는 상조라고 생각된다. 현재 정부 당국으로서는 군 당국과 협조하여 시민의 귀경 시기를 가급적 단축하려고 노력 중이니 정부 당국의 지시 있을 때까지 기다려 질서정연하게 행동하여주시기 바란다"고 했다.[115] 조병옥 역시 기자회견에서 중국군의 공세가 언제 재개될지 모르기 때문에 "서울 지구의 피난민들은 군 당국의 지시가 있을 때까지 현주지에서 대기하여야 할 것"이라고 당부했다.[116]

그러나 정부는 농촌으로의 귀향은 급속히 진행하도록 지시했다. 1951년 춘경기를 앞두고 있다는 이유였다. 귀향은 그해 경작을 위해 남하한 난민을 다시 '소개'하는 문제로 취급되었다. 내무부는 군의 지휘 아래 오산-충주-울산을 연결하는 선 이남 지역의 난민들을 귀향시키라고 지시했다.[117] 농림부는 보다 구체적으로 귀향하여 영농에 착수할 것을 호소했다. 춘경기를 놓치면 당해 농산물에 미치는 영향이 중대하므로 그 대책 마련에 부심하고 있던 중이었다. 귀향 지시가 떨어졌지만 영농을 위해 필요한 당장의 양곡·가축·농기구 등 제반 환경은 조성되어 있지 않았다. 영농이 곤란한 상황이라는 것을 농림부 역시 파악하고 있었다. 농림부는 "정부에만 의뢰하지 말고 자기 자신이 할 수 있는 데까지 최선을 다해주면 당국에서도 가능한 범

---

115 「귀향은 도보 원칙」, 『동아일보』 1951. 2. 4.

116 「조 내무장관 기자회견담 농민 간선 귀향시킨다」, 『동아일보』 1951. 3. 4.

117 위와 같음.

위 내에서 최대의 원조를 할 것"이라고 밝혔다.[118]

난민의 귀향이 허가되자 사회부도 복귀 장소와 경로, 복귀 후의 구호 대책에 대해 각 도에 지시를 내렸다. '피난민 복귀 및 복귀 후 조치 요령'(1951. 3. 8)(〈부록 4〉)에 따르면, 난민 복귀지는 행정 기능과 치안이 회복되고 복귀 후의 구호 대책이 마련된 '완전수복지구'여야 했다. 복귀 순위는 혼란 방지와 복귀지의 완전수복을 고려한다는 이유로 38선 이남 원주민을 우선으로 하고, 전쟁 발발 이후에 남하한 난민을 차위로 했다. 귀향 난민은 군용도로를 피하고 샛길을 이용하되 집단이 아니라 분산하여 귀향해야 한다고 정해졌다. 정부는 향후 가능한 한 열차, 선박 등 운송 기관을 동원하여 난민 복귀에 편의를 도모할 방침이라고 했으나 우선 난민 각자가 귀향에 최선을 다해야 한다고 밝혔다. 원주지에 복귀한 난민 중 주거와 생활 능력을 상실한 자들은 군·면 단위로 집단수용하고 구호를 계속해야 한다고 명시했다. 또한 난민의 무질서한 이동은 군 작전에 지장을 주고 이동 도중 구호도 곤란하게 한다며 복귀지가 완전히 수복될 때까지 귀향을 금지했다.[119]

전쟁 시기 난민의 배치와 수용은 군 작전과 연동하여 계획적으로 추진되어야 했으나 한국전쟁 당시 정부와 유엔군은 난민을 장애물로 취급했다. 소개 경로와 방식, 수용소 설치와 구호 대책이 정부 차원에서 마련되었지만, 그 운영과 책임은 각 지역에서 자체적으로 담당할 것이 요구되었다. 난민은 전황의 변화에 즉각 반응하며 고향으로 돌아가길 원했으나, 정부는 서울로의 복귀(귀경)는 철저히 통제하는 한편, 경작을 위해 농촌으로 복귀(귀향)하는 것은 적극적으로 유도했다.

---

118 「피난 농민 조속 복귀 호소」, 『동아일보』 1951. 3. 10.

119 사회부, 「지방관회의지시사항」, 『특별지방관회의관계서류』, 1951(국가기록원 BA0135101).

3) 난민의 복귀 의지와 복귀 후 주거 불안정

1952년이 되어서도 정부와 미군은 한강 도강을 통한 복귀를 엄격히 제한했지만, 복귀하려는 난민의 의지는 매우 강했다. 미 서울 지구 헌병사령관은 포고문을 통해 입경할 자격을 가진 국민을 지정했다. 한강 이북에 주둔하고 있는 현역 군인, 임무를 가진 경찰, 서울 주재 직무가 필요한 철도국원, 미군이 발행한 패스를 가진 사람, 미 서울 지구 헌병사령관의 서명이 있는 고용원증을 가진 사람들만 입경이 허가되었다.[120]

"한두 달 후 서울로 환도했으면 좋겠다"는 이승만의 연설이 나온 뒤 도강이 허가되기를 기다린 사람들도 있었지만, 오히려 더 자극을 받아서 빨리 돌아가고자 하는 사람들도 있었다. 서울 경찰국 경비계에서 1월에 6일 동안 적발한 '밀도강자'가 123명에 달했다. 당시 영등포에는 도강을 위해 기다리는 사람들이 약 30만 명이나 운집해 있었다고 전해진다. 군경은 경비원들을 동원하여 한강 주변을 경계했고 적발될 경우 다시 강남으로 이송했다. 마포 밤섬에서 수십 명의 난민들이 야간에 도강을 시도했다가 영등포로 보내졌다. 이들은 10여 일 후 다시 도강을 시도했지만 성공하지 못했다. 도강을 하다가 익사하거나 실종되는 일도 있었다. 경비하던 경찰과 의용소방대원이 있었으나 구출하지는 못했다. 도강을 시도하는 사람들을 막아내지 못하자 서울시 경찰국은 경비 인력을 더 보강한다는 방침을 세웠다.[121]

일반 난민의 한강 도강이 일부나마 허가된 것은 1952년 5월이었다. 경기도에서는 이미 한강 북쪽의 농민을 복귀시키기 위한 준비를 하고 있었다. 고양, 가평, 양주, 파주, 양평, 6개 군 농민이 도강 허가가 난 직후에 복귀했다.

---

120 「미헌포고문」, 『경향신문』, 1952. 1. 20.

121 「한강의 도강은?」, 『경향신문』, 1952. 1. 22; 「활기명랑일색」, 『경향신문』, 1952. 2. 2.

이들의 귀향을 위해 평택을 출발하여 의정부로 가는 열차가 동원되어 약 5천 명이 탑승했고, 수원에서 출발한 열차도 의정부, 파주 금촌에 도착했다. 강나루의 개방도 이루어졌다. 4, 5일간 광나루, 토막나루, 분언나루, 김포군 행주나루 등 4개 나루에서 강을 건널 수 있었다.

열차와 배편이 개방되었더라도 이 역시 누구나 건널 수 있는 것은 아니었다. "경기도 관할 경찰서, 시·읍·면·동에서의 수속심사를 완료한 자"만이 도강할 수 있었고, 복귀할 곳의 전적 증명과 도민증을 소지해야 복귀가 가능했다. 서울(강북)시민과 한강 이남 주민의 송사가 있을 경우 도강을 막기 위해 영등포에서 재판을 열기도 했다.[122]

전쟁 때 거주지를 떠나 소개된 난민과 거주지에 복귀했지만 본 주택을 회복하지 못한 복귀민은 주거가 매우 불안정했다.[123] 개정된 임시조치법에는 일반 주택에도 수용을 확대하고 명령을 거부할 시 처벌한다는 규정을 두었지만, 지역 현장의 상황은 법 적용에 한계가 있었다. 정부의 입주 허가 없이 입주하는 경우가 그 예였다. 사회부는 관련하여 각 지방에 난민 입주 사무를 지시했다. 사회부장관만이 수용 입주를 명할 수 있고, 입주에 관한 사무는 사회부나 그 위임에 의하여 도·시·군에서 취급하는 것으로서 타 관서는 이를 취급할 수 없다고 강조했다. 공가나 공방에 법적 수속 없이 "무단 입주한 자는 소속, 신분 여하를 막론하고 이를 절대 방지 시정"해야 한다는

---

122 「원한의 한강 라인 완화! 농민5천 명 이송」,『경향신문』 1952. 5. 15;「한강 못 넘는 재판」,『경향신문』 1952. 10. 13.

123 사회부장관 허정은 "사회부에서 지금 전재동포들 모두 원주지(原住地) 복귀하라는 명령을 내리고 복귀하는데, 그 대부분은 자기들 가져온 돈이라든지 의복이라든지 모다 없어졌고 지금 자기 고향이라고 돌아갔자 있을 집조차 완전히 있는 집이 별로 없을 것입니다"라고 말했다.「전재 지구 긴급 시책에 관한 건의안」,『제2대 제10회 국회 정기회의속기록』, 1951. 5. 19.

지시였다.[124]

건물 소유자가 난민의 퇴거를 강요거나 방세의 과도한 증액을 요구하는 일도 많았다. 1952년 11월 당시에 사회부가 알선하여 입주한 난민은 2천 세대였지만 사회부 주택과에는 입주 분쟁을 해결해달라는 신청이 매일 3건 이상이었고, 10월 이래 분쟁 해결 건수는 100건을 넘었다. 집주인이 "위협과 권세를 부리는가 하면 할아버지들은 불난 집에 부채질 격으로 집세 흥정을 하여 집 없는 난민들의 가슴을 졸이게" 하고 있었다.[125] 정부는 이러한 주택 소유자를 제재하기 위해 임시조치법에 의한 처벌을 경고하기도 했다.[126]

경고문

전시하 불가피한 사정으로 인하여 다수의 동포가 남하 피난함에 있어 이들 피난민을 동포애로써 내 집에 맞아들여 동고동락하는 후생동포 등에 대하여는 장기간 여러 가지로 폐가 많았음을 믿고 미안함을 금치 못하며 심각한 감사를 표하는 바입니다. 그러나 부득기 금년 동절에도 피난지에 계속 체류하게 되는 피난민이 입주한 건물 소유자 중에는 입주한 피난민에게 퇴거를 강요하며 또는 방세의 증액을 요구하는 등의 사례가 유하다는 것을 듣게 됨은 대단히 유감된 일이라 아니할 수 없습니다. 국민 각자는 현재 처하여 있는 조국의 비상사태를 정시하고 동족적 정의와 인보상조의 정신을 계속 발휘하여 동절을 앞둔 피난민의 주택 안정에 가일층 협력하여주실 것이며 만고 시국을 망각하고 기주한 피

---

124 사회부, 「지방관회의지시사항」, 『특별지방관회의관계서류』, 1951(국가기록원 BA0135101).

125 「동장군은 닥쳐오고 난민은 운다」, 『동아일보』 1952. 11. 2; 「우수에 싸인 난민 악덕 가주 등쌀에 신음」, 『경향신문』 1953. 11. 3.

126 사회부, 「피난민이 입주한 건물 소유자에 대한 자성 촉구의 건」, 『사회부』, 1952(국가기록원 BA0135127).

난민에게 대하여 직접 또는 간접으로 퇴거를 획책하는 자가 유할 시는 부득기 '피난민 수용에 관한 임시조치법'을 발동하여 의거 처리할 것을 자에 경고하는 바입니다.　　　　　　　　　　—1952년 11월 3일 사회부장관, 내무부장관

겨울을 앞두고 거처를 마련하지 못한 난민에게 퇴거를 강요하는 것은 가혹한 일이었지만, 정부가 적시한 것처럼 서울 환도가 지연되고 있었기 때문에 예정보다 장기화된 임시 거주는 건물 소유자와 입주 난민 양자에게 모두 부담이었다. 당시에 사회부의 지시가 없더라도 합의에 의해서 난민을 입주시킨 세대는 허가된 2천 세대의 2.5배에 달하는 5천 세대로 많은 집주인과 난민은 고통을 분담하고 있었다.[127]

4) 도시 난민 주택 철거

전시에 난민이 거처하는 곳은 수용소, 귀속재산 건물, 일반인 소유자 건물 외에도 판잣집이 있었다. 전자가 정부의 난민 대책에 의한 임시 거처였다면, 판잣집은 난민이 거주를 위해 스스로 지은 집이었다. 그러나 판잣집은 정부의 일방적인 철거로 인해 안정적인 주거 공간이 되지 못했다. 임시수도 부산에서는 철거가 강행되었다. 1951년 6월 당시에 부산 시내 판잣집('하꼬방')은 경찰 관할 지역별로 나누면 남서 관내에 2,500동, 북서 관내에 52동, 수상(영도)서 관내에 230동, 자유시장(국제시장)에 1,800동이 있었다.[128]

부평동 보수천에는 30여 개 '하꼬방'에 350명이 있었다. 산모와 환자도

---

127 「우수에 싸인 난민 악덕 가주 등쌀에 신음」, 『경향신문』 1953. 11. 3.

128 안용대 의원, 「전재민 가주택 강제철거에 관한 건」, 제2대 국회, 『제11회 국회 임시회의속기록』, 1951. 6. 5.

있었다고 한다. 1951년 5월 19일 경찰이 즉시 자진철거를 요구했다. 주민들은 '며칠만 참아달라'고 했지만, 경찰은 바로 철거에 들어갔다. 주민들은 철거를 막아달라고 국회에 진정서를 냈다. 이에 대해 국회가 정부에 건의안을 제출하자 사회부도 동의하고 내무부는 보류한다는 성명을 내기도 했었다. 그러나 하룻밤에도 수십 건씩 철거가 일어나고 있었다.[129]

사건 후 국회 내무위원회에서 내무부와 타협한 결과를 발표했다. 내무부와 내무위원회는 판잣집이 위법 건축이고 위생상 불결하며, 교통상 방해가 되므로 철거해야 한다는 데 동의했다. 집이 철거된 난민에 대한 내무부의 대책은 이들을 다른 지역으로 이주시키는 것이었다. 경상남도 도청에서 약 4km 떨어진 괴정리[130]라는 곳을 난민수용소로 지정하여 매호당 12평을 할당하고 기반 시설을 마련하겠다는 계획이었다.

주변 환경이 좋고 주택지로서 적절하다며 계획에 찬성하는 의견이 있는가 하면,[131] 반대도 적지 않았다. 난민이 정부의 대책 없이 자체적으로 이미 판잣집을 지은 상태에서 옮기라는 지시가 부당하다는 점, 위생의 악화가 난민에게만 책임이 있다고 할 수 없다는 점, 난민의 생업이 시내 중심에 있기 때문에 이주할 이유가 없다는 점 등이 반대의 근거였다. 경찰이 대통령의 산 조망을 위해 관사 뒤에 살던 가구를 철거했다는 일화가 등장하기도 했

---

129 홍창섭 의원, 서범석 의원, 「전재민 가주택 강제철거 문제에 관한 긴급동의안」, 『제2대 제10회 국회 정기회의속기록』, 1951. 5. 22.

130 현 부산시 사하구 괴정동으로, 일제시기에 부산 시민을 소개하려고 지정한 토지 약 3만 평이다. 「피난민 수용소 20일엔 십 명 발생 전국 뇌재환자 44명·사망 15명」, 『경향신문』 1955. 8. 22.

131 안용대 의원, 「전재민 가주택 강제철거에 관한 건」, 제2대 국회, 『제11회 국회 임시회의속기록』, 1951. 6. 5.

다.[132]

난민이 도심에 거주하는 것은 생업 때문이었다. 초량동에서도 철도 구내에 살던 난민 732세대 약 3천 명은 10일 내에 철거하라는 통고를 받고 시청과 시의회에 진정했다. 시에서는 난민 거주지 부근에 휘발유 창고가 있고, 철도 물자 수송의 민속(敏速)을 위한 것이라고 밝히며 괴정리로 이주하라고 했다. 그러나 이 난민들 대부분이 부두에서 노동이나 장사를 하고 있어 부두로부터 약 12km 떨어진 괴정리로 이주한다면 일을 할 수 없는 상황이었다.[133]

판잣집 철거 문제는 난민의 상황을 고려할 때 사회적 형평에 관련된 문제이기도 했다. 대구에서도 480여 명이 하꼬방을 짓고 살다가 거주를 옮기지 않자 경찰에서 대표들을 20여 일 구류한 뒤 그 사이에 철거하고 가장집물까지 부순 사건이 있었다. 지청천(池靑天)[134] 의원은 옹기조합의 사유지였던 토지를 돌려주기 위해 정부가 철거를 단행한 바, 이것은 "인권을 유린하는 것"이자 "인민으로서 당할 수 없는 일"이라고 일갈했다. 세금을 내지 않는 고급 요정을 비판하는 목소리도 있었다. 요정이나 부잣집을 난민에게 개방하지 않으면서 난민의 판잣집을 철거하는 것은 부당하다는 주장이었다.[135]

---

132 이종현 의원, 곽의영 의원, 「전재민 가주택 강제철거에 관한 건」, 제2대 국회, 『제11회 국회 임시회의속기록』, 1951. 6. 5.

133 「초량철도 구내 난민 철거」, 『경향신문』 1952. 8. 22.

134 잘 알려져 있듯 지청천(1888~1957)은 1920년대부터 항일운동에 진력해 한국광복군 총사령관을 맡았다. 해방 후 환국해서 대동청년단 단장, 제헌국회, 제2대 국회의원, 초대 무임소장관을 지냈고 건국훈장 대통령장이 추서되었다. 한국학중앙연구원, 『민족문화대백과사전』.

135 지청천 의원, 곽의영 의원, 「전재민 가주택 강제철거에 관한 건」, 제2대 국회, 『제11회 국회 임시회의속기록』, 1951. 6. 5.

국회에서도 판잣집 철거와 그 대책에 대한 반대 의견과 비판이 있었으나 철거는 계속되었다. 부산 신창동 철거 사건은 규모가 크고 사후 대책이 없었다는 점에서 더욱 문제가 되었다. 도로 주변 94세대, 500여 명의 난민에게 갑작스런 철거 지시가 떨어진 뒤 난민 100명이 진정서를 제출했다. 철거가 감행되고 난민은 노숙자가 되었다. 이들은 부산시장실로 찾아가 호소하고, 사회부를 방문하여 사후 대책을 요구했다.[136] 언론도 사설을 통해 관권 동원에 의해 철거가 이루어진 데다 그 방식도 강압적이었다고 지적했다. 전시 상황에서 난민의 생업과 이주할 공간 및 시간적 여유를 고려할 때 정부가 국민을 위하고 있지 않다고 비판했다. 정부는 교통 문제를 철거의 근거로 삼았지만, 이는 난민의 생업보다 중요하다고 할 수 없고, 도시 미관을 주장하는 것 또한 비정상적인 사고라는 것이었다.[137]

이렇듯 도시에서 피난 생활을 하던 난민은 판잣집을 짓고 생업을 꾸렸으나 정부는 계획성 없이 철거를 단행했고, 난민에게는 이웃과 정부에 선처를 호소하는 것 외에 다른 방법이 없었다.

이와 같이 1부에서 살펴본 것처럼 한국에서 난민은 분단국가 성립 과정에서의 이주와 국가폭력에 의한 피난과 소개로 발생했다. 귀환민과 월남민은 해방 후 미군정과 남한 사회에서 사회문제로 인식되었다. 미군정은 소련군 주둔 지역을 경험한 난민을 우려했고, 사회적으로는 인구가 급증하며 식량과 주택이 부족해지는 문제가 제기되었다. 전쟁 이전 제주도와 여순사건

---

136 「사후 대책 없는 '바락' 철거」, 『동아일보』 1953. 5. 12; 「신창동 '바락' 강제철거 5백여 난민의 읍소도 들은 채 만 채」, 『동아일보』 1953. 5. 18; 「노숙을 계속 신창동 난민 선처 호소」, 『동아일보』 1953. 5. 19.

137 「바라크 철거를 중지하라」, 『동아일보』 1953. 5. 20.

지역에서는 정부 측에서 봉기를 진압하고 지역을 장악하는 과정에서 지역민을 소개했다. 소개된 사람들은 난민이 되었다. 정부는 이 난민에 대해 국가 형성 과정의 부차적이고 지역적인 문제로 접근했다. 지역 단위에서 피폐한 상황을 해소할 방안을 강구하고, 난민과 지역민이 협력하여 자구책을 마련했으나 한국전쟁이 중첩되면서 복구는 요원해졌다.

전쟁기에는 정부와 유엔군이 난민 문제를 민사 영역에서 비중 있게 다루었으나 군사적인 활동에 방해를 일으키지 않는 데 목표를 두었다. 따라서 그 대응은 난민을 전황에 따라 적절하게 배치하고 통제하는 것이 주를 이루었다. 정부는 난민이 복귀하여 영농을 시작해야 한다는 이유 때문에 귀향을 유도했지만 서울로의 이동은 차단했다. 난민은 정부의 임시적인 대책으로 식량 등을 받았으나 피난 과정에서 정부와 유엔군의 부적절한 대응으로 생존에 어려움을 겪기도 했다. 피난 생활에서는 특히 주거 문제에서 지역민의 협력을 필요로 했다. 난민이 대도시에 정착하고자 해도 정부는 주택을 철거하는 등 이를 제재했다.

2부

정착사업의 기획과 추진

정부 난민 정책의 궁극적인 목적은 난민 상태를 벗어나게 하는 데 있다. 난민이 이동하지 않고 일정한 거주지에 정착하여 생업하게 하는 것이다. 이 목적을 달성하기 위한 정책이 바로 정착사업이었다. 2부에서는 난민을 농촌에 정착시키고자 하는 구상이 한국전쟁기에 체계를 갖춘 사업으로 실행되었고, 1950년대 사회정책의 핵심적인 부문이었음을 밝히고자 한다. 또 1950~60년대 정부가 정착사업을 실시했던 배경과 의도, 사업의 내용과 특징, 농촌정착사업 대상자와 성격의 변화를 시기별로 분석할 것이다. 난민정착사업으로 시작된 정착사업은 1960년대 전반과 중반 이후에 그 대상자와 형식에 변화가 있었기 때문이다. 정부의 정착사업 기획 의도와 추진 방식을 통해 국가가 난민에게 요구했던 것은 무엇이었고, 농촌 정착은 어떠한 시대적 의미를 지니고 있었는지 규명하고자 한다.

1장
난민정착사업의 기획과 실시

1. 해방~한국전쟁 이전의 농촌 정착 추진

해방 후 귀환·월남한 난민이 도시에 집중되고 주거 문제가 지속되자 새로운 정착 공간으로 농촌이 주목되기 시작했다. 도시에서는 급증하는 인구를 흡수할 정도의 산업 발전이 이루어지지 않았고, 실업이 증가했다. 특별한 기술이 없는 다수의 난민이 종사할 수 있는 산업은 농업이었다.

미군정은 실업 상태인 난민을 대상으로 한 취업 대책을 구상했다. 먼저 기술을 지닌 난민의 실태를 조사하여 그 기능과 인원을 파악하고자 했다. 군정청 외무과가 귀환민의 수를 파악하는 한편, 노무과는 각 도에 지시하여 실업자 취업등록제를 실시하도록 했다. 일본에 징용으로 갔다가 돌아온 다방면의 기술자들을 취업시켜 활용하기 위한 방안이었다. 72만 3천여 명으로 추산되는 징용 귀환민이 석탄·광금속·화학·토목·건축 등 공장에서 산업 재건에 역할을 할 수 있을 것으로 기대되었다.[01]

---

01 「실직자 취업등록을 4월에 실시」, 『동아일보』 1946. 3. 17; 「징용 가서 "배워온" 기술 조국 재건

미군정은 특별한 기술이 없는 난민을 공공사업에 취업하도록 했다. 보건후생부 후생국과 토목국은 1946년 10월부터 서울-부산 간 도로 보수 공사에 난민 85만 명을 동원했다. 서울-강원도 횡단도로 공사와 함께 해방 후 2대 토목공사로 여겨지는 이 대형 공사는 전국에서 취업자를 모집했다. 희망자가 군·면에 신고하면 취업증명서를 발급받아 공사에 취업하도록 했다. 이러한 군정청 단위의 대형 규모가 아니더라도 지역 단위에서도 공사가 계획되었다. 그러나 토목공사는 난민 규모에 비해 취업자가 적고 일시적이었기 때문에 안정된 직업으로서의 역할을 하지 못했다.[02]

미군정이 임시적 취업인 공공사업과 다르게 지속적인 취업 대책으로 삼은 것은 농촌으로의 정착이었다. 그 형태는 집단영농과 귀농 알선이었다. 서울시에서는 조선전재농민협회구제단을 설치하여 난민의 집단영농을 실시했다. 부평의 전 일본인 소유였던 시유지 약 30만 평에 300호를 이주시키는 것이 그 시작이었다. 영등포에는 50호가 조성되었는데, 군정장관 러치(Archer L. Lerch)는 집단영농이 새로운 농작법의 발달을 위한 기초이고 공동 생산의 실험적 역할을 하고 있다고 홍보했다. 이들 농장의 조성 비용은 전재농민협회와 시청 후생부에서 부담했다. 농장에는 등록된 전재민 중 다년간 농업에 종사했던 이들이 우선 선발되었다. 농장 내에 합숙소를 만들어 수용한 후 생활과 영농을 집단으로 하는 형태였다.

의 산업 동원 기능별로 배치」, 『동아일보』 1946. 3. 17.

02 건설부 국토계획국, 「미군정 시대(1945. 9~48. 8)」, 「제1공화국 시대(1948.8~60.8)」, 『국토건설사업자료집』 제3집, 1985, 19쪽; 「경부 간의 국도 개수 공사 전재민·실업자 구제 위해 고용」, 『경향신문』 1946. 10. 19; 「취업 희망자는 신고하라 경부 간 도로 개수 공사에」, 『동아일보』 1946. 10. 19; 「전재동포 구제에 경기도 내 하천 공사 시행」, 『조선일보』 1946. 8. 15; 「서울의 실업자 20만 명으로 날로 증가」, 『서울신문』 1946. 8. 31.

미군정 당국뿐만 아니라 민간에서도 농장 조성을 추진했다. 조선원호사업협회는 노량진에 약 18만 평, 이태원에 약 20만 평의 농장을 개척하여 400호를 정착시킨다는 계획을 세웠다. 3·1운동의 '33인유가족동지회'도 부평의 9만 평 농지를 신한공사로부터 대부받고, 식산은행에서 자금을 융통하여 집단영농을 시작했다.[03]

미군정은 새로 들어오는 난민의 서울 거주를 금지하면서 기존의 난민에게 귀농을 알선했다. 난민이 늘어나면서 실업자도 함께 증가하고 있었다. 겨울에 추진했던 가주택 건축의 성과가 미미하자 귀농에 기대를 걸었다. 1947년 초부터 농무부는 32만 세대가 귀농을 희망한다는 조사를 토대로 하여 각 도에 귀농을 알선할 것을 지시했다. 이에 신한공사와 전재동포원호회의 협의를 거쳐서 32,395세대가 전국 각지에 이주했다. 농무부는 그 이듬해까지 알선을 계획했으나 실행되지는 않았던 것으로 보인다. 그 배경으로는 일차적으로 경지 면적이나 경작권 이동 등 토지 관계를 명확히 할 수 없었다는 점을 들 수 있다. 귀농을 했더라도 식량 배급이 원만하지 않고, 영농자금이 확보되지 않아서 실제로 정착하기는 어려웠기 때문이다.[04]

정부수립 이후 정부는 미군정이 그간 응급 구호 대책에 노력해왔으나 난민 대부분이 생활난으로 인해 도시에 집중하고 있다고 보고 항구적인 안

---

03 「전재민과 집단영농」, 『동아일보』 1946. 3. 23; 「전재민 경영 농장 '러취' 장관이 시찰」, 『조선일보』 1946. 6. 15; 「조선전재농민협회」, 『동아일보』 1946. 3. 22; 「전재동포를 이식! 부평, 노량진에 농장 건설을 계획」, 『조선일보』 1946. 4. 11; 「33인 유가족 부평서 집단영농」, 『동아일보』 1946. 9. 7.

04 「전재민귀농 알선 춘경기 앞두고 적산 토지에 정주 교섭」, 『동아일보』 1947. 2. 1; 『서울신문』 1947. 12. 8; 「해외동포 귀환자에 대한 농자 문제 시급」, 『조선일보』 1947. 5. 29; 「귀농 전재동포 식량과 농자가 문제」, 『동아일보』 1947. 5. 29; 「전재동포 귀농 적극 알선」, 『경향신문』 1947. 10. 8.

정책 마련을 주장했다. 그것은 각 지방에 분산수용하여 개간에 종사하도록 하는 것이었다. 사회부는 각 도에 위촉하거나 후생협회 등의 사업 보조 기관이 지도하여 황무지·탄광·염전 개발과 미곡 생산지 등 영농 기관에 난민을 분산수용하고자 했다. 각 도에 보조비와 주택 시설비를 배정하여, 1949년에 2만 7천 세대, 13만 5천 명을 정착시킨다는 안이었다.[05]

이 대규모 사업은 계획대로 추진되지 못했다. 사회부는 그해 겨울이 되어서야 각 시도에 '전재민 주택 입주 요강'을 시달했다. 규모도 2,950호로 대폭 축소되었다. 각 지역에서 준공 검사를 실시하고 입주 자격자를 심사한 후 주택을 분배하는 방식이었다. 입주 자격은 다음과 같았다.[06]

① 전재민 중 주택을 구할 능력이 없고 직장이 없는 부동자(浮動者)로서 영농을 목적으로 하는 자, 다만 서울시 및 염전·개척 기타 등 특수 지대에 한하여서는 빈민농도 가(可)하다.
② 농업에 종사할 자
③ 가족이 있는 자로서 노동력이 있는 자
④ 전 각 항에 해당한 자로서 사상이 건실하고 참을성 있고 부지런한 자로서 영주(永住)할 자

정부의 목적은 난민을 각 지방으로 분산시켜 농업에 종사시키는 것이었다. 주택 배정은 이 목적을 실행하기 위한 유인책이었다. 그러나 입주민은

---

05 「사회부, 전재민 2만 7,000여 호를 각 도에 분산 정착시키기로 결정」, 『동아일보』, 1949. 4. 8.
06 지역별로는 서울 250, 경기 200, 충북 150호, 충남 500, 전북 500, 전남 450, 경북 250, 경남 450, 강원 200호가 할당되었다. 『서울신문』, 1949. 12. 10.

이렇게 배정받은 주택에 대한 권리에 제약이 많았다. 주택의 구조 변경이나 증축은 지방 당국의 허가를 얻어야 했다. 양도나 대여는 불가능했다.

정부수립 후에도 난민을 공공사업에 동원하는 구호 대책이 지속되었다. 난민의 실업은 사회적으로 가장 심각한 문제로 인식되었다.[07] 사회부는 공공사업을 위한 재원으로 약 4억 원의 예산을 계상하여 하천 준설 공사, 도로 수리 공사 등을 계획하고 내무부 건설국과 협의를 하는 등 공공사업을 통해 고용을 확대할 계획이 있었다.[08]

그러나 정부가 보다 구체적으로 기획한 대책은 개간 등 농지 조성 및 개량 공사와 이를 통한 난민의 농촌 정착이었다. 사회부, 농림부, 내무부 등 관계부처가 토지 개량 사업, 사방 공사, 농경지 복구 사업, 도로 시설 및 수리 공사, 화전, 제방 공사 등을 추진하고자 했다. 주택을 건설하고 개간한 농지를 분배할 계획 역시 가지고 있었다.[09]

농업 취업과 농촌 정착을 구상했던 데는 난민 중 과거 농업 종사자가 가장 많다는 현실적인 배경이 있었다. 사회부 노동국의 산업별 실업자 실태조사에 따르면, 전라도를 제외한 직업별 통계에서 67만여 명 중 농업이 절반에 가까웠다. 사회부는 농업 실업자 구호에 착수하고자 3년 계획을 세웠고,

---

07 서울시에서는 시민의 의견을 청취하기 위하여 여론조사를 했는데, 156명 중 33명이 '실업자와 이재민 대책을 확립하라'고 했고, 이어서 보건후생 시설 확충(27명), 근로자의 최저생활 확보(12명)가 그 뒤를 이었다. 「서울시 여론조사 결과 실업 문제가 수위를 차지」, 『연합신문』 1949. 6. 9.

08 이주실, 「1950년대 후반 실업 문제의 대두와 이승만 정부의 실업 대책」, 고려대 사학과 석사학위 논문, 2011, 42~43쪽.

09 「사회부, 실업 자구 제 대책으로 토지 개량 사업 등을 계획」, 『세계일보』 1948. 10. 23; 「사회부, 실업자·이재민을 위한 주택 건축과 황무지 개간 계획을 수립」, 『자유민보』 1949. 7. 14; 「실업 무직 동포를 농촌으로 사회부서 "농가 정착" 계획 수립」, 『경향신문』 1949. 5. 4.

농림부는 하천·해안 등 간척 면적 46,192정보(1정보=3,000평)를 조사해 64억 원을 경제협조처(Economic Cooperation Administration: ECA) 추가 예산으로 제출했다.[10]

정부 차원의 대규모 농촌 정착 추진이 실현되었는지는 정확히 알 수 없지만, 민관 합동 단체가 벌인 농촌 이주 정착은 실현되었다. 구국농축개발대(救國農畜開發隊)는 방수원(方洙源)이 설립하고 대장을 맡았으나 이승만 대통령을 명예총재로, 전진한(錢鎭漢) 사회부장관, 이윤영(李允榮) 무임소장관 등 관료 13명을 고문으로 두었다. 정계와 기독교계 인물들도 임원진에 포함되었다. 위원장에는 조중서(曺仲瑞), 부위원장은 장일과 이호빈(李浩彬), 이사장은 홍병선(洪秉璇), 부이사장은 현동완(玄東完)과 김복록, 총재로 오긍선(吳兢善)이 이름을 올렸다. 대장인 방수원 외 19명의 이사와 박준섭 외 4명의 감사, 2명의 부대장으로 조직이 구성되었다.[11]

---

10 농업이 31만 명, 공무원·자유업자 10만 9천 명, 상업 9만 9천 명, 공업 7만 천 명, 광업 3만 5천 명, 교통업 2만 명, 어업 1만 3천 명, 수산이 8천 9백 명의 순위였다. 전직별 실업의 원인에 대해서, 공무원은 정부 방침에 따른 공무원 감소, 상업은 대자본의 소자본 흡수, 공업·광업·어업 부문은 자재 부족·원료난, 교통 부문은 외국에서 교통 부문에 종사하던 귀환동포가 많은 데 기인한 것이라고 보았다. 「사회부 노동국, 전라도를 제외한 4월 말의 실업자가 67만 명이라고 발표」, 『조선중앙일보』 1949. 5. 15.

11 「낙토 건설의 첫거름」, 『동아일보』 1948. 12. 1. 개발대의 설립자이자 대장을 맡은 방수원(方洙源)은 일제시기부터 활동한 인물로서, 그의 경험은 개발대 추진과 운영에 직접적인 배경이 되었다. 그는 1904년 3월 21일 평북 정주에서 출생하여 1930년 2월 5일 서울에 조선인 야학을 설립했다. 여기서 50명의 아동을 수용하고 무보수로 봉사했다. 1936년에 도쿄 유지들의 발기로 종교 교육 위주의 문자 보급을 위해 설립한 순복음학교가 성황을 이루기도 했다. 그가 널리 알려진 것은 고아원인 '향린원(香隣園)' 때문이었다. 방수원은 일본에서 노동운동과 도덕 재무장(MRA) 운동의 회원으로 일하며 사회 사업에 관심을 가졌고, 1937년에 귀국한 후 이듬해에 향린원을 세웠다고 전해진다. 1943년에 향린원 아동들을 주제로 영화가 만들어졌는데 바로 〈집 없는 천사〉였다. 개발대 역시 이 향린원을 토대로 조직되었다. 박소연, 『물신 신고 태평양을 건널거나』, 도서출판 한거레, 1987, 31, 33쪽; 소현숙, 「황국신민으로 부름 받은 '집 없는 천사들'」, 『역사비평』 82, 2008 참조.

개발대는 1948년 12월 1일에 서울에서 발대식을 가졌다. 그리고 15일에 제1차 100세대가 강원도 평창으로 떠났다. 서울시청 앞 강당에서 1차 파견대의 장행회(壯行會)를 여는 등 개발대의 농촌행은 크게 환영받았다.[12] 정부는 개발대를 통해 "긴박한 식량 문제"를 해결한다는 목적이었다. 증가한 인구와 악화된 식량 사정으로 인해 농지 조성을 통한 식량 증산의 요구가 높았다.

개발대의 개간 및 정착사업은 "무직자, 전재동포로 조직"된 "낙토(樂土) 건설 운동"이라며 그 성과가 기대되었다. 개간에만 그치는 것이 아니라 복합적인 농업 생산을 통해 향후 지속할 수 있는 사업으로 주목받았다. 1차 100세대는 평창에서 농지를 개간하게 되었는데, 유용성이 적은 나무를 없애고 상수리, 호두, 은행나무 등 열매를 맺는 나무를 심어서 산 자체를 농지화하고, 수확되는 열매를 가축 사료에 충당하여 가축 영농을 하는 것으로 계획되었다. 사회부는 100세대로 시작된 개발대 사업을 정책의 시작으로 여겼다.[13]

개발대는 1949년 5월에 '한국개척단'으로 개칭하고 법인으로 변경하여 1950년대에 구호 기관으로 활동했다. 사회부·농림부·서반아어학회의 후원으로 개척지도원 양성소를 창립하고, 전쟁기 부랑인과 실업자 200여 명을 수용하여 구호 사업을 진행하기도 했다. 한국개척단은 『개척』이라는 잡지

---

12 「구국농축개발대 발대식」, 『경향신문』 1948. 12. 1; 「1차로 100세대 선발」, 『동아일보』 1948. 12. 14.

13 사회부는 이들의 성과에 따라 소극적인 후생 정책을 넘어 건설적이며 적극적인 정책을 취하겠다고 하며 개발대의 성공 시 3천만 원의 예산을 계상하여 1세대에 1만 원씩 보조금을 지출하여 3천 세대를 계속 이주시킨다는 계획을 발표했다. 이 기사에서 30만 정보라고 기록하고 있는 것은 오류로 보인다. 「우선 30만 정보 개발 농업보국대 현지착」, 『동아일보』 1948. 12. 23.

를 1959년까지 156권 발간했다.[14]

한국개척단이 1950년대에 어떻게 활동했는지는 단편적인 사례로만 파악된다. 그 첫 번째는 잡지 『개척』을 강매했던 일이고, 두 번째는 개척단 지방 간부 6명이 이사장과 중앙 간부를 상대로 배임 업무상 횡령 및 사문서 위조 혐의로 중부 경찰서에 고소를 제기한 일이다. 개척단의 자산을 민의원 선거 비용으로 횡령하고, 보건사회부장관의 승인 없이 단의 부동산과 삼각산 유원지를 매각하여 횡령하고 허위로 장부를 조작했다는 내용이었다.[15] 두 사례로 볼 때, 한국개척단은 중앙과 지방의 조직을 갖추고 있었고 재산도 상당량 지녔던 것을 알 수 있다. 그러나 귀농이나 정착사업을 실행했는지 여부는 확인되지 않는다.

개발대를 설립한 방수원은 한국개척단에 관여하면서 고아원을 운영했다. 전쟁 시기에는 서울 향린원의 고아 30명과 함께 경남 창원군 가덕도에서 500미터 떨어진 무인도로 피난하여 고아원을 설립했다. 고아가 늘어나며 섬을 '진우도(眞友島)'라 명명하고, '아동민주시'라는 자치시 형태로 운영했다.[16]

---

14 「개척지도원 양성소 창립」, 『경향신문』 1950. 6. 26; 「한국개척단서 고아 구호 사업 전개」, 『경향신문』 1952. 1. 16.

15 「'개척지'의 강매」, 『동아일보』 1956. 11. 28; 「한국개척단에 부정?」, 『동아일보』 1959. 10. 11.

16 미국감리교선교부와 주한UN군 후방기지 사령부가 건축자재를 지원하여 가덕도에 국내 최대 고아원을 건설하려고 계획했으나 실현되지는 않았다. 방수원이 고아원을 설립한 후 섬의 아동 수도 1951년 8월에 100여 명에서 1955년에는 278명으로 늘었다. 그러나 1959년 사라호 태풍으로 시설이 파괴되어 철수했다. 섬에서는 6~18세의 아동이 시장, 경찰, 법관을 맡고 독자적인 화폐와 복권을 발행하며 국민학교를 두었다. 이 섬은 현재 무인도이고 고아원은 '진우원'으로 개칭되어 김해시 진영읍으로 이전한 뒤 현재까지 운영되고 있다. 「고아들의 낙천지 미군이 '진우도'에 건설」, 『경향신문』 1955. 2. 21; 「고아의 낙원 '진우도'」, 『동아일보』 1955. 2. 22; 한국지명유래집, 『한국지명유래집 경상편』, 진한엠앤비, 2015; 피난 과정과 진우도 운

한국전쟁 발발 이전에도 도시의 인구를 분산하는 방법으로 농촌으로의 이주 정책이 추진된 바 있었다. 농촌 정착은 임시적인 공공사업과 비교할 때 농업을 기반으로 한 사람들의 영속적인 구호 대책으로 주목되었던 것이다. 그러나 이 시기의 농촌 정착 시도는 장기적·전국적인 기획으로 이어지지는 않았다. 곧이어 전쟁이 발발하며 난민 문제는 더 이상 대도시에 한정되지 않고 전쟁 수행의 한 측면으로 다루어지게 되었다.

2. 한국전쟁기 구호와 한·미 합동의 난민정착사업 실시

1) 구호 물자 배분과 구호위원회

한국전쟁으로 인해 구호 대상자가 격증하는 상황에서, 정부는 구호 사업을 강화할 방안을 모색했다. 구호 사업에서 가장 긴요한 것은 양곡 등 구호 물자를 배분하는 문제였다. 정부는 원주민이 난민보다 구호 물자를 더 받으면 안 된다고 지시했다. 사회부는 1952년 9월 서울시 및 각 도 문교사회국장회의에서 구호 양곡 배정에서 원주민과 난민의 차등 대우를 철폐하라고 했다. 난민과 원주민이 같은 양을, 또는 원주민이 더 많은 양을 받는 것은 "구호의 적정을 실(失)하는 폐단"으로 지적되었다.[17]

구호 물자 배분을 포함하여 구호 사업을 적정하게 실행하기 위한 구호위원회의 활동이 강조되었다. 구호위원회는 중앙정부부터 난민 당사자까

영 및 생활은 박소연, 앞의 책, 1987 참조

17　사회부, 「서울특별시 및 각 도 문교사회국장회의 지시협의사항」, 『사회부』, 1952(국가기록원 BA0135127).

지 참여하는 체계를 갖추었다. 1950년 8월 정부부처(사회부·보건부·농림부·내무부)로 구성된 중앙구호위원회와 지방 행정 기관장, 유력 인사, 난민 대표로 구성된 지방구호위원회가 조직되었다. 지방구호위원회는 각 도, 각 시·군, 각 읍·면·리·동 수준에 각급 위원회를 설치했다. 1951년에 난민의 복귀가 시작되면서 정부의 구호 체계가 정비되었다. 중앙정부는 구호 조직 설치 및 운영에서 각 지역 단위의 역할을 명시했다. 정부는 1951년 4월, 긴급 구호 활동을 위해 사회부를 중앙구호본부로 개편하고, 구호위원회와 별도로 군·관·민을 망라한 전시구호대책중앙위원회를 조직했다. 구호위원회는 주 1회 개최하고 매주 주보(週報)로 보고하게 되어 있었다.[18] 사회부는 지방의 각급 구호위원회가 구호 물자의 할당뿐만 아니라 지방 구호 문제 전반의 계획에 참여할 것을 지시했다. 또한 하급 구호위원회의 운영 상황이 부진하다는 점을 언급하며, 위원회의 결정된 바에 따라서 제반 정책을 시행하고 물자 배정을 실시할 것을 지시했다.[19]

1952년 5월 24일 '대한민국과 통일사령부 간의 경제조정에 관한 협정'(마이어협정)에 따라 합동경제위원회(Combined Economic Board: CEB)가 구성되어 산하에 기획위원회(Overall Requirements Committee: CEBORC), 구호위원회(Relief and Aid Goods Committee: CEBRAG)와 재정위원회(Finance Committee: CEBFIN)를 두었다. 기획위원회가 원조 프로그램에 대한 전반적인 계획을 조정했고, 재정위원회는 인플레이션 방지와 재정 및 통화 정책을 담당했다. 기존의 중앙구호위원회는 이 구호위원회(CEBRAG)로 재편되었다. 합동경제위 구호위원회는 공급되는 원

---

18 김용우 의원, 「국정감사 보고(외무·사회보건·상공)」, 『제2대 제10회 국회 정기회의속기록』, 1951. 4. 24.

19 사회부, 「서울특별시 및 각 도 문교사회국장회의 지시협의사항」, 『사회부』, 1952(국가기록원 BA0135127).

조 물자를 결정하고 배정하는 역할을 담당했다.[20] 난민정착사업에 필요한 농기구와 가축 품목 및 수량을 결정하는 것 또한 농림부와 구호위원회가 함께 맡았다.

사회부는 1952년 10월 서울 및 지방 구호위원회에 대한 규정을 구체화하여 그 기능과 직무를 명시했다(〈부록 5〉).[21] 서울특별시 및 도 구호위원회는 사회부, 보건부 및 유엔민간원조사령부(UNCACK) 본부에서 공동으로 수립한 방침 및 지시에 의거하여 활동하고 건의하며 또한 결의해야 한다고 정했다. 지방구호위원회는 구호 물자 배정, 구호 사업 운영 조정 및 개선, 시설 조사와 유지 등의 직무를 담당하고, 다음 두 가지 사항을 당국에 건의·원조하도록 했다. 첫째는 피난 또는 세궁민의 자력자립과 인보상조 및 지방 자원 활용의 장려, 둘째는 구호에 의존하고 있는 각종 난민이 생산 상태에 복귀하여 자립하기 위한 정착사업 계획의 추진이었다.

2) 난민정착사업의 시작

난민정착사업은 한국 정부와 유엔사령부의 합동기구인 난민정착위원회에 의해 피난지로부터 복귀하는 난민을 정착시키는 대책으로 실시되었다. 위원회는 정착사업을 전 국가 차원의 운동(Resettlement Campaign)으로 삼고 난민의 자발적인 의지와 지역 자원의 효과적인 활용을 강조했다. 전쟁이 끝날 무렵에도 280만여 명의 난민이 있었고, 전후 '수복지구'의 행정권이 정부에 이양된 뒤 복귀 난민의 정착이 본격화되어 난민을 배치하고 정착시키는

---

20 이현진, 『미국의 대한경제원조정책 1948~1960』, 혜안, 2009, 173~176쪽.

21 사회부, 「서울특별시 및 각 도 문교사회국장회의 지시협의사항」, 『사회부』, 1952(국가기록원 BA0135127).

사업으로 진전되었다. 1950년대 중반에 사업이 확대되며 무상원조 방식에서 개간, 간척, 수로 및 저수지 등 농지 조성과 개량 사업에 취업하고 노임을 받는 방식으로 변화했다. 정부와 미국은 농지 조성 과정에서 필수적인 초기 식량 구호를 최소화했고 사업은 난민의 정착 의지에 달려 있었다.

난민정착사업은 전쟁기에 한국 정부와 유엔군이 합작하여 추진했다. 사업을 관장한 기구는 유엔민간원조사령부(UNCACK, 언캑)였다. 1950년 10월 30일에 미8군 작전기구로 민간원조사령부(CAC)가 설치되었고, 12월부터 'UNCACK'이라는 공식 명칭을 갖게 되었다. UNCACK은 1953년 7월 1일에 한국민간원조사령부(KCAC)로 흡수되기 전까지 민간 구호와 경제 부문에서 다양한 임무를 수행했다. 정부와의 조정하에 수행하는 난민의 통제와 구호는 UNCACK의 핵심적인 업무였다. UNCACK의 구호 사업은 한국민간구호계획(Civil Relief in Korea: CRIK) 원조의 구체적인 실행이었다.[22]

정부와 UNCACK은 1952년 3월에 한미합동정착위원회(Joint ROK-UNCACK Resettlement Committee)를 결성함으로써 사업을 시작했다. 1952년 2월부터 크리스트(W. E. Crist) 준장과 허정(許政) 국무총리가 협의한 끝에 3월 15일에 첫 회의를 개최하며 활동을 본격화했다. 위원회는 본회의와 운영위원회, 예산소위원회, 기술소위원회를 두었고 사안에 따라 세금 감면 회의 등을 개최했다. 위원회 및 산하 위원회에는 위원뿐만 아니라 배석자가 함께 참여했다.

정부에서는 사회부를 중심으로 사안에 따라 내무부, 재무부, 농림부에서 차관을 비롯하여 국장급 관료들이 참석했고 산하위원회에 전매청, 관재

---

22 전쟁 시기 UNCACK의 조직 변화와 기능에 대해서는 김학재, 「주한유엔민간원조사령부(UNCACK) 자료 해제」, 『전장과 사람들』, 선인, 2010, 295, 305~515쪽 참조.

청 관료와 지방 국장 및 과장 등이 참여했다. UNCACK 측에서는 사령관과 공공복지, 공공사업, 재정, 농림, 수산 및 염전, 노동 등 부처에서 위원들이 참여했다. 위원회 및 산하 위원회의 의장은 한국 정부 측에서 맡았다. 본위원회는 사회부 차관이, 운영위원회는 사회부, 예산소위원회는 재무부, 기술소위원회는 상공부 관료가 의장을 맡았다.[23]

한미합동난민정착위원회는 8월부터 유엔한국재건단(United Nations Korea Reconstruction Association: UNKRA)을 초대하며 확장했다. 정착을 위한 것이라고 간주되는 몇몇 사업이 UNKRA에 의한 것과 깊이 관련되어 있어서 기술소위원회 구성원으로 초빙하고 전체 위원회에 참관하도록 했다. 당시 UNKRA 측에서는 참관인으로 배석하기를 원했다. 1953년 3월에 와서 UNKRA의 위원회 참여와 활동에 대해 문제제기가 있었고, 위원회의 명칭 역시 '한-UNCACK-UNKRA 합동난민정착위원회'로 변경할 것이 제안되어 5월 16일에 확정되었다.[24] 7월에 UNCACK가 KCAC로 개편되면서 위원회도 '한-KCAC-UNKRA 합동난민정착위원회'로 개칭되었다.

3) 사업 초기 구상과 계획, 쟁점

한미합동난민정착위원회의 초기 구상은 전국적인 규모의 재건 프로그

---

23 RG 554, Entry 125, Adjutant General Section, General Subject Correspondence Files 1952 series, Report of the Nineteenth Meeting of the Joint ROK-UNCACK Resettlement Committee, 1952. 8. 22(이하 회의록은 같은 파일).

24 RG 554, Report of the Eighteenth Meeting of the Joint ROK-UNCACK Resettlement Committee, 1952. 8. 8; Report of the Twenty-ninth Meeting of the Joint ROK-UNCACK Resettlement Committee, 1953. 3. 16; RG 554, Entry 125, Adjutant General Section, General Subject Correspondence Files 1952 series, Headquarters UNCACK, Korea 8201ST Army Unit APO 59, Resettlement and Assimilation of Refugees(1953 Instruction Letter No. 1), Memo for record, 1953. 6. 23.

방식	지역	사업수	필요 자금 합계 (천 원)	임금 또는 고용 인원	비고
농지개량	경기	68	4,009,900		
	충청	181	1,404,654		
	전남	2	1,700,000		
농지 관개	경기	25	12,064,012	1,746,065원	
	충남	216	261,495,925	27,621,937원	
	전남	31			
어업 시설	경기		9,887,839	10,940	
	충남	1	81,800	500	
산업시설	경기	232	232,321,751	171,000	창고 230, 배 589, 어업시설 24
	충남	17	5,994,324	4,280	
광산	경기	30	15,769,730	7,400	
간사지 개간	경기	5	233,430	330	1일
	충남	3	1,900,000	80,000	
	전북			3,050	1일
	전남	1	11,000	1,500	
삼림관리	경기	12	162,209	40,519	
	충남	3	224,710	62,500	
	전남	1	70,000	15,000	
염전	경기	1	24,000	200,000	
	전남	6	3,176,981		
	충남	15	51,849	4,124	

* 출전: RG 554, Report of the Eighteenth Meeting of the Joint ROK–UNCACK Resettlement Committee, 1952. 8. 8. Annex B, APPENDIX I.

램을 실시하여 즉각 정착 가능성이 있는 지역에 정착 운동(Resettlement Campaign)을 벌인다는 것이었다. 빠른 시일 내에 정착 가능성이 있는 지역에 정착을 위한 준비를 시행하고자 했다.[25] 전국 단위로 정착을 시도하기 위해서는 각 지역별 사업 가능 여부가 판단되어야 했다. 위원회 운영위는 각 도로부터 사업 계획에 대한 보고를 받았다(〈표 2-1〉 참조).

경상도와 제주도를 제외한 지역에서 다양한 방식의 사업이 계획되었다. 경상도와 제주도는 주요 피난 지역으로서 난민이 집중되었기 때문에 제외된 것으로 보인다. 사업 방식으로는 농지 관개가 가장 높고, 농지 개량이 뒤를 이었다. 지역별로는 경기와 충남이 다수를 차지했다. 경기도는 다른 도보다 특히 사업 요구가 높아서, 농림부가 현지조사를 통해 농지 1,300정보(390만 평)에 정착이 가능한지 구체적으로 사업 가능성을 조사하기로 했다. 위원회는 각 지역의 기존 사업이 정착사업장으로 적절한지 검토했다. 그 결과 대부분의 사업이 지역의 수입을 증가시키기 위해 지역의 빈곤한 사람들에게 노임을 살포하는 것을 목표로 한다는 점, 그 규모가 너무 크다는 점이 지적되며 부적합하고 비현실적이라는 결론이 내려졌다.[26]

위원회는 1952년에 237개의 관개 및 개간 사업을 시범사업(Pilot Project)으로 하고, 정착사업의 운영 방법을 모색했다. 시범사업은 한국 정부의 재정으로 54,173명을 동원하는 것이었다. 이를 발전시킨다면 난민의 식량과 생업에 크게 기여할 것으로 기대되었다. 시범사업지 중의 한 곳은 경상남도 밀양의 상남 지역이었다. 500정보(150만 평)의 개간을 추진하는 사업에 500명의 난민

25 RG 554, AGENDA Joint ROK-UNCACK Resettlement Committee, 1952. 3. 15.

26 RG 554, Report of the Eighteenth Meeting of the Joint ROK-UNCACK Resettlement Committee, Annex B. 1952. 8. 7.

이 동원되었고, 2천 명까지 증대시킬 예정이었다. 위원회는 여기에 예산과 기술 지원을 결정하는 역할을 했다.[27]

전국적인 정착 운동을 구상하던 사업 초기에 정착을 독려하기 위해 중요한 문제들이 논의되었다. 그 첫 번째가 정착민의 세금 감면과 지가 상환 연기였다. 1952, 53회계연도분의 감세 또는 면세를 위해 소위원회가 열렸다. 소위원회는 정착사업의 목적이 난민을 감소시키고 경제에 필요한 농작물 생산을 위해 농지로 돌아가게 하는 것임을 확인했다. 소위원회의 구체적이고 적극적인 제안이 검토되었다.

우선 세금 감면은 그 시기를 최소한 정착 첫 해로 하고, 각 도 및 지역에서 같은 방법으로 할 것을 결정했다. 지방정부는 면세 기간 동안에 식량이 필요할 것으로 보았다. 세금 감면의 법적 근거는 임시토지수득세법 제15조에서 찾았다. "재해 또는 천후불순으로 인하여 전답의 작물의 수확량 또는 소득금액이 현저히 감소된 경우에는 대통령령의 정하는 바에 의하여 당해 기분 제1종 토지수득세를 경감 또는 면제할 수 있다"는 조항을 토대로 하여 정착 농민의 세금 감면을 확대하고 지방세법에도 적용할 것을 제안했다. 지방세법 적용을 위해 위원회는 각 도 사세국장을 만나서 내용을 토의하고 양해를 요청했다. 위원회의 내무부·재무부 구성원이 초안을 작성하고, 농림부가 대통령령에 부합되도록 조치할 것을 결의했다. 지가 상환 문제 역시 정착 첫 해는 지불을 연기하자는 것으로 정리되었다.

사업 초기에 논의된 두 번째 주요 문제는 임시주택·종자·농기구·식량 등 원조 물자였다. 지역별로 가장 먼저 할당된 물자는 목재와 천막으로, 경

---

27   RG 554, United Nations Civil Assistance Command Korea, Adjutant General Section, Outgoing Messages, Command Report for March 1952.

기도와 전라북도에 다수 배정되었다. 점차 지역별 정착과 물자 운송에 대한 규정을 만들고 사업을 진행해갔다. 강원도의 영농 가능한 지역으로의 복귀 문제와 무료 교통이 우선시되었다. 물자 선적은 지역별로 전남은 목포에서, 전북은 군산에서 하기로 지정되었다. 농민들이 탁월한 정신과 진취성을 보여주고 있다는 위원회의 평가 아래, 한국 정부와 UNCACK이 가능한 모든 지원을 시행해야 한다고 촉구되었다.[28]

세 번째 문제는 사업의 대상자인 난민 규정과 구호 및 임금 문제였다. 사업 대상자는 위원회 설립 후 구체화되는 과정에 있었다. 처음에는 세금 감면의 대상을 "전쟁과 게릴라 활동으로 인해 거주지에서 소개된 자들"과 "관계당국의 허가로 즉시 복귀가 가능한 자들"로 했다.[29] 그러나 얼마 지나지 않아서 유엔 군사 시설로 사용하는 농지에 있던 농민 정착 또한 논의 사안이 되었다. 1952년 4월 현재, 158,340명이 23,240정보(6,972만 평)에 있었으나 가까운 시일 안에 돌아가지 못하는 것이 문제였다. 이들 농민 또한 정착 사업 계획에 포함되어야 한다는 주장이 설득력을 얻어서, 모든 도지사와 UNCACK 지역 사령관에게 이들을 정착 난민에 포함시키라는 서한을 보내기로 했다.[30]

정착사업 대상자와 그 구호에 대해서는 UNCACK 본부에서 지역 사

---

28 RG 554, AGENDA Joint ROK-UNCACK Resettlement Committee, 1952. 3. 15; AGENDA Joint ROK-UNCACK Resettlement Committee, 1953. 3. 29; Minutes of Sub-Committee Meeting on Tax Exemption for Resettling Farmers, 1952. 4. 2~4. 3; Report of the Seventh Meeting of the Joint ROK-UNCACK Resettlement Committee, 1952. 4. 25.

29 RG 554, Joint ROK-UNCACK Resettlement Committee, 1953. 3. 29.

30 RG 554, Report of the Seventh Meeting of the Joint ROK-UNCACK Resettlement Committee, 1952. 4. 25.

령관에게 몇 가지 원칙을 제시했다. 정착할 농민은 원거주지에 돌아가서 1952년 수확까지 계속 구호를 받는다는 것이었다. 구호 양곡 배분은 정착하는 가난한 난민을 대상으로 하고 구호 양곡의 양은 가족 중에서 일하는 사람에 한정한다고 했다. 정착 농민은 자급자족하지 못하고 가족을 유지하기 어려운 사람, 농사를 지으려는 목적으로 농지에 돌아간 사람으로 했다. UNCACK은 정착 농민이 일하고 농사지어서 한국 경제 회복에 기여하도록 하는 것이 사업의 목표라고 강조했다. 구호 양곡은 식량 상황과 CRIK 원조를 고려하여 1952회계연도로 제한되었으며, 지방에서 구호 양곡 할당을 늘리는 것은 허가되지 않았다. 기존 계획에서 지역에 할당된 양으로 충족되어야 한다는 것이었다.[31]

정착사업에 참여할 난민의 임금 문제와 관련해서는 이미 진행 중이던 관개 및 농지 개량 사업에 고용된 난민에 대한 지불과 현금 또는 현물(식량) 지급 방식이 쟁점이었다. 기존 사업 예산으로 1952~53년에 정부 예산 1,649억 원이 책정되어 있었고 수리조합은 정부 보증으로 648억 원을 융자했다. 사업에 참여하면 구호 자격이 자연적으로 박탈당하는데, 237개 사업의 예산이 시장가격보다 훨씬 낮게 책정되어 있던 것이 문제였다. 위원회는 구호를 제공받지 않고도 임금으로 자조할 수 있는 것이 중요하다고 보고, 현금으로 지급받아서 양곡을 살 수 있어야 한다는 입장이었다.

그러나 정부에서 지급하기로 예정한 급여는 당시 곡물 가격으로 난민 한 명만을 부양할 수 있는 정도로 부족했다. 위원회는 난민 5인 가족 기준, 하루 양곡 16홉(2.89리터)으로 하고 상남 지역 사업이 빨리 시행되도록 합동경제위원회(CEB)에 요청하기로 했다. 1950년 8월 요구호자의 구호 양곡은 1인

---

31 RG 554, UNCACK to All Team Commanders, 1952. 5. 9.

1일 2홉이었는데, 1952년 11월 현재 9개 사업장 14,500명에게 양곡이 지급되어야 했다. 양곡 배급에 대해서는 농림부와 UNCACK의 입장의 차이가 있었다. 상남 사업장 현지조사에서 농림부 측은 난민의 충분한 식량 확보를 위해서는 양곡이 대폭 증가되어야 한다고 주장한 반면, UNCACK는 정량의 양곡으로 사업을 가능하게 하고, 다른 사업에서도 이를 시행하도록 해야 한다며 현 상태의 유지를 주장했다. 위원회는 UNCACK측의 주장에 따라 양곡을 늘리지 않는 것으로 결정했다.

전시 상황에서는 사업을 진행할 지역과 물자가 제한될 수밖에 없었다. 사업 지역은 전황에 따라 군의 복귀 허가가 있는 곳으로 한정되었고, 위원회는 제한된 물자로 생산력을 높이는 데 중점을 두고 있었다. 위원회가 12월 초 상남 사업장을 조사할 당시 200명이 100야드(91.4m)를 개간 중이었는데, 전문적인 감독과 기술 원조가 필요하다는 진단이 내려졌다. 위원회는 난민 노동 임금을 인상하는 것보다 제한된 물자를 효과적으로 관리하고 기술을 통해 생산력을 높여야 한다는 입장이었다.[32]

4) 사업 목표와 원칙

위원회가 정착사업을 준비해가는 과정에서 사업의 목표와 원칙도 점차 다듬어졌다. 가장 포괄적인 목표는 "전쟁과 게릴라 활동으로 인한 수많은

---

32 RG 554, United Nations Civil Assistance Command Korea, Adjutant General Section, Outgoing Messages, Command Report for March 1952; Korean Communications Zone[En 125], Adjutant General Section, General Subject Correspondence Files 1952 series, Report of the Nineteenth Meeting of the Joint ROK-UNCACK Resettlement Committee, 1952. 8. 22; Report of the Budget Sub-Committee Joint ROK-UNCACK Resettlement Committee, 1952. 9. 3; Report of the Twenty fifty-Meeting of the Joint ROK-UNCACK Resettlement Committee 1952. 12. 5.

난민을 감소시켜서 한국 경제를 재건한다는 것"이었으나 사업 수행에 있어서는 아래와 같은 분명한 원칙을 두었다.[33]

① 확실하고 현실적인 계획(Planning to be sound and realistic)

② 최대한의 자기주도 장려(The encouragement of self-initiative to the fullest extent)

③ 마을과 지역 자원의 최대 활용(The maximum utilization of community and local resources)

④ 마을 조직과 협동 노력의 장려(The encouragement of community organization and cooperative effort)

⑤ 스스로 돕는 일(Helping people to help themselves)

네 가지 원칙 가운데 위원회가 실행할 수 있는 것은 첫 번째의 계획 수립이었고, 나머지 원칙들은 사업을 하는 주체인 난민과 사업이 이루어지는 공간이자 공동체인 마을이 지켜야 하는 사항이었다. 1950년대 후반 사업이 활성화되면서 다섯 번째 원칙이 추가되었다.[34]

1953년에 위원회는 기존 사업에서 연속하는 시범사업을 넘어 전국 단위의 대규모 사업을 추진했다. 1953년 전체 사업의 첫 번째 목표는 15만 세대 75만 명이 복귀하여 생산에 임하게 한다는 것이었다. 1952년 4월 시점에 남한 내 난민은 230만여 명으로 추산되었다. 즉 이 계획은 사업을 통해 전체 난민의 1/3 가량이 즉시 정착할 수 있게 지역을 개방하고, 안전하게 재건할

---

33 RG 554, Joint Meeting of the Steering Committee and Budgeting and Technical Sub-committees of the ROK-UNCACK Resettlement Committee, 1952. 8. 27; Report of the Twenty-ninth Meeting of the Joint ROK-UNCACK Resettlement Committee, 1953. 3. 16.

34 RG469, Entry P 319, (35) Resettlement & Assimilation 489-81-270 FY57 Documentation, OEC Resettlement and Assimilation Program, 1957. 4. 4.

수 있도록 하여 1953년에는 경작이 가능하도록 한다는 것이었다. 둘째는 난민을 분류하는 것이었는데, 원주지에 복귀 가능한 난민과 그렇지 못한 난민의 구분이었다.[35]

위원회는 목표를 이행하기 위한 정착 운동을 더욱 강조했다. 한국 경제 전체의 회복이라는 인식으로 각급의 모든 관료와 기관이 최상의 우선순위에 '정착 운동'을 두어야 한다고 주장했다. UNCACK의 지역팀과 모든 분과를 포함하고, 한국 정부부처 장관과 지방 관료의 협동을 위해서 UNCACK 사령관과 총리의 지시를 촉구하기도 했다.

사업 실행에서는 위원회의 고위 실무자 그룹(high-level working group)의 역할이 중요했다. 실무자 그룹에는 사회부, 내무부, 농림부 차관과 UNCACK의 직원이 참여했는데, 이들은 각 지역에 방문하여 정착 가능성을 탐색하고 사업이 진행될 수 있는 조건을 마련하는 임무를 가졌다. 1953년에는 제주도, 전라남·북도, 경상남도에서 다음의 과제를 이행하게 되었다.

① 난민의 즉각 복귀 허가 결정

② 추가적인 복귀 허가 지역 개방이 가능하도록 안전 준비

③ 지역 경찰에 의한 정착민 보호 준비

④ 복귀민에게 필요한 자재 원조 결정. 토지 및 농업 생산에 쓰일 지역 자원 확보

⑤ 정착민이나 지역 자원이 제공하지 못하는 최소한의 필수 자재 원조 결정. 그 원조 공급의 방법과 수단 확보

---

35 RG 554, Report of the Twenty-ninth Meeting of the Joint ROK-UNCACK Resettlement Committee, 1953. 3. 16.

⑥ 지방 관료와 지역 유지가 사업 전반의 목표와 계획을 이해할 수 있도록

하여 최대한의 협력을 추구[36]

사업 실행 과제에서 핵심적인 문제는 두 가지로 요약되었다. 하나는 정착사업이 가능한 지역을 확보하는 것으로 이는 전쟁 상황의 변화에 따라 그 여부가 결정될 수 있었고, 군경의 협조가 필요했다. 위원회는 1953년에 많은 경작 가능한 토지가 경작되지 못했다고 파악했고, 최대한 토지를 활용하자는 입장이었다. 군사 시설 인근, 철로, 도로, 하천과 기타 사용하지 못한 토지의 경작 가능성도 포함하고 있었다.

다음은 난민이 지역에 정착할 수 있도록 하는 원조와 자원 배급이었다. 전자가 정착 배경이 된다면 후자는 직접적인 정착사업에 관한 문제였다. 시범사업에서도 강조된 바 있었지만, 합동경제위원회 미국 측 대표인 헤렌(T. W. Herren) 사령관은 한국에서 가장 중요한 요구는 사람들을 먹이는 것이며, 모든 경작 가능한 토지의 적절하고 완전한 사용이야말로 결핍과 불안에 따른 이주를 막을 것이라고 보았다. 농림부와 UNCACK 농림 분과, 복지 분과 역시 정착 난민의 식량 문제를 연구하고 있었다. 실무자 그룹과 도지사의 토론이 요청되었고, 현장에 있는 UNCACK 지역팀과 지역 유지의 협조 역시 강조되었다.

정착사업의 실행에는 지역의 역할이 관건이었다. 위원회는 도지사, 군수, 면장, UNCACK 지역팀 사령관의 책임과 역할을 규정했다(<표 2-2>).

도지사는 지방정부 내 모든 지위의 다양한 책임 관료를 지휘하고 협조 활동을 하는 역할을 담당했다. 정착할 난민을 선정하고 자재를 할당

---

36 Ibid.

〈표 2-2〉 난민정착사업의 책임과 역할 분담

도지사	- 지방 정착사업의 성공적 완수 - 지방정부 내 모든 지위의 다양한 책임 관료의 지휘와 협조 활동 - 정착할 난민의 선정, 순서, 자재 할당과 분배, 원조의 접수를 위한 지시와 시행, 여타의 정착사업의 모든 단계에서 UNCACK 팀 사령관과 긴밀한 연락과 협조 유지 - 모든 책임 직원들의 지시에 대한 엄격한 고수 - 효율적인 지시와 보고
군수	- 난민 정착을 위한 군내 모든 자원과 최대한의 시설 동원 - 원조물자의 할당과 분배, 사용 지시 실행 및 할당 회계의 엄격한 준수 - 정착 현장의 면장과 긴밀한 안내 및 감독 - 모든 관련 사안의 바르고 정확한 보고
면장	- 지시의 신속하고 효율적인 실행 - 지역의 유효한 자원을 가능한 모든 방법으로 지원 - 원조물자의 할당과 분배 회계 - 모든 관련 사안의 바르고 정확한 보고
UNCACK 팀 사령관	- 정착할 난민의 선정, 순서, 자재 할당과 분배, 원조의 접수를 위한 지시와 시행, 여타의 정착사업의 모든 단계에서 도지사와 긴밀한 연락과 협조 유지 - 지방정부가 정착을 촉진하는 노력을 하도록 최대한 지원 - 담당 지역의 책임하에 모든 정착사업 협조 - 이해관계에 있는 팀원 모두에 의한 정착 지역의 활동 개별 관찰 - 사업부를 통한 본부 사회부 존중, 경과와 발전을 요약 브리핑 - 바르고 정확한 보고

및 분배하며 원조 접수를 위한 지시와 시행 등 정착사업의 모든 단계에서 UNCACK 팀 사령관과 긴밀하게 연락하고 협조를 유지하도록 정했다. 군수는 난민의 정착을 위해 군내의 모든 자원과 시설을 최대한 동원하도록 했다. 원조 물자의 할당과 분배에 대한 지시를 실행하고 회계를 준수해야 했다. 정착 현장에서 면장을 안내하고 감독하는 것 또한 군수의 역할이었다. 면장은 상부의 지시를 신속하게 효율적으로 실행하는 것이 첫째 역할이었다. 그리고 지역의 유효한 자원을 가능한 모든 방법으로 지원하도록 규정되었다. UNCACK 팀 사령관은 도지사와 협력하여 사업을 지원하는 것 외에 정착 지역에서 팀원의 활동을 개별 관찰하는 역할이 있었다.

이처럼 정착사업에서 군-면-사업장 현장의 협조가 강조된 것은, 정착을 위한 토지에서 소유 관계에 따른 지역 내 갈등이 일어났기 때문이었다. 소작농이나 경작하지 않는 토지의 소유자는 난민과 다른 요구호자에 의한 토지 경작을 반대했다. 위원회는 사유지나 비경작 토지를 모두 사업에 유효하게 만들고, 토지 소유자의 협조를 이끌어내야 한다고 주장했다. 이를 위해 국무총리가 정부부처와 지방정부에 지시를 내리도록 요청하자는 결정을 내렸다. 실무자 그룹은 지방 관료 및 유지와 논의하기로 했다.[37]

5) 사업 촉진

1953년에는 난민이 증가할 뿐만 아니라 경작이 어려운 현실적인 문제들로 정착사업이 난관에 봉착하고 있었다. 1951~52년의 가뭄으로 인해 작물의 실패가 계속되었고, 한계에 달한 농민은 영농 지역을 포기하며 난민 상태로 전환되었다. 전쟁으로 인한 피난 외에도 농촌 거주자의 이동으로 난민이 더욱 증가하면서 도시 혼잡이 야기될 수밖에 없었다. 전쟁만이 아니라 경제적인 이유도 농민의 이주를 확대시키고 있는 상황이었던 것이다.[38] 1부에서 다룬 대로 정부가 귀경을 막으며 농촌으로의 귀향을 유도한 데는 이러한 배경도 있었다.

위원회는 실무자 그룹 단위로 현지조사에 나서며 사업을 촉진하고자 했다. 1953년 4월 1~20일 제주도, 전라북도, 전라남도, 경기도와 서울에서 정착 가능성과 요구 사항을 조사했다. 실무자 그룹은 관련 부처 차관과 UNCACK 담당관 외에도 농림부 관료와 UNKRA 측 3명으로 구성되었다. 이들은 각 지방 관료 및 경찰과 농민의 배치 및 정착에 대해 논의했다.[39]

---

37 Ibid.

38 UNC, *Civil Assistance and Economic Affairs-Korea 1952. 7. 1-1953. 6. 30*, pp. 7~8.

39 RG 554, United Nations Civil Assistance Command Korea, Adjutant General Section, General Correspondence(Decimal Files), 1951~55 Series, Report of the Twenty-ninth Meeting of the Joint ROK-UNCACK Resettlement Committee, 1953. 5. 16.

제주도는 4·3사건으로 72개 리가 완전 파괴된 통제 구역이었고, 130개 리가 반파되어 만 세대(5만 5천 명) 이상이 지역에서 떨어져 나와 있었으며, 8천 정보(2,400만 평)가 생산 활동 없이 방치된 상태였다. 지역 대표와 유리된 사람들을 만나본 결과, 농민들은 가능하다면 집으로 돌아가서 마을을 재건하고 땅의 일부라도 계속 농사짓기를 매우 원하고 있었다. 농민들은 "공비의 위협을 두려워하지 않았고 경찰 간부에게도 집의 재건과 마을 영유를 허락해달라"고 청원했었다고 했다. 경찰 간부는 마을 사람들을 보호하고 무장대의 접근을 막는 데 300명 이상의 경찰력이 필요하다는 입장이었다. 내무부 차관은 부산에 돌아가서 중앙정부 차원에서 이 문제를 다루어보겠다고 밝혔다.

전라북도는 남쪽, 남서쪽 일부를 제외하고 유리되었던 농민이 대부분의 지역에 돌아와 집을 재건할 정도로 복귀되었다. 1953년에는 지난해 돌아왔다가 안보 문제로 떠났던 3만 명과 13,697세대 73,721명이 정착할 수 있다고 파악되었다. 전라남도에서는 12,200세대 63,294명이 여전히 유리되어 있었다. 지방정부는 난민의 95%가 즉시 집으로 돌아와서 당해 농사를 지을 수 있다고 주장했고, 위원회는 사업 협조를 기대했다.

시작 단계부터 정착사업에 적극적이었던 경기도에서는 당시 한강 남쪽 모든 지역에 난민 복귀가 가능했다. 한강 이북에도 2,291세대가 복귀했지만, 농기구와 가축의 부족으로 최대의 생산력을 이끌어내지는 못했다. 3월 1일에는 15,205명이 귀농선(38선으로부터 10km 이북까지)과 '캔자스 라인'(철원, 김화, 평강 산악고지) 북쪽의 9사단 지역까지 돌아갔다. 6,598에이커 중 2,635에이커, 약 40%가 경작 중이었다. 9사단장은 농민과 상인이 제한적으로 허용된 지역에서 토지 등 재산 소유가 가능하도록 했다. 경상남도는 도의 보고에 따르면 농기구, 종자, 비료, 가축, 건축자재가 공급될 경우 17,569세대 98,387명이 정착 가능한 수준으로 방위가 회복되었다.

사업에 필요한 물자 원조를 위해 모든 지역의 도지사와 UNCACK 팀 사령관은 기본적인 필수 자재 수요를 조사해야 했다. 난민이 스스로 충당할 수 없거나 지역의 자원으로 갖추어지지 않은 것이 이에 해당되었다. 지역에서는 위원회에 최대한의 원조를 통해 모든 난민을 정착시킬 것을 요구했다. 이러한 지역 조사 보고 결과, 1953년에는 63,466세대 345,802명이 복귀하여 농사를 지을 수 있도록 재건 사업이 추진되었고, 총 55,995정보가 생산을 위해 전환되었다.

한미합동난민정착위원회의 지역 조사에서처럼 많은 난민이 복귀했고, 복귀가 가능해졌다. 1952년 1월 조사에서 난민 총계는 4,447,538명이었고 그 중 북한 출신이 721,072명, 서울 출신이 1,007,360명, 다른 지역이 673,178명, 도내 난민이 2,075,928명으로 나타났다.[40] 1953년 6월에는 서울 출신이 약 14만 명, 타 지방 출신이 15만 명, 도내 난민이 약 140만 명 감소하고 북한 출신은 약 10만 명 증가하여 전체적으로 160만 명의 난민이 감소했다.

전쟁 후반기에는 난민의 수가 크게 줄었음에도 〈표 2-3〉과 같이 정전협정을 앞두고도 280만 명이 넘는 난민이 있었다. 한국 사회부, 내무부, 농림부, 재무부, 기획처와 KCAC, UNKRA, 합동경제위원회(CEB)가 참석한 한미합동난민정착위원회는 1954년 3차 회의에서 당해 사업으로 3만 5천 세대 약 11만 명의 정착을 계획하고 1억 4천 5백만 환을 방출하기로 책정했다. 4천 3백만 환은 농기구를, 1억 2백만 환은 농우(農牛)를 각각 구입하여 정착할 난민들에게 분배하기로 했다. 농림부는 비료를 대여해주고 식량 1,300톤과 종곡 3,000톤을 할당하기로 했다. 위원회는 자금의 조속한 방출을 위해 백두진(白

---

40 이임하, 앞의 논문, 112~113쪽.

<표 2-3> 1953년 6월 난민 현황

(단위: 명)

지역	현재 원주민 인구(A)	난민					총인구 (A+C-B)
		북한 출신	서울 출신	남한 내 타 지역 출신	도내(B)	합계(C)	
서울	723,166	27,593	0	29,954	0	57,547	780,713
경기	1,835,606	252,494	247,716	48,560	364,677	913,447	2,384,376
강원	908,833	66,846	5,589	0	67,882	140,317	981,268
충북	1,037,000	18,869	80,977	55,452	0	155,298	1,192,298
충남	1,797,058	76,834	124,916	87,600	0	289,350	2,086,408
전북	1,851,692	120,792	70,690	54,981	38,584	285,047	2,098,155
전남	2,907,070	33,742	26,523	51,207	60,183	171,655	3,018,542
경북	2,898,212	52,320	110,300	89,216	19,055	270,891	3,150,048
경남	3,087,090	170,917	193,918	107,547	84,814	557,196	3,559,472
제주	244,894	10,045	5,720	3,743	2,017	21,525	264,402
합계	17,290,621	830,452	866,349	528,260	637,212	2,862,273	19,515,682

* 출전: UNC, *Civil Assistance and Economic Affairs-Korea 1952. 7. 1-1953. 6. 30*, p. 9, REFUGEES IN REPUBLIC OF KOREA 30 JUNE 1953(source: UNCACK).

斗鎭) 국무총리와 경제조정관 타일러 우드(C. Tyler Wood)에게 환화 조치를 취할 것을 요청했다.[41]

3. 휴전 후 난민정착사업 확대와 1950년대 난민 구분

1) 사업의 확대

난민정착사업은 처음 실시될 때 난민의 복귀를 지원하고 복귀한 난민의 정착을 지원하는 것에서 신규 지역에 난민을 배치하고 정착시키는 사업

---

41 「난민정착사업 자금 책정」, 『동아일보』 1954. 3. 14.

으로 변화했다. 38선 이북 '수복지구'로의 정착사업이 먼저 우선시되었다. 1951년 6월 전선 교착 이후 1953년 7월 27일 정전협정이 체결되기 전까지 38선 이북 지역은 전투 중이었으므로 원주민이 소개된 상태였다.[42] 1954년 봄, 38선 이북 5군단 관하(철원)에 복귀 예정이었던 농민은 약 2천 가구 1만여 명으로, 인천·수원 등지에서 수용소 생활을 하고 있었다. 원주·강릉 등지의 수용소에서 속초·인제·화천 등지로 복귀할 농민은 4,600가구 약 2만 5천 명이었다. 이를 더하면 수복지구에 복귀 예정인 농민은 6,600가구 3만 5천 명에 달한다고 추산되었다.[43]

수복지구 정착사업 시행은 미군의 직접적인 감독 아래 있었고, KCAC의 사업부 장교와 경기도·강원도 팀의 복지과 장교가 기술적인 지원과 관리를 맡았다. 1954년까지 166개 지역이 재건되었고, 토지의 약 70%가 경작 가능해졌다. 그중 40~70%에서는 정상적인 수확이 이루어졌다. 1954년 11월에 수복지구의 행정권이 유엔군 사령부에서 한국 정부로 이관된 후부터 정착사업도 한국 정부에서 맡고, KCAC는 협조하였다. 1955년 상반기에는 한국과 미군 사령관이 38선 이북의 군사적 점유를 허가하지 않는다는 것과 난민 정착을 위해 지역을 추가로 개방할 것을 결정했다. 결과적으로 1954~55년에 16,000세대 77,500명이 수복지구에 정착했다.[44]

휴전 후 원조기구가 변화하며 정착사업의 방침도 전환되었다. 1953년 8월 1일부터 미국이 대외 원조 행정 기구를 대외활동본부(Foreign Operation

---

42 한모니까, 『한국전쟁과 수복지구』, 푸른역사, 2017, 281~287쪽.

43 「농민 정착에 만전 사업비로 1억 4천만 환 결정」, 『경향신문』 1954. 3. 14; 「수복지구 농민 돌아가다」, 『동아일보』 1954. 3. 23; 「농민 정착 본격화」, 『경향신문』 1954. 3. 23.

44 UNC, *United Nations Command Civil Assistance and Economic Affairs-Korea 1954. 7. 1.-1955. 6. 30*, pp. 26~27.

Administration: FOA)로 개편하고 원조 계획의 전반적인 감독을 담당할 경제조정 관실(Office of the Economic Co ordinator: OEC)을 설치했다. FOA가 1955년 6월에 국무 성 내 국제협조처(Internatio- nal Cooperation Administration: ICA)로 전환된 후 11월에 구 호 사업 전반을 담당했던 KCAC도 해체되었다. 1956년 7월에 경제조정관실 이 KCAC의 사업을 완전히 흡수했다. KCAC가 주관했던 정착사업은 경제 조정관실 기술운영 부서의 정부 서비스 부문 지역사회개발국에서 취급하 게 되었다.[45]

1954년에 정착사업의 원조 방식은 물자의 무상 지급에서 노임 지급으로 변경되었다. 9월에 정부는 주택 건축자재, 영농 자재, 구호 양곡의 원조를 실 시하던 것에서 구호 물자 수배자를 소수로 제한하고 정착지의 자원을 활용 한다는 원칙을 세웠다. 1955년 10월 국무회의에서는 1년치 구호 양곡의 1/3 을 무상 지급하지 않고 구호 대상자의 노임으로 지급하기로 결정했다.[46] 정 착사업이 가능하려면 지역에 '취업'할 만한 작업 계획과 성과가 필요했고, 농촌에서 그것은 곧 토지 개간, 갯벌 간척, 수로·저수지 등 관개 시설 설치를 통해 난민 스스로 경작 가능한 농토를 조성하도록 하는 일이었다.

정착사업 원조와 관련된 또 다른 특징도 있었다. 경제 기반이 없는 난민 이 지역에 정착하기 위해서는 초기에 식량 원조가 필수불가결했다. 그러나 정부의 사업 방침은 식량 무상 구호를 최소화하는 것이었다. 1955~61년 미 국의 원조 종별 원자재로 보더라도, UNKRA와 ICA 원조는 공업용 원료 및

---

45 미국의 원조 운영 체계 변화와 그 성격에 대해서는 洪性囿, 『韓國經濟와 美國援助』, 博英社, 1962; 이현진, 앞의 책, 2009 참조.

46 「윤보선, 경제 부흥의 방안 특히 농림업 진흥의 긴급성에 관하여」 (4), 『동아일보』 1954. 8. 30; 「자주자활책 강구」, 『동아일보』 1954. 9. 27; 「구호품 수배 제한」, 『경향신문』 1954. 9. 27; 「'일 터'를 알선키로」, 『동아일보』 1955. 10. 15.

<표 2-4> 난민정착사업 실시 상황(1952~1955)

연도 \ 구분	난민정착사업(세대/인구)		계	
	복귀 농민 정착사업	신규 난민 정착사업	세대	인구
1952	13,833 / 69,165		13,833	69,165
1953~54		86,377 / 441,885	86,377	441,885
1955		20,333 / 101,665	20,333	101,665
계			120,543	612,715

* 출전: 保健社會部, 『國政監査資料』, 1956, 21쪽.

반제품과 의약품, 비료, 건축자재 등으로 구성되어 있었다.[47] 정착할 난민의 노임은 양곡으로 지급될 수밖에 없었고, 이것은 외국 민간 단체의 원조로 상당 부분 충당되었다. 양곡뿐만 아니라 농기구, 농우 등 물자 또한 민간 단체의 지원이 컸다. 농촌에서 정착사업이 실행되는 데 민간 단체의 역할이 더욱 중요해졌다.[48]

정부 통계에 따르면, 1952년부터 1955년까지 정착사업을 통해 120,543세대, 612,715명이 정착한 것으로 추산되었다(〈표 2-4〉).[49] 1952년 첫해에는 난민의 복귀로 사업이 추진되었고, 1953년부터 사업이 본격화되며 새로운 지역을 개간·간척하는 신규 사업이 진행되었던 것을 알 수 있다.

2) 난민 구분과 분포

1950년대에 보건사회부는 〈표 2-5〉와 같이 구호 대상자를 분류·조사하고 양곡 배부 상황을 파악했다. 난민은 1950년대에 가장 큰 비중을 차지하

---

47 復興部, 『復興白書』, 1957, 292~295쪽.

48 외국 민간 단체의 원조에 대해서는 제2부 2장과 제4부 1장에서 구체적으로 다룸.

49 보건사회부, 『국정감사자료』, 1956, 21쪽.

〈표 2-5〉 **구호 양곡 배부 대상자(1955~1961)**

(단위: 명)

연도	총수	시설 구호	거택 구호	임시적 구호				
				총수	복귀 정착자	복귀 불능 농민	기타 난민*	천재지변 시의 구호자
1955	1,493,912	78,142	944,463	471,307	45,038	129,066	285,745	11,458
1956	2,356,081	85,394	1,588,939	681,748	48,515	136,759	185,409	311,065
1957	2,750,448	94,757	1,143,839	1,511,852	129,292	128,589	1,064,860	189,111
1958	2,086,124	106,520	544,057	1,435,547	72,190	115,960	1,080,042	167,355
1959	2,043,026	115,199	748,986	1,178,841	42,669	92,113	661,394	382,665
1960	2,288,475	103,229	555,583	1,629,663	118,292	37,722	856,872	616,777
1961	2,181,259	72,313	264,062	1,844,884	5,577	3,378	1,617,214	218,715
연평균 인원**		83,320	789,410	986,994	65,142	91,458	590,617	239,776

* 출전: 「구호 양곡 배부 상황표(구호 대상 개소 및 대상자)」, 보건사회부, 『보건사회통계연보』, 1961, 304~309쪽.
* '기타 난민'의 1961년 통계는 '기타 농민'으로 표기되었다.
** 연평균 인원은 소수점 첫째 자리에서 반올림했다.

는 구호 대상이었다. 정부는 구호 대상을 수용하는 시설을 양로 시설, 구호 시설, 후생 시설, 의료 시설, 수산(授産) 시설,[50] 숙소 제공 시설, 기타 시설로 구분했다. 거택 구호는 65세 이상의 노약자, 13세 이하의 아동, 영유아의 모·임산부, 신체장애자, 기타를 포함했다. 1950년대의 구호에 관한 법제는 식민지기 이래로 지속되었기 때문에 대상자의 구분도 그에 따르고 있었다. 거택 구호 대상자의 구분은 조선구호령에서 정한 '피구호자'와 거의 일치한다.[51]

---

50 군경 유족 중 여성들이 의류·식료품 등을 생산·판매하는 직업을 갖게 하는 시설이다. 이른바 '전쟁 미망인'에 대한 원호 정책에 대해서는 이임하, 『여성, 전쟁을 넘어 일어서다』, 서해문집, 2004, 51~64쪽.

51 「조선구호령」(조선총독부제령 제12호), 제정 1944. 3. 1. "제1장 피구호자 / 제1항 다음 각 호의 자가 빈곤으로 인하여 생활이 불가능한 때에는 이 영에 의해 구호한다. ① 65세 이상의 노약자, ② 13세 이하의 유자, ③ 임산부, ④ 불구폐질, 질병, 상이 기타 정신 또는 신체장애로 인하여 노무를 하기에 장애가 있는 자.

정부의 구호 대상자 분류는 전쟁 이후의 현실을 반영하고 있다. 예컨대, 임시적 구호 대상자는 난민을 포괄하고 있었다. 정부는 1950년대에 지속적으로 그 성격에 따라 난민을 나누어 파악하고 있었다. 복귀 정착자, 복귀 불능 농민, 기타 난민, 천재지변 시의 구호자로 구분되었는데, 복귀 정착자란 전쟁 당시 피난했다가 원주지에 복귀한 자를 가리키고, 복귀 불능 농민은 전쟁 이전의 거주지에 돌아가지 못하는 피난민이었다. 주로 북한 지역 출신이 많고, 원주지의 피해가 심하여 복귀하더라도 생계가 어렵기 때문에 복귀하지 못하는 피난민들을 가리켰다. 천재지변 시의 구호자는 수해나 한해로 인한 이재민을 의미했다.

기타 난민은 명확히 규정하기가 어려운데, 정착 여부에 따라서 거주지가 없거나 불안정한 경우, 원주지에 거주해도 최소한의 생계가 불가능한 경우를 고려할 수 있다. 생계가 불안정한 이유도 직업이 있으나 빈곤한 농민, 직업이 없는 도시와 농촌의 실업자, 시설에 수용되지 않은 고아나 부랑인 등으로 다양했을 것으로 추정된다. 즉, 기타 난민은 양곡 구호가 없이는 생계 유지가 불가능한 극도의 빈곤층을 의미했다고 볼 수 있겠다.

정부는 피난 후 정착한 사람(복귀 정착자)과 복귀하지 못한 난민을 구별했고, 시설에 수용되거나 거택 구호 대상에 속하지 않는 사람들을 모두 '난민'으로 통칭했다. 정부의 이런 분류는 전쟁으로 피난한 실제 난민 외에 구호가 필요했던 대상을 '임시적 구호'라는 명칭으로 난민과 통합하고 있었다.

〈표 2-5〉의 구호 대상자 규모는 매년 200만여 명 전후로, 이는 전체 인구의 약 1/10에 해당했다. 1950년대 연인원으로 임시적 구호 대상자가 770만여 명, 거택 구호자가 530만여 명, 시설 구호자가 65만여 명으로 난민이 가장 큰 비중을 차지했다. 난민 중에서는 기타 난민이 압도적으로 높은 수였고, 천

(단위: 명)

연도	총수	서울	경기	충북	충남	전북	전남	경북	경남	강원	제주
1955	471,307	2,664	104,835	66,061	16,552	59,098	20,118	168,123	8,465	4,008	21,383
1956	681,748	28,313	105,048	44,415	25,813	106,178	37,519	258,625	25,097	37,493	13,247
1957	1,511,852	27,900	87,520	23,335	32,381	46,747	941,194	48,951	265,851	16,449	21,524
1958	1,435,547	28,322	57,675	13,387	25,809	61,520	938,888	265,830	1,861	10,037	32,218
1959	1,178,841	32,674	57,292	10,587	7,958	12,879	578,171	278,436	153,177	30,537	17,130
1960	1,629,663	4,803	44,148	5,911	24,474	251,866	328,338	784,262	158,321	11,012	16,528
1961	1,844,884	57,709	84,042	47,501	34,020	36,640	404,103	358,291	694,827	93,322	34,429
누계		124,676	540,560	211,197	167,007	574,928	2,844,228	2,162,518	1,307,599	202,858	156,459

* 출전: 「구호 양곡 배부 상황표(구호 대상 개소 및 대상자)」 보건사회부, 『보건사회통계연보』 1955~1961에서 통합하여 작성.

재지변 시의 구호자가 뒤를 이었다.[52]

구호 대상자의 변화 추세를 보면 거택 구호자는 감소 경향을, 임시적 구호 대상자는 증가 경향을 나타냈다. 그 규모는 일정하지 않으나 복귀 불능 농민은 뚜렷하게 구호 대상자에서 점점 이탈해간 것을 볼 수 있다. 서울 등 남한 지역이 원주지였던 난민이 전쟁 직후 복귀하지 못하다가 점차 복귀해 갔고, 정착사업이 추진되며 그 수가 감소한 것으로 볼 수 있다. 1957년에는 기타 난민의 수가 급격한 증가를 보였는데, 도시 난민의 정착사업이 실시된 때이므로 사업 대상자의 임시 구호 수요가 높아졌던 것으로 추정된다.

난민의 지역별 규모는 〈표 2-6〉을 통해 살펴볼 수 있다. 1955~56년은 경북, 경기, 전북 순으로 난민이 분포했다. 1957~61년까지는 전남, 경북, 경남

---

52 〈표 2-5〉와 〈표 2-6〉에서 대상자의 총수가 다르다. 특히 1955, 56년 임시적 구호 대상자에서 차이가 큰데, 〈표 2-6〉은 대상자를 분류하지 않은 채 총수만 기재하고 있고, 양곡 배부 대상자와 인원 보고가 지역별로 부풀려졌을 수 있다.

지역에 다수의 난민이 분포했다.[53] 1950년대 중반 이후 난민은 서울과 경기도 이외의 지역, 특히 전라도와 경상도에 집중되어 있었다.

난민의 지역별 분포를 상세히 보면 〈표 2-7〉과 같다. 〈표 2-5〉의 임시적 구호 대상자가 지역별로 어디에 많이 있었는지 상위 2개의 지역에 기입한 것이다. 1955~58년 사이에는 경기, 전북, 강원에서 원주지로 복귀한 정착민이 다수였다. 경기도는 전시에 가장 먼저 복귀가 이루어진 지역이었다. 1951년 2월부터 국회의 결의로 충청도에 있던 경기도민을 복귀시키기 시작했다. 복귀는 평택 이북까지로 제한되었다. 평택 서북방인 오성 지구에 13만여 명, 서남방 둔포 등지에 10만여 명의 난민이 북상을 기다리고 있었다.[54] 전북에는 1954년에 사회부가 정착을 지원하는 세대가 전국에서 가장 많았다.[55]

강원도에서 복귀하는 난민은 '수복지구' 출신들이었다. 복귀 시기는 수복지구마다 차이가 있었는데, 빠른 지역은 1951년부터 복귀했고, 공식적으로는 1954년부터 복귀가 본격화되었다. 인제에서는 1953년에 군단이 난민 수용소에 있던 청년들을 선발하여 영농대로 만들고, 입주 영농을 하도록 하거나 인접 지역에서 통농(通農)하도록 허가했다. 농민의 복귀는 귀농선(38선으로부터 10km 이북까지)까지 가능했고, 가족과 함께 입주 영농할 수 있었다.[56] 양구는 1954년 5월 당시에 8,500여 명으로 수복지구에서 가장 많은 주민이

---

53 총인구는 1955년 2,150만, 서울 157만, 경기 236만, 강원 156만, 충북 120만, 충남 222만, 전북 212만, 전남 312만, 경북 336만, 경남 376만, 제주 29만/ 1960년 전국 2,500만, 서울 245만, 경기 275만, 강원 164만, 충북 137만, 충남 253만, 전북 240만, 전남 355만, 경북 385만, 경남 418만, 제주 28만 명.

54 「남하한 피난민 북상 개시」, 『동아일보』 1951. 2. 6.

55 세대 수로 경기 4,000, 충북 2,100, 충남 1,280, 전북 6,000, 전남 2,150, 경북 2,000, 경남 5,750, 제주 1,000호, 합계 24,280호. 「자주자활책 강구」, 『동아일보』 1954. 9. 27.

56 한모니까, 앞의 책, 363~364쪽.

〈표 2-7〉 지역별 난민 분포(1955~1961)

(단위: 명)

연도	총수	서울	경기	충북	충남	전북	전남	경북	경남	강원	제주
1955	471,307		복귀불능 38,971 복귀정착 13,122 재해 4,210	기타 61,163		복귀정착 15,950 복귀불능 28,490		기타 141,908 재해 4,880		복귀정착 10,736	
1956	681,748		복귀정착 11,594	기타 34,676	복귀불능 25,594	복귀불능 29,728 재해 61,859		기타 99,006 재해 141,386			
1957	1,511,852		복귀정착 40,273 복귀불능 40,275		복귀불능 31,465		기타 916,234	재해 29,117	재해 111,576 복귀정착 38,653 기타 115,622		
1958	1,435,547	재해 23,775	복귀불능 23,716			복귀정착 21,125 복귀불능 32,442	기타 913,045 복귀정착 14,237	재해 102,609 기타 138,744			
1959	1,178,841		복귀불능 45,333				복귀정착 13,979 기타 543,259 복귀불능 20,933	재해 161,349 복귀정착 12,875 기타 92,610	재해 142,964		
1960	1,629,663				복귀불능 20,004	복귀정착 102,696 재해 16,067	기타 284,496 복귀정착 12,714 복귀불능 15,061	재해 553,057 기타 231,205			
1961	1,844,884	재해 57,709	복귀불능 1,326		복귀불능 1,469		재해 92,242	복귀정착 772 기타 354,650	기타 694,827		복귀정착 4,687

* 출전: 「구호 양곡 배부 상황표(구호 대상개소 및 대상자)」 보건사회부, 『보건사회통계연보』 1955~1961에서 통합
하여 작성.

복귀했다. 복귀한 농민의 20% 정도가 해방 직후 월남했다가 복귀한 경우였고, 나머지는 전쟁 당시 피난한 경우였다. 1954년 11월까지 수복지구 8개 군에 15만여 명이 복귀했다.[57]

복귀 불능 난민은 경기, 충남, 전북에 많았다. 북한 지역 출신 중에서 황해도 출신이 최다였음을 고려할 때, 그들이 피난 경로를 따라서 서해안으로 이동했다가 전후에도 서쪽 지역에 정착하는 경우가 많았던 것을 알 수 있다. 기타 난민은 1955~1956년 사이에는 경기, 경북에 1957년 이후로는 전남, 경북에 대다수가 있었다. 천재지변에 의한 난민은 경북에서 거의 매년 다수가 발생했다.

이상의 정부 통계 자료를 근거로 볼 때 몇 가지 사실을 확인할 수 있다. 첫째, 난민 범주는 전쟁기와 전쟁 후에 변화했다. 전시에는 모든 구호 대상자를 포괄하고 실업자와 동일하게 규정되었다면, 전후에는 구호 대상자라 하더라도 거주 형태에 따라서 복귀 정착자, 복귀 불능 농민 등을 난민으로 취급하고 정착사업에 참여하도록 했다. 둘째, 시기별로는 1955년부터 1961년까지 구호가 필요한 난민의 수가 증가하는 추세였다는 점이다. 전쟁이 끝난 뒤 복귀 불능 난민은 줄었지만 1960년대에 들어서도 여전히 주거가 불안정하거나 자력으로 생계를 유지하기 어려운 사람들이 많았다. 셋째, 지역별로는 남부 지방에 난민의 수가 많았다. 특히 복귀 정착자나 복귀 불능 난민은 서울, 충북, 강원에 많지 않았다.

월남민은 1952년 3월에 난민정착사업이 실시될 때부터 정착이 문제시되었다. 〈표 2-8〉과 같이 전쟁기의 월남민 규모는 시기에 따라 달랐다. 각 조

---

57 「농경에 커다란 암영 소 한 마리 없어 손발 묶인 격」, 『동아일보』 1954. 5. 2; 「총면적의 40% 완료」, 『경향신문』 1955. 6. 18.

<표 2-8> 월남민 현황(1952. 1~1953. 6)

(단위: 명)

조사 시기·주체 / 지역	① 1952. 1. 16~31. UNCACK	② 1952. 3. 사회부	③ 1952. 3. 15. UNCACK	④ 1952. 12. 사회부	⑤ 1953. 6. 30. UNCACK
서울	23,722		15,758	16,355	27,593
경기	212,944		195,632	233,045	252,494
강원	65,317		64,610	44,462	66,846
충북	12,108		16,516	13,504	18,869
충남	103,346		55,720	57,527	76,834
전북	59,945		82,442	43,898	120,792
전남	30,689		32,446	159,892	33,742
경북	73,103		39,518	68,882	52,320
경남	126,233		146,764	39,753	170,917
제주	3,615		10,186	6,998	10,045
북쪽 섬	10,000				
합계	721,022	618,721	659,592	684,316*	830,452

① RG 338, UN Civil Assistans Command, Korea (UNCACK), 1952, En UNCACK, Box 5753, Classified Command Report Files(1 Jan.~30 Dec. 1952), Korea Civil Assistane Command(2 of 2) 1952(이임하, 「한국전쟁기 유엔민간원조사령부의 인구조사와 통제」, 『전장과 사람들』, 선인, 2010, 112~113쪽에서 재인용).
② 사회부, 1952년 3월 15일 현재, 국방부, 『한국전란이년지』, 1952. 4. 20, D22, 42. 전재 원인별 통계표의 월남 피난민.
③ UNC, *Civil Assistance and Economic Affairs-Korea 1951. 7. 1-1952. 6. 30*, p. 9, PUBLIC WELFARE REFUGEES IN REPUBLIC OF KOREA 30 JUNE 1952.
④ 내무부 치안국, 1952년 12월 말 현재, 국방부, 『한국전란삼년지』, 1954. 5. 23, D7, 19. 피난민 수의 위북(緯北) 피난민.
⑤ UNC, *Civil Assistance and Economic Affairs-Korea 1952. 7. 1-1953. 6. 30*, p. 9, REFUGEES IN REPUBLIC OF KOREA 30 JUNE 1953(source: UNCACK).
* 원문은 685, 316으로 오기.

사들은 모두 난민 중에서 월남민을 분류하고 있다. 1952년 3월 시점에 그 수가 크게 줄었는데, 정부가 UNCACK과 다르게 과소 추산했을 가능성이 있다. 그러나 UNCACK의 3월 조사에 비해서도 1월에는 더 많은 수의 월남민이 있었던 것으로 볼 때 실제로 수치가 감소했을 가능성이 높다.

이는 이미 1950년 12월부터 남하한 월남민이 1952년에는 정착하기 시작하며 난민으로 추산되지 않았기 때문이라고 추정된다. 그런데 1953년 6월에는 그 수가 다시 크게 늘었다. 이 시기에도 정책에 따라 집단적으로 남하하는 월남민이 있었기 때문이다.[58]

정부는 휴전이 성립할 경우를 대비하여 1952년 1월에 38선 이남 지역에서 남하할 난민의 운송 방법과 배치 지역을 지정했다. 규모는 서해안과 문산 서북 지대 난민 12만 명, 중동(中東)구 지대 난민 20만 명을 상정했다. 지역별 난민 운송은 서해안 도서는 해로로, 문산 서북 지대는 옹진 도서를 경유하여 해로로, 중부 지대는 원주를 경유한 육로나 광주·인천을 경유한 해로로, 동부 지대는 주문진을 경유한 해로로 정했다. 피난 지구는 서해안 도서 및 문산 서북지대에서 전라남북도에 각각 3만 5천 명을 보내 목포와 군산을 중심으로 도내에 분산시키고, 제주도에는 5만 명을 보낸다는 계획이었다. 중부 지대에서 원주를 경유하여 남하하는 난민은 충청북도에 3만 명, 충청남도에 4만 명을 배치하여 충주, 제천, 아산, 당진을 중심으로 분산시키고, 광주를 경유하여 남하하는 난민은 전라남북도에 각각 1만 5천 명씩 배치하기로 정했다. 동부 지대 난민은 경상남북도에 5만 명씩 포항, 울산, 삼천포를 중심으로 분산 배치할 계획을 세우고 있었다.[59]

이 중 서해안에서의 피난은 몇 가지 점에서 주목된다. 서해안 피난은 동해안보다 규모가 컸지만, 그동안 흥남 철수 작전이 부각되고 부산 임시수도에 많은 난민이 모이면서 해로 피난이라고 하면 동해안이 먼저 인식되었다. 하지만 서해안에서의 피난은 동해안과 다른 중요한 특징을 지니고 있었다.

---

58 김귀옥은 전쟁기 월남민이 1950년 12월부터 1951년 1월까지 두 달여 만에 일거에 이주했다고 했으나 정전협정 직전에도 남하가 발생하고 있었다. 김귀옥, 앞의 책, 1999, 68쪽.

59 대한민국정부, 「금후 전개될 신사태에 즉응(即應)하는 피난민 소개 급(及) 응급 구호 대책 대강」, 1952. 1, 『국무회의상정안건철』(국가기록원 BA0084188).

우선 소개와 피난이 전쟁 기간 동안 장기적으로 이루어졌다는 점이다.

1951년에 전선이 교착되며 서쪽으로 38도선 이남 지역은 북한의 통치를 받았다. 1월 이래로 옹진군이 재점령되었고 휴전회담이 시작된 7월 10일 개성이 점령되었다. 북한은 개성에 시인민위원회를 조직하는 등 재점령 지역에 대한 정책을 마련하고 실시하며, 중서부 점령 지역을 '신해방지구'라 지칭했다.[60] 11월에는 중국군이 14개 섬을 공격, 점령했고 북한군 해안 방어 부대가 용호도, 창린도, 순위도, 저도, 육도를 점령했다.[61]

1952년 1월 27일 휴전회담에서는 유엔군이 서해 5개 도서(백령도, 대청도, 소청도, 연평도, 우도)[62]를 제외한 38도선의 아래 수역 섬들에 대한 관할권을 공산군 측에 넘기기로 했다.[63] 공산군 점령과 관할에 따라 소개와 피난도 이어졌다. 한 예로 황해도 송화군 초도는 1953년 6월에 소개되었다. 당시 초도에 있던 난민은 풍해면 출신 등으로 1천여 명이었다. 이들은 백령도에서 임시로 거주하다가 목포를 거쳐 진도에 배치되어 그곳에 정착했다.[64]

또 서해안 지역 출신 난민은 비정규 특수부대에 소속되어 고향에 침투하는 역할을 맡았다. 전쟁 이전부터 38선 이북 출신을 북파 공작원으로 활

---

60 한모니까, 「남·북한의 '수복지구'와 '신해방지구' 편입 비교—영토 점령과 제도 이식을 중심으로」, 『동방학지』 170, 2015, 237~239쪽.

61 김보영, 『전쟁과 휴전』, 한양대학교출판부, 2016, 196쪽.

62 2011년 제정된 '서해 5도 지원 특별법'은 서해 5도를 백령도·대청도·소청도·연평도·소연평도와 인근 해역으로 정의하면서 연평도를 둘로 나누고 우도를 제외시켰다. 「서해 5도 지원 특별법」(법률 제10418호), 시행 2011. 1. 28, 제정 2010. 12. 27.

63 휴전회담의 서해안 해상분계선 설정에 대해서는 김보영, 『전쟁과 휴전』, 한양대학교출판부, 2016, 185~192쪽.

64 이들이 집단 정착한 곳은 군내면 안농 마을이다. 이곳의 작은 역사관에 피난과 마을 정착의 과정이 전시되어 있다.

지명*	위치 (현 행정구역)	원주민	피난민	지명	위치 (현 행정구역)	원주민	피난민
어화도	황해남도 강령군 어화도리	1,152	3,425	연평도	인천광역시 옹진군 연평면	2,216	13,802
비압도	황해남도 강령군 서남쪽	112	212	소연평도	인천광역시 옹진군 연평면	160	1,239
용호도	황해남도 옹진군 용호도리	730	3,071	대이작도	인천광역시 옹진군 자월면 이작리	949	8,520
모도	황해남도 강령군 사연리 북쪽	1,079	4,816	소이작도	인천광역시 옹진군 자월면 이작리	690	3,516
파도	황해남도 옹진군 남해노동자구	308	318	저도		117	1,167
신도	황해남도 옹진군 남해노동자구	257	1,023	육도	황해남도 용연군 등산리 남쪽	194	1,476
위도	황해남도 강령군 어화도리	115	3,236	모도	인천광역시 옹진군 북도면	572	2,001
주도		4	100	백령도	인천광역시 옹진군 백령면	5,784	8,958
순위도	황해남도 강령군 순위리	2,020	21,313	대청도	인천광역시 옹진군 대청면	1,814	2,048
창린도	황해남도 옹진군 창린도리	1,584	11,847	소청도	인천광역시 옹진군 대청면	934	438
기린도	황해남도 옹진군 기린도리	841	5,865	묵도**			2,000
마합도	황해남도 옹진군 제작리 서남쪽	279	4,782	월내도	황해남도 용연군 오차진리 남쪽		1,986
자도		138	450	총계		22,049	107,609

* 출전: RG 338, UN Civil Assistance Command, Korea(UNCACK), 1951, En A1 1301, Box 19, Investigations. File No. 333; 이 임하, 「한국전쟁기 유엔민간원조사령부의 인구조사와 통제」, 『전장과 사람들』, 선인, 2010, 101~102쪽; 북한지역정 보넷(http://www.cybernk.net); 옹진군청(http://www.ongjin.go.kr).
* 지명을 확인한 결과, 이임하의 정리와 차이가 있다. 용호도, 모도(황해남도), 연평도, 소연평도, 저도는 오기로 판 단하여 여기서는 달리 표기했다.
** 묵도의 현 지명은 정확히 파악되지 않는데, 혹도(인천광역시 옹진군 덕적면)일 수도 있다고 추정된다.

용했는데, 바로 미 극동군사령부 주한연락사무소(Korea Liaison Office: KLO, 켈로부 대)였다. 1951년 7월에 서북청년회를 중심으로 미군 예하에 8240부대가 창설 되면서 KLO와 통합되었고, 북한 점령·통치 지역에서 유격, 첩보 활동을 했

다.[65]

　서해안 강화도 및 옹진 도서 지역에는 1951년 시점에 피난민이 각각 10만 명 이상이었던 것으로 추산된다.[66] 〈표 2-9〉는 전쟁 당시 옹진군 도서 지역의 원주민과 피난민 현황을 보여주고 있다. 모든 섬에서 원주민보다 피난민이 많았다. 원주민의 규모는 백령도, 연평도, 순위도 순이었고, 피난민 수는 순위도, 연평도, 창린도 순이었다. 지도상 위치를 보면 38도 이남에서 룡연반도, 옹진반도, 강령반도 인근 섬이 많았고, 남쪽으로는 위도 37.2도(대이작도, 소이작도) 지점에 걸쳐 있었다.

65　이완범, 「백의사와 KLO의 활동을 통해서 본 남한 대북 정보 활동의 원류(1945~1953)」, 『국가정보연구』 3-1, 2010, 6~78쪽. 2021년에 KLO 등 비정규군에게 공로금을 지급하기로 결정했고, 2022년 5월에 첫 지급이 이루어졌다.

66　RG 338, UN Civil Assistance Command, Korea (UNCACK), 1951, Box 19, Investigations. File No. 333(이임하, 「한국전쟁기 유엔민간원조사령부의 인구조사와 통제」, 『전장과 사람들』, 선인, 2010, 101~102쪽에서 재인용).

2장
1950년대 후반 난민정착사업의 변화

1. 지역사회개발 추진과 사업의 지속

1) 지역사회개발국의 주요 업무

1950년대 중반 이후 미국 원조기구는 난민정착사업을 구호 대책으로 유지하면서도 경제적으로 생산을 병행하는 수단으로 삼고자 했다. 구호 사업의 전반을 책임지던 한국민사원조사령부(KCAC)의 사회과(Social Affairs) 업무가 경제조정관실(OEC)의 지역사회개발국으로 수렴되는 원조기구의 재편과 맞물린 것이었다. 지역사회개발국은 기존의 난민정착사업을 지속하면서 새로운 사업을 추진하게 되었고, 그것이 지역사회개발사업이었다. 난민정착사업의 내용에도 변화가 일어났다. 도시에서도 난민정착사업이 실시되었고, 농촌 정착사업장에는 새롭게 농우가 배정되었다. 또한 도시 및 농촌의 정착사업장 내에서 가내수공업을 실시하며 소규모 공장에서 생산을 시작했다. 전쟁기와 전쟁 직후에 난민 구호를 주목적으로 실시했던 사업이 1950년대 중후반부터 농촌 개발의 틀에서 취급되고, 사업 대상 공간이 도시까지 확대되며, 사업 방식으로 가내수공업이 도입되는 것으로 재편되었다. 이러한 점은 1950년대 전반과는 다른 변화였다.

난민정착사업은 한국 정부와 원조기구에서 한국 재건과 부흥의 기초이자 최우선이라고 여겨졌고, 지속되어야 한다는 데 이견이 없었다. 경제조정관실은 그간의 사업이 최소한의 필수적인 물자 원조와 난민 개인의 활동 및 기업의 결합으로 적절한 주거와 자조를 이루면서 난민의 존엄성을 회복했다고 평가했다. 또한 이익을 창출할 수 있는 고용에 대해 전망했다.[67]

정착사업의 기획과 추진을 담당했던 한미합동난민정착위원회는 '1956~57 정착사업협정'을 통해 한미합동정착 및 지역사업위원회(Joint ROK/UNC Assimilation and Community Project Committee)로 재편되었다. 한미합동난민정착위원회가 1952년 3월에 설립되어 1954년까지 효율적으로 활동했으나 1954년 이후에는 활동이 없었기 때문에 재편이 필요했던 것이다. 재편한 위원회는 정착사업의 전체 감독 및 검토를 맡게 되었다. 사업 기구와 내용의 성공적인 재편을 위해 한국 정부의 협조가 필수적으로 요구되었다. 새 위원회의 한국 측 구성원은 보건사회부장관을 의장으로 하고 농림부, 내무부, 부흥부, 상공부 대표가 포함되었다. 유엔사령부 측은 KCAC와 유엔한국재건단(UNKRA)의 사업을 이관 받은 경제조정관실 기술협조처 산하의 지역사회개발국이 담당하게 되었다. 이 위원회의 의무는 정책과 진행을 검토하고 사업 운영을 평가하며 사업 이행을 위한 협력을 제공하는 것이었다.[68]

전쟁기에 복귀 농민의 정착이 주를 이루었던 난민정착사업은 1954년까지 수복지구 등 정착이 가능한 지역이 확대되며 난민을 지역에 배치하는

---

67 RG469, Entry P 319, (35) Resettlement & Assimilation 489-81-270 FY57 Documentation, FOA Project Proposal & Approval Continuation Sheet(Republic of Korea, No.89-81-270), 1957.

68 Ibid, Appointment of a Joint ROK/UNC Assimilation and Community Project Committee, 1957. 6. 21.

것이 목적이었다. 지역사회개발국이 담당하게 된 후로는 지역 단위의 개발과 고용의 창출 또한 주요한 목표로 대두되었다. 사업 방식에서도 각 지방이 개발할 수 있는 다양한 형태로 사업안을 제출하면, 보건사회부와 지역사회개발국이 자재 승인과 할당을 하는 것으로 변화했다. 경제조정관실 기술협조처는 사업의 경제성 감정 평가를 하고, 지역의 사업 가능성을 높이는 역할을 맡았다.[69]

1957 회계연도 사업 계획은 7만 5천 세대를 지원할 목표로 828,500달러의 주택 자재를 공급하고 작업장과 간척을 위한 수문과 펌프를 설치하며, 기술 제공 및 훈련을 제공한다는 것이었다. 이 시기 정부는 약 50만 명의 난민이 실질적이고 필수적인 구호 대상이라고 보았다. 그들 대부분이 월남민이고 고용 기회가 없었고, 다수가 동굴이나 도시 판잣집에 살고 있다고 파악되었다. 정착사업은 도심과 도시 재건, 산업 재건, 파괴 복구에 역할을 할 것으로 기대되었다.[70]

개간과 간척 등 사업을 위해서는 원조가 필요했다. 1956년부터 정부는 구호예산을 급격히 줄였고, 정착사업에서 사용될 토지의 경작권 제공 및 주선에 역할을 했다. 정부가 토지를 담당하면 건축자재, 농기구와 도구, 비료 등은 UN, 외원 단체 및 일부 원조 프로그램이 맡는 것으로 분담되었다. 지역에서는 최대한의 자재를 활용하도록 요구되었다.[71]

실제로 1956년에는 사업이 실행되지 못했다. 구호사업 예산 배정 문제

---

69 Ibid, From Lucy W. Adams to Ramond T. Moyer, OEC Resettlement and Assimilation Program, 1957. 4. 4.

70 Ibid.

71 Ibid, FOA Project Proposal & Approval Continuation Sheet(Republic of Korea, No. 89-81-270), 1957.

때문이었다. 주택 건설을 위한 원조 자재는 부흥주택에 우선 사용되었다. 부흥부는 1955년 11월에 난민 정착용 자재 약 8천 호분을 보건사회부에서 대여하여, 그해 말 청량리와 신당동에 각 50동씩 부흥주택을 준공했다. 주택 자재 배정과 자금 운영을 둘러싸고 부흥부와 보건사회부 사이에 혼선이 생기자, 1956년 말 정부 계획에 의한 주택 건설은 보건사회부가 주관하기로 결정되었다. 1957년 7월에 보건사회부가 대충자금을 포함한 추가 예산을 확보하여 31만 명의 구호를 재개하게 되었다.[72]

1957년에는 난민정착사업을 관할하는 원조기구와 사업 운영에도 중요한 전환이 있었다. 1957년 1월 지역사회개발국에 루시 아담스(Lucy W. Adams) 국장이 부임한 뒤 지역사회개발사업이 본격적으로 추진되기 시작했다. 실무 조사 후 원조 당국자 들은 농촌 잠재 실업군과 상부상조의 대가족 제도를 사업의 자원으로 보았고, 사업을 통해 농촌사회의 발전과 국가의 행정력 강화를 꾀할 수 있다고 판단했다.[73]

그 결과 합동경제위원회 내에 지역사회개발위원회(Community Development Committee: CEBCOM)가 설치되었고, 구호위원회(CEBRAG)는 해체되었다. 구호위원회는 구호 물자의 배정 계획과 가격 결정 사무를 처리했다. 구호를 위한 원조 물자량은 축소되었고, 합동경제위원회는 구호위원회의 존립 목적이 해소되었다고 밝혔으나 구호 업무가 중단된 것은 아니었다. 기획위원회와 재정위원회가 남은 업무를 인계받았다. 이 시기에도 구호 업무의 중심에는 난민이 있었다. 기획위원회의 업무는 물자와 용역의 무상 및 유상분배의

---

72 「1956년 난민정착사업 스톱 상태」, 『동아일보』, 1956. 11. 5; 「부흥주택 준공식 이 대통령 임석 하에 거행」, 『경향신문』 1955. 12. 18; 「일절 부흥주택 사회부서 주관」, 『동아일보』 1956. 10. 11.

73 허은, 앞의 책, 292~293쪽.

구분 결정, 무상 구호 물자의 분배 결정이었다. 업무에 대한 해당 규정은 난민과 기타 이재민 구호에 대한 복리 계획에 우선 적용한다는 것, 구호 계획에 배정된 인원, 자금, 자재 등의 전용을 지양한다는 것이었다. 재정위원회는 원조 물자 판매 가격과 신용 판매, 원조 물자 판매 대금의 징수와 과세에 관한 대비책 등 원조 물자 운영의 전반에 관한 사항을 인계받았다.[74]

지역사회개발위원회는 지역사회개발의 실시와 훈련 및 선전, 농촌 개량 및 자조 활동에 관한 정보 모집 등을 그 목적으로 했다. 지역사회개발중앙위원회(NACOM)를 설치하고 도와 군에도 지역사회개발위원회를 두어 지원 계획 수립, 조사 연구, 계몽 활동을 담당하게 했다. 군, 면 단위의 지도원을 교육하고 마을에 주재하도록 하여 사업을 실행하도록 했다.[75] 1958년부터 사업이 실시된 10개 시범부락은 1961년에 274개로 증대되었다.

지역사회개발사업 시범부락은 기존에 형성되어 있는 마을을 지정한 것으로서, 개간 등을 통해 새로운 마을을 형성하는 난민정착사업장과 달랐다. 실제로 시범부락과 정착사업장을 대조한 결과 리 단위에서도 일치하는 지역이 없었다.[76]

중요한 점은 지역사회개발사업의 확대에도 불구하고 1950년대 후반까지 지역사회개발국의 주요 업무는 구호 사업이었다는 것이다.[77] 〈표 2-10〉의

---

74 부흥부, 『부흥월보』 3-1, 1958. 1, 42쪽.

75 지역사회개발 지도원의 구분, 선발 자격, 교육 방식, 역할에 대해서는 한봉석, 앞의 논문, 2005, 42~46쪽.

76 RG469, Entry P 319, 326 Community Development Regulation 1959 & 1960, RESETTLEMENT-ASSIMILATION PROGRAM IN KOREA의 도별 난민정착사업장(〈부표 1〉) 참조.

77 지역사회개발국 담당자는 대규모 구호 사업과 완전히 결별해야 한다는 견해를 피력하기도 했으나 원조 당국은 미국의 이미지를 고려하여 구호 사업을 중단할 수 없었다. 허은, 앞의 책, 291~292쪽.

〈표 2-10〉 경제조정관실 지역사회개발국 사업 원조

부서	사업코드	사업명	원조	연도별 원조액($)							
				1956	1957	1958	1959	1960	1961	합계	총계
지역사회개발	89-81-270	난민 정착	DS	495,800	809,522	300,000				1,605,322	1,624,022
			TC			18,700				18,700	
	89-81-446	가내 수공업	DS		442,699	240,000				682,699	704,638
			TC			21,939				21,939	
	89-81-469	지역사회 개발 시범사업 및 훈련	DS			48,000				48,000	695,066
			TC			199,926	213,140	140,000	94,000	647,066	
	89-81-519	경제개발 정착	DS				315,000	55,000		370,000	569,910
			TC				55,910	63,000	81,000	199,910	
	신설	농촌 빈곤, 시범 지역 연구 및 활동	TC						150,000	150,000	150,000
사회복지	89-82-407	복지 시설	DS		115,870					115,870	430,260
			TC			46,640	104,750	85,000	78,000	314,390	
	89-82-411	외원 단체 운송비	DS	1,349,800	518,600	531,250	550,000	500,000	450,000	3,899,650	3,899,650
	89-82-457	우유 급식	DS		111,000	85,500				196,500	196,500
	신설	소년 비행 예방 및 사회적 처리	TC						56,000	56,000	56,000
주택	89-23-444	가내 건축 자재 개량	DS		500,000					500,000	500,000
	89-83-448	주택 건축자재	DS		1,912,233	659,600	913,850	814,000	826,000	5,125,683	5,185,683
			TC					25,000	35,000	60,000	
	89-83-498	주택, 충주 비료공장	DS			171,000				171,000	171,000
	89-85-449	주택 연구 및 개량	DS		50,800	10,000				60,800	266,300
			TC			63,000	32,500	63,000	47,000	205,500	

* 출전: Community Development Projects Dollar Funding, 1959.11.6, RG 469, En P319, 326 Community Development Regulation 1959&1960).
* 원조 항목에서 DS는 방위 원조로서 ICA 자금, TC는 기술 원조를 뜻한다.

원조액 규모로 볼 때, KCAC의 사업을 흡수하여 운영을 시작한 1956년부터 1961년까지 난민 정착을 위한 구호 사업이 대종을 이루었다. 주택 건축자재가 5,185,683달러로 가장 큰 비중을 차지했고, 자선 단체의 운송비 3,899,650달러, 난민정착사업이 1,624,022달러로 뒤를 이었다. 즉 1950년대 전반과는 다르게 부흥과 개발이 강조되었지만, 여전히 구호 사업으로 분류되고 그 범위 내에서 운영되고 있었다.

난민정착사업과 민간 단체의 구호 활동은 전쟁기부터 실시된 장기 사업으로서 전후 난민의 복귀와 정착 등 실질적인 복구를 담당하고 있었다. 난민정착사업은 초기 정착을 위한 양곡, 종자, 농기구 등과 함께 주택 건축자재를 제공했다. 1957년부터 난민정착사업은 주택 정책으로도 취급되었다.

그간의 사업이 원주지로의 복귀와 농촌에서의 농지 조성 및 정착을 도모하는 것이었다면, 1957년에는 도시에서도 난민정착사업이 정식으로 실시되었다. 사업은 도시형과 농촌형으로 구분되었다. 도시에서는 난민 주택 건립으로 사업이 실시되는 한편, 농촌에서는 사업 방식상 개간을 위주로 하면서도 간척과 염전 조성이 부각되었다. 지역사회개발국은 1962 회계연도까지 사업을 지속한다는 계획이었다. 또한 이 시기부터 초기 난민정착사업의 효과가 예상되어 고용 기회와 자원이 증가할 것으로 전망되었다. 농촌의 간척과 염전은 자조하기까지 최소한 2년의 기간과 추가 자원을 필요로 한다고 분석되었다.[78]

---

78 RG 469,Entry P 319, (35) Resettlement & Assimilation 489-81-270 FY57 Documentation, from Lucy W. Adams to Ramond T. Moyer, OEC Resettlement and Assimilation Program, 1957. 4. 4.

2) 난민정착사업 관련 업무: 주택, 외원 단체 운송비, 우유 급식, 가내수공업

난민정착사업의 주택 건립은 당시 정부와 원조기구의 주택 계획에 포함된 것이었다. 전쟁기부터 UNCACK(KCAC), UNKRA의 재원을 통해 후생주택, 재건주택, 희망주택, 국민주택 등이 건립되었으나 매년의 사업 계획으로 실시하는 긴급 구호의 성격이 강했다. 그러다가 1957년 2월에 합동경제위원회에서 합의하여 1962년까지 50만 호 건립을 목표로 '주택 건설 6개년 계획'을 입안했다. 관련 부처로 주택건설위원회를 두고 주택조합을 구성하며 매년 달러 및 환화로 주택금융기금을 책정한다는 계획이었다.[79]

1957년에는 20만 호 건설을 목표로 하고 세 가지 방식으로 주택을 건설하였다. 첫째는 ICA 원조 계획으로 도입된 자재 및 정부 융자에 의한 26,240호 건설 사업으로서, 건설비를 주택 건설 기업체, 주택조합, 지방자치단체, 대한주택영단 및 기타 주택을 필요로 하는 단체에 융자하는 방식이었다. 둘째는 자재를 무상 급여하는 난민정착주택 24,000호 건설이다. 이 방식은 난민정착사업에서 이미 시행해오던 것으로서 건축자재 일부를 무상급여하고 자력으로 보충 자재와 노동을 부담하는 것이었다. 셋째는 민간기업체 및 개인이 자기 자본으로 건축하는 주택으로 149,760호의 가장 큰 규모였다. 정부는 필요한 경우에 대지나 자재를 알선하는 역할만 담당했다.[80]

10월까지의 실시 상황을 보면, 정부 융자로 서울과 각 도, 대한주택영단에 5,600호를 배정했으나 전남 강원과 제주는 전무했고, 서울·경남·경북은 10% 미만으로 전체 751호(13%)만이 건설되었다. ICA 원조로는 1,400호를 배

---

79 「20만 호의 주택 건립 구체화」, 『경향신문』 1957. 3. 16; 「98만 호 건축 목표」, 『경향신문』 1957. 4. 24; 「주택 50만 호」, 『동아일보』 1957. 6. 9.

80 보건사회부, 『국정감사 답변서』, 1957, 164~166쪽.

정하여 신청을 받았으나 심사에 부쳐진 947호도 건설 가격 산정과 기술 검토가 필요하여 착공되지 않았다.[81] 민간 기업체 및 개인에 의한 주택 건설은 성과가 보고되지 않았다.

주택 건설의 세 방식 중 가장 높은 실적을 보인 것은 난민정착주택이었다. 24,000호 중 16,067호분에 해당하는 건축자재를 배정 완료하여 각 건설지에 자재가 운송 입하 중이었고, 9월 현재 9,600호가 준공되었다. 잔여 주택도 연내에 전 호수가 준공될 것으로 전망되었다. 난민정착사업 마을은 1,000여 개로 알려졌고, 사업장 단위로도 331개에 달했다.[82] 미아리 정착사업(Miari Assimilation Project)으로 지역사회개발국의 보고서가 남겨진 서울 미아동과 삼양동 사업은 이 난민정착사업의 한 사례였다.[83]

1959년까지도 정부 자금 및 ICA 융자와 민간 자본에 의한 주택 건설은 부진을 면치 못했다. 주택 융자 사업은 무상원조가 축소되면서 장기적인 주택 공급을 위한 방편으로 추진되었으나, 융자 조건이 까다롭고 자금 지원이

---

81 「귀재 재원 주택 건축 사업 부진」, 『경향신문』 1957. 10. 25; 「57년 ICA 주택 계획 부진」, 『경향신문』 1957. 10. 16.

82 보건사회부, 『국정감사 답변서』, 1957, 273~275쪽; 「부락 개수는 미아리에 난민부락 건설」, 『경향신문』 1957. 12. 24. 사업장 수는 USOM, *The Summary of Statistics of A and R Project in Korea*(宋柱仁, 「韓國의 難民定着事業과 家內手工業에 關한 考察」, 서울대 행정대학원 석사학위 논문, 1961, 21쪽, '난민 정착 상황'에서 재인용).

83 RG 469, Entry P319, Miari Project; Miari Assimilation Project. 한봉석은 미아리 정착사업을 난민정착사업의 한 방편이었던 가내공업 사업의 전형으로만 파악했고, 정은경은 주택 프로그램의 하나로 소개했다. 황윤희는 미아리 사업의 구체적인 내용과 의미를 분석했고, 신나리는 도시 공간적 특징에 초점을 맞추었다. 한봉석, 앞의 논문, 2005, 55~56쪽; 정은경, 「1950년대 서울의 공영주택 사업으로 본 대한 원조 사업의 특징」, 『서울학연구』 59, 2015, 110~115쪽; 황윤희, 앞의 책, 2018; 신나리, 앞의 박사학위 논문, 2020.

지연되면서 성과를 보지 못했다.[84] 이와 달리 난민정착주택은 도시형 1,000세대와 농촌형 20,000세대, 수복지구 및 기타 1,730세대가 사업에 착수했고 농촌에서 4,730세대가 정착하게 되었다.[85]

이 사업에 참여하는 '난민'은 일정한 자격을 갖추어야 했다. 1958년에 지역사회개발국에서 합동경제위원회(CEB)에 제출 예정이었던 협정 및 자재 할당서에 의하면, "소유하고 있던 토지나 거주하던 지방으로 가까운 장래에 복귀하지 못하는 난민으로서 그 지방에 생활 안정을 하고 거주하겠다는 굳은 의지와 봉사의 뜻을 열정적으로 표시한 자"가 대상이 되었다. 재정적 경제적으로 스스로 토지, 가옥, 가축, 종곡, 비료, 농기구 기타의 기구를 구입할 수 없는 자이기도 했다. 사업을 위해 할당되는 물자는 지정된 세대에 의해 정해진 장소에서 사업 목적으로만 사용되어야 했다. 각 세대당 목재, 양회, 못 등 자재를 무상 배부했는데, 할당된 모든 자재는 할당서에 기재된 장소의 세대수에 해당하는 수배 대상 세대에서만 사용되어야 했다. 어떠한 사정을 막론하고 물물교환이나 다른 목적에 유용하는 것을 절대 불허한다는 방침이었다.

또한 지역사회개발국은 중앙정부와 각 도 이하 면 단위 지방정부의 역할을 강조했다. 정부가 사업장의 경작권을 주선하고 그 외에 자체적으로 동원 가능한 주택 자재를 알선하고, 할당된 물자가 빠른 시일 안에 수송되도록 협조해야 한다고 강조했다. 각 지방정부에서 주선하는 자재도 동시에 공

---

84 「주택 건설 부진 준공은 불과 몇 %」, 『경향신문』 1959. 4. 4; 「막연한 주택 사업」, 『경향신문』 1959. 4. 24; 「주택 계획수포로? 자금 영달 거의 되지 않아」, 『동아일보』 1959. 4. 25; 「왜 서민층의 환영 못 받나 주택 자금 융자의 실태」, 『동아일보』 1959. 5. 3; 「반은 착공도 못해 올해 주택 건설 사업 부진」, 『동아일보』 1959. 10. 21.

85 보건사회부, 『단기4292년도 보건사회행정연보』, 1959, 163~164쪽.

급되어 건축에 지장이 없도록 해야 한다고 덧붙였다.[86]

정부와 원조기구가 추진한 주택 건설 계획에서 난민정착사업만이 목표를 달성할 수 있었던 것은 난민과 지역사회의 의지와 경제적 부담 덕분이었다. 다른 방식과 달리 난민정착사업은 최소한의 자재를 무상으로 공급하고 여타의 자재와 기술 및 노동은 난민이 부담하도록 되어 있었다. 때문에 자재가 사업장에 배분되기까지의 형식과 절차가 사업 신청-심사-선정과 이후의 융자 상환까지 이어지는 방식에 비해 단순했다. 또한 난민정착사업은 이미 전쟁기에 시작하여 지속되고 있던 사업에서 도시형을 분리하고 주택 사업으로 편재만 바꾼 것이므로, 사업 실행의 경험이 축적되어 있었다. 도시형 난민주택을 건립하기 시작했지만 사업의 중점은 이전과 같이 농촌에 있었다.

외원 단체의 운송비는 주택 건축자재 다음으로 큰 원조금액을 차지했다. 운송비 역시 전쟁기 구호 물자의 수송에서 연속되는 사업이었다. 외원 단체들은 한국에 직접 진출하여 필요한 금품을 본국에서 모집하거나 기부 받아서 원조기구나 정부 주무 부처에 전달했다. 또한 기술 원조의 일환으로 한국의 인사들을 본국에서 교육 훈련시키거나 전문가를 파견하여 현지에서 훈련시키는 활동을 했다.[87] 1952년 12월부터 1957년 4월까지 46개 단체에서 식량 111,671톤 24,179,486달러, 의류 13,030톤 28,485,855달러, 의료 자

---

86 RG 469, Entry P 319, (35) Resettlement & Assimilation 489-81-270 FY57 Documentation, from OEC to OS/ROK, Welfare Allocation Letter No. 92, Allocation of Building Materials for Free Distribution for the Resettlement- Assimilation Program, 1958. 6. 27.

87 외원 단체들은 정보를 교환하고 사업 계획을 통일하며 협력 체제를 통해 사업을 원활히 추진한다는 목적으로 1952년 3월에 외국민간원조기관한국연합회(Korea Association of Voluntary Agencies: KAVA)를 창설했다. *Directory of Foreign Voluntary Agencies in Korea*, 1955; 카바40년사편찬위원회, 『외원사회사업기관활동사』, 1994, 66~67쪽.

재 1,027톤 2,005,692달러, 기타 6,983톤 5,718,071달러가 수입되었다. 단체별로는 29개 단체 중 천주교세계봉사회(National Catholic Welfare Conference: NCWC)가 80,915톤으로 최대 규모였고 기독교세계봉사회(Korea Church World Service: KCWS)가 36,186톤, 미국민간세계원조협회(Cooperative for American Relief Everywhere: CARE, 케아)[88]가 2,982톤으로 뒤를 이었다(〈부표 6〉).[89] 물자의 해상 운송은 구호 사업을 담당하는 원조기구가 맡았고, 지역사회개발국에서도 지속했다. 그 규모는 1957~61년까지 큰 변동 없이 유지되었다.

우유는 1950년 4월부터 유니세프(UNICEF)에서 원조를 시작한 후 전시에 곡물과 섞는 죽이나 분유 형태로 난민에게 제공되었다. 전후에는 학교, 후생 시설, 구호 병원, 민간 구호 단체, 시구읍면 직영 급식소에 각각 배정되었다. 분배된 양은 취학 아동, 미취학 아동, 일반 성인, 임산부 순이었다. 1955년부터 1957년까지는 유니세프가, 1958년부터 케아가 제공하는 사업으로 시행되었다.[90] 우유 급식은 난민의 구호 사업으로 시작했다가 전후 아동 구호의 주요 부문이 되었다.

경제개발정착사업은 1959년부터 실시되었지만 기존 난민정착사업과

---

88 주한 케아의 구호 사업 지원에 대해서는 한봉석, 「구호 물자에 담긴 냉전—주한 케아(C.A.R.E.)의 패키지로 살펴보는 냉전과 인도주의」, 『통일과 평화』 12-1, 2020을 참조할 수 있다.

89 「구제품—자진 구호 단체에 의한 수입 허가(1952년 12월 1일~1957년 4월 30일)」, 『부흥월보』 1-11, 1957. 8, 188~189쪽.

90 「유니셀 사업 본격적 개시」, 『동아일보』 1950. 4. 29; 「피난민 구호 강화」, 『경향신문』 1952. 2. 20; 「우유죽을 배급 어린이와 병자 3만 명에」, 『경향신문』 1952. 10. 7; 「무상 구호 우유 각 시도에 할당」, 『경향신문』 1953. 1. 28; 보건사회부, 「구호 우유 수급 및 급식 상황표」, 『보건사회통계연보』, 1961, 314~315쪽. 한봉석은 주한 케아의 우유 급식 사업으로 유니세프와 케아가 갈등했고, 케아가 우유 급식으로 한국 정부와 원조 당국의 운송 시설을 자유롭게 이용했다고 밝혔다. 한봉석, 「인도주의 구호의 '냉전적 기원'—1950년대 주한 케아(C.A.R.E.)의 우유 급식 사업과 '푸드 크루세이드(Food Crusade)'」, 『사이』 28, 2020.

가내수공업사업을 결합하여 지속시킨 사업이었다. 가내수공업 사업은 1957년에 개시되었는데, 난민정착사업의 한 방식이었다. 1957년에 도시에서도 난민정착사업이 시작되면서 난민이 도시에서 일자리를 얻게 하거나 농촌에서 부수입을 올릴 수 있도록 하려는 사업이었다. 경제개발정착사업은 1959년 4월에 보건사회부와 지역사회개발국 담당자가 정식 조인하여 1,500호의 주택을 건설하여 8,100명을 정착시킨다는 계획이었다. 난민과 실업 문제가 심각한 지역에 사업장을 짓고, 장비·기술자·기계를 제공하여 지역사회의 생산, 난민의 고용과 자조를 높일 가내수공업장 5개를 신설한다는 내용이었다. 지역사회개발국은 이 사업이 난민의 정착을 통해 농지 소유뿐만 아니라 새로운 지역사회를 만드는 시범이자 훈련이 될 것으로 기대했다. 구체적으로는 부산·군산·광주·대구·대전·전주·청주·춘천 등 8개 도시를 시범지역으로 선정하여 건평 7.5평의 주택 1천 호, 50동 기준으로 가내수공업 공장을 건축한다는 계획이었다.[91]

가내수공업 자금은 1957년부터 배정되었으나 공장 건설은 1960년부터 시작되었다. 1961년에 32개 공장을 계획하여 23개소를 건축 중이었고, 1개소당 공장 건평은 81평으로 건축자재와 기계 공구가 도입되었다. 가내수공업장은 집단으로 정착한 난민들의 수입을 보완하기 위한 것으로서 ① 공장에 취업하여 수입을 얻고, ② 기술을 습득하여 자영의 방도를 강구하고, ③ 제품 판매 이익금을 분배받는다는 운영 목표를 가지고 있었다.

소요되는 건축자재 및 기구는 원조로 무상 배급하지만 공장 건설은 난

91 Richard J. C. Bomar, Project 89-81-519, Community Assimilation and Economic Development, 1959. 11. 10; 「정착 난민 경제 발전 촉구」, 『경향신문』 1959. 4. 11; 「난민 자활책을 추진」, 『경향신문』 1959. 4. 14; 「주택과 직장을 제공」, 『동아일보』 1959. 4. 14.

민이 직접 하는 방식이었다. 운영 또한 집단 정착한 난민들이 공동책임하에 맡았다. 보건사회부가 '홍업회 정관'이라는 규정을 작성하고, 그에 따라서 법인조합체를 구성, 조합원들에 의해 선임된 대표들이 운영위원회를 조직하고 운영위원회가 관리·운영하는 구조였다.[92]

정부는 공장의 건설 운영을 지도 감독했지만 실효를 얻기 위해서는 기술자를 훈련시키고 생산 품목을 선택·고안하는 등에 대한 전문적인 지도가 필요했다. 운영 자금에 대해서는 조합원의 조합비와 융자 등이 고려되었다. 1950년대 난민정착사업을 처음으로 연구하고, 1970년대까지 농림부 관료로 활동한 송주인(宋柱仁)[93]은 장단기 융자보다 보조금 제도를 활용하여 공장을 자립시켜야 한다고 제안했다.[94]

그러나 가내수공업 공장이 정착사업에서 유의미한 비중을 차지했다고 보기는 어렵다. 1957년에 총 32개 공장 건설을 계획하였으나 〈표 2-10〉과 같이 1959년부터는 가내수공업에 예산이 배정되지 않았다. 실제로 1961년 당시에 23개 공장이 건축 중이었고, 9개는 착공에 들어가지 않았다.[95] 또한 한

---

92 Richard J.C. Bomar, Project 89-81-519, Community Assimilation and Economic Development, 1959. 11. 10;「정착 난민 경제 발전 촉구」,『경향신문』 1959. 4. 11;「난민 자활책을 추진」,『경향신문』 1959. 4. 14;「주택과 직장을 제공」,『동아일보』 1959. 4. 14.

93 송주인(1929~2014)은 1961년 서울대 행정대학원을 졸업했다. 1962년 농림부 총무과 행정사무관, 기획조정관실 서기관, 1967년 농정국 농업경제과장, 1968년 주이태리대사관 농무관, 1971년 농업통계관, 1973년 농협중앙회 이사, 1977년 국제식량농업기구(FAO) 한국협회 사무국장, 1984년 전북은행장, 1988년 전북도민신문 사장을 거쳐 1992년 통일국민당 소속으로 14대 총선에 입후보했으며 1996년에는 무소속으로 15대 총선에 입후보하기도 했다. 조인스 인물정보(http://people.joins.com/), 언론 이력 보도를 종합함.

94 宋柱仁,「韓國의 難民定着事業과 家內手工業에 關한 考察」, 서울대 행정대학원 석사학위 논문, 1961, 112~115쪽.

95 위의 논문, 112쪽.

정된 자재를 가지고 난민들이 직접 건설하고 운영하는 것이 원칙이었기 때문에, 원조기구가 구상하는 '경제개발 정착'은 구호 대상자의 자립 여부와 의지에 달려 있었다.

2. 정착사업의 성과와 정부 행정의 부재

1960년까지 정착사업에 의해 정착한 난민의 정확한 규모를 파악하기는 어렵다. 보건사회부는 1952~56년에만 61만여 명이 정착한 것으로 추산하였다. 경제조정관실(OEC)에서 개편된 주한미경제협조처(United States Operations Mission: USOM)의 보고서 통계(〈표 2-11〉)에 의하면, 1953년부터 1960년까지 난민정착사업은 1,685개 사업장에서 78,306세대 436,096명이 사업에 참여한 것으로 추산되었다. 정부의 통계는 1952~53년간 복귀한 난민을 포함하는 수치이며, USOM은 1952년을 제외하고 신규 정착사업에 한정시킨 것이어서 차이가 있다.

USOM의 통계는 난민정착사업의 시계열적 자료로는 유일한데, 원조 물자 분배를 기준으로 작성했을 것이므로 정식으로 등록된 사업 외에 누락된 사업이 더 있었을 것으로 추정된다. 연도별로는 1954, 57년에 8만 명 이상이 었고, 1953, 55년에는 6만 5천~7만여 명, 1956, 58년에는 4만여 명, 1959, 60년에는 2만여 명 내외였다. 사업 방식별(〈표 2-12〉)로는 전작(밭농사)·답작(논농사)·간석지 개답·축산 등 농업 부분이 81%, 염전 4%, 가내소공업 6%, 도시형 공동작업장 4%, 미망인·굴양식·맹인부락·행상 및 자유노동·광업이 각 1%로 농업의 비중이 압도적으로 높았다.

농촌에서는 난민정착사업을 통해 상당한 규모의 농지가 조성되었다.

〈표 2-11〉 전국 난민정착사업 현황(1953~1960)

(단위: 개소, 세대, 명)

지역	1953			1954			1955			1956			1957		
	사업장	세대	인원	사업장	세대	인원	사업장	세대	인원	사업장	세대	인원	사업장	세대	인원
서울				2	115	515	20	1011	4955	9	300	2,192	14	1,600	10,452
경기	20	2,298	14,069	18	1,849	10413	26	2,676	15,356	6	633	3,720	55	2,830	16,063
강원							1	100	600				1	100	580
충북	2	75	375	3	114	567	7	211	1201	7	290	1,485	20	750	3,329
충남	14	1,352	7,613	14	1,231	7,298	28	1,463	15,765	8	1,113	6,761	21	1,766	12,364
전북	2	120	769	23	2,085	13,145	43	3,004	17,012				75	3,766	20,951
전남	1	120	599	25	599	2,886	35	1,318	6,578				69	2,491	12,956
경북	37	688	3,701	75	1,802	9,944	16	327	1,881	1	3	25	49	1,148	7,325
경남	117	6,461	38,254	167	4,627	23,847	32	1,185	5,678	176	4,432	25,664	2	44	113
제주				121	4,812	18,961	4	195	1,015	11	400	1,839	25	813	3,290
합계	193	11,114	65,380	448	17,234	87,576	212	11,490	70,041	218	7,171	41,686	331	15,308	87,423

지역	1958			1959			1960			총계		
	사업장	세대	인원	사업장	세대	인원	사업장	세대	인원	사업장	세대	인원
서울	18	900	4,860	9	1,409	4,591	17	2,350	9,400	89	7,685	36,965
경기	35	1,610	9,540	8	510	3,060	4	890	2,940	172	13,296	75,161
강원	10	350	2,100	1	50	300	7	330	1,980	20	930	5,560
충북	23	570	3,420	4	180	1,080	1	50	300	67	2240	11,757
충남	25	1,238	7,440	10	530	3,180	3	120	720	123	8,813	61,141
전북	28	1,050	6,300	4	200	1,200	2	70	420	177	10,295	59,797
전남	16	700	4,200	4	200	1,200	4	190	1,140	154	5,618	29,559
경북	10	229	1,374	5	280	1,680				193	4,477	25,930
경남	12	573	3,105	7	950	5,700	2	80	480	515	18,352	102,841
제주	12	280	1,680	2	100	600				175	6,600	27,385
합계	189	7,500	44,019	54	4,409	22,591	40	4,080	17,380	1,685	78,306	436,096

* 출전: USOM, *The Summary of Statistics of A and R Project in Korea*(宋柱仁, 「韓國의 難民定着事業과 家內手工業에 關한 考察」, 서울대 행정대학원 석사학위 논문, 1961, 21쪽, 표 1. '난민 정착 상황'에서 재인용).

〈표 2-12〉 형태별 난민정착사업 현황(1953~1960)

(단위: 개소, 세대, 명)

지역	농업											
	전작			답작			간척지 개답			소계		
	사업장	세대	인원	사업장	세대	인원	사업장	세대	인원	사업장	세대	인원
서울												
경기	77	9,021	21,175	20	1,611	9,802	27	3,770	21,509	124	9,003	53,489
강원	16	750	4,480	3	130	450	205			17	880	5,230
충북	61	1,985	10,252	5	205	1,125				16	2,190	11,377
충남	99	8,753	53,549	1	100	700	1	40	700	101	8,890	54,949
전북	155	8,998	52,452	5	420	2,342	1	100	538	162	9,518	55,332
전남	133	4,507	23,381	11	116	3,482	1	40	200	145	5,163	27,063
경북	184	4,127	24,248	4	240	1,000				192	4,437	25,328
경남	454	13,921	79,558							454	13,921	79,558
제주	173	1,500	26,785	2	100	600				175	6,600	27,385
합계	1,352	53,562	295,880	51	2,922	19,501	235	3,950	22,947	1,386	60,602	339,711

지역	가내소공업			염전			행상 및 자유 노동			미망인		
	사업장	세대	인원	사업장	세대	인원	사업장	세대	인원	사업장	세대	인원
서울	9	1,260	7,761				2	115	1,102	11	384	1,830
경기	8	970	5,676	19	2,161	12,954						
강원	1	50	330									
충북	1	50	380									
충남				4	615	4,090	3	90	700	4	84	310
전북	4	215	1,391	1	105	525						
전남	1	40	340	4	270	1,431	2	70	350			
경북	1	40	600									
경남	9	1,030	6,180				42	2,957	14,830	2	44	113
제주												
합계	34	3,655	22,658	28	3,151	19,000	49	3,232	16,982	17	512	2,253

지역	가축			굴 양식			맹인			광업 / 도시 공동 작업		
	사업장	세대	인원	사업장	세대	인원	사업장	세대	인원	사업장	세대	인원
서울	22	1,242	7,232				1					
경기	7	411	2,353	6	328	1,975						
강원												
충북												
충남							1					
전북	10	457	2,549									
전남				2	75	375						
경북												
경남												
제주												
합계	39	2,110	12,134	8	403	2,350	2	55	311		100 /2,719	620 /15,414

* 출전: USOM, *The Summary of Statistics of A and R Project in Korea*(宋柱仁, 「韓國의 難民定着事業과 家內手工業에 關한 考察」, 서울대 행정대학원 석사학위 논문, 1961, 21쪽, 표 2 '난민 정착 상황'에서 재인용).

1961년 현재 사업을 통한 농지개간 현황은 〈표 2-13〉과 같다. 실제 개간 면적은 목표의 63%에 해당했고, 1956년에 있었던 전국 토지 개량 사업 준공 실적의 10.7%에 달했다. 염전은 1,548정보(464만 4천 평)를 간척하여 365정보(109만 5천 평)에서 생산이 가능해졌는데, 전국의 관제 염전 1,953정보의 18%, 민제 염전 9,626.5정보의 3.9%에 해당했다. 그러나 염 생산 과잉으로 인하여 1957년 10월 30일자로 실제 생산 면적만을 제조 허가하여 생산하지 않은 면적은 농지 또는 유휴지가 될 상황이었다.[96]

이를 토대로 정착 난민의 실태를 보면, 실제 경작 면적 15,787.7정보에 60,602세대, 즉 세대당 평균 0.26정보(780평)로 전국 농가의 19%에 해당하는

---

96 위의 논문, 27, 36쪽.

〈표 2-13〉 난민정착사업 농지 개량 및 개간 실적(1961)

(단위: 정보)

	황무지	황무전	황무답	임야	지	하천부지	계
목표	2,915.45	953.9	199.4	15,391	3,541	1,710	24,714
실제 개간	1,668.27	444.3	179.4	10,224	2,150.8	1,114	15,787.7

* 출전: 宋柱仁, 「韓國의 難民定着事業과 家內手工業에 關한 考察」, 서울대 행정대학원 석사학위 논문, 1961, 27쪽, 표 5 참조

0.3정보(900평) 미만 농가 규모에 속한다. 0.5정보(1,500평) 이상 1정보(3,000평) 미만의 농가의 생계비가 453,157환인 데 비해 0.3정보 미만은 325,728환으로 낮은 데다가 난민의 경작 규모는 더욱 영세하여 생활 수준도 열악했을 것으로 추정된다.

1950년대 후반부터 난민정착사업장에서는 개간과 간척이 완료되어 실제 소출이 가능해지는 등 성과를 내고 있었으나, 이는 난민 당사자의 노동과 의지, 사업 관리자의 도덕성, 원조 물자에 의존한 것이었다. 생산 기반이 조성되었다 하더라도 그것으로 인해 난민의 생활이 곧 안정되는 것은 아니었다.

이러한 사업의 현실에 대해 주한 CARE(케아)의 사업 담당자는 난민의 수입 창출과 일원화된 정부 정책을 강조했다. 개간 목표가 달성되어도 난민은 최저 경작 규모에서 벗어날 수 없기 때문에, 개간지를 확장하거나 제한된 경작 면적의 특수한 이용으로 수입을 높이고 농업 외의 생계 수입이 창출되어야 현실적으로 정착이 가능하다는 것이었다. 또한 난민정착사업 자체가 외원에 의존하고 있기 때문에 따르는 문제들을 지적했다. 지역과 방식에 따른 각 사업장의 특수성, 자주성이 무시되고 지속적 체계적인 원조가 어렵다는 것이었다. 정부의 사업 소관 기관도 분산되어 있는 데다가 주무는 보건사회부 1개 과에 사무관 1명만 배치되어 있어서 사업의 성과에 비해 당국

의 정책이 무성의하다는 점도 문제였다.

사업이 처한 문제의 해결을 위한 대책으로는 종합적인 행정 기구의 설치와 운영을 제안했다. 지역사회개발위원회를 예시로 하여 정부와 민간 단체가 협의할 '난민정착사업위원회'를 통해 사업이 일원화되어야 한다고 강조했다. 경작 확대 및 가내소공업 발전으로 난민의 고용을 확대하고 직업 보도 및 교도 사업을 진행하여 일반 농가 수준으로 생활이 향상되어야 한다는 것이었다.[97]

난민정착사업이 그 성과에도 불구하고 1950년대 후반부터 정부의 주요 시책이 되지 않았다는 점은 현장의 사업장 대표들도 문제로 인식했다. 5·16 쿠데타 직전에 전국난민정착사업총연합회는 각 사업장 회의를 개최했다. 1,677명의 난민정착사업장 대표가 모여서 논의한 것은, 난민정착사업을 정부 시책에 직결시켜 정부가 주도할 것을 요청하기 위한 방법이었다. 국토개발사업과 같이 난민정착사업도 주요 정책으로 취급해야 한다는 것이었다.[98]

장면(張勉) 정부는 집권 초기 실업 문제를 해소하기 위한 대책으로 공공사업을 구상했다. 이때 미공법 제480호(PL 480)가 수정되어 잉여농산물 이용을 촉진하는 것으로 제2관(이하 PL 480-2) 규정이 확대되었다.[99] PL 480-2의 가

---

97 李球奉(CARE 자조사업 담당), 「난민 정착 대책의 일원화를 촉구한다」 상·하, 『경향신문』 1960. 11. 1, 1960. 11. 5.

98 「난민정착사업 각 사업장 회의」, 『경향신문』 1961. 5. 10.

99 1955년 체결한 잉여농산물협정에 의해 현지 통화 판매 조건으로 PL 480 1관의 원조가 들어왔다. 1관은 통상의 원조에 해당하여 수원국에서 적립하여 사용하는데, 한국은 국방비로 전입했다. 2관은 미국이 지정한 대로 현물을 그대로 사용하는 것으로, 학교 급식과 근로를 위한 식량(food for work)에 사용했다. 3관은 구호용으로 사용되었다. 그 규모는 1관이 1971년까지 7억 7,758만 달러로, 1973년까지 2·3관을 합한 4억 3,378만 2천 달러보다 많았다. 2관은 1957년에 최초로 8만 3천 달러가 공여되었고 1960년에 태풍 사라호 피해 복구 명목으로 1천 2백만

장 적절한 사용을 위해서는 "고도로 노동집약적인 사업"일 것, "사업의 수행지가 잠재 또는 현재 실업자의 집중처이거나 그 인근지"일 것이 요구되었다. 잉여농산물을 노임의 일부로 지불하여 경제 개발과 식량 소비 증대를 도모할 것이라고 전망되었다.[100] 정부는 이러한 조건으로 국토건설사업을 추진했다.[101] 정부가 국토건설사업을 국가 차원의 경제정책이자 국민들이 참여하는 운동으로 구상했다 하더라도, 계획 자체는 잉여농산물의 사용을 위해 단기적으로 마련된 것이었다. 결과적으로 잉여농산물 도입이 지연되면서 사업은 원만하게 실행될 수 없었다.

원조 물자를 통해 노동력을 동원하여 생산 기반을 조성하는 국토건설사업의 기조는 난민정착사업과 다르지 않았으나, 사업 대상과 그 추진 방식에는 차이가 있었다. 난민정착사업은 이북 출신을 포함한 전쟁 난민이 주된 대상이었다면, 국토건설사업은 도시 실업자에 초점을 맞추었다. 또 난민정착사업이 마을 단위에서 정착과 자립을 위한 농지를 조성하는 데 목표를 두었던 것과 달리, 국토건설사업은 정부에서 지정한 사업장, 즉 대지구 농지 개발이나 산업 기반 시설 건설이 그 목적이었다. 가장 큰 차이는 난민정

달러가 들어온 바 있었다. 3관은 1954년부터 미국 민간 단체로부터 도입되었다. 김종덕, 『원조의 정치경제학』, 경남대학교출판부, 1997, 85~94, 233~234쪽; 장종익, 「1950年代 美 剩餘農産物援助가 韓國農業에 미친 影響에 관한 硏究」, 연세대 경제학과 석사학위 논문, 1988, 72쪽; 「잉농물도입협정」, 『매일경제』 1968. 2. 26.

100 부흥부, 「미공법 480호 제2관(확대수권) 해설」(1960. 11), 『국무회의록』(국가기록원 BA00851 98).

101 장면 정부는 경제개발계획의 실행을 위한 1단계로 국토건설사업을 실시했고, 실업 해소뿐만 아니라 전 국민 차원의 '정신 혁명'으로 강조한 바 있었다. 이에 대해서는 정진아, 「장면 정권의 경제정책 구상과 경제개발 5개년계획」, 『한국사 연구』 176, 2017, 338~344쪽 참고. 사업 추진 주체가 선발된 과정과 이들의 역할과 활동, 성과와 한계는 유상수, 『1960년대 민주당 정부의 국토건설사업 연구』, 한성대 사학과 박사학위 논문, 2019 참조.

착사업이 획일화된 계획 없이 전쟁기부터 장기적, 전국적으로 실행되어 난민이 경지를 만들고 정착할 수 있는 한 방편이 되었다면, 국토건설사업은 정부가 주도한 장황한 계획과 그 의욕에 비해 실행은 빈약했다는 점이었다.

3장
1960년대 정착사업 확장과
근로사업으로의 흡수

1. 5·16 군정기 난민정착사업 후속 작업과 귀농정착사업

장면 정부는 잉여농산물로 국토건설사업을 추진하고자 했으나 잉여농산물 도입이 지연되고 쿠데타가 발발하며 계획이 중단되었다. 5·16 군사정부는 이 국토건설사업을 이어갔다. 도로, 치수, 도시 토목, 수리, 사방, 조림, 댐 건설, 귀농 정착 및 철거민 정착사업 등으로 실시한 군정의 국토건설사업은 쿠데타 후 도시 깡패나 병역미필자, 실업자를 동원하는 일시적 사업에 그쳤다. 국토건설사업을 경제개발계획과 연계시킨다는 정부의 언급이 있었으나 댐 건설 현장의 도로 이설 작업과 진입 도로 공사, 철도 노반 공사 등 건설 현장에 배치하는 것에 불과했다. 국토건설사업에 의한 국토건설단이 1962년에 해체되며 사업은 종결되었다.[102]

난민정착사업은 잉여농산물 활용을 위해 갑작스럽게 실시했던 국토건

---

[102] 5·16 군정기 국토건설사업의 기획, 진행, 종결 과정에 대해서는 임송자, 「1961년 5·16 이후 국토건설사업과 국토건설단 운영 실태」, 『한국근현대사연구』 67, 2013 참조.

설사업과 다르게 1950년대부터 1960년대까지 지속되었다. 또한 군정은 고아·부랑인을 대상으로 하는 정착사업을 확대했다. 1960년대 전반의 정착사업은 PL 480-2와 PL 480-3, 그리고 유엔세계식량계획(World Food Council: WFC)의 지원으로 실행되었다. 도입될 구호 양곡의 규모는 1964년에 PL 480-3이 94,100톤(양곡 86,000톤, 잡화 8,100톤), PL 480-2가 13,400톤, 유엔세계식량계획이 3,640톤으로 예정되었다. 구호 사업에 사용되는 PL 480-3은 1950년대 이래로 연속하여 정착사업에 활용되었다. 1964년에는 정착 중인 난민에게 29,236톤으로 가장 많은 양이 배정되었다. 뒤를 이어 영세민 22,704톤, 학교 급식 13,422톤, 후생 시설 11,041톤, 보건 시설 8,231톤, 모자 보건 950톤, 급식소 416톤의 순으로 배정되었다.[103]

5·16 군정은 개간을 촉진시키며 식량 생산 확대를 도모했다. 정착사업은 1950년대에 시작되었으나 1960년대에 들어서도 농지 조성이 완료되지 않은 난민정착사업장에서는 개간 작업이 계속 진행되었고, 신규 사업장 역시 조성되었다. 난민정착사업장에서는 1960년대 전반까지 개간과 간척이 이루어졌고 농지 조성 후에는 수로, 저수지 축조 등 농지 개량 작업이 이어졌다.

경기도 부천군 계양면 이화리 난민정착사업장에서는 1962년 6월에 수로 및 양수 시설 준공식이 열렸다. 1953년 11월에 난민이 '자활공생조합'으로 정착해 130여 정보를 개간하고, 1961년 11월에 2.7km의 양수 시설 공사를 시작했던 것이다. 한강수리조합 서부 간선에서 2단으로 물을 끌어올리는 동안, 보건사회부장관, CARE 부총재가 방문하여 시멘트와 원동기, 양수기 등 장비를 원조한 바도 있었다. 개간하는 동안에도 CARE가 옥수수 가루의 원조를 담당했다. 양수 시설은 계양면 선주지리, 양기리, 김포군 고촌면 태

---

103 행정백서편찬위원회, 『행정백서』, 1964. 4. 1, 250쪽.

〈사진 6〉 전국 피난민 정착사업장 대표자 대회
1961년 5월 6일, 전국 피난민 정착사업장 대표자 대회가 열렸다. 사진은 국가기록원 소장(CET0061830).

리까지 몽리(蒙利)하여 200여 정보의 논을 생성할 수 있게 했다.[104]

　새롭게 신설된 난민정착사업장 중에는 난민을 부랑 영세민으로 상정한 곳도 있었다. 경북 경주시의 난민정착사업장은 1964년 6월에 "인구 증가율에 따라 부랑 영세민이 속출하고 있으므로 유휴 국공유지에 시내 부랑 영세민을 정착시켜 영농 자활토록 함"을 그 목적으로 했다. 성동리, 성건리의 북천에 제방 공사로 발생한 하천 부지 약 19,000평을 정착 지역으로 하여 시

---

104 「시멘트 등 원조 계양 난민정착장에」, 『경향신문』 1962. 3. 25; 「희망은 흐른다… 수로 2,700미터 이화리 난민들의 여덟 달 피땀 담고」, 『동아일보』 1962. 6. 14.

〈사진 7〉 피난민 정착사업장 대표들의 성명을 청취하는 윤보선 대통령
1961년 5월 10일, 윤보선 대통령이 전국 피난민 정착사업장 대표자 공동성명 발표를
청취하고 있다. 사진은 국가기록원 소장(CET0028251).

내 부랑 영세민 10세대를 영농하게 한다는 사업이었다.[105]

1961년 시점에는 전남의 대부분 지역에서 난민정착사업이 지속되고 있
었다(〈표 2-14〉). 도 당국의 조사에 따르면 목포, 여수, 순천, 강진, 여천, 완도를
제외하고 19개 시군에 163개 사업장이 건설되고 7,639세대 40,300명이 사업
에 참여했다. 시군별로는 장흥의 22개 사업장에 1,858세대가 정착했고, 구례
는 18개 사업장 857세대, 영암은 9개 사업장 736세대, 함평은 21개 사업장

---

105 경상북도 경주시 총무국 회계과, 「난민정착사업계획서」(1964. 6. 15), 『중요재산관계철』(국
가기록원 BA0047434).

<표 2-14> 전라남도 난민정착사업 현황(1961. 5. 30)

시군	사업장	현세대	현인원	주택 건설 (단위: 세대)				사업 방식(단위: 정보)														
				배정	준공	미준공	통상입주세대	농지 개간			간척지 매립			염전 개발			석화 양식			계		
								계획	진척	미개간	계획	진척	미완성	계획	진척	미개발	계획	진척	미완성	계획	진척	미완성
광주	7	335	1,759	443	343	100	343	204	10	194										204	10	194
목포																				0	0	0
여수																				0	0	0
순천																				0	0	0
광산	2	50	382	50	50		50	22	8.5	13.5										22	8.5	13.5
담양	2	60	405	60	60		60	1.2	1	0.2										1.2	1	0.2
곡성	6	191	1,230	170	170		170	155	129	26										155	129	26
구례	18	857	4,424	488	488		488	506	500	6										506	500	6
광양	11	468	2,872	380	380		467	295	295	0	165.3	17.3	148				27	8.3	18.1	487	320.3	166.1
여천																				0	0	0
승주	7	367	2,283	227	227		227	262	232	30	15	3	12							277	235	42
고흥	5	200	1,300	175	157	18	152	89	82	7										89	82	7
보성	5	138	735	150	138	12	138	54	54	0	60	59	1							114	113	1
화순	6	259	1,324	180	173	7	173	126	108	18										126	108	18
장흥	22	1,858	9,623	766	766		606	529	323	206	107	107	0							636	430	206
강진																				0	0	0
해남	12	510	3,088	465	465		465	304	147	157				123	49	74				427	195.6	231.4
영암	9	736	2,719	581	581		581	420	420	0	135.8	131.8	4	4.6	4.6	0				560.6	556.6	4
무안	15	260	1,102	380	380		307	240	133	107	15	8.9	6.1							255	142	113
나주	3	207	1,018	127	127		187	155	56	99										155	56	99
함평	21	650	3,327	652	652		652	576	576	0							16	10	6	592	586	6
영광	6	246	1,395	140	125	15	251	259	136	123				58	35	23				317	171	146
장성	4	79	434	51	51		81	34	29	5										34	29	5
완도																				0	0	0
진도	2	168	880	168	142	26	142	30	18	12	118	95	23							148	113	35
계	163	7,639	40,300	5,653	5,475	178	5,540	4,261	3,257	1,004	616.1	422	194.1	185.6	88.6	97	43	18.3	24.1	5,105.8	3,786	1,319.2

* 출전: 전남 보건사회국장, 〈난민정착사업 현황표〉, 「난민정착사업 촉진」(1961. 11. 21), 전남 화순군 사회복지과, 『난민정착사업관계철』, 1961(국가기록원 BA0052447).

650세대로 4개 군이 전남 전체 사업의 약 54%를 차지했다.[106] 특히 장흥에서는 전쟁기 월남민의 피난으로부터 시작하여 1960년대 후반까지 정착 및 자조 사업이 지속되었다.

사업장 내 주택은 현 세대의 74%가 배정된 가운데 대다수가 입주했다. 사업 방식별 비중(면적)은 농지 개간이 83.4%로 압도적이었고, 간척지 매립 12%, 염전 개발 3.7%, 석화 양식이 0.9%로 농지 개간을 제외한 방식은 일부 군에서 이루어졌다.[107]

5·16 군정은 1961년 국토건설사업의 부문으로 귀농정착사업과 철거민 정착사업을 실시했다.[108] 귀농정착사업은 도시 토목 사업과 함께 '긴급 실업 대책'으로 나왔다. 1960년 말에 전국의 실업자는 약 280만 명으로 추산되었고, 정부는 실업 대책을 국가 경제의 중대한 과업으로 강조했다. 이때 긴급 실업 대책은 도시에서 토목 사업을 시행하고 농촌에서 귀농정착사업을 실시하는 것이었다. 귀농정착사업은 "완경의 임지(林地)나 황무지를 개간하여서 경지 확장과 식량 증산을 도모하는 동시에 도시에 운집하여 있는 실업 세대를 지방으로 분산하여 정착케 하는" 목적이었다. 귀농정착사업의 예산

---

106 전남 보건사회국장, '난민정착사업 현황표', 「난민정착사업 촉진」(1961. 11. 21), 전남 화순군 사회복지과, 『난민정착사업관계철』, 1961(국가기록원 BA0052447).

107 전라남도에서는 1961년 5월에 난민정착사업 현황 조사를 실시했고, 11월에도 "사업의 실태를 정확히 파악하여 미진한 사업이 조속 완성되도록 적극 추진한다"는 목적으로 각 군에 사업장 현황 조사를 지시했다. 전라남도 보건사회국장, 「난민정착사업 촉진」(1961. 11. 21), 전남 화순군 사회복지과, 『난민정착사업관계철』, 1961(국가기록원 BA0052447).

108 철거민 정착사업은 1건으로 서울시가 시행한 영등포구 구로동 공영 및 간이주택 건설이었다. 10만 평 군용지에 공영주택 600동 1,200가구, 간이주택 275동 1,100가구가 입주하게 되었는데, 월세로 15년간 상환하면 자가가 되는 방식이었다. 국토건설청, 『국토건설연감(1961년판)』, 1962. 4. 1, 119쪽; 「영세민의 보금자리」, 『경향신문』 1961. 12. 11.

은 국토건설사업 예산 중에서 12억 7천만 환을 충당했다.[109]

귀농정착사업은 서울에서 희망자를 모집하여 선정 과정을 거쳐 정해진 지구로 귀농 및 정착시키는 사업이었다.[110] 서울시는 1961년 7월 23일부터 26일까지 각 구청의 사회과를 통해 귀농정착사업 종사 신고서, 세대주 사진, 기류 등본으로 신청을 받았다. 농림부는 8월 9일에 각 시도 농지개량과장과 건축기술직원 연석회의를 개최하여 "사업 추진에 있어서 보건사회부 주관하의 주택 건축 및 방역, 용지 매수, 토지 배분 계획, 농기구 알선, 수송 계획 및 개간 작업 등에 각별히 유의"하도록 지시했다. 이렇게 계획된 귀농정착사업에 6천여 세대가 신청했고 1,228세대가 선정되어 7,188명이 12개 지역 24개 지구로 떠났다. '실업 세대'가 3,163세대 중 673세대, '철거 난민'이 489세대 중 350세대, '의거 월남민'이 신청한 203세대 전원, 기타 2세대가 선정되었다.[111]

정부는 "신원이 확실하고 품행이 방정하며 가능한 한 노동 인원이 있는 세대"를 위주로 선정했으며 시·도민증이 없는 자, 병역미필자는 제외했다고 밝혔다. 사업장 대지는 전국 각도 사회과와 농지개량과에서 선정하도록

---

109 충청남도 농정국 농업정책과, 「귀농정착사업촉진회 농림부장관 훈시」(1961. 9. 29), 『개간사업 귀농정착』(국가기록원 BA0161352).

110 임송자는 귀농정착사업이 장면 정부의 계획에 없다가 새로 신설되어 걸인과 부랑인을 동원했던 것으로 추정했으나 사실과 다르다. 임송자, 「1961년 5·16 이후 국토건설사업과 국토건설단 운영 실태」, 『한국근현대사연구』 67, 2013, 906쪽.

111 「협업농장 및 개간·간척농장 실태조사보고」, 『농협조사월보』 77, 1963, 28쪽; 「박 의장 당면한 경제 시책을 발표」, 『동아일보』 1961. 7. 17; 「시서 귀농정착사업을 계획 천2백 세대 선발」, 『경향신문』 1961. 7. 22; 「시서 귀농정착사업을 계획 천2백 세대 선발」, 『동아일보』 1961. 7. 23; 「6천여 세대가 귀농 정착 희망」, 『동아일보』 1961. 7. 28; 「귀농 희망 천2백28세대 선정 월내로 25개 지구」, 『경향신문』 1961. 8. 8; 「귀농정착사업 지시 사항 시달」, 『경향신문』 1961. 8. 9; 「시 공관서 '귀농정착민' 환송식」, 『동아일보』 1961. 8. 20; 『경향신문』 1963. 6. 19.

〈사진 8〉 사업장으로 떠나는 귀농정착민들
1961년 8월 21일, 각지의 사업장으로 떠나는 귀농정착민들의 모습이다. 사진은 국가기록원 소장(CET0043679).

했다.[112]

　선정된 세대는 10일분의 양곡을 받아서 열차, 버스로 현지에 보내졌다. 개인마다 휴대할 수 있는 행리(行裝)는 5개로 제한하고, 최소한의 장유(醬油) 및 취사 도구만 가져가도록 제한했다. 정부는 '수송'을 위해 사회과 직원, 농지개량과, 정착 지역 군 직원 등 3명의 인솔자를 두었다. 〈표 2-15〉와 같이 버스 동원에서는 군(軍)이 큰 비중을 차지했다.[113]

112　국토건설청, 『국토건설연감(1961년판)』, 1962. 4. 1, 118~119쪽.

113　충청남도 농정국 농업정책과, 「개간에 의한 귀농정착민 수송에 관한 건」(1961. 8. 11), 『개간 사업 귀농정착』, 1961(국가기록원 BA0161352).

〈표 2-15〉 귀농정착민 철도 및 자동차 수송 계획

도	군	지구명	출발 일자	열차 출발지 (환승지)	열차 도착, 버스 출발지	버스 동원책
경기	평택	동삭	8.21		서울시청 앞	수색 30예비사단
		남산	〃		〃	〃
		현덕	8.23		〃	〃
	포천	용정	〃		〃	〃
충북	진천	덕산	8.22	용산역	조치원	조치원 32예비사단
	청원	북일	8.21	용산역 (조치원역)	청주역	도에서 수송
충남	예산	신암	8.21	용산역 (천안역)	예산역	대전 3관구
		오가	〃	〃	〃	도에서 수송
		삽교 1	〃	〃	삽교역	도보
		삽교 2	〃	〃	〃	도보
		고덕	〃	〃	예산역	대전 3관구
	서산	태안	8.22	〃	홍성역	〃
		고북 1	〃	〃	〃	〃
		고북 2	〃	〃	〃	〃
전북	부안	보안	8.22	용산역 (대천역)	정읍역	35예비사단
전남	영광	백수	8.23	〃	송정리역	광주 31예비사단
		군서	8.24	〃	〃	〃
경북	군위	고로	8.22	용산역 (대구역)	신령역	50예비사단
	월성	산내	8.23	〃	경주역	〃
경남	동래	동래		용산역	부산진역	도에서 수송
	양산	태상		〃	〃	창녕 39예비사단
		동면		〃	〃	〃
강원	양양	토성		청량리역	춘천역	원주 38예비사단
	고성	간성				

* 출전: 〈귀농정착민 철도 및 자동차 수송 계획표〉, 충청남도 농정국 농업정책과, 「개간에 의한 귀농정착민 수송에 관한 건」(1961. 8. 11), 『개간사업 귀농정착』, 1961(국가기록원 BA0161352).

농림부는 귀농정착사업의 세부적인 계획을 작성했는데, 개간은 1961년 당해에 완수해야 하고, 가능한 한 정착민의 노력으로 실시한다, 노력이 부족할 때는 정착민 5세대당 농우 1두, 쟁기 1대씩을 배치한다고 덧붙였다. 주택건축은 당해 10월 말까지 끝내는 것으로 하고, 월동대책은 인근 마을 및 공사장 등에서 일하고 노임을 받거나 입직기 및 제승기[114]를 매각하여 소득을 얻도록 한다고 했다. 연료는 현지에서 자력으로 조달해야 했다. 개간과 동시에 파종해서 1962년 봄부터 영농을 실시하는 것으로 계획하고 필요한 자금은 융자한다는 계획이었다. 이상과 같은 사업계획의 전반적인 기조는 정착민과 현지 지역의 '자력'을 최대한 활용한다는 것을 전제로 했다.[115]

계획에 따라 사업 지구별로 배정된 영농자금, 종자 및 비료 배정 현황은 〈표 2-16〉과 같다. 농림부는 확보된 자금을 조속히 사용하도록 조치하라고 각 도에 지시했다.[116]

1961년 8월에 시작된 귀농정착사업은 계획대로 추진되어 이듬해 11월에 전남의 방조제 공사를 제외하고 22개 지구가 완료되어 93.8%의 실적을 거두었다고 보도되었다.[117] 공보부가 쿠데타 1주년에 발간한 『혁명정부 1년간의 업적』은 1961년 12월 31일을 기준으로 개간, 주택, 농우 세 항목에 대해서만 그 실적이 각각 90%, 100%, 90.6%라고 기록했다. 그런데 〈표 2-17〉의 같은 달 5일 기준의 기록을 보면, 조사 항목에 공사비, 용지 매수와 농기계류(가

---

114   입직기(叺織機)는 가마니를 짜는 기계, 제승기(製繩機)는 새끼틀을 말한다.

115   충청남도 농정국 농업정책과, 「귀농정착사업촉진회 지시사항」(1961. 9. 29), 『개간사업 귀농정착』, 1961(국가기록원 BA0161351).

116   충청남도 농정국 농업정책과, 「귀농정착사업 영농자금 융자에 관한 건」(1961. 10. 13), 『개간사업 귀농정착』, 1961(국가기록원 BA0161351).

117   「귀농정착사업 94% 진척」, 『경향신문』 1962. 11. 26.

<표 2-16> 귀농정착사업장 물자 배정 현황

지역			세대 (호)	영농자금 융자(환)	종자(석)			비료		
도	군	지구명			대맥	소맥	호맥	석회	과석	유안
경기	평택	동삭	16				22	10,400		
		남산	25				8	4,000		
		현덕	110				25	17,600		
	포천	용정	50				4	8,000		
		소계 4	250	12,500,000			59	40,000		
충북	진천	덕산	50			15		72,000	2,100	750
	청원	북일	25		0.83	1.87	0.83	1,680	1,260	210
		소계 2	75	3,750,000	0.83	16.87	0.83	8,880	3,360	960
충남	예산	신암	40				25.60	5,120	1,536	3,072
		고덕	34				21.40	6,420	1,284	2,568
		삽교 1	14				0.96	1,920	576	1,152
		삽교 2	12							
		오가	21				12.60	3,780	756	1,512
	서산	태안	28				14	4,200	140	1,680
		고북 1	50				25	7,500	250	3,000
		고북 2	34				17	5,100	170	2,040
		소계 8	233	11,650,000			116.56	37,820	7,902	15,024
전북	부안	보안	50	2,500,000	12.50	3.75	12.50	120,000	8,640	800
전남	영광	백수	141							
		군서	50				5	200,250	1,200	700
		소계 2	191	9,550,000			5	200,250	1,200	700
경북	군위	고로	95		8					
	월성	산내	50							
		소계 2	145	7,250,000	8					
경남	동래	동래	45			2.50	5	2,800	2,000	2,000
	양산	태상	63		0.60	0.50	15	15,000	3,000	3,000
		동면	25							
		소계 3	133	6,650,000	0.60	3	20	17,800	4,850	5,000
강원	양양	토성	118			3.50	17.04	0.50	768	1,920	576
	고성	간성	33							
		소계 2	151	7,550,000	3.50	17.04	3.50	768	1,920	576
합계 14	24		1,228	53,850,000	25.43	40.66	217.39	421,738	24,682	23,060

* 출전: 충청남도 농정국 농업정책과, 「귀농정착사업 영농자금 융자에 관한 건」, 1961. 10. 13, 『개간사업 귀농정착』, 1961(국가기록원 BA0161351).

<표 2-17> 귀농정착사업 계획과 실행(1961. 12. 5)

지역	지구	세대	개간 면적			공사비		주택			용지 매수	
			계획	실적	비율	예산액	실행	계획	실행	비율	계획	매수
			정보		%	천 환		호		%	천 환	
서울	-	-										
경기	4	250	502	502	100	244,788	132,501	250	280	100	118,520	48,343
충북	2	75	150	143.6	95.6	62,252	21,731	75	75	100	22,080	5,843
충남	8	233	462	404	87.4	184,728	95,088	233	233	100	75,258	29,633
전북	1	50	100	90.2	90	41,512	23,944	50	42	84	15,000	10,982
전남	2	191	350	135.5	38.7	121,802	37,040	191	150	78	9,365	9,365
경북	2	145	290	246	88	97,812	31,886	145	142	98	28,012	28,012
경남	3	133	266	266	100	96,046	42,312	133	133	100	33,120	33,120
강원	2	151	286	195.6	68.4	108,551	79,831	151	149	98	32,700	32,700
제주	-	-										
계	24	1,228	2,406	1,982.6	82.4	957,600	464,383	1,228	1,179	96	334,024	148,402

지역	농우		입직기		제승기		보습	
	계획	구입	계획	구입	계획	구입	계획	구입
	두		대		대		대	
서울								
경기	50	48	246	-	4	-	50	-
충북	15	15	73	-	2	-	15	-
충남	47	18	225	-	8	-	47	-
전북	10	20	49	-	1	-	10	-
전남	38	27	189	-	2	-	38	-
경북	29	-	143	-	2	-	29	-
경남	27	27	130	-	3	-	27	-
강원	30	30	149	-	2	-	30	-
제주								
계	246	185	1,204	-	24	-	246	-

* 출전: 「歸農定着推進狀況表」, 公報部, 『革命政府 7個月間의 業績』, 1962. 7, 108쪽.

마니 짜는 기계, 새끼틀, 보습)가 있다. 항목별 계획 대비 실행 비율은 각각 48.5%, 44.4%, 0%로 개간, 주택, 농우에 비해 저조하다.

정부는 월말에 성과가 어떻게 변화되었는지 이후에는 그 기록을 누락했다. 사업이 시작되고 4개월 동안 사업장의 공사비는 부족했고, 개간이 완료된 토지도 정부가 계획대로 매수하지 않았음을 알 수 있다. 옷감을 짜거나 농사를 짓는 데 필요한 기계는 공급되지 않았다. 또한 〈표 2-17〉에서 개간 면적 실적을 보면 8월 초반 귀농정착사업이 시작된 후 4개월 만에 평균 80% 가 개간되었음을 알 수 있다. 12월 말 90% 개간을 완료했다는 『혁명정부 1년 간의 업적』 기록과 비교한다면, 12월 중에도 20여 일 만에 전체 면적의 8% 정도가 개간되었다. 개간은 서울에서 이주하여 정착하게 될 사람들이 직접 했고, 한겨울에도 계속되었다.[118]

귀농정착사업에 의해 농촌에 가게 된 사람들은 누구였을까. 전북 부안군 보안면 사업장 귀농민 50세대의 출신 지역은 전북 43, 전남 2, 함남 3, 경남 2세대로 전북 출신자가 압도적으로 많았다.[119] 〈표 2-18〉과 같이 전남 영광군 군서, 백수 사업장도 전북, 전남 지역 출신이 대부분이었다.[120] 경북 군위군 고로면 사업장에 갔던 구술자 서선열도 경북 상주 출신이었고, 그에 따르면 북한 출신도 꽤 있었다고 한다.[121] 귀농민은 지방 출신으로서 1961년 당시에 서울에 살고 있다가 정착사업에 참여하며 고향이나 고향 인근 지역으로 돌

---

118 「새 땅의 개척자 귀농정착민」, 『경향신문』 1963. 6. 19.

119 농림수산부 농어촌개발국 조성과, 「전라북도 부안군 보안면 귀농 개간 사업 현황」(1962. 2. 22), 『귀농정착관계철』, 1961~1963(국가기록원 BA0132517).

120 충청남도 서산시 건설도시국 건설과, 「전라남도 영광군 귀농정착사업계획」(1961. 9), 『귀농정착』(국가기록원 BA0057750).

121 OH_14_006_서선열_006.

190 난민, 경계의 삶―1945~60년대 농촌정착사업으로 본 한국사회

〈표 2-18〉 전남 영광군 귀농정착사업장 배정자의 출신 지역

(단위: 세대)

구분	배정세대	출신 지역									
		서울	평남	경남	경북	충남	충북	전남	전북	강원	제주
군서	50	2		2	1	1	2	4	34	1	1
백수	141	1	2	3				127	6	1	
합계	191	3	2	5	1	1	2	131	40	2	1

* 출전: 농림수산부 농어촌개발국 조성과, 「전라북도 부안군 보안면 귀농 개간 사업 현황」, 1962.2.22, 『귀농정착관계철』, 1961~1963(국가기록원 BA0132517).

아가는 경우가 많았던 것이다.

1960년대 전반은 개간과 간척이 권장되던 시기였다. 정부는 1962년 2월에 "농업 생산력의 증강과 농가 경제의 안정을 기하기 위하여 개간을 촉진"한다는 목적으로 '개간촉진법'을 제정했다. 이 법은 개간할 수 있는 토지를 미간지(未墾地)로 설정하고 사유 미간지(공유지 포함)와 국유 미간지를 경작할 수 있는 토지(농지)로 조성하거나 그 부대 시설을 설치·변경하는 것을 촉진하는 규정이었다. 개간을 일반 개간과 특별 개간으로 구별하여 일반 개간은 도지사의 권한으로 개간에 적합한 토지를 조사 결정하고, 사유 미간지는 토지 소유자에게 우선 허가하되 그 외 정부에서 매수한 사유 미간지나 국유 미간지는 1호당 2정보의 범위 내에서 영세농가, 일반농가, 기타 영농 능력이 있는 자의 순위로 개간을 허가했다. 특별 개간은 대규모로 개간을 희망하는 자의 신청에 의하여 농림부장관이 개간에 적합한 토지인지 여부를 결정하고 토지 소유자나 신청자에게 개간을 허가하도록 규정했다. 그리고 정부가 매수하는 사유토지의 대가는 5년간 균분 상환하며 개간을 완료한 국유지의 대가는 개간 준공 허가를 받은 다음 해부터 5년을 거치한 후 10년간 균분 상환하도록 했다. 개간 농지에 대해서는 등록세 및 부동산취득세를 면제하고

준공 허가를 받은 후 20년간은 농지세를 면제하도록 정했다.[122]

또한 이 법은 1963년 8월 14일자로 개정되어 개간 예정지 외의 미개간지에 대해서도 1단지 30정보 미만의 국유 또는 자기 소유 토지가 적지로 인정될 경우에는 개간할 수 있게 했고, 국공유지는 개간 준공과 동시에 국가가 개간자에게 매도함으로써 그 소유권을 인정하도록 했다. 그 후에도 시행령을 개정하여 개간 조건을 대폭 완화했다.[123]

난민정착사업이 지속되고 정부가 귀농정착사업을 실시하는 가운데 정부의 정책적 지원에 힘입어 다양한 형태의 개간과 간척이 활발히 이루어졌다. 리동조합의 공동 개간, 고용 계약에 의한 개간, 합자회사를 통한 공동 개간 등의 방식이 있었다. 협업농장이라고도 불리는 '개척모범농장'은 1963년 4월 초 전국 5개 지역에 만들어졌는데, 영세농가 육성과 난민정착사업이 겸해진 것이었다.[124]

농림부의 실적 보고에 따르면, 1946년부터 1963년까지의 개간 사업은 보조금 447,175천 원을 투입하여 9,082지구, 30,863정보에서 이루어졌고, 이 기간 동안 준공 실적을 100% 달성하여 계획 전량을 실현했다. 특히 개간촉진법 제정·공포 이후 개간 사업을 통한 농지 확장은 1962, 63년에 농지개량사업계획에서 계상한 계획량을 약 2배 이상 달성할 수 있었다.[125]

---

122 개간이 가능한 토지는 황무지, 초생지(草生地), 소택지(沼澤地), 폐염전 또는 임야였다. 「개간촉진법」(법률 제1028호), 시행 1962. 2. 15, 제정 1962. 2. 22.

123 「개간촉진법」(법률 제1392호), 시행 1962. 8. 14, 일부 개정 1963. 8. 14; 「개간촉진법시행령」(각령 제1607호), 시행 1963. 10. 23, 일부 개정 1963. 10. 23.

124 농협중앙회에서 조사한 「협업농장 및 개간—간척 농장 실태 조사 보고」, 『농협조사월보』 77, 1963, 28쪽의 구분을 참고했으나 한정된 농장을 대상으로 한 것이며 형태가 중복될 수 있다. 「개척모범농장을 육성」, 『경향신문』 1963. 5. 4.

125 농림부, 『한국농정이십년사』, 1965, 113쪽.

2. 1960년대 전반 고아·부랑인 자활정착사업 동원

1960년대 전반 분단과 전쟁에 의한 '체제형' 난민이 어느 정도 정착해갈 무렵, 실업자, 고아, 부랑인 등 '사회형' 난민이 정착사업의 대상으로 포착되기 시작했다. 난민정착사업이 1960년대 전반까지 지속되는 가운데, 5·16 군사정부는 도시민의 귀농정착사업 외에도 정착사업의 새로운 대상자를 설정하고 이를 '자활정착사업'이라고 불렀다. 자활정착사업은 '개척단', '자활단' 등 다양한 명칭의 조직으로 실행되었다. 정부는 그 대상자가 고아 및 부랑인, 한센인이라고 했지만, 실제로는 여기에 해당하지 않는 사람들도 많았던 것으로 밝혀지고 있다. 정부는 경찰을 동원한 단속을 실시하여 대상자를 징집하고, 토지 알선과 예산 지원으로 사업장을 운영할 수 있게 했다. 실제 운영 과정에서는 민간 단체나 개인을 활용했다. 자활정착사업은 동원된 사람들에게 강제로 개간이나 간척 작업을 시켜 농지를 조성하고 그들을 현지에 정착시켜 자활하게 한다는 목표로 추진되었다.

5·16 군정은 '혁명공약' 3항에서 "사회의 부패(腐敗)와 구악(舊惡)을 일소"한다고 내세웠다. 그에 따라 부랑인을 강력하게 단속하고 정착사업에 동원하는 것은 쿠데타 직후부터 적극적으로 실시한 정책이었다. 정부는 자활정착사업에 대해 다음과 같이 정의했다.

거리를 방황하며 각종 사회악을 조성하는 무의무탁한 부랑인과 시설 수용아 중 연장 고아 또는 나병 완치자 등에 대한 개간 정착으로 그들의 항구적 자립 자활을 촉진하고 유휴 농경지를 개척하려는 자활정착사업[126]

---

[126] 행정백서편찬위원회, 『행정백서』, 1964, 250~251쪽.

군정은 부랑인 단속을 정권의 뛰어난 업적으로 평가했다. 국가재건최고회의가 처음으로 모든 국정 분야의 성과를 정리한 『혁명정부 7개월간의 업적』은 "우범지대의 단속"을 사회 분야의 첫 번째 업적으로 꼽았다.[127] 군정은 단속하는 부랑인의 숫자와 부랑인의 감소를 사회문제 해결의 척도로 여겼다.

부랑인 대책은 쿠데타로 집권한 정부가 사회적으로 정당성을 확보할 수 있는 중요한 수단이었다. 1962년에 쿠데타 1년을 맞아서 언론사가 낸 「시정비판」은 이를 "무엇보다도 뚜렷이 나타나고 업적이 크며 국민들의 이목에 '아필'된 공적으로 사회 전반에 걸친 시정(是正)"이라고 평가했다. 당시 언론이 "소매치기, 부랑아, 강력범의 강력 단속과 소년 걸인 등의 수용으로 사회가 질서를 유지해간다"고 평가했던 것처럼, 자활정착사업은 긍정적인 사업으로 여겨졌다.[128]

『행정백서』에 따르면 사업은 명시적으로 부랑아 및 연장아(연령이 높은 고아), 한센병 환자를 대상으로 했고, 통계상 1964년까지 그 총수는 8,080명이었다. 이들이 개간한 토지는 총 1억 6천 521만 평에 이를 정도로 대규모였다. 1960년대 전체로 보면 그 인원과 면적은 더욱 커진다.

자활정착사업은 한 번에 정부 지시나 정책이 나왔던 것이 아니기 때문에, 사업장의 위치나 지역별 인원 등을 모두 파악할 수 없는 실정이다. 현재까지 잘 알려진 지역은 충남 서산, 전남 장흥, 전남 오마도이지만 전국 각지에 사업장이 있었던 것이 확인된다.

군사정부는 도시의 인구 과잉 문제를 완화하고 사회문제로 여겨지는 대

---

127 공보부, 『혁명정부 7개월간의 업적』, 1962. 1, 목차.

128 「혁명 1년의 시정비판 (6) 사회」, 『경향신문』, 1962. 5. 12.

<표 2-19> 1961~64년 자활정착사업 현황

구분		인원	개간 면적
부랑아 및 연장아		5,090명 (63%)	3,656정보(66.4%)
한센병 완치자	일반	1,840명 (22.7%)	773정보(14%)
	오마도	1,150명 (14.3%)	1,078정보(19.6%)
	계	2,990명 (37%)	-
총		8,080명 (100%)	5,507정보=54.61km²=165,210,000평

* 출처: 행정백서편찬위원회, 『행정백서』, 1964, 251쪽.

상을 격리할 방법으로 정착사업을 택했다. 그러나 귀농정착사업은 부족한 비용과 열악한 환경으로 인해 단 1회 실시한 것에 그쳤다. 자활정착사업은 특정 사람들을 사회로부터 배제하는 것에 중점을 두었고, 사업 후 이들의 노동은 대가를 받지 못했다.

고아와 부랑아[129]는 1950년대에 정부가 정착사업을 실시하기 이전부터 독자적인 정책을 마련한 대상이었다. 한국에서 가장 먼저 활동이 본격화된 사회사업 분야가 바로 아동 구호(복지) 문제였고, 이는 고아와 부랑아 대책에 서부터 시작되었다.[130] 고아와 부랑아는 1952년에 약 21만 명으로 파악되었다.[131]

---

129 1950년대에 고아는 가족이 없거나 찾을 수 없어서 시설에 수용되거나 거처가 없는 아동을 의미했고, 부랑아는 가족과 동거하지 않고 대체로 거리에서 생활하는 아동을 가리켰다. 연령대는 시기별로 차이가 있는데 1960년대에는 20대, 30대까지 포함하여 아동은 아니지만 여전히 '청소년'으로 칭해졌다. 이 책의 <표 4-1> 참조.

130 1950~60년대 전반 아동 복지에 대해서는 김아람, 「5·16 군정기 사회정책―아동 복지와 '부랑아' 대책의 성격」, 『역사와현실』 82, 2011 참조.

131 그중 시설에 수용된 아동이 1953년 10월에 4만 5천여 명, 미수용 아동이 5만 5천여 명에 달한다고 파악되었고, 1956년부터 1959년까지 5만여 명이 시설에서 보호를 받았다. 「전재고아 21만」, 『경향신문』 1952. 2. 17; 보건사회부, 「영육아원 수용자 동태표」, 「신체장해아 수용자

부랑아 문제는 1950년대 정부의 중요한 보건사회 정책 중 하나였다. 1956년에는 '부랑아 근절책'을 마련하기 위해 보건사회부, 내무부, 법무부가 협의한 바 있었다. 정부는 부랑아의 수가 감소하지 않으며 이들이 이동하면서 "배후자들의 조종을 받아 부랑 행위가 상습화"된다고 보았다. 부랑아가 "사회악을 조성"한다는 것이 정부의 입장이었다.[132] 1950년대 정부의 이러한 인식에 따라 부랑아는 단속된 후 연고지에 보내지거나 시설에 수용되었다. 장면 정부는 수용소를 일시적으로 활용하고 사후 조치로 취업 알선, 군 복무, 입양 촉구, 연고자 모색 등의 대책을 내놓았다.[133]

5·16쿠데타 이후 고아의 연령은 더욱 높아지고, 부랑아도 감소하지 않았다.[134] 군사정부는 부랑아를 단속하여 '사회의 명랑화'와 질서 유지를 도모한다고 자평했다.[135] 단속된 아동 수는 곧 사회가 '정화'되는 수치를 상징하는 것처럼 정부와 경찰에 의해 홍보되었고, 언론도 이에 적극 호응했다.[136]

동태표」, 『보건사회통계연보』, 1959, 398~399쪽, 400~401쪽.

132 보건사회부, 「국무회의 부의안(附議案)—부랑아 보호책 확립의 건」(1958. 11. 17).

133 보건사회부, 『부랑아 보호 선도 사업 계획』, 1961; 「부랑아 보호 선도 실무자회의개최」, 『동아일보』 1961. 2. 7.

134 1961년 8월 보건사회부장관 정희섭의 보고에 따르면, 전국적으로 시설에 있는 아동의 수는 남자 40,530명, 여자 22,077명으로 합계 62,607명이고 연령은 1세~19세 이상까지 있으며 17세 이상은 8,000명 정도로 대학에도 285명이 있었다. 고아 보호를 위한 예산은 국고에서 10억 원(28%), 외국 원조 18억 원(46%), 자체 9억 원(21%), 기타 6억 원(14%)으로 외원의 비중이 월등히 높았고, 수용소는 국립이 12개소, 법인 449개소, 사설 인가 120개소로 약 절반의 아동을 외원 기관이 보호 중이었다. 시설 아동 수는 1959년 조사 통계의 5만여 명에 비해 더욱 증가한 수치였다. 국가재건최고회의, 『국가재건최고회의 상임위원회의 회의록』 제36호, 1961. 8. 25.

135 공보부, 『혁명정부 7개월간의 업적』, 1962. 1, 136쪽.

136 「부랑아 4백74명 시경서 적발 선도」, 『경향신문』 1961. 7. 21; 「거리의 부랑아 4백19명 적발」, 『경향신문』 1961. 11. 1; 「지저분한 인상 일소」, 『동아일보』 1962. 4. 17; 「부랑아 일제단속」, 『동

〈표 2-20〉 부랑아 단속 및 조치 상황(1960~1970)

(단위: 명)

연도	단속 인원	부랑아보호소 수용 인원	귀가 및 연고지 이송	일반 시설 전원	특수 시설 전원	교호소 이송	정착지	입양 위탁	기타
1960		3,090							
1961		9,163							
1962	18,323	12,761	3,126	1,478	478		229	42	209
1963	19,451	12,259	4,864	907	306	35	675	17	388
1964	29,682	14,571	11,223	1,439	856	-	416	59	1,118
1965	25,599	10,647	11,791	1,630	732	27	56	95	621
1966	21,612	12,636	6,726	923	361	73	73	90	730
1967	19,267	12,138	5,686	798	78	111	7	76	373
1968	16,498	13,599	4,748	480	110	-	7	60	494
1969	19,883	11,896	6,519	537	49	15	37	85	745
1970	21,187	12,127	6,801	898	236	47	34	100	944

* 출전: 「부랑아 수용 보호 상황표」, 『보건사회통계연보』, 1961, 345~346쪽; 「부랑아 단속 및 조치 상황표」, 『보건사회통계연보』, 1970, 300~301쪽.

부랑인의 '일소'는 정부가 세운 중요 사회정책 목표의 하나였고, 그만큼 부랑인들을 강하게 단속했다. 동절기를 앞두고 해마다 하는 행사의 하나가 부랑인 일소 운동이었다.[137]

　〈표 2-20〉에서와 같이 단속된 아동 중 상당수가 서울시립아동보호소 등 보호소에 수용되었고, 집이나 연고지로 보내지기도 했다. 수용소가 아닌 일반 육아 시설이나 특수 시설(감화원, 불구, 정신박약 아동 시설)로 분산시키기도 했다. 통계상 정착지로 보내진 수는 많지 않지만, 정착사업은 공식적인 단속을 통해서만 이루어진 것이 아니기 때문에 실제로는 훨씬 더 많았다.

　1950~60년대 전반 고아 및 부랑아 대책은 정부가 주도하는 각종 국민운

아일보』 1962. 8. 19; 「부랑아와 걸인 4백59명 적발」, 『경향신문』 1963. 7. 20.

137 　김구현, 「부랑아에 관한 연구」, 내무부 치안국, 『경찰』, 1963. 11, 49쪽.

동과 민간 위주의 시설 수용이었다. 아동 구호를 중심으로 사회사업이 점차 확대되었으나 시설의 상황은 열악했고, 보호보다 수용과 통제 위주였다.[138] 5·16 군정은 부랑아 단속을 확대하여 도시에서 이들을 배제하고자 했다. 그 후속 조치는 귀가시키거나 각종 시설에 수용하는 것이 주를 이루어왔는데, 이제 정착사업이 새로운 방안으로 대두된 것이다.

하지만 이미 장면 정부 시기에도 정부와 민간에서 부랑아를 '개척단'으로 조직하여 정착사업에 투입하고 있었다. 정부는 부랑아가 산업 발전과 재건의 주체가 되어야 한다고 요구했다. "국토가 그들을 부르고" 있으니 "개척의 터전으로 총진군하라"는 것이었다. 사업을 시행하고 물자를 지원하는 단장과 '대한부랑대책위원회' 등 단체는 정부의 정책에 적극적으로 협조하는 동시에 자체적으로 단원들을 모아 보냈다.[139]

부랑아 개척단을 활발히 조직한 인물이 김춘삼(金春三)이었다. 김춘삼은 해방 후 부산의 깡패에게 날치기한 돈을 가지고 전국 10여 곳에 '합심원'이라는 고아원을 설립한 후, 1950년대에 '거지왕'으로 활동한 인물이다.[140] 그는 합심원을 '한국합심자활개척단'으로 재편하여 강원도 대관령 지역을 개간한 후 그곳에 정착하도록 했다. 1961년 5월 1일에 1차로 23~24세의 200명 단원이 대관령에 들어갔다.[141]

---

138 일제시기 감화 시설이었다가 해방 후 부랑아 보호소가 된 경기도 안산의 선감학원에서 감금 폭행 등을 경험한 피해자들의 증언이 나오기도 했다. 최근 경기도의회는 선감학원 사건 피해 지원 및 위령사업위원회를 조직하고 진상 조사 및 보상 대책을 논의하고 있다.

139 〈사진 12〉 참조.

140 김춘삼(1925~2006. 8)은 평남 덕천 출생으로 1960년에 중부시장 일대의 깡패두목으로 수배되었던 김춘삼과 동명이인이다. 거지왕 김춘삼은 이때 부산 합심원 원장을 맡고 있었다. 『동아일보』 1960. 7. 3.

141 「자활하는 부랑아」, 『경향신문』 1961. 5. 1; 화국량, 『거지왕 김춘삼』, 삼아출판사, 1971, 234쪽.

군정은 부랑아를 중요한 사회문제로 취급했다. '혁명공약' 3항에서 내세운 '사회의 부패(腐敗)와 구악(舊惡)의 일소(一掃)' 방침은 강력한 부랑인 단속과 처벌로 가시화되었다. 정부는 부랑아 검거 실적을 높이고 홍보하여 쿠데타의 정당성을 확보하는 수단으로 삼았다. 부랑아 정책은 군정이 성공했다고 자평하는 실적 중 하나였다.[142] 내무부가 '깡패'를 국토건설사업에 동원하겠다고 밝힌 뒤 경찰이 검거에 나서고 이들을 도로공사 등 건설 사업에 투입했다.[143]

개척단은 보건사회부의 '사회 명랑화' 정책으로서 개간과 정착 및 농지분배를 실시한다는 계획하에 추진되었다.[144] 장관이 직접 걸인과 부랑아를 강원도에 보내서 국토건설사업에 종사하도록 하겠다고 밝힌 후 100명이 2차로 대관령에 들어갔다. 며칠 후 그 규모는 대폭 확대되어 서울의 부랑자 850명을 보내기로 결정되었다.[145]

이 시기 국토건설사업에는 깡패, 병역미필자, 실업자 등이 동원되었으나 이는 일시적 현상이었고, 개척단은 국토건설사업이 끝난 후 자활정착사

---

142 공보부, 『혁명정부 7개월간의 업적』, 1962. 1, 목차; 「혁명 1년의 시정 비판 (6) 사회」, 『경향신문』 1962. 5. 12; 5·16 군정의 부랑인 정책의 내용과 의미는 김아람, 앞의 논문, 2011 참조.

143 국토건설단의 설립 배경, 과정, 사업 내용과 운영 방식, 평가에 대해서는 김아람, 「제4장 국토건설사업과 노역 동원」, 『과거사 청산을 위한 국가폭력 연구─노역 동원을 중심으로 (I) 1960년대 초법적 보안처분과 국토건설사업』, 한국형사정책연구원, 2019; 임송자, 앞의 논문, 2013, 906~908쪽.

144 서산군, 「서산 자활정착사업장 현황」(날짜 미상), 충청남도 서산시 총무국 회계과, 『자조근로』, 1968(BA0057880).

145 「걸인과 부랑아는 국토건설사업에」, 『조선일보』 1961. 5. 24; 「2차로 1백 명 합심자활개척단원 국토 개발 현장으로」, 『동아일보』 1961. 6. 1; 「대관령 황무지로」, 『경향신문』 1961. 6. 1; 김춘삼, 『거지왕 김춘삼』 3, 열림원, 1991, 72쪽; 보건사회부장관, 「서울시내 걸인 이주정착 실시와 그 소요 경비 보조의 건」(1961. 6. 5), 『각의록』 제15회, 1961. 6. 8.

업으로 취급되었기 때문에 국토건설사업과 동일하지 않다. 또 개척단은 정부가 단속과 징집, 허가와 물자 원조를 담당하고, 민간에서 관리와 운영을 하는 방식으로 다양하게 벌어질 수 있었다.

개척단 사업은 장면 정부 시기에 시작되었지만, 이때는 자활정착사업이라고 부르지 않았다. 대관령의 사례에서 알 수 있듯 5·16 군정은 동일한 장소에서 사업을 계속하며 자활정착사업이라고 이름 붙였다. 해당 인원을 동원하고 이송한 방법 측면에서도 장면 정부와 5·16 군정의 차이점을 밝힐 필요가 있다. 장면 정부 시기에는 개척단에 의해 서울 시내에서 "자의로 모집 이송"이 이루어졌던 반면, 5·16 이후에는 "서울시에서 시내에 방황하는 걸식 부랑인을 수집, 임시 수용 중인 단원 중에서 이동 능력이 있는 자로서 연령 18세 이상 50세까지의 자원 수"로 인원을 구성했다.[146] 즉 장면 정부 시기에는 민간에서 자체적으로 실시하는 모집 형식이었다면 군사정부 시기에는 서울시가 '수집'한 것이다. 지방자치단체가 추진했다는 것은 정부의 행정력을 통해 이루어졌다는 의미이다. 또한 자료상 명시되어 있지는 않으나 그 방식은 강제적인 단속이었을 가능성이 높다. 앞에서 서술한 것처럼 부랑아 단속은 군정이 쿠데타 직후부터 중요시했던 부랑아 대책이었기 때문이다.

1960년대 자활정착사업장의 전체적인 현황은 아직 밝혀지지 못했다. 그 원인은 다음 몇 가지로 들 수 있다. 첫째, 정부에서 사업을 일시에 지시하거나 일괄적으로 실시하지 않았기 때문이다. 정부가 사업에 적극적으로 개입·운영했던 것은 확인되지만 관련 지시나 시행 과정에 대한 자료가 현재까지 발견되지 않았다. 둘째, 사업장의 설립과 운영 주체에는 정부뿐만 아

---

146 「부랑인 이주 정착 조치 실시 보고」, 국방부 합동참모본부, 『5·16공문기안철』 2-2, 1961.

〈사진 9〉 자활개척단
1961년 5월 1일 한국합심자활개척단 선발대 결단식이 거행되었다. 사진은 국가기록원 소장(CET0058986).

니라 반관 반민 단체, 민간 단체가 포함되어 있었으므로 개별 단체도 확인될 필요가 있다. 셋째, 사업장의 명칭이 개척단, 자활단, 자활사업, 정착사업 등으로 다양했기 때문이다. 때문에 자료상으로 사업장 명칭이 발견되어도 이것이 자활정착사업의 범주에 포함되었는지 파악하기 어렵다. 넷째, 그 명칭이 다양했던 만큼 사업장 또한 1950년대의 난민정착사업장과 동일한 장소인 경우도 있었고, 1960년대 중반 이후의 자조정착사업, 자조근로사업장으로 전환되거나 연속된 경우도 있었기 때문에 사업 명칭이 다르지만 사실상 자활정착사업이 이루어진 사례들을 볼 수 있다. 이 경우 다른 사업의 자료들에서 내용상 자활정착사업을 발견해내야 하는데, 쉽지 않은 일이다. 그 대표적인 사례로 전남 장흥 사업장을 들 수 있다.

또한 1960년대의 난민정착사업은 모두 자활정착사업이라 칭하기도 했기 때문에, 명칭이 자활정착사업이라 하더라도 사업장은 난민정착사업장인 경우가 많았다. 그 사실을 확인할 수 있는 것이 '한국자활정착사업중앙연합회'인데, 이 단체의 정기총회가 열렸을 때 전국 1,300개의 사업장에서 600여 명의 대표자가 모였다. 그러나 이 사업장들은 자활정착사업이 아니라 난민정착사업장이었다. 그 사실은 단체의 회장을 통해서 확인할 수 있는데, 자활정착사업중앙연합회 회장 김봉조(金鳳祚)는 1950년대 후반에 난민정착사업장의 대표였다.[147]

이처럼 여러 한계가 있음에도 불구하고 국가기록원 문서철, 신문기사(경향신문, 동아일보, 매일경제, 조선일보), 대한뉴스를 종합하여 최초로 1960년대 전국의 정착사업 현황을 정리하고자 한다. 이 현황은 각 자료에서 한센인 정착촌을 제외하고 고아 및 부랑아 대상의 정착사업 또는 자활정착사업으로 명기된 지역을 정리한 것으로 전국의 17개 사업장이다(<표 2-21>).

쿠데타 직후 군정은 개척단 조직 과정에서 기존의 개척단과 다소 갈등을 빚기도 했다. 보건사회부가 사설 개척단을 무허가로 규정하면서 민간의 개척단 운영이 잠시 주춤했다. 대관령에서는 두 개척단이 충돌한 끝에 김춘삼의 개척단이 다른 지역으로 이동하기도 했다.[148]

그러나 정착사업의 운영·지원 주체는 보건사회부였다. 사업장 설립은 반관 반민 단체나 민간 단체가 하더라도 사업장 토지를 알선하거나 필요한

---

147 「염전을 축조 피난민공생조합서」, 『조선일보』 1956. 7. 27; 「8개 항목 건의 자활정착사업」, 『경향신문』 1963. 9. 21.

148 김춘삼은 쿠데타 직후 정부가 깡패를 규합하여 개간하도록 했던 사업과 자신이 거지들로 구성한 개척단이 다르다고 하였다. 김춘삼, 『거지왕 김춘삼』 2, 176~183, 188~193쪽, 『거지왕 김춘삼』 3, 72쪽.

〈표 2-21〉 1960년대 전국 자활정착사업 현황 (한센인 정착촌 제외)

지역*	대상**	인원	개간 면적 (해당 지역 면적)	사업 시작 시기	설립·운영 주체	자료 출처
강원 대관령	걸인, 부랑 청소년	140 +450 +850명		1961. 5. 1.	합심자활 개척단 (5·16 이전), 보건사회부	·「부랑인 이주 정착 조치 실시 보고」, 국방부 합동참모본부, 『5·16공문기안 철(2-2)』 1961. ·「대관령 개척지로 '합심자활단원' 100 명」, 『조선일보』 1961.6.1. ·보건사회부장관, 「서울시내 걸인 이 주정착실시와 그 소요 경비 보조의 건」, 1961. 6. 5, 『각의록』 제15회.
경남 창원군 북면	고아, 제대 군인	200명	3만 평	1961. 8~12.	군(軍)	·「少年開拓團, 荒蕪地와 맞씨름」, 『조 선일보』 1961. 11. 19. ·「소년개척단 돌보는 30예비사—찬바 람속에 온정」, 『조선일보』 1961. 11. 29.
충남 서산군	무의무탁한 남여	726명		1961. 11. 14.	대한청소년 개척단, 보건사회부	·국가기록원 문서철 ·「내고장 소식」, 『대한뉴스』 제438호, 1963. 10. 12.
전남 장흥군 대덕면	난민, 무의무탁자	5,715명 (5,218명 난민)	300만 평	1961. 11. 21.	보건사회부, 세계기독교 봉사회 등 후원	·「3백만 평의 새 옥토」, 『경향신문』 1962. 11. 17. ·「전남 2대사업 준공 대덕 간조제와 해남-완도류교」, 『경향신문』 1962. 11. 26. ·「새로운 고향」, 『대한뉴스』 573호, 1966. 6. 3.
경남 동래군	부랑인	200명	2만 평	1961. 11. 24.	보건사회부	·「땅과 집까지 마련」, 『경향신문』 1961. 11. 25.
경남 창원군						
강원 양양군	부랑인	413명	5만 6천 평	1961. 11. 24.	보건사회부	·「땅과 집까지 마련」, 『경향신문』 1961. 11. 25.
강원 평창군	부랑인	117명				·「浮浪人에 自活길」, 『경향신문』 1961. 12. 22.
경북 월성군	음성 나환자, 고아, 부랑아	1,170명		1962. 4.	경상북도	·「노동력 있는 나환자 경북도서 정착 계획」, 『동아일보』 1962. 4. 17.
경북 영일군						
경기 포천군 영북면	부랑아, 연장고아	150명	310정보 =93만 평	1962. 5. 7.(4 차)	한국사회복지 사업연합회 부랑아보호 지도위원회	·「정착사업지로 보내」, 『경향신문』 1962. 5. 7. ·「자활 터전 찾아 포천으로 이주」, 『동 아일보』 1962. 5. 8. ·「"부랑의 마감" 또 속아」, 『경향신문』 1962. 5. 10.
경북 경주시 암곡리	고아	143명	200정보 =60만 평	1962. 7. 12.	경주시 자혜 단 주선, 정부 후원	·「고아 정착 환영식」, 『동아일보』 1962. 7. 15.

제주도	수재민	150명		1962. 12. 19.	보건사회부	·「제주도에 이주 19일 출발」, 『동아일보』 1962. 12. 13. ·「제주도 개간 자활 정착단」, 『대한뉴스』 제297호, 1962. 12. 30.
전남 장흥군 관산면	서울시립 갱생원 원생	150명		1963. 3. 22.	보건사회부	·「무의탁150명 이송」, 『경향신문』 1963. 2. 21. ·「자활의 정착지로 갱생원서 백50명」, 『조선일보』 1963. 3. 21.
전남 영광군 백수면	거지, 넝마주이	300명	300정보	1965. 8. 9.	대한자활 개척단	·「시내 걸인 넝마주의 3백 명 영광에 이주. 국유지 3백 정보 개간, 정착하기로」, 『조선일보』 1965. 8. 8. ·「자활개척단」, 『대한뉴스』 제537호, 1965. 9. 18.
경기 화성군 비봉면, 서신면		1,000 세대		? (1966. 4 이전)		·「밀가루 천 부대 배부 자활정착사업에」, 『매일경제』 1966. 4. 20.
전남 여천군 율촌면	넝마주이	300세대	759정보 =227만 7천 평	1967	일본 개미마을	·「넝마주이들에 새 삶터 광양만 매립에 일(日)서 3억 지원」, 『동아일보』 1967. 1. 12.

* 지역은 당시 행정구역으로 분류했다.
** 대상은 자료상 표기를 그대로 따랐다.

예산을 지원하는 것은 정부의 역할이었다. 보건사회부가 이 사업의 담당 부서로서 주로 사업을 관할하고, 지방자치단체(서울시, 경상북도)가 협력하기도 했다. 단체 중 주목할 만한 것은 현재 많이 알려진 서산개척단(대한청소년개척단)과 대한자활개척단이다. 대한청소년개척단은 이후에 더 구체적으로 다룰 예정이다.

대한자활개척단은 1961년 5월에 설립되어 대관령 정착사업을 추진했던 '한국합심자활개척단'이 1965년 5월에 보건사회부에 정식 등록할 때의 명칭이다. 이 개척단의 회장은 국회의원 최석림(崔奭林)이었다. 단장은 김춘삼이 맡았다. 개척단 조직은 단장, 관리국장, 단기대장, 제2국장, 총무부장, 조직부장, 단기부장, 사업부장, 비서실장, 문화부장, 개척부장으로 이루어졌다. 1965년에 정식 등록한 후 1966~67년에 전국 각도에 지단을 개편해갔다. 각도의 지단 하위에는 각 구, 시, 군, 면단을 재조직했다. 1968년 창단 3주년 기

〈사진 10〉 양양 자활촌 입주지
1961년 12월 21일 토성리에 위치한 양양 자활촌 입주지 풍경이다. 사진은 국가기록원
소장(CET0035546).

〈사진 11〉 자활촌 입주식
1961년 12월 21일 토성리에서 양양 자활촌 입주식이 거행되었다. 사진은 국가기록원
소장(CET0035546).

넘식에는 김종필(金鍾泌) 공화당 의장도 참석했다. 김춘삼에 따르면 대한자활개척단은 1965년 8월부터 전남 영광, 강원 고성, 충남 아산에서 개간과 간척을 진행했다.[149]

1960년대 후반 자활개척단은 정치세력화했다. 개간과 간척사업 외에 브라운각서 이행을 촉구하는 시위를 하거나 합동결혼식, 혼혈아동 민속예술제 등 각종 활동도 추진했다.[150]

정부는 부랑인 정착사업을 위해 초기 이주 정착비와 양곡을 지원했다. 보건사회부는 대관령 지구에 850명을 정착시키기 위해 1961년도 일반 회계 예비비에서 16,345,700원을 지출하자고 제안했는데, 재무부에서 13,982,500원으로 결정했다. 민간 단체에 대한 기타교부금을 통해 이주 정착을 위한 구호비를 지원한다는 목적이었다.[151] 정부에서는 귀농민 1인당 1일분 주식 1홉, 부식비 70환, 농기구 및 비료 종자를 제공했고, 5인당 1동씩의 주택을 마련했다.[152]

---

149 경기도 포천군 영북면 운천리 및 산정리에도 김춘삼이 주선하여 18세~35세의 청년 150명이 보내졌다. 「부랑 고아들 황무지에 새 삶」, 『경향신문』 1962. 5. 7; 화국량, 『거지왕 김춘삼』, 삼아문화사, 1971.

150 화국량, 『거지왕 김춘삼』, 삼아문화사, 1971, 103~104, 234~235, 239~241, 244쪽; 「대한자활개척단」, 『대한뉴스』 제675호, 1968. 5. 17; 「'브각서' 이행 촉구 자활개척단원 데모」, 『동아일보』 1968. 2. 5.

151 보건사회부장관, 「서울시내 걸인 이주 정착 실시와 그 소요 경비 보조의 건」(1961. 6. 5), 『각의록』 제15회, 1961. 6. 8; 재무부장관, 「부랑아 정착비의 예비비 지출의 건」, 『각의상정안건철』 제25회, 1961. 6. 최고회의에서는 1961년에 부랑인, 연장 고아, 음성 나환자 2,670명을 2억 원의 예산으로 강원도 대관령 지구 등에 정착시켰다고 했지만 실제로는 그 예산에 못 미쳤던 것으로 추측된다. 손창규(문교사회위원장), 「혁명 일 년의 발자취—문교사회위원회 소관」, 국가재건최고회의, 『최고회의보』 제8호, 1962. 5, 33~34쪽.

152 「땅과 집까지 마련」, 『경향신문』 1961. 11. 25.

원조 재원	개소	개척 면적(정보)	입주 세대
외원 단체 지원(기정착 난민)	419	44,702	60,777
PL 480-2	245	7,864	46,000
WFP 식량원조	100	13,131	10,421
계	764	65,697	117,198

* 출전: 행정백서편찬위원회, 『행정백서』, 1964, 250쪽.

　　1960년대 전반에 정부가 정착사업에 예산을 지원하고 작업장을 신설했지만, 현지에서 사업을 운영하기 위해서는 외국 원조와 민간의 활동이 중요했다. 사업은 미공법 480호 제2관(PL 480-2)과 3관(PL 480-3), 그리고 유엔세계식량계획(World Food Council: WFC)의 지원으로 〈표 2-22〉와 같은 규모로 실행되었다. 이 시기에 도입될 구호 양곡의 규모는 1964년에 PL 480-3이 94,100톤(양곡 86,000톤, 잡화 8,100톤), PL 480-2가 13,400톤, 유엔세계식량계획이 3,640톤으로 예정되었다. 구호 사업에 사용되는 PL 480-3은 1950년대 이래로 계속 정착사업에 활용되고 있었다. 1964년에는 정착 중인 난민에게 29,236톤으로 가장 많은 양이 배정되었다. 뒤를 이어 영세민 22,704톤, 학교 급식 13,422톤, 후생 시설 11,041톤, 보건 시설 8,231톤, 모자 보건 950톤, 급식소 416톤의 순으로 배정되었다.[153]

　　1964년도에는 난민 5,100명을 지원하고, 오마도 개간을 추진할 계획이었다. 그 외에 미 잉여농산물 PL 480-2에 의한 지원과 WFP 원조는 처음 추진하는 사업이어서 정부는 원조 규모가 더 늘어날 것을 기대하고 있었다.[154]

153　행정백서편찬위원회, 『행정백서』, 1964, 250쪽.

154　위의 책, 250~251쪽.

대관령 사업장은 기독교세계봉사회(KCWS)에서 의류를 지원받았고, 서산에서는 민정식(閔定植)이 필요한 의복·부식비·의료비를 자력으로 꾸렸다고 알려졌다.[155] 정착지의 경제는 배급제를 원칙으로 하며 자급자족을 지향했다. 정부는 서산 지역에 1년 중 10개월간 1인당 하루 쌀 1홉, 납작보리 4홉씩을 지급했지만, 중노동을 지탱할 수 없는 양이어서 보리 1홉씩 개척단에서 추가로 지급했다. 부식비는 정부 보조가 전혀 없었고 개척단 본부에서 지급했다. 배급제하에서 거래는 활성화되지 않았고, 최소한의 생필품을 보급 창고에 보관했다. 농지 정비에 필요한 장비는 국토건설단에서 물려받기도 했다. 단원들이 돈을 마련할 방법으로는 계가 있었는데, 쌀 계, 보리쌀 계로 돈을 모아 가축을 기르기도 했다.[156] 군정은 장흥, 서산의 간척 정착사업장이 국제적으로 널리 알려져 큰 성과를 올리고 있다고 평했다.[157]

1960년대 전반 군정은 고아·부랑아 등을 대상으로 정착사업을 시작했다. 이 정착사업은 잉여농산물을 활용하여 추진되었다. 군정은 도시 문제를 해결한다는 명분으로 쿠데타의 정당성을 확보하기 위해 고아·부랑아를 강력하게 단속했다. 정착사업은 수용소에 있거나 단속한 자들을 사회에서 배제하면서 생산에 동원할 수 있는 방안으로 여겨졌기 때문에 정부가 지원하고 민간에서 실행하며 적극적으로 추진되었다.

---

155 서울특별시사편찬위원회, 『서울특별시사—해방후 시정편』, 1965, 425~426쪽; 「서울의 부랑자들 6백 명 대관령에」, 『조선일보』 1961. 7. 6; 권도홍, 「르뽀 이색지대: 서산개척단」, 『신동아』 1965. 12, 274쪽; 「오명을 묻은 '부랑아의 양지'」, 『동아일보』 1962. 9. 15.

156 「새땅 새집 그리고 새살림, 서산 땅에 오명 묻은 청소년개척단원들의 희와 비」, 『조선일보』 1963. 7. 24; 권도홍, 앞의 글, 275~276쪽.

157 서산시지편찬위원회, 『서산시지』 8권, 1998, 209쪽; 권도홍, 「르뽀 이색지대: 서산개척단」, 『신동아』 1965. 12, 273쪽; 「부랑아·고아 위한 '사랑의 5개년 계획'」, 『동아일보』 1961. 11. 24; 홍종철, 「혁명정부의 복지행정」, 국가재건최고회의, 『최고회의보』 제27호, 1963. 12, 13~14쪽.

3. 1960년대 중반 이후 정착사업의
근로 사업으로의 흡수와 농지 조성

1960년대 전반까지 정부 구호 정책의 핵심으로서 그 대상을 확대했던 정착사업은 이후에 어떻게 변화했을까. 1960년대부터 정부는 공식 통계에서 구호 대상자에 '난민'을 명시하지 않았다. 〈표 2-23〉에서 보듯이, 1950년대에 정부의 구호 양곡 배분이 시설 구호, 거택 구호, 임시적 구호로 구분되었던 것과 달리, 5·16쿠데타 이후에는 후생 시설, 정착사업 및 자조근로사업, 생활보호자, 영세민, 사설 한센병 요양소로 구분되었다. 1965년부터 생활보호자와 영세민은 거택 구호자로 묶였다. 1950년대와 동일한 점은, 시설 구호를 유지하고 거택 구호 대상자가 생활보호자로 명칭만 바뀌었다는 것이다.

1960년대에 명명된 '생활보호자'는 생활보호법에서 규정했는데, 65세 이상의 노쇠자, 연령 18세 미만의 아동, 임산부, 불구·폐질·상이·기타 정신 또는 신체의 장애로 인하여 근로 능력이 없는 자로 했다. 생활보호법은 조선구호령을 정리하면서 제정된 것으로서, 생활보호자의 정의도 조선구호령에서 정한 피구호자, 이를 그대로 따른 1950년대의 거택 구호 대상자와 거의 동일하다.[158]

정부는 생활보호법의 제안 이유를 "헌법 제100조에 의해 유효한 조선구호령을 법령 정리 사업의 하나로서 정리 대치하려는 것"이라고 밝혔다. 각의와 최고회의 상임위원회에서는 정부의 원안대로 통과되었다. 법 제정과 관련하여 사회정책에 관한 별다른 문제의식이나 논의는 없었다. 5·16 군정

---

[158] 차이점은 아동의 연령이 13세에서 18세로 높아졌다는 점이다. 「생활보호법」 제3조 제1항 (법률 제913호), 시행 1962. 1. 1, 제정 1961. 12. 30.

은 1962년 9월까지 약 1년 4개월 동안 545건의 주요 법률을 제정하며 법적·제도적 기반을 구축했는데, 구호에 관한 법률도 그 일환으로 정비된 것이었다.[159]

이와 같이 시설 구호 대상이나 생활보호자는 1950년대와 1960년대에 차이가 없었다. 1950년대와 1960년대에 정부가 설정한 구호 대상자의 차이는 난민을 규정하는 지점에서 두드러졌다. 우선 난민이 포함되었던 임시적 구호 항목이 소거되고 '영세민'과 정착사업 및 자조근로사업 항목이 신설되었다. 난민은 1950년대에 복귀 정착자, 복귀 불능 농민, 기타 난민, 천재지변 시의 구호자로 구분된 임시적 구호 대상자였다. 복귀 정착자는 전쟁 피난민 중 원 거주지에 돌아간 사람들을 가리키고, 복귀 불능 난민은 그렇지 못한 사람들—대표적으로 북한 출신 피난민—을 가리킨다. 기타 난민은 구체적으로 누구를 지정했는지 파악하기 어렵지만, 피난민이 아닌 빈곤층을 포괄했다고 볼 수 있다. 그런데 1960년대에는 난민이 별도로 구분되지 않았다. 더 이상 난민이 구호 대상자가 아니었거나 정부가 난민을 따로 명명하지 않았기 때문이다. 기존의 난민과 관련된 구호는 정착사업 및 자조근로사업이나 영세민의 범주로 치환되었다.

1960년대부터 정부의 구호 대상자로 설정된 '영세민'은 0.3정보(900평) 미만 소유의 절량 농어민,[160] 농촌 실업자,[161] 도시 실업자, 재해민으로 규정되었

---

159 김영순·권순미, 「제5장 공공부조 제도」, 『한국의 복지 정책 결정 과정—역사와 자료』, 2008, 나남, 209쪽; 남찬섭, 「한국의 60년대 초반 복지 제도 재편에 관한 연구—1950년대와의 관련성을 중심으로」, 『사회복지연구』, 27, 2005, 64쪽.

160 1965년에는 0.3정보 이하로 함.

161 1966년부터 비농(非農) 영세민이라고 함.

다.[162] 재해민은 1950년대에도 '천재지변 시의 구호자'로 임시적 구호 대상자에 속해 있었으나 '영세민'과 절량 농어민, 실업자는 새롭게 명명된 구호 대상자였다. 1950년대의 복귀 정착자, 복귀 불능 농민, 기타 난민 가운데 1960년대에도 구호를 받을 수 있었던 것은 영세민에 해당할 경우였다. 즉 1960년대에 정부는 구호 대상자로 '난민' 개념을 사용하지 않았고, 복귀 여부에 따른 대상자 분류를 하지 않았다. 구호 대상자를 선정하는 기준은 복귀나 정착이 아니라 농지 소유 및 절량 유무, 실업 여부가 되었다.

1960년대에 정부가 구호 대상의 범주로서 난민을 영세민으로 치환한 데는 몇 가지 배경과 의미가 있었다. 먼저 1950년대에 '기타 난민'으로 모호하게 구분되던 대상자가 명확하게 영세민의 기준으로 규정되었다는 점이다. 1950년대의 임시적 구호 대상자 가운데 가장 큰 비중을 차지했던 것은 '기타 난민'이었고, 그 수는 1960년대에 들어서도 감소하지 않았기 때문이다. 1950년대에는 구호 대상자가 분화되지 않고 난민으로 통칭되었다면, 1960년대부터는 세부적인 구분이 이루어졌다.

'기타 난민'이 1960년대까지 지속적으로 존재했던 것과 달리 복귀가 불가능한 북한 출신 난민의 수는 점차 감소했다. 1950년대 중반 13만여 명에서 1961년에 3천여 명으로 줄어든 것을 볼 수 있다⟨표 2-5⟩. 이들은 전쟁으로 인해 북에서 남으로 피난해 왔거나 원 거주지에 돌아가지 못하여 새 거주지를 마련해야 하는, 1950년대의 전형적인 난민이었다. 이렇듯 난민으로 분명하게 구분될 수 있는 사람들이 감소해가면서 정부는 구호 대상을 재편해야 할 현실적인 조건에 직면한 것이었다.

---

162 보건사회부, 「거택 구호 대상자표」, 『보건사회통계연보』, 1965~1968; 「거택 구호 대상자 수」, 『보건사회통계연보』, 1969~1974.

또한 1960년대 중반부터 정부는 거주가 불안정하고 경제적 기반이 없는 난민을 더 이상 구호 대상자로 설정하지 않았다. 난민이 구호 대상에서 점차 소거된 것은 구호 방식의 변화와 맞물려 있었다. 1950년대에는 원조 물자에 의한 무상 구호 방식으로 구호가 시행되었고, 난민은 주요한 대상자였다. 그러나 5·16쿠데타 후 군정은 무상 구호를 줄이고 근로 구호와 거택 구호를 확대하는 방향으로 구호 행정의 방침을 전환하겠다고 천명했다.[163] 거택 구호는 시설 구호와 대비되는 구호 방식으로서, 시설에 투입되는 구호 비용보다 적은 비용으로 개별 가정의 역할을 강조하는 방식이다. 1965년부터 생활보호자와 영세민은 '거택 구호자'로 통합되었다.[164]

1950년대에 무상 구호의 대상이었던 난민은 1960년대에 정부가 정한 영세민 규정에 합당할 때 구호 대상이 될 수 있었고, 그 방식과 규모는 무상구호보다 상대적으로 축소된 것이었다. 실제로 〈표 2-23〉에서 확인할 수 있듯, 영세민에 대한 구호 양곡 배정량은 1960년대에 감소하는 추세였다.

1960년대의 구호 대상자 범주에서 또 다른 변화는 정착사업 및 자조근로사업과 사설 한센병 요양소가 새로운 항목으로 추가되었다는 것이다. 정착과 관련해서 1950년대에는 난민의 복귀 여부에 따라 구호 대상이 구분되었다면, 1960년대에는 정착사업을 구호의 단위로 정했다. 1962~65년까지는 정착사업, 1966년부터는 자조근로사업이라는 항목으로 구호 양곡이 책정되었다. 사업은 구호 단위에 따라 신설되었다. PL 480의 잉여농산물은 정해진 목적에 따라 사용되어야 했기 때문이다.

---

163 「명년부터 근로 구호·거택 구호로」, 『동아일보』 1961. 12. 1.

164 거택 구호자에 생활보호자와 영세민을 포함시킨 것은 1974년까지 지속되었다. 이후에는 영세민을 제외하고 생활보호자만 해당되었다. 「거택 구호 대상자 수」, 『보건사회통계연보』, 1974, 343~344쪽; 「생활보호 실적」, 『보건사회통계연보』, 1976, 298~299쪽.

〈표 2-23〉 구호 양곡 배부 현황(1962~1970)

단위(kg)	총수			후생시설용		정착사업 / 자조근로사업(PL480-2)*	
	계	백미	잡곡	백미	잡곡	백미	잡곡
1962 (석)	875,970	25,716	850,254	23,401	33,182	331	8,978
1963 (석)	1,929,023	92,926	1,836,097	14,543	40,019	1,698	6,811
1964	62,511,091	2,541,837	59,969,254	2,171,239	5,057,687	231,840	526,353
1965	33,143,885	4,356,548	28,787,337	4,232,779	5,791,992	61,577	235,669
1966	141,894,743	4,477,467	137,417,276	4,288,248	5,792,372		108,915,302
1967	152,166,441	4,469,817	147,696,624	4,280,612	5,883,389		120,135,654
1968	166,125,509	12,869,332	153,256,177	4,290,349	5,956,007		127,507,000
1969	155,805,840	5,963,460	149,842,380	5,697,663	4,364,377		117,562,000
1970	105,562,151	5,956,281	99,605,870	5,744,492	4,757,613		73,213,000

단위(kg)	생활보호자		영세민**		사설 한센병 요양소	
	백미	잡곡	백미	잡곡	백미	잡곡
1962 (석)				251,018(실업자) 551,615	1,984	5,461
1963 (석)		258,241	75,176	932,716(실업자) 593,553	1,509	4,757
1964		27,049,409		27,033,428	13,758	302,377
1965		19,825,130		2,711,000	62,192	163,546
1966		19,867,483		2,660,787	189,219	181,332
1967		19,398,143		2,052,780	189,205	226,658
1968	8,404,500	18,058,966		1,500,000	174,483	225,801
1969		25,823,600		1,714,000	265,797	318,403
1970		19,865,125		1,500,000	211,789	270,132

* 출전: 「정부 구호 양곡 배부 상황」, 보건사회부, 『보건사회통계연보』, 1962~1970.
* 1966년까지 정착사업용으로 배정되었다.
** 1964년부터 실업자와 영세민을 구분하지 않았다.

PL 480-3 구호용 잉여농산물은 기존의 난민정착사업과 개척단이 합쳐진 형태의 자조정착사업 또는 개발 사업이라는 명칭의 정착사업에 공여되었다. 또한 PL 480-2는 자조근로사업에 투여될 잉여농산물 항목이었다.[165] PL 480-3이 구호를 목적으로 한 것으로서 미국 민간 단체가 운영했다면, PL 480-2는 미국이 지정한 사업에 투입되어야 했다. 즉 잉여농산물의 용도에 따라 구호용 무상(PL 480-3)이거나 근로의 대가로 지급되는 임금(PL 480-2)으로 규정되었다.

정부의 양곡 배부 현황을 통하여 1960년대의 구호 상황을 보면, 1965년까지는 생활보호자의 비중이 가장 높았다. 정착·자조근로사업을 제외하고는 생활보호자, 후생 시설, 영세민, 한센병 요양소의 순으로 구호 양곡이 배정되었다. 1950년대 대상자의 규모가 임시적 구호, 거택 구호(생활보호자), 시설 구호(후생 시설)의 순서였던 것과 비교할 때, 난민 또는 영세민이 구호를 받을 수 있는 조건은 축소되었다. 이를 대신하여 정착·자조근로사업이 확대됨에 따라 1960년대에도 여전히 난민이거나 영세민이 된 사람들은 이 사업에 참여하는 것이 구호 양곡을 받기에 더 유리했다.

정부는 1964년부터 PL 480-2의 공여로 자조근로사업을 실시했으나 5·16 군정기에도 근로구호사업을 실시한 적이 있었다. 쿠데타 이후에 구호 방식을 무상 구호에서 근로 구호를 지향하는 것으로 변경하면서 영세민을 대상으로 하는 근로구호사업을 1962, 63년에 걸쳐서 실시했던 것이다. 정부는 "영세민의 근로의식을 높이고 지역사회 발전을 촉진하는 방향으로" 사업을

---

165 보건사회부장관 오원선, 「7월분 미공법 480호 제2관 사업 실시」(1964. 6. 26), 『안건철』(국가기록원 BA0084409).

<표 2-24> 근로구호사업 실적(1962, 1963)

(단위: 개소, 명)

사업 종류	1962		1963	
	사업장 수	취로 연인원	사업장 수	취로 연인원
도로·교량	948	1,085,977	1,988	8,031,425
제방	208	138,752	2,090	7,443,586
상하수도	363	247,986	504	2,248,485
부지 정리	13	2,269	116	1,310,156
사방 조림	82	15,628	320	1,036,210
소류지	34	17,756	808	1,955,775
수리 시설 및 보수	69	9,248	578	1,812,691
항만 수리	4	36,885	101	350,288
농지 개간 및 간척	59	171,743	140	895,092
피해 농지 복구	-	-	1,081	318,225
공동 우물	-	-	105	50,843
주택 변소 개조	-	-	1,119	167,482
기타	173	80,663	120	739,296
계	1,953*	1,806,907	9,070**	26,359,554

* 출전: 행정백서편찬위원회, 『행정백서』, 1964.4.1., 248쪽.
* 원문은 1,893으로 오기.
** 원문은 9,152로 오기.

추진했다고 밝히며 그 실적을 〈표 2-24〉와 같이 공개했다.[166]

　근로구호사업의 종류는 매우 다양했으나 주로 단기 건설 공사에 집중되어 있었다. 1962년에는 도로·교량, 상하수도, 제방이 전체의 약 85%를 차지했고, 1963년에는 제방, 도로·교량, 주택 변소 개조, 피해 농지 복구가 약 70%에 해당했다.[167] 정부는 1963년에 전체 인구수에 비견될 정도의 인원이 사업

166　행정백서편찬위원회, 『행정백서』, 1964. 4. 1, 247쪽.

167　피해 농지 복구는 1963년 태풍 설리호와 호우로 인한 피해 복구를 의미한다. 이때 풍수해로 220명이 사망하고 45억 7천여만 원의 재산 피해가 발생했다. 「사망 모두 2백 20명」, 『경향신문』 1963. 7. 6; 「피해 총액 45억 원 사망은 2백 20명 풍수해 누계」, 『동아일보』 1963. 7. 6.

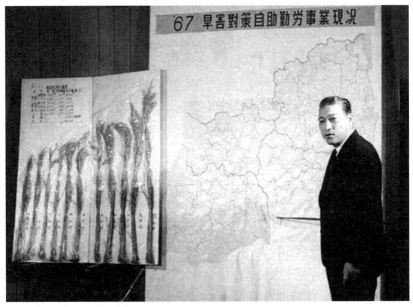

〈사진 12〉 자조근로사업 현황 브리핑
정희섭(鄭熙燮) 보건사회부장관이 달라스 미국공동모금회부회장 앞에서 1967년 한해
대책 자조근로사업 현황 브리핑을 하고 있다. 사진은 국가기록원 소장(CET0062054).

에 참여했던 것으로 정리했으나, 일시적이고 단순한 공사나 기존 시설의 복
구가 주를 이루었으므로 구호 사업으로서의 역할이 컸다고 보기는 어렵다.
또한 지원된 임금이나 양곡의 규모를 확인할 수 없기 때문에 참여자가 근
로 후 실제로 대가를 받았는지도 알 수 없다.

　1964년에 자조근로사업이 시작된 것은 미국의 '평화를 위한 식량계획
(Food for Peace)'에 의한 잉여농산물 원조가 직접적인 계기였다. 자조근로사업
은 사방, 조림, 치수, 개간 사업을 추진하는 조건으로 1964년에 74,653톤의 양
곡을 도입했다. 시범으로 농림부가 사방, 조림에 24,653톤, 건설부가 치수에
15,000톤, 보건사회부가 개간에 35,000톤을 사용하는 것으로 결정되었다. 치
수 및 개간 사업은 7월 1일부터 전국적으로 착수한다는 계획이었고 농산물

이 입하되기 이전이라 PL 480-3을 전용하여 사업을 실시하기로 했다.[168]

사업 결과, 1964년의 자조근로사업은 목표한 만큼의 성과를 얻었다. 치수 사업은 336개소에 69,842세대 377,146명이 소하천 개수 130.7km의 소하천을 개수했고, 사방 사업은 899개소에 339,000세대 1,830,600명이 27,239정보를 공사했다. 1964년의 자조근로사업은 〈표 2-25〉와 같이 748개 사업장에 64,708세대 343,872명이 참여했다. 작업량(〈표 2-26〉)은 511개소의 소류지, 보, 수로, 방수제, 방조제 등에서 282,245.2m였다. 양곡은 27,935.155톤이 배정되었고, 나머지는 1965년 1월 중 도입 배정하기로 되어 있었다.[169]

자조근로사업 실시 당시에 사업장의 분포는 남부 지방에 집중되어 있었다(〈표 2-25〉). 경상남북도가 가장 많고, 전라남북도가 그 뒤를 이었다. 농지 조성은 경상남도, 충청남도, 경상북도의 순으로 논이 조성되었고, 경상북도, 전라북도, 충청남도의 밭 조성이 많았다. 취로 세대는 영세민과 영세 농민으로 구분되었는데, 영세민은 토지가 없는 자이고 영세 농민은 5단보 미만의 토지를 소유한 자였다. 영세 농민이 영세민보다 3배 정도 많았고, 경지 분배 면적도 그에 따라 계획되었다. 취로한 영세민의 40%, 영세 농민의 75%가 분배를 받을 수 있었다. 즉 토지를 소유한 자가 개간한 농지 분배에 훨씬 유리했던 것이다.

〈표 2-14〉의 전라남도의 경우처럼 1960년대 초에는 난민정착사업이 종결되지 않았으나 정부는 1960년대 중반에 PL 480-2의 자조근로사업과 PL

---

168 보건사회부장관 오원선, 「7월분 미공법 480호 제2관 사업 실시」(1964. 6. 26), 『안건철』(국가기록원 BA0084409).

169 보건사회부장관 오원선, 「PL480-II 양곡에 의한 자조근로사업 실시 현황」(1964. 12. 24), 『국무회의안건철』(국가기록원 BA0084432).

시도	사업장 수					취로 세대			취로 가구원			조성 면적(정보)*			소요 취로 연인원	소요 양곡(kg)
	계단식개간	일반개간	토지개량	간척	계	영세민	영세농민	계	영세민	영세농	계	논	밭	계		
서울			1		1	5	195	200	35	1,365	1,400	148		148	41,280	148,608
경기	1	1	26	18	46	1,240	3,306	4,546	6,687	16,515	23,202	1,810.3	96	1,906.3	856,091	3,081,923
강원	17	39	6	1	63	2,451	2,215	4,666	12,527	10,836	23,363	782.1	817.1	1,599.2	706,486	2,543,343
충북	9	6	43		58	322	3,284	3,606	1,806	18,874	20,680	1,378.5	172.3	1,550.8	694,681	2,500,842
충남	10	17	32	3	62	931	6,066	6,997	5,399	32,334	37,733	2,301.6	971.1	3,272.7	1,123,423	4,044,315
전북	44	34	16	1	95	1,697	6,234	7,931	8,899	36,061	44,960	826.2	1,124.3	1,950.5	1,110,443	3,997,592
전남	23		38	31	92	1,522	6,160	7,682	9,060	33,248	42,308	2,059.2	446.2	2,505.4	1,168,413	4,206,302
경북	105	13	79		197	6,745	8,295	15,040	33,302	40,954	74,256	1,939.6	1,200	3,139.6	1,470,815	5,294,919
경남	28	14	73	10	125	1,080	12,592	13,672	5,390	68,794	74,184	3,864.5	871.8	4,736.3	2,458,854	8,851,861
제주		9			9	122	246	368	564	1,222	1,786	17	351.8	368.8	81,710	294,156
계	237	133	314	64	748	16,115	48,593	64,708	83,669	260,203	343,872	15,127	6,051	21,178	9,712,196	34,963,861

시도	사업예정지 내 현재 생산고(석)			조성몽리농지생산 예상고(석)**			경지 분배 계획***						
							영세민		영세농민		기타	계	
	미곡	잡곡	계	미곡	잡곡	계	세대	정보	세대	정보	정보	세대	정보
서울	740	740	2,220	2,220			5	4	195	78	66	200	148
경기	8,435	526	8,435	44,985	945	45,930	556	355.9	2,345	1,298.2	252.2	2,901	1,906.3
강원		344	0	12,285	9,526	21,811	1,017	876.1	1,095	652.2	70.9	2,112	1,599.2
충북	10,653	3,858	10,653	23,441	9,126	32,567	276	159.6	3,144	997.5	393.7	3,420	1,550.8
충남	7,508	5,641	7,508	36,655	15,705	52,360	1,061	702.4	4,519	2,025.9	544.4	5,580	3,272.7
전북	1,718	4,294	1,718	17,857	20,103	37,960	927	764.2	2,455	831.4	354.9	3,382	1,950.5
전남	14,667	1,076	14,667	44,286	18,607	62,893	682	468.3	5,203	1,764.6	272.5	5,885	2,505.4
경북	8,768	867	8,768	29,245	17,424	46,669	1,006	739.8	5,023	1,658.9	741.1	6,029	3,139.7
경남	18,305	6,891	18,305	63,024	21,406	84,430	852	450.1	12,209	3,766.9	219.3	13,061	4,736.3
제주				290	2,372	2,662	137	139	230	190.5	37.3	367	368.8
계	70,794	23,497	70,794	274,288	115,214	389,502	6,519	4,659	36,418	13,264	2,952	42,937	21,176

* 출처: 'PL480 TitleⅡ 자조근로사업장 전국 집계표', 보건사회부장관 오원선, 「PL480-Ⅱ 양곡에 의한 자조근로사업 실시 현황」, 1964. 12. 24, 『국무회의안건철』(국가기록원 BA0084432).
* 소수점 둘째자리에서 반올림.
** 소수점 첫째자리에서 반올림.
*** 소수점 둘째자리에서 반올림.

<표 2-26> 자조근로사업 작업량 (1964)

종별 (개/m)	소류지		보		수로		방수제		방조제		기타	계	
	개소	해당거리	개소	거리	개소	거리	개소	거리	개소	거리	개소	개소	거리
일반개간					11	17,313	32	28,997			90	133	46,810
간척									54	55,291	10	64	55,291
토지개량	163	21,170.2	11	1,041	27	43,349	110	24,929			3	314	180,144.2
계	163	21,170.2	11	1,041	38	60,662	142	53,926	54	55,291	103	511	282,245.2

* 출전: '작업량', 보건사회부장관 오원선, 「PL480-Ⅱ 양곡에 의한 자조근로사업 실시 현황」, 1964. 12. 24, 『국무회의 안건철』(국가기록원 BA0084432).

480-3 자조정착사업을 권장했다.[170] 특히 1960년대 전반의 간척사업은 장흥과 같이 민간에서 주관하는 비중이 월등히 높았다. 1965년 11월 현재 시공 중인 간척지 매립 면적 4만 5천 정보 중 약 94%가 개인이 하는 것이었다. 정부가 1962년 1월에 공유수면매립법을 공포하기 전까지 약 40년간(1923~1962) 조선공유수면매립령에 의거하여 농림부가 간척사업을 관장했다. 매립법 공포 이후에는 건설부가 이를 관장함은 물론, 국토건설종합계획의 작성과 실시를 조정하고 주관하는 기능까지 관장하게 되었으며 농림부는 농업과 수산업을 단일 목적으로 하는 간척사업만을 계속 관장했다.[171]

〈부표 6〉과 같이 1960년대 말에는 PL 480-3 사업이 PL 480-2사업으로 전환되기도 했다. 전라남도에서는 1969년 7월 현재 13개 시·군, 61개 자조근로 사업장에서 약 15,463.9정보의 매립이 진행 중이었다. 이 사업장 중에서 25개

---

170 보건사회부, 「미공법 제480호 제3관에 의한 개발 사업 신청 및 관리 요령」(1965. 5), 장흥군, 『농지분배관계철』(2).

171 행정개혁조사위원회, 『간척사업의 개선을 위한 조사 보고서』, 1965. 11. 30, 1~2쪽.

〈표 2-27〉 자조근로사업 현황(1964~1970)

	사업장	미완공	완공	취로 대상 가구	취로연인원	양곡 지급량(kg)	보조금(원)*
1964	748				9,696,324(계획) 5,068,150(실제)	33,908,614	75,675,600
1965	7,438		5,822	689,335	23,701,572	149,498,800	149,498,800
1966	20,550	14,555	5,995	619,937	27,139,932	108,915,302	286,731,600
1967	6,366	1,593	4,773	816,601	186,080,296	727,096,404	349,000,000
1968	5,498	2,188	3,310	6,363,708	273,819,212	848,108,497	59,090,000
1969	5,144			562,227	30,920,000	117,562,000	345,000,000
1970	5,479			477,745	20,192,000	72,500,000	1,802,754,000

* 출전: 『PL480-II 자조근로사업 현황표』(1964); 『PL480-II 자조근로사업 실적표』(1966, 1968); 『PL480 자조근로사업 실적』(1970), 보건사회부, 『보건사회통계연보』, 1964~1970.
* 보조금은 1964, 65년은 AID차관, 1966년 이후는 국고 경비 부담이었다. 국고 경비 부담은 행정비를 제외한 자재 대 및 기술 노임으로서 보건사회부 소관에 한한다고 정했다.

사업장은 PL 480-3의 지원을 받은 정착·개발 사업이라는 명칭으로 시작했다가 PL 480-2의 자조근로사업으로 전환된 것이었다.

〈표 2-27〉에 따르면, 1960년대 자조근로사업은 1966년에 가장 많은 수인 2만여 개의 사업장이 있었고, 1968년에 가장 많은 인원이 참여한 것으로 나타나고 있다. 〈표 2-28〉과 같이 1960년대 정착사업 및 근로사업에 배정된 양곡 규모로 지역별 사업 현황을 살펴보면, 먼저 1960년대 전반에는 서울에 양곡이 배정되지 않았던 것을 볼 수 있다. 1957년부터 도시에서 난민정착사업이 추진되었고 서울에서도 난민주택 건립이 실행되었으나, 1960년대에는 정부 차원의 지원은 없었거나, 있었다 해도 주택 자재에 한정되었다고 추정할 수 있다. 1960년대를 아울러 지역별로 양이 가장 많은 곳은 전라남도로 전체의 18.3%이다. 그 뒤로 부산·경남 14.4%, 경북 13%, 충남 12.1%, 경기 12%, 강원 10%, 충북 8.3%의 순으로 많았고, 제주와 서울은 2.3%, 2.3%였다. 전남에서는 〈표 2-14〉와 같이 1960년대에 난민정착사업이 지속되고 있었고, 그것이 이후 자조사업으로 흡수되며 사업의 규모가 가장 컸던 것으로 보인다.

〈표 2-28〉 지역별 정착사업 및 자조근로사업 정부 양곡 배부 현황(1962~1970)

(단위: kg)

연도	1962 (석)	1963 (석)	1964	1965	1966	1967	1968	1969	1970	누계
총수	331/8,978	1,698/6,811	231,840/526,353	61,557/235,669	108,915,302	120,135,654	127,507,000	117,562,000	73,213,000	547,332,956
서울	-	-	-	-	1,766,415	3,263,940	3,200,000	2,689,000	1,023,000	11,942,355
부산	-	133/533	11,376/44,415	5,254/20,147	999,814	1,741,832	1,714,000	1,626,000	1,598,000	7,679,646
경기	5/737	111/447	11,520/45,261	3,631/13,946	11,653,859	12,556,107	20,090,000	12,454,000	8,921,000	65,674,966
강원	6/737	70/283	15,120/59,079	1,581/6,106	10,740,530	12,240,115	12,093,000	12,282,000	6,976,000	54,331,645
충북	5/737	19/77	2,160/8,319	2,627/10,076	9,022,349	8,883,488	12,176,000	9,592,000	5,889,000	45,562,837
충남	0/127	270/1,083	3,312/12,549	2,106/8,055	9,563,114	15,227,607	18,213,000	14,078,000	9,174,000	66,255,721
전북	224/2,057	86/346	35,136/137,193	4,206/15,981	9,132,045	8,894,986	8,011,000	7,650,000	5,318,000	39,006,031
전남	0/803	537/2,151	9,216/35,814	32,444/124,083	27,203,440	23,316,359	23,608,000	14,029,000	13,172,000	101,328,799
경북	8/836	220/883	117,360/79,665	2,895/11,081	13,269,651	15,779,844	14,370,000	17,324,000	10,647,000	71,390,495
경남	7/784	191/764	26,208/102,507	6,833/26,194	12,350,117	14,926,822	11,533,000	23,841,000	9,122,000	71,772,939
제주	0/118	61/244	432/1,551	-	3,213,968	3,304,554	2,499,000	1,997,000	1,373,000	12,387,522

* 출전: 「정부 구호 양곡 배부 상황표」, 보건사회부, 『보건사회통계연보』, 1962~1970에서 통합하여 정리함.
* 표의 양곡 배부 현황은 백미/잡곡에 관한 것이지만, 1966년부터는 잡곡만 배부되었다.

　　이상과 같이 제2부에서는 난민정착사업이 한국전쟁기에 정부와 원조기구 합동으로 난민의 구호 사업으로서 시작되었고, 1950년대 후반에도 원조기구가 큰 비중을 두고 지속했음을 밝혔다. 난민정착사업은 구호 대상자가 개간·간척하여 조성하는 농지를 토대로 정착하고 자립하게 한다는 목적으로 추진되었다. 이승만 정부와 원조기구는 난민정착사업을 재건과 부흥을 위한 기초로 인식했고, 지역사회개발, 사회 복지, 주택 분야를 아울러 가장 큰 규모로 원조가 이루어졌다. 1950년대에 난민을 대상으로 하는 사회정책의 틀은 정착사업이었다. 정부는 최소한의 비용으로 난민의 노력과 의지에 의존하여 난민이 구호 대책에서 벗어나도록 하는 것을 지향했다.

1960년대 전반에는 미개간지와 갯벌을 농지로 만든다는 사업 방식은 이전 시기와 동일했으나 정착사업의 대상을 '사회형' 난민인 실업자, 고아·부랑아 등으로 확대했다. 정부는 통제와 폭력을 동원하면서 사회문제시되는 사람들을 농촌에 격리하고 식량을 증산할 방안으로서 정착사업을 적극 활용하고자 했다. 1960년대 중반 이후에는 사업에서 대상을 지정하거나 정착해야 한다는 목적을 두지 않았다. 정착사업은 잉여농산물을 활용하여 노동력을 동원하고 농지를 확대하는 근로사업으로 흡수되었고, 사업 참여자는 구호 대상자 전반으로 확대되었다.

3부

정착사업의 과정과 실제

1950년대의 난민정착사업, 1960년대 전반의 귀농정착사업 및 고아·부랑아의 개척단, 1960년대 중반 이후의 정착사업과 자조근로사업의 보다 구체적인 내용과 성격은, 실제로 사업이 진행되었던 사업장의 사례를 통해 드러날 수 있다. 3부에서는 1950년대 난민정착사업이 추진되었던 지역인 제주도 서귀포의 법호촌과 경남 하동군 화개면, 1950년대부터 1960년대까지 난민정착사업, 자활정착사업(개척단·자활단), 자조정착·자조근로사업이 모두 진행되었던 전남 장흥군을 대상으로 하여 사업의 실행 과정, 기획 및 참여자, 그 결과에 대해 분석하고자 한다.

1장
제주도 마을의 복구와 난민 정착

1. 한국전쟁기 제주도 활용과 육지인 피난

일제 말기 일본군의 전쟁 기지로 사용되었던 제주도는 해방 후 정부수립 과정과 한국전쟁기에 큰 희생을 치른 지역이다. 4·3사건으로 제주도 중산간 마을 주민들은 소개되었고, 무장대와 군경의 무력 충돌로 파괴된 마을의 상당수는 사건 이전으로 복구되지 못한 채 폐촌이 되었다. 1949년부터 마을 복귀와 정착 및 재건이 추진되었으나 곧 전쟁이 발발했다. 전쟁 시기에는 육군 훈련소가 설치되었고, 육지 난민의 피난 장소로 이용되었다. 제주도에서는 1950년대 전반 4·3 난민, 육지 피난민의 정착과 재건이 중요한 과제였다.

정부는 전쟁 시기부터 제주도 종합 개발을 계획하여 공장을 이전하고 산업을 발전시키고자 했다. 그러나 치안 상황과 난민의 안정이 더 시급한 상황에서 개발 계획은 본격화되지 못했다. 이러한 제주도에서 원 거주지에 복귀하기 힘든 난민의 정착 문제를 해소하기 위해 정착사업이 시행되었다.

제주도는 피난민 수용지, 포로수용소, 군사훈련장이라는 후방의 역할을 담당했다. 전시에 허정(許政) 사회부장관은 치안을 염려하면서도 제주도가 인구 100만 명가량을 수용할 수 있다고 낙관했다.[01]

1950년 7월 16일에 육군 제5훈련소가 설치되었고, 전황이 불리해지자 대구에서 창설되었던 육군 제1훈련소가 1951년 1월 22일에 제주도 모슬포로 이전되었다. 1월 25일 모슬포 공군 기지 및 제주 공군 기지로 이동한 공군 및 각 부대에서 교육 훈련이 시작되었고, 포로수용소 등 많은 군사 시설이 설치 운용되었다.[02]

1950년 7월 16일부터 제주·한림·성산·화순항을 통해 1만여 명이 들어왔고, 1951년 1월 16일 사회부가 발표한 남한 각 도의 피난민 통계 발표에 따르면 제주도 피난민이 8만 7천 명, 5개 수용소에 집단 거주하는 피난민이 6만 7천 명이었다. 1951년 2월, 부산에서는 5회에 걸쳐 20,975명을 제주도로 보냈다. 기록상으로는 발견되지 않았으나 부산뿐만 아니라 인천에서도 제주도까지의 이송이 이루어진 것을 알 수 있다. 목적지를 알 수 없었으나 "배를 안 탄 사람이 없었다"고 한다.[03]

정부는 본래 피난민 50만 명을 제주도로 소개할 계획이었으나 8군단에서 10만 명 이상은 어렵다고 하여 포기했다.[04] UNCACK 제주팀 조사를 토

---

01 허정 사회부장관, 「비상사태 수습 대책에 관한 긴급 질문」, 『제2대 제10회 국회 정기회의속기록』, 1951. 1. 16.

02 양정심, 앞의 책, 202쪽.

03 김생금 구술(월남민 구술생애사 조사연구, http://waks.aks.ac.kr/rsh/dir/rsearch. aspx?rshID=AKS-2014-KFR-1230004&sType=&sWord=%EA%B9%80%EC%83%9D%EA%B8%88).

04 국방부, 『한국전란일년지』, 1951. 10. 15, D38쪽. 사회부가 3월 10일자로 조사한 이 자료와 다르게 사회부 차관은 1월 20일에 국회에서 제주도에 피난민 4만 8천 명이 있다고 보고하여 그 차이가 심하다. 최창순 사회부 차관, 「피난민 강제소개 및 양곡 정책에 관한 긴급 질문」, 『제2

대로 한 1951년 피난민 인구통계는 31,344명에서 14만 8천 명까지 파악되기도 했다. 1951년 4월 자료로는 북제주군에 5만 2천여 명, 남제주군에 1만 2천여 명, 제주읍에 4만 2천여 명의 피난민이 있었다.[05]

제주도로 오게 된 사람들 중에는 고아들도 있었다. 미 공군의 '고아 대피 작전'으로 서울에 있던 고아들이 제주도에 보내졌다.[06] 전쟁 시기에 제주도에는 4개의 고아원이 있었고, 4개가 새로 설립되었다. 그중 가장 큰 규모는

대 제10회 국회 정기회의속기록』, 1951. 1. 20.

05 양정심, 앞의 책, 209, 212쪽; 부만근, 『광복제주 30년』, 문조사, 1975, 116~117쪽.

06 '고아 대피 작전(Operation of Kiddy Car Airlift)'은 딘 헤스(Dean E. Hess, 1917~2015)의 업적으로 알려져 있으나 실제로는 공군 군목 러셀 블레이즈델(Russell L. Blaisdell) 중령, 멀 스트랭(Merle Y. Strang) 하사가 주도했다. 블레이즈델(1910~2007)은 전쟁 발발 직후 미 공군 군목으로 들어와서 9월 말부터 고아를 돌보기 시작하다가 빈 학교 건물에 '서울고아수용센터'를 만들었다. '1·4후퇴' 시기에 1천여 명의 고아를 제주도에 보내기 위해 공군 사령관을 설득하여 일본에 있던 C-54기 16대를 동원했다. 스트랭 하사와 함께 아이들을 돌보았고, 인천, 김포로 옮긴 끝에 제주도에 보낼 수 있었다. 이 고아 대피 작전이 미국에 알려지며 많은 원조 물자가 들어오기도 했다. 제주도에 도착한 고아들은 헤스가 마련한 제주농업학교의 시설에 들어갔다. 그런데 헤스는 1956년에 자서전을 쓰며 자신이 고아 대피 작전을 위해 제5공군 사령부에 전화해서 수송기를 요청했다고 했다. 그는 제주도 고아원에 필요한 물품들을 보내고 몇 차례 방문하여 기여한 바도 있었지만, 대피 작전에는 직접 개입하지 않았다. 헤스의 자서전은 1957년에 영화로도 제작되어 그에게 '고아의 아버지'라는 명성을 안겼고, 그 공로로 한미 양국에서 무공훈장 등을 받았다. 헤스는 자서전 인세와 영화 수익금을 한국의 고아를 위해 사용했으나 고아 대피 작전의 공은 과장되었던 것으로 보인다. 스트랭이 1957년에 이 사실을 알고 화가 나서 블레이즈델에게 쓴 편지에 따르면, 헤스는 영화 제작 전 작전에 대해 자신에게 질문한 적이 있었다고 한다. 그는 적은 일을 하고 영웅이 되는 것을 바로잡아야 한다고 주장했다. 블레이즈델은 헤스의 선행에 만족한다며 별다른 대응을 하지 않았다. 그 후 2001년 방한하여 영부인과 만나는 등 그의 활동이 한국에 알려졌고 광주 충현원에서 회고록을 번역 출간했다. Russell L. Blaisdell, John P. Kennedy, *Father of a Thousand: Kids of the Korean War*, 2007(충현원을사랑하는사람들 옮김, 『1,000명의 아버지』, 충현원, 2011); Dean E. Hess, *Battle Hymn*, 1987(이동은 옮김, 『신념의 조인』, 도서출판 플래닛미디어, 2010, 287~392쪽); George F. Drake, 2004년 작성, 한국전쟁 아동 희생자 추모단체 홈페이지(http://www.koreanchildren.org).

1951년 3월에 황온순(黃溫順)이 인가받은 한국보육원이었다. 황온순은 제주도에서 고아를 돌본 공로로 1952년 사회부장관 표창을 받았다.[07]

　미군과 사회사업가들의 노력에도 불구하고 제주도에서 고아는 생존이 절박했다. 입도한 후 봄이 되자 병약한 아이들은 죽고 건강한 아이들만 살아남았다.[08] 하루에 한두 번씩 죽을 주었다고 하지만 부족해서 나무뿌리를 먹어야 했다.[09] 정영철은 대구에서 제주도로 가게 되었다고 기억했는데, 고아원에서 배가 고파서 부산으로 탈출했다.

　　대구 동촌 비행기장에 가니께 콘세트(concert)[10]를 지어놨는데, 우리들 또래들이 한 50명 정도 있으니께 마음이 놓이더라고. 거기서 배도 안 고프고 잘 얻어먹고 있었는데 며칠 있으니까 포 소리가 펑펑 나더라고 [소리가] 자꾸 가차워지니께, 헬기로 [우리들을] 제주도 갖다 내버려버렸어. 제주도 무슨 고아원이야. 그런데 거기는 배가 고파서 못 견디는 거야. 하루에 아침에 한 아홉 시 돼서 강냉이죽 한 그릇 먹으면 그걸로 끝이여. 하루에 한 끼만 먹는 거지. 거기서 6·25가 끝났어. 전쟁이 끝났다고 어른들이 그러더라고. 이제 전쟁 끝났는가 보다 했는데 가

07　1957년 통계에 다르면 고아원 8개, 맹아수용소 1개에 1,361명이 수용되었고, 한국보육원은 338명을 수용하고 있었다. 보건사회부, 『보건사회통계연보』, 1955~1957, 468쪽. 한국보육원은 1957년 11월의 화재 이후 서울 휘경동으로 이전하여 현재까지 이어지고 있다. 한국보육원 홈페이지 법인 소개 연혁(http://www.hanguki.kr).

08　Dean E. Hess, 이동은 옮김, 앞의 책, 319쪽.

09　KBS 〈한국의 유산—황온순〉(https://www.youtube.com/watch?v=xyS_S1kKflw); OH_012_006_정영철_006.

10　콘세트(concert) 건물은 군대에서 사용하는 야전식 건물로서, 아치형으로 기둥과 보가 없이 지붕과 벽을 일체로 한 터널식 모형의 가설 건물이다. 전쟁 시 쉽게 건설하고 철거 또한 간편한 철제 가설 건축물이다.

족들 찾아가야 될 거 아녀. 그런데 거기서 안 보내주니까. 아마 한 열 몇 살 때일 거야. 내가 그때는 좀 성숙한 편이었던가벼. 어른들이 입던 옷을 입었어. 굉장히 지루했는데 지금 생각해보면 몇 개월 된 것 같아. 그때 당시에는 굉장히 오래 있었던 것 같아. (…) 미국 목사가 위탁을 해놓은 고아원이여. 먹을 식량은 없고 애들은 많고 하니까 그런 것 같아. 그러다가 부산으로 나왔어. 나중에 제주도 관광 가서 한번 찾아볼라니께 도저히 못 찾겠데. 난 뭐 기억이 안 나갖고 어디에 있었는지, 바닷가에 물이 철럭거렸어. (…) [제주도에] 여름에 들어갔는데 겨울에 나왔어. 입은 옷은 여름옷이라 얼마나 추워. 가을에 배가 출발했는데 부산에 오니까 겨울이여.[11]

육지의 피난민이 스스로 제주도행을 선택할 수는 없었다. 목적지를 알고 있었는지 여부는 차이가 있었는데, 이때 교회 신자인지 여부가 결정적이었다. 부산에서는 교회가 별도의 수송선을 동원한 것으로 보인다. 김용화는 부산의 영도제일교회에서 수송선을 알선하여 제주로 피난하게 되었다고 했다. 이와 달리 차순홍은 목적지를 모르고 내릴 때까지 일본으로 가는 배인 줄 오해하고 있었다.[12]

육지에서 피난민이 들어올 때 제주항에서 바로 내리기도 했지만, 다른 지역으로도 보내졌다. 제주도 남서쪽의 화순은 모래사장이 커서 미군 상륙함정(landing ship tank: LST)이 바로 들어올 수 있었던 항이었다. 제주에서 배를 갈아타고 화순이나 성산으로 보내졌다. 김용화는 제주시에 쌀이 나지 않아서

---

11 OH_012_006_정영철_006.

12 김용화, 차순홍 구술(월남민 구술생애사 조사연구, http://waks.aks.ac.kr/rsh/dir/rsearch.aspx?rshID=AKS-2014-KFR-1230004&sType=&sWord=%EA%B9%80%EC%9A%A9%ED%99%94).

남제주군에 가야 쌀이 난다는 소문을 들었고, 제주에서 화순으로 배를 돌리게 되었다고 했다.

피난민은 제주도에 도착한 후 현지인의 집에 들어가게 되었다. 피난민과 현지인의 관계는 복합적이었으나 집단을 이루고 있는지 여부와 종교 공동체의 형성이 영향을 미쳤다. 김진국은 효돈 마을로 오게 되었는데, 이북 출신 사람들이 가장 많이 모인 곳이었다고 했다. "어둑어둑한데 보목동으로 가라고 해서" 살게 되었는데 "반장, 통장이 다 나와서 빈방을 피난민에게 다 내주었"고, "피난민이라고 해서 식량을 다 주었"다며 현지인이 호의적이었다고 회고했다.[13] 다만 그 생활도 6개월여 동안의 임시방편이었다.

반면에 성산으로 들어왔던 김생금은 현지인이 "피난민이 들어와서 우리도 못 살겠네, 못 살겠네" 하며 집도 잘 안 주었다고 회상했다. 새로 고친 집마저 빼앗겼다는 것이다. 그는 "[제주] 사람들이 미개인이라 깨질 못 했더라"고 하며 입도 당시 제주도민에 대한 인식이 좋지 않았던 것을 드러냈다.

여기 온 사람은 집을 빌리고 하니까 초가집 다- 낡은 집에 사람 들어갈 수 없는 집에, 우리 주인 양반이, 다- 그냥 할망이 노망을 해가지고 막 집을 다 틀어놓은 거 그 집을 빌어 가지고 다- 수리했어. 한쪽엔 경찰이 살고 우리가 살고 그러는데 넘들이 그러더라고, 그거 고쳐도 소용없다, 주인이 아주 악한 사람이라 뺏는다 그거야. 정말 깨끗이 해놓으니까 나가라잖아. 나가라니까 딴 집에 가도 우리 ○○(딸) 낳았는데 조금 걸어 다녀 통탕통탕해도 야단하지. 그렇게 심하더라고 여기 사람들 좀 배타심 있어서 좀 끼리끼리, 나 말을 해도 소용은 없지만은

---

13 김진국, 박용이, 송운호 구술(월남민 구술생애사 조사연구, http://waks.aks.ac.kr/rsh/?rshID=AKS-2014-KFR-1230004).

좀 거식하더라고 자기네 고향 여기 사람들끼리만 살아서 타인은…'.[14]

현지인과의 관계에 차이가 생긴 배경에는 교회가 있었다. 김진국과 송운호는 신자였고 김생금은 그렇지 않았다. 교인 수송선이 있었던 것으로 보아 입도 장소의 차이도 종교에서 비롯된 것이라고 추정된다. 김진국에 따르면 효돈 마을에는 월남민이 다수였기도 했지만, 목사가 많이 모였다고 한다. 송운호가 가게 된 보목에도 1951년 1월에 교회가 설립되었다. 송운호도 1964년까지 보목교회에 출석했다.[15] 즉 교인이나 교회가 있던 지역으로 간 피난민이 호의적인 대우를 받았던 것은, 마을의 분위기를 피난민이 주도했거나 집주인이 신자였기 때문일 수 있겠다. 피난민도 신자가 아니고 도착한 마을에도 교회의 영향이 없었다면 제주 현지인의 피난민 인식은 부정적이었을 가능성이 높다.

전시 상황은 피난민과 현지인 모두에게 인내를 요구했다. 민가에 방을 얻지 못한 경우 학교 등 공공시설과 수용소에서 집단생활을 했고, 피난민 통반이 따로 만들어졌다. 수용소 난민들은 거지와 차이가 없다고 묘사되기도 했다. 거주지가 없었던 피난민의 생활은 매우 열악했다.

제2국민병으로 제주도에 들어온 경우, 다양한 형태로 부당한 상황에 놓이게 되었다. 제2국민병은 2만 6천 명 정도 제주도에서 훈련받고 있었다. 이들 가운데 '불순분자'가 섞여 있다는 의심은 제주도 치안에 대한 우려로 이어졌다.[16] 훈련에서 낙오되거나 육지에서 속아서 들어온 장정들은 할 일을

---

14 김생금 구술.

15 김진국, 송운호 구술.

16 허정 사회부장관, 「비상사태 수습 대책에 관한 긴급 질문」, 『제2대 제10회 국회 정기회의속기

찾지 못하여 난감했다. 신원을 보장받지 못하는 상태에서 자칫 '공비'로 몰릴 수 있었기 때문에 자유롭게 이동할 수도 없었다.[17] 국민방위군 사건으로 드러났듯이, 모슬포 훈련소의 여건도 여의치 않았다. 당시 병사들은 횡령 사실을 알지 못했고 굶주리면서도 전쟁이라는 현실을 수긍하고 있었다.

> 훈련소에서 4개월 훈련 받는데도 먹은 게 너무 작아요, 밥이. 좌우간 이 밥그
> 릇에 밥 들어오는 거 보면 이렇게 깎아서 들어오는데 한 여섯 숟갈, 다섯 숟갈 먹
> 으면 다 없어져요 군대 숟갈이 크잖아요 그걸로 한 댓 숟갈 먹으면 없어요 무슨
> 국도 들어왔는데 건더기는 하나도 없고 소금국만 들어오고 근데 그거 뭐 나라
> 가 그런 줄 알았는데 그게 아니에요 후에 알아보니까. 다― 떼먹었어요 군량미가
> 한 사람 앞에 하루 뭐 2홉인가 나온대요 밥을 이만큼 줘야 된답니다. 근데 뭐 연
> 대장 떼먹지, 대대장 떼먹지. 전부 지프차로 싣고 나간답니다, 쌀을. 이놈저놈 다
> 떼먹으니까 먹을 게 없잖아요 후에 아니까 그거예요 그러니까 병사들이 배곯
> 는 겁니다.[18]

제주도 내 피난민들은 단합하여 지역 정치에 참여하고 현지에 정착하고자 했다. 1951년 3월 친목 단체로 '제주도피난민협회'를 구성하여 구호품 배정 업무와 상부상조를 위한 정보 교환을 시작했으며, 도 당국도 4월 27일 '동란이재민구호위원회'를 조직했다. 1952년 8월 21일 이북 출신 피난민들

록」, 1951. 1. 16.

17 조광섭 의원, 「금강 이북 전재민 구출 급(及) 제2국민병 처우 개선 및 제주도 조사 시찰 보고」, 『제2대 제10회 국회 정기회의속기록』, 1951. 2. 12.

18 차순홍 구술.

은 '북한 피난민 제주도 연맹'을 결성하고 이사장에 임면호를 선출했다. 친목 단체로 각 지역 도민회도 조직되었는데 1952년 3월 황해도민회, 5월에 평안도민회, 9월에는 함경도민회가 만들어져 초대 회장에 김상흡(金相洽),[19] 김병훈, 황병록이 각각 선출되었다.[20] 제주도의 피난민 관련 기록들에서 빠짐없이 다루어지는 중요한 사건이 1953년 2월 10일에 벌어졌다. '피난민대회 설화(說話)' 사건인데, 김명수라는 인물이 피난민 차별 시정을 건의하며 도의회의 사상을 문제 삼는 발언을 했다가 구속된 일이다. 김상흡은 대회 '설화 사건'에 대해 사과 성명을 내고 도의원직 사퇴서를 냈으나 반려되었고, 김명수도 석방되었지만 피난민과 제주인의 갈등이 전면에 드러났던 일로 남았다.

한편, 1950년부터 제주도 개발 논의가 본격화되었다. 경제안정위원회(ESC)에서 개발 사업을 추진할 제주도개발위원회(CDC)의 구성과 활동을 결정했다. CDC는 단장을 비롯하여 ECA 대표, 재무부 대표, 농림부 대표, 상공부 대표 및 제주도지사의 6인으로 구성되었다. 이들은 제주도 내의 입지적 조건을 조사 연구하여 개발에 필요한 사업 항목을 결정하는 동시에 그 사업에 필요한 ECA 대충자금을 알선하는 역할을 맡게 되었다.[21]

사업 첫 해에는 ECA 자금 16억 4천만 원으로 간이주택 건설, 생산 시설,

---

19 무소속 초대 제주도 의원이다. 1952년 5월 10일 초대 도의회 선거에서 당선된 북(제주)군 13명 의원 중 한 명이었다. 초대 도의원 선거에서 한라산 공비 소탕, 전기·상수도 및 교육 시설의 확충, 상이군경과 영세민 생활 보호, 면 단위 의료 기관 설치 등을 주요 공약으로 제시했다. 1953년 2월 10일에 열린 피난민대회준비위원장을 맡았다. 「도민과 함께 한 70년의 기록 (5) 지방자치 실시」, 『제주일보』, 2015. 1. 25; 부만근, 『광복제주 30년』, 1975, 문조사, 121쪽.

20 부만근, 앞의 책, 117~119쪽.

21 「제주도개발단 사업 보고서」(1951. 3. 25), 『일반국정관계서류철』(국가기록원, BA0135103).

산림 벌채 등 개발 사업에 착수할 것이라고 알려졌다.[22] 농림 개발, 토지 개량, 수산 개량, 후생 사업, 보건 사업, 공공건물 증축, 도로 개량, 항만 개량, 수도 시설, 통신 시설, 전기 시설, 교통 시설, 공업 시설, 문교 시설 등 14개 사업이 구상되었으나 실현되지 못했다.

도민들은 사업에 기대감을 갖게 한 정부를 불신하고 있었다. 사업이 시행되기 어려운 이유로 몇 가지가 지적되었다. 첫째 4·3사건 이후 치안이 안정되지 않았다는 점, 둘째 전력(電力) 개발과 교통 등 기반시설이 미진한 점, 셋째 16억 4천만 원으로 책정한 개발 자금을 정부가 결손을 우려하여 지급하지 않는 점이었다.

제주도의 치안 문제는 가옥과 마을의 재건과 연계되어 있다고 지적되었다. 서범석(徐範錫) 의원은 경제 안정을 확립해야 치안도 확보될 수 있다고 주장하였다. 정부가 4·3사건 이후 '부흥자금'을 마련했으나 소실된 가옥의 재건을 위해 한 호에 3~4천 원을 제공하여 비현실적이라는 것이다. 산에 들어갈 수가 없고, 재목을 채벌할 수도 없는 상태에서 빈민에게 재건을 요구하는 것은 무리였다.

피난민의 유입이 급격히 증가했으나 교통 시설은 부족한 상태였다. 육지와 제주도를 연결하는 선박이 목포, 부산에서 출항하지만 선박업자의 의사에 맡겨져 있었고, 항구는 대형 선박이 기항할 만한 환경이 아니었다. 제주도 내 교통도 인구 증가에 비해 턱없이 부족했다. 개발 자금의 90%를 ECA가, 10%를 식산은행이 담당한다는 것이 원래의 계획이었으나 ECA가 식산은행을 통해서만 자금을 지불하게 되면서 결손까지 담보해야 했기 때

---

22 「ECA 자금으로 제주도 개발 계획」, 『민주신보』 1950. 12. 23.

문이다.[23]

초기 구상처럼 다방면의 개발 사업은 진행될 수 없었고, 육지의 공장들이 이전하고 기존 공장이 가동을 재개하는 정도로 사업이 마무리되었다. 경인 지구에서 들어올 공장이 세계고무, 한국피혁, 조일고무, 협신제약, 대성목재 등 7개, 기존 공장이 제주식품 등 6개소였다. 공장 대표들이 공장 가동을 위한 전력 대책, 운영 자금 및 원자재 공급을 정부에 요구했으나, 결과적으로 1952년에 한국피혁, 한일공업, 남방산업, 삔아니기업 등 4개 업체만 식산은행 대출을 승인받았다.[24]

전시 제주도 개발 계획은 정부가 비계획적, 비현실적으로 기획하였고, 결국 현실화되지 못했다. 제주도는 4·3 이후 가옥과 마을이 채 복구되지 않은 상태에서 전쟁에 직면했다. 정부의 '종합 개발' 시도는 현지 조건을 고려하지 않은 채 이루어진 데다, 제주도가 철저하게 전쟁 후방 역할을 맡게 되었다는 점에서 애초에 실현 의지가 있었다고 보기 어렵다. 또한 개발과 피난이 동시에 벌어지고 있었으나 피난민은 그 개발의 수혜를 받을 수 없었다. 새로이 들어온 공장에서 제주도 출신은 그나마 노동할 기회를 얻었으나 피난민은 그렇지 못했다.[25]

육지 내에서도 복귀가 이루어진 것처럼, 제주도에서도 육지로 복귀하는 피난민이 늘어갔다. 1952년 초 피난민수는 28,059명(북군 21,002명, 남군 7,057명)으

---

23 이종현 의원, 조광섭 의원, 서범석 의원, 「금강 이북 전재민 구출 급(及) 제2국민병 처우 개선 및 제주도 조사 시찰 보고」, 『제2대 제10회 국회 정기회의속기록』, 1951. 2. 12.

24 「제주도 개발 사업 진척」, 『경향신문』 1951. 5. 3; 「경인 지구에서 제주도로 이전하는 7개 공장은 8월부터 조업 가능」, 『민주신보』 1951. 6. 20; 「재무부, 식산은행의 제주도 개발 운영 자금 융자 계획을 승인」, 『부산일보』 1952. 8. 10.

25 강창용 의원, 「지방 실정 보고 및 질문」, 『제2대 제11회 국회 임시회의속기록』, 1951. 9. 29.

로 줄어들었다.[26] LST로 또는 개별적으로 부산, 서울 등 육지로 다시 떠났다.

제주도의 파괴된 마을 복구도 시작되었다. 1952년 3월 서귀면 상효리 동 마을 주민들(57호 270여 명)이 원래 마을로 복귀했다. 정부는 1952년 10월 1일 부터 4·3사건으로 인한 피해 주택 복구를 위한 기본 자료 수집에 착수했다. 휴전 후에는 주민들이 적극적으로 복귀를 요구했다. 제주읍 노형리와 도평 리 주민들이 연대 서명을 하여 제주읍 당국에 마을 복귀 진정서를 제출하 자, 제주읍은 이를 북제주군과 경찰 당국에 진정했다. 주민들은 4·3사건 이 후 5년간 임시로 지은 토막에서 집단수용 생활을 해오고 있었다. 제주도구 호위원회는 1953년 12월 21일에 9만여 명의 이재민을 위한 귀농 정착용 자 재 5,000호분을 건축용과 보수용으로 구분하여 6,770호에 배급했으나 본격 적인 정착사업의 수준은 아니었다.[27]

1954년 1월부터 도 당국은 주민들의 진정을 받아들여 재건 인가를 내렸 다. 한림면 조수리 주지동 주민들은 1954년 1월 28일 원주지 복귀를 기념하 는 입주식을 거행했고, 저지리 명리동 이재민들은 3월 8일 원주지 재건 복 귀를 원하는 진정서를 북제주군에 제출했다. 구좌면 덕천리 주민들은 3월 12일부터 7년간의 이재 생활을 마치고 원래 마을로 복귀했다.[28]

제주도 경찰 당국은 1954년 4월 1일을 기해 산간 마을을 포함하여 도내 전 지역에서 이재민의 입주 복귀를 허용했고, 1954년 9월 21일 제주도 경찰 국장 신상묵(辛相默)은 한라산 금족(禁足) 지역을 해제, 전면 개방을 선언했다.

---

26 부만근, 앞의 책, 117쪽.

27 『제주신보』, 1952. 3. 14; 1952. 9. 28; 1953. 11. 3; 1953. 12. 23.

28 『제주신보』, 1954. 1. 31; 1954. 3. 13; 1954. 3. 15; 제주4·3사건 진상규명 및 희생자 명예회복위원 회, 앞의 책, 513쪽.

지역 주민들이 담당했던 마을 성곽 보초 임무도 없어졌다. 이때부터 소개되었던 중산간 마을에 대한 복구 및 이주·정착사업이 더욱 활발하게 전개되었다.[29]

제주도 당국은 1954년 11월 17일자로 1955년도 난민정착계획 수립을 위해 각 읍·면별로 정확한 기초 조사를 실시하여 그 결과를 제출하도록 했다. KCAC가 정착 계획을 수립하면 사회부가 1월부터 현지조사를 하여 원조를 하겠다고 언명했기 때문이었다. 당시 조사는 크게 4·3사건으로 인한 피해 조사와 육지 피난민 조사로 구분되었다. 4·3 피해 및 재건 상황, 재건 계획과 자재 분급 사항은 아래와 같은 항목으로 조사되었다.[30]

①4·3사건 이전의 인구 및 가거(家居) 분포 상황(피해 유무 전체 마을)

②1954년 10월 말일 현재 인구 및 세대 가거 분포 상황(피해 유무 전체 마을)

③재건 상황

④요재건(정착) 계획 자료 조사

⑤귀농 정착용 자재 분급 상황 조사[31]

이 조사를 통해 나타난 읍·면별 피해 상황 및 재건을 필요로 하는 세대 및 인구 수는 〈표 3-1〉, 〈표 3-2〉와 같다. 조사 결과에 따르면 4·3 이전의 제주도민은 23만여 명으로 파악되었고, 1954년 10월 말에 15만여 명이 재건 상황

---

29 『제주신보』 1954. 3. 18.

30 제주도지사, 「정착사업 자료 조사 실시에 관한 건」(1954. 11. 17), 『1469난민정착(4·3사건피해 상항조사』, 1955(국가기록원 BA0178704).

31 ①~④ 항목과 달리 ⑤는 정해진 양식이 없었고 제주읍, 애월읍, 조천면, 표선면에서 주택 동수, 목재, 시멘트, 못의 분급 상황을 보고했다.

〈표 3-1〉 4·3 피해 및 재건 상황

구분 / 읍면별		4·3사건 전 ①		피해 상황 ②		1954년 10월 말 현재 재건 상황 ③							
						주택		가주택		차가		합계	
		세대	인구	세대	인구	세대	인구	세대	인구	세대	인구	세대	인구
북제주군	제주읍	12,243	60,635	3,674	21,066							15,236	
	애월면	5,008	22,363	1,938	9,595	3,839	16,148	464	2,561	300	1,053	4,603	19,762
	한림면	7,003	36,908	1,746	9,193	6,306	27,254	595	2,677	509	2,241	7,410	32,172
	구좌면	4,657	25,100	957	4,788	4,150	22,917	152	624	271	1,196	4,573	24,538
	조천면	3,473	17,781	1,176	7,284	2,493	12,060	149	706	543	3,175	3,285	15,941
	소계	28,911	145,006	8,315	44,642	14,295	66,319	1,211	5,862	1,080	4,490	31,822	76,472
남제주군	대정면	521	2,150	521	2,150	183	812	91	364	48	194	322	1,370
	중문면	2,510	12,614	665	3,771	1,993	10,619	129	450	246	1,102	2,368	12,171
	남원면	2,627	13,652	1,672	11,549	1,011	5,987	791	4,262	321	1,545	2,123	11,894
	서귀면	3,418	17,559	533	3,288	3,191	16,194	166	769	193	736	3,550	17,699
	안덕면	2,617	13,207	933	4,810	1,823	9,225	229	1,144	265	1,149	2,317	11,518
	표선면	1,892	9,302	906	2,725	347	1,557	122	547	146	621	615	2,725
	성산면	3,105		311	1,596	172	480			219	1,129	391	1,609
	소계	42,496	213,490	13,545	72,935	22,843	110,713	2,739	13,398	2,299	9,837	43,117	133,849
합계		49,074	231,271	15,228	81,815	25,508	123,253	2,888	14,104	3,061	14,141	46,793	151,399

* 출전: 북제주군수, 「정착사업 자료 조사 실시에 관한 건」(1955. 2. 4), 남제주군수, 「정착사업 자료 조사에 관한 건」(1954. 12. 10), 『1469난민정착(4·3사건피해상황조사)』, 1955(국가기록원 BA0178704).

에 놓여 있었다. 그중 2만 8천여 명은 임시주택이나 남의 집(차가)을 빌려서 거주하고 있었다. 지역별로 전체 피해는 북제주가 남제주에 비해 컸다. 피해 내용에 따라서는 북제주에서 소실이 다소 많았고, 남제주에서 소개가 월등히 많았다. 정착할 계획의 규모는 북제주가 큰 차이로 남제주보다 앞섰다. 그러나 경지 면적은 남제주가 넓어서 정착 후 생업이 영농에 한정되는 데 한계가 있었음을 보여준다.

한편 4·3으로 인한 난민과 달리 육지에서 온 피난민도 조사했다. 정착 방법에 따라 희망 세대를 〈표 3-3〉과 같이 영농 희망, 상업 희망, 양계·양돈·기

〈표 3-2〉 4·3 재건·정착계획(항목 ④ 관련 조사)

구분 / 읍면별		피해 상황						정착할 계획		경지면적(정보)
		소실		소계		합계				
		세대	인구	세대	인구	세대	인구	세대	인구	
북제주군	제주읍	4,441	20,639	·	·	4,441	20,639	2,424	10,965	12,325
	애월면	1,644	7,009	522	1,907	2,166	8,916	1,023	4,992	9,□04
	한림면	1,811	7,350	300	1,400	2,111	8,750	659	3,000	3,749
	구좌면	865	4,083	·	·	865	4,083	410	1,734	1,628
	조천면	1,156	5,945	13	68	1,169	6,013	398	1,847	3,605
	소계	8,761	39,081	822	3,307	9,583	42,388	4,516	20,691	17,711
남제주군	대정면	522	2,150	·	·	522	2,150	71	290	6,670
	중문면	189	646	570	2,825	759	3,471	396	1,426	23,250
	남원면	485	2,493	319	1,506	804	3,999	473	2,231	8,681
	서귀면	249	1,268	472	2,244	721	3,512	279	1,318	38,650
	안덕면	743	3,529	269	1,271	1,012	4,810	469	2,152	2,060
	표선면	42	203	69	367	111	570	64	291	457
	성산면	123	568	211	1,037	334	1,605	218	1,129	142,960
	소계	10,991	49,370	1,699	8,213	13,512	60,900	6,268	28,399	97,479
합계		12,270	55,887	2,745	12,625	15,023	68,532	6,484	31,184	253,□39

* 출전: 북제주군수, 「정착사업 자료 조사 실시에 관한 건」(1955. 2. 4), 남제주군수, 「정착사업 자료 조사에 관한 건」(1954. 12. 10), 『1469난민정착(4·3사건피해상황조사)』, 1955(국가기록원 BA0178704).

타 축산을 포함한 유직(有職)으로 구분했다.[32] 조사에 의하면, 1954년 말~1955년 초 제주도 내 육지 피난민은 1,146세대 4,529명으로 추산되어 전쟁기와 비교해 크게 감소했다. 이 중 제주도 정착을 원하는 수는 748세대, 2,976명으로 전체의 65% 정도였다. 이들의 약 45%가 영농을 원했고, 약 35%가 기타, 약 21%는 상업을 희망했다.

32　제주도지사, 「정착사업 자료 조사 실시에 관한 건」(1954. 11. 17), 『1469난민정착(4·3사건피해상황조사)』, 1955(국가기록원 BA0178704).

〈표 3-3〉 제주도 내 육지 피난민 정착 희망 조사

구분 / 읍면별		피난민 총수		영농 희망		상업 희망		기타 유직(有職)		정착 희망자 합계	
		세대	인구	세대	인구	세대	인구	세대	인구	세대	인구
북제주군	제주읍	209	790	16	71	9	20	55	130	80	221
	애월면	137	526	85	358	5	26	11	37	101	421
	한림면										
	구좌면	194	907	23	118	12	57	28	129	63	304
	조천면	168	464	65	216	24	71	15	55	104	342
	소계	540	2,223	124	547	26	103	94	296	244	946
남제주군	대정면			2	6			1	4	3	10
	중문면	26	90	9	38	17	52			26	90
	남원면	12	43	4	16	1	3	2	10	7	29
	서귀면	192	804	45	241	55	172	92	391	192	804
	안덕면	79	321	14	56	6	21	23	94	43	171
	표선면										
	성산면	129	584	71	368	30	120	28	96	129	584
	소계	309	1,258	198	904	79	248	212	795	515	2,050
합계		1,146	4,529	334	1,488	159	542	255	946	748	2,976

* 출전: 북제주군수, 「정착사업 자료 조사 실시에 관한 건」(1955. 2. 4), 남제주군수, 「정착사업 자료 조사에 관한 건」 (1954. 12. 10), 『1469난민정착(4·3사건피해상항조사)』, 1955(국가기록원 BA0178704).

도 당국은 피난민 조사를 실시하면서 자기 소유 토지가 없는 자에게 읍면 내 휴간지를 알선할 계획을 수립할 것, 농구 및 주택 건축자재를 도에서 분급할 것, 종곡은 도에서 알선할 것이며 식량은 정착 난민 구호 계획에 의하여 구호미를 지급할 것을 고려하고 있었다.[33]

또한 도 당국은 1954년 11월 20일 각 군수에게 목재 수요량 조사를 지시

---

33 제주도지사, 「정착사업 자료 조사 실시에 관한 건」(1954. 11. 17), 『1469난민정착(4·3사건피해 상항조사)』, 1955(국가기록원 BA0178704).

<표 3-4> 4·3 난민정착사업 계획

읍면별	구분	리(里)	마을	세대	인구	경지 면적(정보)
북제주군	제주읍	8	12	312	?	?
	애월면	5	8	489	2,137	4,745
	한림면	·	·	·	·	·
	구좌면	3	5	199	808	852
	조천면	8	13	154	719	1,914
	소계	24	38	1,154		
남제주군	대정면	·	·	·	·	·
	중문면	2	2	57	241	290
	남원면	10	3	456	2,164	8,629
	서귀면	·	·	·	·	·
	안덕면	8	8	343	1,573	1,473
	표선면	2	2	64	291	46
	성산면	·	·	·	·	·
	소계	22	25	920	4,269	
합계		46	63	2,074		

* 출전: 〈4·3사건에 의한 이재민 요집단 정착 일람표〉, 제주도지사, 「4288년도 본도 난민 귀농 정착 계획 실시에 관한 건」(1955. 2. 25), 『1469난민정착(4·3사건피해상항조사』, 1955(국가기록원 BA0178704).

했다. 이 조사는 정착할 난민 중에서 목재를 확보하지 못하여 주택을 건축하지 못하거나 보수하지 못하는 사람에게 국유림의 벌목 허가를 주선하기 위해서였다. 제주도구호위원회가 제공했던 것과 같이 건축용과 보수용으로 구분했다. 조사 결과, 북제주에서 3,317세대(건축용) 및 2,625세대(보수용)와 남제주에서 1,884세대(건축용) 및 1,425세대(보수용)가 신청했다.[34]

　제주도 당국은 "수복할 수 있는 치안 상태에 이르렀다"는 판단으로 1954년의 각 읍면 조사 결과에 근거하여 1955년 봄부터 정착사업을 추진하기

34　위와 같음.

로 했다. 이에 4·3사건 이재민 2,074세대와 피난민 및 실업 난민 898세대로 총 2,972세대의 귀농 정착 계획을 수립하고 보건사회부 및 농림부장관과 KCAC 제주도 사령관에게 보고했다. 아울러 사업에 필요한 구호미, 건축자재, 농기구 등의 지원을 요청했다. 2,074세대의 읍·면별 분포는 〈표 3-4〉와 같다. 정착사업 계획이 마련된 지역은 12개 읍면 중 8개 지역이었고 남원면, 애월면, 안덕면이 사업 전체 인구수의 약 74%를 차지했다. 경지 면적은 제주읍의 통계가 없으나 남원면이 가장 컸고, 그중에서도 의귀리 월산동이 2,450정보, 남원리 서의동이 1,750정보를 차지했다.

4·3 난민 외의 898세대는 피난민으로 분류되었으나 구체적으로는 피난민 341세대, 용사촌 정착 30세대, 부흥단 관계 517세대, 아라리 관계 10세대였다. 이 피난민 정착 계획은 다음 항에서 후술할 난민정착귀농단(법호촌)과는 다른 별도의 계획이었다. 부흥단은 사단법인 상운산업부흥단 제주지단을 가리킨다. 아라리에서는 1952년 4월에 큰 화재가 발생하여 44동 57세대로 마을의 과반수가 소실된 일이 있었다.[35]

제주도의 정착사업은 5·16쿠데타 이후 재차 추진되었다. 1963년 제주도청 사회계장은, 1962년 현재 이재민 15,228세대(80,065명) 가운데 7,524세대(39,916명)가 자력으로 복귀했으며, 이를 제외한 나머지 7,704세대(40,149명) 중 복귀 희망자 3,965세대(17,915명)에 대해 제주도에서 2개년 계획으로 복귀정착사업을 추진하고 있다고 밝혔다.[36]

---

35 「아라리부락에 대화」, 『경향신문』 1952. 4. 23.

36 김인화(제주도청 사회계장), 『제주도』 제8호, 1963.

2. 법호촌의 형성 과정과 난민정착사업 실패

제주도의 난민정착사업은 4·3 이후 지역민의 복귀로 시작되어 전후 월남민까지 확대된 형태로, 중앙에서 월남민을 대상으로 사업이 시작된 것과 다르다. 1953년 4월에 한미합동난민정착위원회의 실무자 그룹은 제주도 현지조사를 시행했다. 정부가 부산의 난민을 제주도에 이주 정착시키려는 방침을 세웠다는 보도도 나왔다. 위원회의 보고에 따르면, 제주도는 4·3사건으로 72개 리가 완전 파괴된 통제 구역이었고, 130개 리가 반파되어 만 세대(5만 5천 명) 이상이 이 지역에서 떨어져 있고, 8천 정보가 생산되지 못하는 상태였다. 농민들은 가능하다면 집으로 돌아가 마을을 재건하고 땅의 일부라도 계속 농사를 지을 수 있기를 희망했다. 농민들은 "공비의 위협을 두려워하지 않았고 경찰 간부에게도 집의 재건과 마을 영유를 허락해달라"고 청원했었다고 한다.[37]

이러한 전후 제주도의 난민정착사업 가운데 월남민이 추진한 곳이 법호촌이었다. 1954년에 제주도 김창욱 검사장이 4·3 이재민과 6·25 난민들 50세대가 정착할 마을로 '법호촌'을 세우려 했다가 물자 배급 문제로 도의회와 마찰을 일으켜 유야무야된 일이 있었다.[38] 이 법호촌은 서귀포 선돌, 제주 산

---

37 RG 554, United Nations Civil Assistance Command Korea, Adjutant General Section, General Correspondence(Decimal Files), 1951~55 Series, Report of the Twenty-ninth Meeting of the Joint ROK-UNCACK Resettlement Committee, 1953. 5. 16;「정부, 부산의 세궁민 대책으로 제주도 이송 모색」,『경향신문』1953. 4. 3.

38 「4288년도 본도 난민 귀농 정착 계획 실시에 관한 건」,『1469난민정착(4·3사건피해상황조사』, 1955(국가기록원 BA0178704), 126~131쪽; 김종배,「김종배의 도백열전 (18) 제7대 도지사 길성운: 도의회-검사장 전면전으로 치달은 '법호촌' 파문」,『제주의 소리』2004. 3. 25(이 기사는 제주도지방의정연구소,『도백열전』제1권, 2006에 수록되었음).

천단(아라 1동), 건입리(현 건입동)에 정착 마을을 세운다는 계획이었지만 실현되지 못했다.[39]

현재의 법호촌(서귀포시 상효동)은 월남민인 백원정(白元楨)이 시작한 난민 정착사업으로 형성되었다. 백원정은 1954년 11월에 상효리 지역에서 난민 정착사업 인가를 신청했다. 사업장 명칭은 '난민정착귀농단'(이하 정착단)이었다. 백원정은 1903년생으로 평북 의주군 월화면 마홍동 출신이었다.[40] 그가 제시한 귀농단의 조직 목적은 정관 전문을 통해 파악할 수 있다.

> 비인문주의적인 공산주의자들의 침략에 인한 피난 또는 피해된 동포들의 공산주의 사상의 말살에 의한 조국의 재건 민족의 번영 및 생산 증강을 이념으로 하여 제주도 지방 미이용지에 집결 개척하고 농산물 축산물 및 임산물 등의 생산으로써 부락경제적인 자급자족의 일상생활에 의한 자유적 농촌사회를 실현하기 위하여 개척단을 조직하여 이에 정관을 제정함.[41]

정착단은 "한라산림 미개간지를 개척하여 농산 임산 및 축산 등의 생산을 증진시킴을 목적"으로 하여 농지 개발 및 각종 농산물, 조림 및 임산물 목장 설치 및 축산, 과수원 및 특용 작포, 육영 사업, 단원 후생 및 복리 증진 시설 등 6개의 사업을 실시하고자 했다. 구역은 남제주군 서귀면 상효리 산2번지와 8번지, 10번지와 22번지, 산33번지와 120번지까지였다. 임원은 고문

---

39 「지방자치 실시 (5) 전쟁 와중에 초대 도의회 개원」, 『제주신보』 2015. 1. 25.

40 「난민정착귀농단 조직에 관한 건」, 『1469난민정착(4·3사건피해상항조사)』, 1955(국가기록원 BA0178704), 157~158쪽.

41 위의 문서, 160쪽.

2명, 단장 1명, 총무 1명, 대의원 약간 명, 감사 2명 이내로 두었고, 초대에는 고문 강경옥, 단장 백원정, 총무 박희석, 사업 박영익, 감사 전문옥이 맡았다. 총회와 역원회를 이중으로 설치했다. 재정은 사업 수입과 정부 보조금, 일반 단원 부금 또는 기타 수입으로 하고, 단원의 부담을 요할 시는 역원회 또는 총회에서 정하기로 했다. 단의 복리를 위하여 부설로 직업보도회를 둔다고 정했다.[42]

단원이 되기 위한 조건은 따로 없었고, "성인 남녀로서 본 단의 목적 및 취지에 찬동하여 입단하는 자"를 자격으로 했다. 입단하기 위해서는 입단 서류와 서약서를 역원회에 제출하여 승인을 받아야 했다. 또한 단원은 단원증을 받고, 단 임원의 선거권 및 피선거권을 가지며 단 결의 및 지시 명령에 복종할 의무를 가졌다. 탈단을 원하거나 단원으로서 의무를 이행하지 않을 시, 또는 단의 명예를 손상시켰을 시에는 역원회의 결의에 의하여 그 자격을 상실한다고 정했다.[43]

1955년 창설 당시의 단원 명부로 보았을 때 전체 105세대 504명이었는데, 이 중 이북 출신은 68세대로 전체의 약 65%였다. 지역별로는 평안북도 26, 평안남도 14, 함경북도 7, 함경남도 7, 황해도 14세대로 평안도 출신이 많았다. 이북을 제외한 육지 지역은 13세대였고, 나머지 24세대가 제주도 출신이었다. 그런데 단원 명부가 실제 단원과 일치하는지는 불확실하다. 확인 결과, 구술에서 사업에 참여하지 않았다고 밝힌 월남민은 포함되어 있는 반면, 사업에 참여했다고 한 사람들 몇 명은 명단에서 누락되어 있었다(〈부표

---

42 위의 문서, 161~165쪽.

43 위의 문서.

4)).[44] 인가와 원조 물자 배정을 위해 월남민을 늘리는 방향으로 명단을 작성했다고 추측할 수 있다.

백원정의 사업 신청에 대하여 서귀면장, 남제주군수, 제주도지사가 의견을 덧붙여서 1954년 12월 13일에 사회부장관에게 사업 계획서를 보냈다. 서귀면장은 단원들이 "6·25사변으로 인한 전재난민으로서 당지(當地)에 피난 정착하여 원주민과 노력"하여 사업을 추진 중이라고 하며 "구호 대책 등 선처"를 바란다고 했다.[45] 남제주군수 부대현(夫大炫)은 사업 신청서를 검토하고 현지를 답사한 결과라며 보고했다. 군수는 사업 지역이 4·3사건으로 인해 노력 부족으로 방임된 유휴지이지만 기후와 토질이 농경·조림·목축 사업에 최적지라고 했다. 또한 단원은 "자산이 전무한 절대 요구호 대상자로 무위도식을 자성하고 사업 계획에 적극 찬동"하며 "최저 원조를 얻어 최대한의 영농으로 자력갱생"에 전력할 것이라고 원조를 요청했다.[46]

도지사는 난민정착사업이 "국가 시책에 호응"한 것이라고 강조했다. 또 "난민들이 창의(創意)로써 정착귀농단을 조직하여 미개지를 개간하며 영농 정착 사업에 솔선기여"하려는 것이라며 사업장 조성을 적극 원조해달라고 사회부에 요청했다.[47] 지방 관료들은 공통적으로 사업의 적절성과 필요성을 주장하며 정부에 원조를 요구했다. 난민정착사업에서 지방정부는 전 위계에 걸쳐 사업장 대표와 함께 사업 인가와 원조를 받는 데 결정적인 역할을 하고 있었다.

---

44 위의 문서, 166~172쪽.

45 위의 문서, 173쪽.

46 위의 문서, 174~175쪽.

47 위의 문서, 153~154쪽.

백원정은 얼마 후 사업 지역을 확대 신청했다. 남원면 하례리와 신례리 일대의 귀속재산 토지였다. 이때도 남원면, 남제주군, 제주도에서 정부에 사업 확장지로 적합하다는 의견을 냈다. 대상 지역에는 4·3 당시 소개된 마을이 포함되어 있었다. 또 귀속재산이었던 만큼 도지사는 농지개혁 계획이나 분배가 있을 때 정부의 '특단의 선처'를 바란다고 했다.[48] 신청대로 인가가 되었는지는 확인되지 않는다. 다만 이를 통해 귀속재산으로 남아 있던 토지들이 정착사업장으로 활용되었음을 알 수 있는데, 개간·경작 후의 분배에 대해서는 정해진 바가 없었다.

정착단이 창설된 후 4개월여가 지난 1956년 4월 30일부터 백원정은 장로로서 역할을 하기 시작했다. 정착단 50여 명과 육군 제1훈련소 5숙영지 막사로 사용하던 건물을 인수받아서 예배를 하기 시작한 것이 시온교회의 시작이다.[49] 단장이 장로를 맡은 상황에서 단원으로 온 사람들은 신앙이 없더라도 교회에 다니는 것이 생활에 유리했다. "피난민 100%가 예수를 믿어야 했다"고 기억하는 사람도 있다.[50] 첫 예배를 드린 날에 맞추어 정착단 창립 기념으로 제주도지사 길성운(吉聖運), 남제주군수 김선옥(金善玉), 서귀면장 부윤경(夫允敬)의 송덕비가 세워졌다. '사단법인 제주난민귀농정착개척단'이 후원하고 '대한예수교장로회 제주노회 가나안새마을 단장' 백원정이 설립한 것이었다. 단기 4289년 4월 25일 인립(讔立) 송덕비 뒷면에는 "귀한 원조 후이 밧어 난민에게 전개하니 빗나는 송덕비"라는 내용이 새겨져 있다.

---

48 임야 437.42정보(1,312,260평), 밭과 대지 4,016평이 재단법인 예수단(イエス団) 우애구제소(友愛救濟所) 소유 토지였다. 위의 문서, 135~443쪽.

49 OH_14_006_김창옥_06; 미공간 시온교회 내부자료(송철언 제공).

50 박용이 구술(월남민 구술생애사 조사연구, http://waks.aks.ac.kr/rsh/dir/rsearch.aspx?rshID=AKS-2014-KFR-1230004&sType=&sWord=%EB%B0%95%EC%9A%A9%EC%9D%B4).

1957년 3월 3일 단원 일동 명의로 '단장 백원정 장로 송덕비'도 세워졌다. 백원정 송덕비 뒷면에는 다음과 같이 적혀 있다.[51]

> 이- 가나안 새마을을 건설하고 우리들 난민 150세대의 행복된 생활을 이룩하기 위하여 가지가지의 고난을 무릅쓰고 온- 정력을 다-하신 위대한 창설자이며 우리들의 은인 모세를 천추만대까지 기념코저 한 조각돌에 그 공적을 표하노라.

비석의 내용이나 구술자들의 증언으로 볼 때 1957년 무렵 정착단은 설립 신청 당시의 105세대에서 150세대로 늘어나 있었음을 알 수 있다. 백원정 송덕비는 그를 '모세'라고 치하하고 있다. 이 '모세'가 이끄는 정착단에서 사람들은 어떻게 살았을까. 피난민들이 정착단에 들어오는 동기였던 배급부터 살펴보자. 배급품은 "강냉이 가루와 [굳은] 우유가루"였고 2년 정도 나오다가 끊어졌다. 그 후 천주교에서 배급이 들어오면서 시온교회 교인들도 상당수 천주교회로 빠져 나갔다. 현재 시온교회 장로이자 월남민인 박용이는 "몇 가정만 시온교회를 지키고 웬만한 사람들이 다 갔다"고 하며 그로 인해 "교회가 어려워졌다"고 했다. 그는 시온교회를 지킨 몇 가정 중 하나였다.[52] 그나마 설립 초기에 들어온 사람들은 시온교회에서 배급을 받았으나 후에 들어온 사람들은 받지 못했다. 제주 출신인 김창옥은 정착단 차원의 원조는 없었고 천주교의 구호 물자만 있었다고 했다.

---

51 두 송덕비는 현재 시온교회 창고에 보관되어 있다. 기사에 등장하는 송철언 시온교회 장로의 도움으로 비석의 실물을 확인할 수 있었다. 「옛 배움터를 가다/폐교의 어제와 오늘 (9) 영천초등학교(1962~2002)」, 『한라일보』 2011. 8. 9.

52 박용이 구술.

면담자: 그때 선생님 원조 물자나 이런 게 안 들어왔어요?

구술자: 전혀 없었거든. 물자가 들어오는 거는, 천주교로 해서 [PL]480으로, 천주
교로 해서 들어오는 게 있었거든. 근데 저, 구호 물자, 미국 물자가 들어
왔어요. 그리고 또 천주교로 해서 옥수수가루, 옥수수가루가 마대로 해
서 오면, 그 또, 그 당시에는 주식이 옥수수였어요.[53]

　천주교의 배급으로 연명하기에는 한계가 있었고, 개간할 시간 동안 먹
을 것이 없었다. "배급에 의존하다가 끊어지니 많이 고생을 했다"고 한다.
2015년 당시에 법호촌에 살고 있던 구술자 6명은 남녀, 출신지를 불문하고
모두 동일하게 한라산의 나무를 베다가 서귀포 시내에 나가서 파는 것으로
생계를 꾸렸다. 김생금은 "새벽 3시에 깨면 [나무를] 지고 서귀포에 가서" 팔
았다. "잠 한번 실컷 자봤으면" 생각했다. 나무로 바꿔오는 것은 "보리쌀 한
되"였고, "서귀포에서 10원짜리 빵 하나 먹고" "몇 년을 그 짓거리"를 하고
살았다. 남자들은 나무를 잘라서 숯을 만들어 팔기도 했다.

　정착단에는 이북 출신이 많았지만 다른 여러 지역 출신들도 모여 있었
다. 이들의 관계는 어땠을까. 월남민 여성 구술자들은 연로하기도 했고, 당
시 상황을 잘 기억하지 못했다. 제주 출신인 김창옥은 "운영되는 분위기는
집권이 피난민 위주"였다고 하며 이북 출신들끼리도 지역에 따라 구분은
했다고 했다. "함경도는 이북 하와이"라고 하는 얘기들이 오갔지만 내부에
갈등이나 대립이 있었던 건 아니었다고 한다.[54] 시간이 지나면서 나이든 난
민은 사망하고 새롭게 유입되는 제주 출신들과 섞여서 한 마을 사람들로

53　OH_14_006_김창옥_06.

54　위와 같음.

살게 되었다. 현재는 전라도 출신이 가장 많고, 다음이 제주 출신, 그다음이 이북 출신이라는 것이 시온교회 원로장로의 설명이다.[55]

서귀포의 월남민이 자영업으로 안정된 경제 활동을 했던 것과 달리, 법호촌 사람들은 1960년대 이후에도 상황이 크게 나아지지 않았다. 여기에는 고향에서의 생활이 영향을 미쳤다. 앞에 쓴 것처럼 김만자는 남편의 술을 끊게 하기 위해 사업장에 왔으나 남편의 향수는 지속되었던 것으로 보인다. 또한 부부 모두 농사 경험이 없었기 때문에 생활이 더욱 힘겨웠다.

> 자꾸 술만 먹으면 우는 거라. 그, 이북에서 살던 생각을 하구 우는 거라, 자꾸. 부모 생각하구. 그럭하니깐 그게 벗어나지를 못하더라구. 처자식을 생각을 했음 좀 벗어났겠는지도 모를 건데. 그 생각은 안 하더라구. 그저 부모 생각하구, 그, 신포에서 옛날에 호의호식하고 살던 생각. 그런 생각만 하구. 지금 와서는 자기가 돈도 없구 허니까 사람, 남을 위하는 거당 없구. 없이 버는 것두 않구. 그칠 구 하더라구요 지금 와서는 뭐 자기 뭐 배운 것두 없구, 농사 같은 것도 헐 줄을 모르잖아요 아무것도 헐 줄을 모르잖아요 나도 농사 몰랐어요[56]

또 김생금은 남편이 병에 걸렸을 때 치료를 하지 못한 것이 지금도 한으로 남았다. 여성들이 나무 팔기 등으로 생계를 꾸리며 자녀들을 많이 교육시키기는 어려웠다.

---

55 송철언 구술(2015. 3. 5, 제주도 서귀포시 시온교회).

56 김만자 구술(월남민 구술생애사 조사연구, http://waks.aks.ac.kr/rsh/dir/rsearch.aspx?rshID= AKS-2014-KFR-1230004&sType=&sWord=%EA%B9%80%EB%A7%8C%EC%9E%90).

우리 주인 양반은 와가지고 위장병으로 막- 고생을 하는데 먹지를 못하고 굶어죽은 것 같애, 내 생각에. 왜냐하믄 병났는데 요새처럼 고치지를 못하고 병원에도 못가고, 병원에 한번 갔다 오면 그냥 돈 없으니까 또 못 가고, 집에다 놔두고 난 밭에 가서 일하고 죽 한번 쒀 주질 못했는데. 이제 그 생각을 하면 너무 슬프고 불쌍해. 그래서 못 살았다고 요새 같으면 오래 살았지. 먹지 못해 죽었다고 굶어 죽었지.[57]

법호촌을 만든 사람들의 생활이 열악한 데는 정착사업 과정에서의 문제도 있었다. 사업장에 배정된 물자들이 현지에 도달하지 않았던 것이다. 이 사실은 사업장 추진으로부터 몇 년이 지난 후 정착민인 김창옥이 문건을 보고 파악했지만, 현재 해당 문건은 유실되었다고 한다. 송철언 또한 배정된 물자가 유입되지 않았다고 회고했다.

면담자 : 문서 보시고 나중에 [물자가 도착하지 않았다고] 알게 되셨다 그랬잖아요. 그게 5·16 전인지 후인지.

구술자 : 그게 5·16 지나고 보니까 그게 이제, 너-무도 정말 이거면은 충분히 살 수 있었던 건데. 그리고 내가 그때부텀은 다니면서들 왜 이렇게 했을까. 이거 이렇게 사람들을 실향민들 이렇게 데려다놓고 그대로 하지는 않았을 건데, 뭐가 있어도 있을 것이다 하다 보니까 그런 과정을 설명을 듣게 됐거든.

면담자 : 그때 누가 서울에 간 사람 있었는데, 그런 게 자료가 남아 있어서 알려줬다고

---

57 김생금 구술.

구술자 : 저 김창욱 검사장 옆에 다니던 같이 입회해 다니던 사람이, 서류가 있다
고 해네 서류를 줘 허앴는데, 그 다음 조원에 그거 복사해서 주겠다고
했는데, 다음에 그 양반하고 소식이 끊어져버렸거든.[58]

우리 부락에 지금처럼 정치가 밝았으면 이 부락이 부자가 됐을 거예요. 자유
당 시절이기 때문에 중앙에서 다 먹어버렸어요. 그때는 미송으로 된 집을 한 150
세대분을 중앙으로(에서) 내려오는데 제주도에도 오지 못하고 부산에서 다 먹어
버렸어요. 여기는 150세대 지을 재목이 오질 못했어요. 그래서 이 마을이 지금 가
난한 마을이 되고 있어요.[59]

김창옥은 문건으로 보았을 때 "소도 나오고 여러 가지가 정부 지원이 있
었다"고 했는데, 법호촌에는 외국 민간 단체에서 성당이나 교회로 들여오
는 양곡이 일부 있었고 다른 물자는 없었다. 문서상 배정되기로 되어 있었
던 물자가 법호촌에 당도하지 않은 이유를 분석해볼 필요가 있다. 우선 정
부에서 원조를 하지 않았을 가능성이 있지만, 김창옥은 중앙에서 배정이 되
어 있다는 문서를 확인했다고 했다. 또 제주도지사가 언급한 대로 '국가 시
책'으로 추진하던 사업이었기 때문에 물자가 배정되지 않았을 가능성은 낮
다. 그렇다면 섬의 특성상 배송의 어려움으로 육지에서 제주도로 도달하지
못했을 가능성도 생각해볼 수 있다. 송철언도 부산에서 물자가 보내지지 않
았다고 했다.

그런데 난민정착사업용 물자는 지방행정 기관을 거쳐 사업 책임자에게

---

58 OH_14_006_김창옥_06.

59 송철언 구술(2015. 3. 5, 제주도 서귀포시 시온교회).

전달되는 체계임을 고려할 때, 물자가 일단 제주도로 도착하기는 했을 가능성이 크다. 도착하지 않았다 하더라도 도 정부는 배정과 운송을 파악했을 것으로 보인다. 때문에 이는 지방정부와 백원정이 횡령했을 공산이 크다. 당시 정착민들도 뒤늦게 사실을 파악하고 기관장과 백원정의 책임으로 인식했다. 화가 난 정착민들은 기관장의 송덕비를 부쉈고 현재도 그 상태로 보관 중이다.

　제주도는 전쟁기에 후방 군사 기지이자 육지 난민의 피난처로 활용되었다. 제주도민은 4·3 이후 주거나 마을이 완전히 복구가 되지 않은 상태에서 전쟁을 맞아서 유입되는 인구와 군사 시설을 수용하게 되었다. 제주도의 난민정착사업은 4·3 이후 지역민 복귀를 위한 정책으로 시작되었고, 잔류한 육지의 난민을 위한 정착 방안이 되었다. 법호촌은 월남민인 백원정이 기획하고 지방정부가 지원하여 추진되었다. 섬 지역의 특성으로 원조 물자의 운송 문제가 있을 수 있었으나 난민정착사업은 지방정부와 사업장 대표에 의해 추진되고 운영되었다. 법호촌에 원조 물자가 도입되지 않으면서 개간도 진행되지 않았으며 실질적으로 사업은 실패했다. 사업을 기대하고 이주해 온 정착민들은 한라산 벌목으로 힘겹게 생활을 꾸렸다.

2장
빨치산 진압 이후 지리산 지역 현지 출신의 난민정착사업

1. 한국전쟁 전후 하동의 피해 지속과 난민의 복귀

경남 하동군에는 여순사건 당시부터 반란군이 주둔하고 있었고, 정부군이 진주하면서 극심한 피해를 입게 되었다. 여수와 순천을 장악한 제14연대 반란군은 1948년 10월 20일부터 동부 지역으로 이동했다. 진압 명령을 받은 마산 15연대 제1대대가 하동에 도착했다. 22일에 광양으로 출발한 15연대는 반군의 사격을 받았고, 연대장인 최남근(崔楠根)이 생포되었다.[60] 연대장을 잃은 15연대 잔여 병력 350명은 하동국민학교에 주둔하게 되었다. 하동군은 25일에 시국대책위원회[61]를 조직했고 군수, 읍장과 지역 유지들이 군·경 진압군에게 부식 등을 제공했다. 또한 하동경찰서에 경찰 600여 명, 한국청년

---

60 김득중, 앞의 책, 125~129쪽.

61 군·경 주둔 지역에서는 전투 후방 보급에 필요한 경비를 마을에 할당하고 기부금을 강요했다. '향토 방위와 군경 작전 협조'를 명목으로 각지에서 결성된 시국대책위원회가 집집을 돌면서 구타, 납치 등의 행태를 일삼았다. 임송자, 「여순사건 이후 선무 공작을 중심으로 본 지리산 지구의 빨치산 진압」, 『한국근현대사연구』81, 2017, 191쪽.

회(한청, 1948년 12월 19일 대한청년단으로 통합됨) 대원 1,500여 명이 섬진강 하류인 고전면부터 상류 화개면 탑리까지 포진했다.[62] 군·경 및 청년단의 주둔과 이들을 지원하는 시국대책위원회의 활동은 반군을 저지하고 반군 협력자를 소탕한다는 명분으로 이루어졌으나, 이 또한 지역의 자원을 착취하고 지역민을 억압하며 이루어졌다. 하동의 사례로 보면 시국대책위원회는 관료와 지역의 유지들이 참여하면서 마을의 지배 질서를 존속시키는 수단으로도 기능했다.

한편 반군은 1948년 10월 26일경 두 부대로 나뉘어 지리산으로 들어갔다. 한 부대는 화엄사골을 거쳐서, 다른 부대는 구례읍내와 문수리를 통해 입산했다. 제14연대 지창수(池昌洙)와 함께 여수에 남았던 병력 일부도 11월 13일 무렵에 문수골로 입산했다. 문수골로 입산했던 반군과 교전하던 중 최남근은 화개장터를 거쳐 부대에 복귀했다. 이후 반군은 지리산과 맞닿아 있는 주변 지역을 다니며 경찰지서 등 관공서를 습격하거나 추격하는 정부군을 기습하고 지리산 주변 마을을 대상으로 보급 투쟁을 다녔다. 빨치산 투쟁이 길어질수록 보급에 어려움을 겪게 되었고 마을에 내려와서 곡물을 털어갔다. 여순 지역 진압이 일단락된 후 정부군은 지리산과 백운산의 반군을 소탕하는 것으로 작전을 변경하여 지리산 인근 지역에 본격적인 군대의 진주가 시작되었다. 그 과정에서 많은 민간인들이 학살당했다.[63]

11월 15일에 화개면에서 첫 교전이 벌어진 뒤 12월 5일 화개면 범왕리에서 경찰 120명, 한청 단원 180명에 의해 반란군 6명이 사살되거나 생포되었다. 이날 화개면 탑리 출신의 반군 사령관 김영진이 친구였던 한청 대원 이

---

62   화개면지편찬위원회, 『화개면지』上, 2002, 158쪽.

63   노영기, 「여순사건과 구례」, 『사회와 역사』 68, 2005, 43~44쪽; 이선아, 앞의 논문, 2011, 178쪽.

강연을 만나기 위해 목통마을에 왔다가 큰 타격을 받기도 했다고 전해진다. 군에서는 김영진의 숙부를 지리산으로 보내 회유를 시도했으나 김영진은 지리산 중산리에서 사살된 뒤였다고 알려져 있다. 11월 25일 한청 하동지부는 기동대를 조직하여 반군 진압에 나섰다. 우익 청년 단체가 1948년 12월 19일에 대한청년단으로 통합되었으나 하동에서는 한국청년회 조직이 그대로 유지되었던 것으로 보인다. 대한청년단 기동대를 '한청'으로 불렀다고도 한다. 12월 6일 범왕리에서 밀렸던 반군이 의신 마을에 왔으나 중대장은 사살되고 3명이 생포되었다.[64]

1948년 11월 16일에 호남 전투사령관의 발표로 지리산을 중심으로 한 각 지역 간의 통행이 금지되었음은 앞에서 서술한 바 있다. 하동 역시 통행금지 지역에 포함되어 경찰 출동부대를 제외하고 지역 밖으로 움직이는 것이 불가능했다.[65] 또한 12월 중순부터 가옥의 피해가 구체화되자 하동군 시국대책위원회는 경남 내무국장을 방문하여 군내에서 위험지대 부락을 철거해야 한다고 주장하며 이에 필요한 비용 및 식량 등을 알선할 것을 진정했다.[66] 이러한 부락 철거와 민심 수습책은 지리산지구 전투사령부(지전사)의 '지리산 지구 평정 계획'에서 추진한 비민 분리 작업과 다르지 않았다.[67]

1949년 1월에 화개면 칠불암 뒤 능선에서 지창수가 잡혀서 군사재판에 넘겨졌다. 4월에는 홍순석(洪淳錫)과 김지회 등이 지리산 뱀사골에서 사살되었다. 4월부터 7월까지 용강 마을, 모암 마을, 정금리 등지에서 교전이 벌어

---

64 화개면지편찬위원회, 『화개면지』上, 2002, 158~159쪽.

65 「제8관구 경찰청장, 지리산 부근 일반인 통행금지 경고문을 발표」, 『동광신문』 1948. 11. 19.

66 「경상남도청 사회과, 도내 지역별 반란 지구 피해 상황을 발표」, 『민주중보』 1949. 1. 20.

67 임송자, 앞의 논문, 2017, 198쪽에서 각주 56번 공국진의 기록 참조.

졌고, 화개면은 빨치산 활동과 진압의 한복판에 놓였다. 8월 2일에는 본격적인 빨치산 진압을 위해 범왕리, 대성리 주민들을 쌍계사 앞 매봉고지 아래 지역으로 집단소개했다. 9월 1일 지리산과 태백산지구에 계엄령이 선포되고 2개 사단의 군경이 추가로 투입되는 등 진압은 더욱 강화되었다.[68]

12월에 이르자 지리산 전투 지구 총지휘관 김백일(金白一)은 각 지구 내에서 일반 관민 통행을 금지했다. 하동에서는 청암면·악양면·화개면이 통행금지 구역에 해당했다. 해당 면에서 완장을 패용하지 않은 군경이나 일반 관민은 이유 여하를 막론하고 거주 지역에서 100m를 이탈하지 못하게 했다. 이를 어기고 이탈하거나 도로를 통행할 때는 '적'이나 '이적행위자'로 간주하여 무조건 사살하기로 결정했다.[69] 즉 해당 면에서는 원 거주지에 머문 이들의 이동이 제한되었을 뿐만 아니라, 소개로 인해 원 거주지를 떠나 있던 이들도 집으로 돌아갈 수 없었다. 1950년 1월 25일 지리산 일대에 계엄령이 해제되기 전까지 화개면에서는 주택과 학교 등 마을 파괴와 전투가 계속되었다.[70] 1950년 2월에 호남 지역 계엄령이 해제되고, 3월 9일에 지전사도 해체되었으나 지역 부대에 의한 빨치산 진압 작전은 계속되었다.[71]

지리산 지역은 빨치산의 활동과 그에 대한 토벌 작전이 벌어진 전투 지구로서, 진압군에 의한 지역민 소개나 통행금지 등의 조처들이 여러 차례 이루어졌다. 지역 내에서는 시국대책위원회 등 조직이 활동했으나 유지들이 중심이 되어 군·경에 물자를 지원하고 마을을 소개하는 데 앞장서고 있

---

68   화개면지편찬위원회, 앞의 책, 161~162쪽.

69   「지리산 전투 지구에 일반인의 통행을 제한」, 『자유신문』 1949. 12. 30.

70   화개면지편찬위원회, 앞의 책, 158~165쪽.

71   노영기, 앞의 논문, 2005, 51쪽.

었다.

한국전쟁 발발 후 경남도 경찰국은 지리산을 중심으로 도내에 70여 명의 빨치산이 남아 있고, 20여 건의 사건이 발생하여 경찰도 피해를 입었다고 하였다. 또한 당시 우익 단체들이 사건 때마다 각 처에 삐라를 붙여 선전하는 것은 민심을 동요시키고 군경에게도 도움이 안 된다고 지적했다. 경찰은 담화를 통해 계몽에 주력하는 것이 후방 치안에 도움이 될 것이라고 했다. 7월 10일 무렵부터는 하동에도 피난민이 들어오고 있었다.[72]

7월 25일부터 북한군이 하동군 화개면을 점령해 오기 시작했다. 북한군 제6사단 선봉 부대가 진격하면서 경찰 3명, 학도병 17명이 전사했다. 당시 하동의 병력은 경찰 45명, 청년대원 50명이었고, 무기 역시 미군이 쓰다가 원조한 기관총 2정뿐이었다. 북한군은 화개 쪽에서 남쪽을 향해 육로로 진격했으나 경찰은 주력 부대의 공격을 지연시킨다는 이유로 영호남을 잇고 있던 하동읍의 섬진교를 폭파했다. 이로 인해 전라도에서 동쪽으로 피난 오던 피난민들은 섬진강을 건널 수 없었다. 다리가 폭파되는 굉음에 하동 주민들도 극심한 공포와 혼란에 빠졌다. 경찰은 진주로 급히 퇴각했다.[73]

전쟁 발발 당시 육군 참모총장이었던 채병덕(蔡秉德)이 적량면 계동에서 사망한 후 28일에 미군이 하동읍을 폭격하며 시장, 서교동, 해량동 등이 불타고 주민 수십 명이 사망했다. 9월 25일 북한군은 하동 내무서 보위부에 감금하고 있던 국민회 군지부장 여경업, 전 읍장 김재일, 국민회 간부 정재기, 신무열 등 우익 인사들을 끌고 화개로 후퇴했다. 여경업 등 33인은 화개 연

---

72 「이동철 경상남도 경찰국장, 어떠한 경우의 삐라 살포도 금지한다는 등의 기자회견」, 『부산일보』 1950. 7. 15; 하동군지편찬위원회, 『하동군지』 上, 1996, 261쪽.

73 하동군지편찬위원회, 앞의 책, 261쪽; 화개면지편찬위원회, 앞의 책, 186~187쪽.

초경작조합 창고에, 나머지는 화개 양조장 창고에 감금했다. 28일 밤 화개 주민들이 추석 음식과 술을 준비하여 창고를 지키는 보초병에게 주고서 이들이 잠든 틈에 77명을 구출했다고 한다. 주민들의 증언에 의하면 화개에는 미군 포로 50여 명이 억류되어 있었다. 탑리마을 주민 차상호(민청 간부), 정창수 등과 북한에서 피난 온 이현정 전도사 등이 이들에게 음식을 전해주었고 미군이 화개에 들어왔을 때 30여 명이 구출되었다고 한다.[74]

북한군이 후퇴한 후 지리산 빨치산 진압 작전이 격렬해졌다. 1951년 5월에 화개면 용강리에서 빨치산과 한청 기동대가 충돌했고, 8월에는 남부군 소속 이영회 부대가 화개에 들어와 교전을 벌였다. 10월에는 악양에서 사상 최대의 보급 투쟁이 진행됨과 동시에 화개면 각지에서 교전이 일어났다.[75]

1951년 12월 1일부터 1952년 2월 28일까지의 제1차 군경 합동 토벌 작전으로 하동 군청이 소실되었고, 목통마을, 금정골에서 전투가 벌어졌다. 1952년 12월 1일~1953년 3월 31일의 제2차 군경 합동 토벌 작전에서는 약 1천여 명의 빨치산이 진압된 가운데, 남은 수는 3천 명이라고 추산되어 제8사단이 철수했다.[76]

1차 토벌 작전 당시 정부는 사회·보건·국방·교통·농림 각 부처의 관계관으로 구성된 '서남지구 선무구호대'를 조직하여 1951년 12월 26일부터 약 1개월간 사업을 추진했다. 전남 구례·곡성·장성·담양·광양·나주 등 7개 군에 걸친 17개 면과 전북 남원·임실·무주·장수·순창·완주·진안·금산 등 8개 군내에 있는 31개 면에 선무구호대 43개소가 설치되었다. 구호미·식염·광

---

74 화개면지편찬위원회, 앞의 책, 186~189쪽.

75 위의 책, 189~190쪽.

76 위의 책, 186~193쪽.

목·의류·비누·분유 등을 제공하여 총 시료 인원수가 1만 5천 명 이상, 구호 인원이 10만 4천 명으로 보고되었다.[77]

1953년 4월 18일 서남지구 전투경찰대(서전대)가 창설되었다. 서전대의 관할 지역은 전북 남원·장수·순창·임실군과 전남 곡성·승주·순천시·구례·광양군, 경남 하동·산청·함양·거창군이었다. 서전대 사령관은 내무부장관으로부터 작전, 경비, 인사, 경리 업무를 위임받고 도지사를 대리하여 기타 업무를 대신하고 직원을 지휘 감독할 행정권을 지닐 수 있었다.[78] 1년 이내에 빨치산 토벌을 끝낸다는 명분으로 국군과 경찰이 경쟁하고 있던 때에 서전사는 군 작전 통수권 아래에 있지 않았으므로 독자적인 작전을 벌일 수 있었다.[79]

서전대가 창설된 배경에는 의용경찰대에 대한 지역민이 부담이 있었다. 의용경찰대의 식사, 의류, 보수 등의 보급을 지역민에게 전적으로 부담시켰기 때문에 주민들의 어려움이 컸다. 토벌 작전이 '공비, 경찰, 민간의 3체전'이라는 비판이 야기될 정도였다. 또한 빨치산이 지역 경계선을 넘어 도주할 경우 경찰이 계속 추격할 수 없어서 유기적인 전투를 하지 못한다는 이유가 있었다. 이에 의용경찰대를 서전대에 편입시켜서 지역민들이 부담하던 보급 문제를 해소하고 각 도 사이의 통신 시설을 구비하여 경계선으로 인한 장애를 제거한다는 목적이었다. 1953년 6월에 서전대 관할 지역에는 약 13만 명의 주민들이 다른 지방으로 이주 혹은 유랑하고 있다고 파악되었다.

---

77 「공비 토벌 지구에 주민 속속 복귀」, 『서울신문』 1952. 1. 7; 「정부 파견 구호대, 지리산 지구 선무 성과 발표」, 『경향신문』 1952. 1. 18; 「정부 파견 구호대의 선무 활동 성과」, 『서울신문』 1952. 1. 18.

78 「서남지구전투경찰대설치법」(법률 제282호), 시행 1953. 4. 18, 제정 1953. 4. 18.

79 차길진, 『또 하나의 전쟁』, 후아이엠, 2014, 300쪽.

당시 실업가들을 비롯하여 일부 주민들이 원주지로 복귀한다고 보도되었으나 다수 주민이 복귀할 수 있는 실정은 아니었다.[80]

당시 빨치산이 1천 명 미만이었음에도 서전대는 토벌을 위해 6천여 명의 자체 병력과 13개 시군의 의경 및 향토방위대원 포함 경찰 병력 1만 2천 명을 합쳐 1만 8천여 명의 병력을 토벌에 투입했다. 이는 전시 효과를 노린 측면도 있었다. 2연대장은 수기에서 빨치산이 "아무리 유격전에 능하다 해도 이미 기진맥진한 상태였고, 남로당 세력의 몰락으로 자연히 꺼져가는 불과 같은 공비의 토벌에 너무 많은 인원을 투입하고 있었다"고 했다. 또한 대규모의 병력으로 몰아붙이는 토끼몰이식 작전이 유격전에 적절하지 않았음을 지적했다.[81]

서전대 설치로 진압 병력이 대폭 늘어난 후 하동에서도 수차례 교전이 벌어졌다. 여순사건 이후 처음으로 구례로 가는 국도에 차량 운행 금지가 선포되는 등 대치가 극심했다.[82] 특히 화개장은 경남과 전남의 도 경계이고 하동읍, 구례, 광양과 맞닿아 지리산과 백운산을 연결하는 지점으로서 작전의 '맥(脈)점'이었다. 1953년 8월 3일에는 화개장을 포위하여 집중 공격한다

---

80 「작금의 지리산」, 『동아일보』 1953. 6. 10.

81 차일혁(1920~1958)은 전북 김제 출생으로 중국 중앙군관학교를 졸업하고 조선의용대에서 항일투쟁을 했다. 1950년 12월 전북 제18전투경찰대 대대장, 1951~52년 무주, 임실경찰서장을 역임하고 1953년 5월 서전대 2연대장을 맡았다. 그의 아들인 차길진(1947~)이 아버지의 수기를 바탕으로 쓴 글이 『월간 중앙』 1989년 8월 논픽션 부문 우수작에 당선, 복간된 월간 『다리』지에 「빨치산 토벌 대작전」으로 4회 연재되었다. 차길진, 『빨치산 토벌대장 차일혁의 수기』, 기린원, 1990, 216쪽; 차길진, 「차일혁 연보」, 『또 하나의 전쟁』, 후아이엠, 2014, 386~389쪽.

82 「하동에도 공비 9명 사살 등 전과」, 『동아일보』 1953. 7. 11; 「공비 2명 사살」, 『경향신문』 1953. 8. 12; 「휴전 후 잔비 준동」, 『동아일보』 1953. 8. 12; 「공비 소탕 활발 2명을 생포」, 『동아일보』 1953. 9. 13.

는 '화개장 작전'이 개시되었다.[83]

1953년 9월 18일 화개면 용강리에서 2연대 작전 중 사살된 것으로 보이는 이현상(李鉉相)의 시신이 발견되었다. 서울에서 시신을 일반에 공개한 후 23일에 화개면에서 면장(하병기)과 면민, 2연대가 참석하여 기념식을 열었다. 1955년 4월에 서전대는 "이제는 평화의 산, 그리고 마을. 안심하고 오십시오 지리산 공비는 완전 섬멸되었습니다"라는 안내문을 내걸었다. 서전대는 1955년 7월 1일에 해체되었고 그 후신으로 경찰기동대가 발족했다.[84]

여순사건 이후 산악 지역에서 소개된 주민들은 곳곳에서 유리걸식한 것으로 알려져 있다. 소개된 지역민이 어떻게 생활하다가 돌아오게 되었는지는 구체적으로 알려진 바가 없다. 정부 기록상 화개면에 주민들이 복귀하게 된 것이 1956년 3월 1일부터였으므로 길게는 7년 이상 원주지를 떠나 있었던 셈이다. 주민들은 돌아와서 자체적으로 황무지가 된 땅을 복구하고 거주지를 회복해갔다. 그러나 면내에서도 고도가 높은 북쪽의 산간 마을은 입주가 곤란했다.[85] 이에 1950년대에 전국 단위로 이루어지고 있던 '난민정착사업'을 추진하게 되었다. 하동군은 1957년부터 각 읍면에 정식으로 정착사업 계획을 지시했다.[86]

---

83 차길진, 앞의 책, 2014, 304~305쪽.

84 위의 책, 352~353, 366쪽; 화개면지편찬위원회, 앞의 책, 195쪽; 「26개월간 공비 섬멸에 분전 1일 서전사의 해체식」, 『경향신문』 1955. 7. 3.

85 「난민정착사업 현황 보고에 관한 건」(1960. 4. 15), 경남 하동군 화개면, 『난민관계』, 1960(국가기록원 BA0223249).

86 「난민정착사업 현황 보고서」(1960. 4. 15), 경남 하동군 화개면, 『난민관계』, 1960(국가기록원 BA0223249)에서는 사업 시작일을 1957년 3월 15일로, 인가일을 1958년 2월 10일로 적고 있다. 그러나 보고서 내용의 실제 사업 승인은 1960년 3월 12일이다.

2. 우익 세력의 화개면 정착사업 주도와 마을의 현실

1) 우익 세력의 정착사업 주도와 시범부락 추진

지리산 지역의 난민정착사업은 산청군 시천면 중산리가 초기의 모델로 공유되었다. 경남도에서는 하동군과 각 읍면에 이 사업장 신청 서류의 사본을 보내어 참조하도록 했다. 보건사회부와 경제조정관실에 사업 등록을 요청한 곳은 산청군 시천면 중산리였다. 1957년 5월 1일에 착수한 이 사업장은 농토 및 임야 138정보를 19세대가 개간하는 계획이었다. 도에서 사업 상황 실태를 조사한 후 가톨릭구제회(NCWC)에 요청하여 매월 구호 양곡(소맥분)을 받게 되면서 정식으로 사업이 발족했다. 사업 지구 내에는 사유 임야가 약 28정보 있었으나 소유자가 사업장 대표를 맡으며 난민의 사용권을 승낙했다. 또한 사업에 적합하다고 판단된 국유 임야가 수십 정보에 달하여 제1차 계획으로 10정보를 개발한다는 계획도 추진되었다. 사업장은 6개월여 동안 약 5정보를 개간했고, 약초 재배, 양봉 및 목축 등의 산간 지역 특산업도 병행했다. 해발 1천 미터의 고지대이므로 기후가 한랭하여 일반 농작물 경작이 부적합한 특징이 반영된 것이기도 했다.[87]

중산리 사업장은 문화 및 교육 시설을 적극 요청했다는 점에서 이전 시기의 난민정착사업장과 분명한 차이를 보인다. 초기 난민정착사업이 주택 건립과 개간을 통한 정주 자체를 목표로 할 수밖에 없었던 것과 달리, 마을과 주민의 생활 수준을 높인다는 목표가 의식되기 시작한 것이다. 중산리 사업장은 우선, 국민학교 분교 설치가 긴요하다고 주장했다. 13세 이상부터

---

[87] 「난민정착사업 추진에 관한 건」(1957. 11. 19), 경남 하동군 화개면, 『난민관계』, 1959(국가기록원 BA0223248).

20세 미만인 25명 중 국문 해득자가 2명에 불과하다는 것이 그 근거였다. 국민학교뿐만 아니라 4H구락부 운동을 통한 야간 성인 교육도 구상했다. 4H구락부에서 강습과 기타 각종 실기를 과학적으로 연구하여 "원시적인 산촌 생활을 좀 더 합리화하며 기획화"하도록 지도 육성해야 한다고 강조했다.[88]

사업장에서 교육을 담당할 사람은 다름 아닌 고아 출신들이었다. 난민 중에서 고아 출신의 제대군인 2명이 '상당한 지식 수준'에 있을 뿐 아니라 국민학교 과정을 수학한 연장 고아도 여러 명 있어서 이들을 중심으로 청소년 계몽운동이 전개될 수 있을 것이라고 기대했다. 담당자들은 성인 계몽 역시 쉬울 것이라고 보고했다.[89]

이 사업장의 대표자는 실명이 드러나지 않았으나 53세로 종교 생활과 사회사업 운동을 해왔던 사람이고, 지역민의 신망이 두터웠다. 문화 생활에도 관심이 커서 정착 난민 마을에 라디오를 제공하여 계몽과 오락을 가능하게 하고 난민 상호 간의 의견을 나누는 등 자연적인 집회의 기능을 제공하고 있다는 평가를 받았다. 사업의 보조자로 기록된 성대석은 진주농고 출신으로 일본 규슈제국대학 지리산 지구 연습림과 경남농업기술원(1949. 12~1957. 12)을 거친 인물이었다.[90]

경남 지역의 난민정착사업 추진에서 사업장 대표자는 매우 중요한 위치

---

88 위의 문서.

89 위의 문서.

90 「난민정착사업 추진에 관한 건」(1957. 11. 19), 『난민관계』, 1959(국가기록원 BA0223248); 지리산 약 5만 정보를 일제시기 도쿄대, 교토대, 규슈대가 각각 1만 6천 정보씩 연습림으로 차지했다. 1964년 당시 산청 지역 4천 5백 정보는 진주농대가, 광양 및 구례의 5천여 정보는 수원농대가 연습림으로 사용했고, 나머지는 국유 도유 사찰림으로 남아 있었다. 산청의 연습림이 다량 도벌되어서 학생들이 반발하는 일이 있었다. 「발가벗기는 지리산」, 『동아일보』 1964. 11. 9; 「진주농대생 성토」, 『경향신문』, 1964. 5. 30.

였다. 도 당국은 읍면 행정 기관이 주동적으로 사업을 추진하는 것보다 개인 대표자가 하는 것이 효과적이라고 보았다. 사업에 "열성적으로 헌신 노력할 수 있고 신망이 높은" 개인 대표자를 선출하는 것이 계획에 포함되어야 한다고 지시했다. 하동군에서는 사업장 대표자에게 세부적인 계획을 요구했다. 이미 개간한 지역 및 개간 예정지의 소유자, 보상 방도, 개간 면적, 개간 후 입주 예정 세대 및 인원, 공사비를 구체적으로 수립하고 생업 계획 또한 축산 공예업 특용작물 등으로 세밀하게 준비하도록 했다.[91]

화개면 사업장은 하동군수가 대표자를 변경하고 나서야 사업이 정식화되었다.[92] 화개면이 처음 사업을 신청한 것은 1958년 1월 5일이었고, 범왕리 연동을 사업 근거지로 했다. 2월 10일에 보건사회부의 승인이 나기도 했다. 그런데 원조가 달리 없었고, 우유가루가 일부 나왔으나 주민들은 감자, 연초, 밤 등의 작물을 소량으로 재배하여 생계를 유지했다.[93]

1959년에 접어들어 중앙에서 난민정착사업을 농촌형(2만 세대)과 도시형(1천 세대), 수복지구 및 기타(1,730세대)로 구분했고, 사업 선정 원칙과 절차를 정했다. 하동군에서도 각 읍면에 농촌형 난민정착사업을 신청하도록 했다. 농촌형 사업의 선정 원칙은 "농경 기타 사업이 적합한 입지적 조건이 구비된 지대로서 복귀 불능 난민으로 구성된 견실한 사업체여야 한다"는 것이었다. 사업 신청서는 군과 도 당국, 보건사회부에 제출해야 했다. 신청서가

---

91 「난민정착사업 추진에 관한 건」(1957. 8. 28), 경남 하동군 화개면, 『난민관계』, 1960(국가기록원 BA0223250).

92 하동군수, 화개면장, 「4292년도 난민정착사업장 대표자 변경의 건」(1960. 1. 16), (1960. 2. 26), 『난민관계』, 1960(국가기록원 BA0223249).

93 「난민정착사업 현황 보고에 관한 건」(1960. 4. 15), 경남 하동군 화개면, 『난민관계』, 1960(국가기록원 BA0223249).

제출되면 보건사회부와 경제조정관실 합동조사반이 현지를 답사하여 보고서를 참작 선정하는 절차였다. 신청서에는 사업장 명칭, 사업장 소재지, 사업 종목(임야, 황무지 개간, 염전 개간, 농축, 가내수공업 등), 개간 면적(사업 면적과 기타 면적), 정착 난민 세대 수 및 인구수, 정착 난민 외 가동력을 적도록 했다.[94]

화개면은 군청의 공문이 내려온 다음 날짜로 신청서를 제출했다. 이미 승인이 난 바 있었던 범왕리 연동에 '범왕 난민정착사업장'을 두고 황무지 개간과 제탄(製炭) 포장(包裝), 수직(手織)을 사업 종목으로 하기로 했다. 82정 9반보에 79세대 478명을 정착시킨다는 계획이었고, 가동할 수 있는 인원은 266명으로서 정착 예정 난민의 명단이 첨부되었다. 사업 토지 관련해서는 면장인 김병춘(金炳春)과 면의회 의장인 강사원(姜士遠)이 면 소유지 132정 7반을 난민정착사업장에 사용하도록 승낙해주었다.[95]

그러나 범왕 사업장은 '농촌형'으로 선정되지 못했다. 사업 신청 이듬해인 1960년 1월에 하동군은 당시의 사업장 대표였던 김용인(金容仁)을 신기성(辛基成)으로 교체하라고 지시했다. 그 후 3월 12일자로 농촌형이 아닌 '기타 지구' 유형으로 추가 선정되어 범왕·신흥··용강·정금·법하 마을에 각 10세대씩 50세대의 정착이 허가되었다.[96]

1958년 승인 후 사업이 진행되지 않았고 1959년 농촌형 난민정착사업에도 선정되지 않았던 데는 몇 가지 점들이 작용했다. 1958년에는 구체적인 사업 계획이 발견되지 않았으나 사업장 위치가 해발 1천여 미터의 산지여

---

94 하동군수, 「4292년도 농촌형 난민정착사업 추진의 건」(1959. 2. 6), 『난민관계』, 1960(국가기록원 BA0223249).

95 김용인, 「난민정착사업장 신청서」, 「4292년도 농촌 난민정착사업 추진의 건」(1959. 2. 7), 『난민관계』, 1960(국가기록원 BA0223249).

96 「사업장 추진 상황」, 『난민관계』, 1960(국가기록원 BA0223249).

서 같은 시기에 입주하기 어려웠다는 점이 지적되었다.[97] 또 1959년의 '농촌형'은 복귀 불능 난민을 원칙으로 했는데, 신청서에 첨부된 명단에 의하면 79세대가 호주 기준으로 출신 지역이 모두 경남이었다. 도내 다른 지역 출신이 포함되었을 수 있으나 현재 주소 역시 전원 범왕리에 두고 있어서 마을 출신 사람들이 대다수였던 것을 알 수 있다.[98]

결과적으로 범왕 사업장은 1960년 3월 12일자로 농촌형이 아닌 '기타 지구 난민정착사업장'으로 추가 선정되어 범왕·신흥·용강·정금·법하 마을에 각 10세대씩 50세대의 정착이 허가되었다.[99] 그런데 이 과정에서 하동군은 사업 신청 당시의 대표였던 김용인을 신기성으로 교체할 것을 지시했다. 범왕 사업장이 승인되지 않은 것은 사업 신청 시 분류가 잘못되었던 탓도 일부 있었지만, 사실 이는 면에서 검토하여 충분히 수정 가능했을 것으로 짐작된다. 그보다 사업장이 선정되지 못한 근본적인 원인은 사업장 대표에 대한 불신임 때문이었다. 김용인에서 교체된 대표자인 신기성은 법하 마을 출신으로 제3대 화개면장(1954. 6~56. 4)을 역임했던 인물이었다. 그는 전쟁 이전부터 마을에서 우익 관료 활동을 해온 유지였다.[100]

한국전쟁기 북한군 점령 시기에 신기성을 포함한 화개면의 우익 세력이 가슴과 등에 '민족반역자'라고 써 붙여진 채 포승에 묶여서 마을마다 끌려다녔다는 기록이 면에서 전해지고 있다. 당시 제1대 면장(1946. 2~1952. 3)을 역

---

97 「난민 사업장 연혁」, 『난민관계』, 1960(국가기록원 BA0223249).

98 김용인, 「난민정착사업장 신청서(입주지 예정 난민 명단)」, 「4292년도 농촌 난민정착사업 추진의 건」(1959. 2. 7), 『난민관계』, 1960(국가기록원 BA0223249).

99 「사업장 추진 상황」, 『난민관계』, 1960(국가기록원 BA0223249); 화개면장, 「4292년도 난민정착사업장 대표자 변경의 건」(1960. 2. 26), 위의 문서철.

100 화개면지편찬위원회, 앞의 책, 189쪽.

임하던 강사원도 함께 끌려 다녔다고 한다. 면의 기록에 의하면 그는 여순 사건 당시 용강 마을의 집이 습격을 당한 적이 있었고, 북한군 점령 시기에 포로와 유사한 생활을 했다. 강사원은 김용인의 사업 신청 때도 면의회 의장으로서 정착사업에 면유지 사용을 허가한 바 있었고, 실제 사업 추진 과정에서 난민정착사업위원회의 위원으로 참여했다. 유일하게 면민 직선제로 실시한 면장 선거에서 당선되어 쿠데타로 물러나기까지 제5대 면장(1960. 12~1961. 6)을 역임하는 등 전후에 지역 유지로서 입지가 탄탄했다.[101]

화개면의 난민정착사업은 대표자를 변경하고 나서 1960년부터 본격화되었다. 난민정착사업추진위원회를 구성하여 정착사업을 추진하고 필요한 사항에 대해 수시로 자문을 하기로 했다. 면장을 위원장으로 두고 부위원장 1명, 위원 6명, 서기 1명으로 구성했다. 위원도 면장이 위촉하도록 했기 때문에 실제로 정착사업은 대표자와 면의 협조를 통해 이루어지고 있었음을 알 수 있다.[102]

사업 초기의 위원장은 김병춘(金炳春)으로 제4대 면장(1956. 4~1960. 12)을 맡고 있었다. 1946년 4월, 독립촉성중앙협의회 하동군지부에 각 읍면회 분회가 조직되었을 때 화개면 대표를 맡기도 했던 인물이다.[103] 위원으로는 김병춘과 신기성 외에도 강사원, 김홍순, 신기호, 이기봉, 김유곤, 유영환이 참여하고 있었다. 전임 대표인 김용인은 위원 자격이 있었으나 기록이 남겨진 회의에는 불참했던 것[104]으로 보아 대표자가 변경된 후 사업에 거의 관여하

---

101 위의 책, 189, 242~243쪽.

102 「난민정착사업추진위원회 규정―화개면」(1960. 5. 1), 『난민관계』, 1960(국가기록원 BA022232 49).

103 화개면지편찬위원회, 앞의 책, 242쪽; 하동군지편찬위원회, 앞의 책, 259쪽.

104 「난민정착사업추진위원회 회의록」(1960. 5. 6), 위의 문서철.

지 않았을 가능성이 높다.

이처럼 화개면의 난민정착사업은 전쟁 이전부터 마을에서 우익 활동을 했던 인물들에 의해 추진되었다. 하동군 차원에서 대표자를 교체하고 나서 사업을 승인했고, 전현직 면장 등 관료들이 사업을 주도하는 가운데 면장이 임명한 인물들이 참여하는 형태였다. 군에서는 사업을 읍면이 주도하는 것보다 능력 있는 개인 대표자의 선출이 중요하다고 했으나 대표자는 읍면 행정 기관과 무관할 수 없었고, 대표자의 과거 이력과 활동, 이념이 중요한 기준이 되었다.

사업의 공식 현황 보고에는 대표자를 '총 주민의 총의'로서 정했다고 되어 있으나, 이미 정해져 있었기 때문에 주민의 의견 수렴이 있었다 해도 요식적이었던 것으로 보인다. 사업 실시 초기에는 위원회 외의 다른 조직 없이 각 마을에 반장을 두는 형식이었다. 여기서 대표는 면내에 있으나 사업장 내에 거주하지는 않았다. 대표는 수시로 각 반을 "순회 계몽"하고 "난민의 생활 지도와 무육(撫育)에 노력"하고 있다는 자체 평가가 있었다.[105] 화개면 사업장에서 대표는 난민이 아니어도 가능했고, 사업을 신청 관리 보고하는 역할을 담당했다.

한편 1960년에 정부는 정착사업장을 '시범부락'으로 만들고 중앙 및 지방재정을 보충하라는 지시를 내렸다.[106] 화개면 사업추진위원회는 시범부락을 만들라는 상부의 지시를 적극 수용하고자 했다. 그 한 방편으로, 제공되는 시멘트 20포를 사용해 주택 지붕을 시멘트 기와로 만들자는 주장이 있었

---

105 「난민정착사업 추진에 관한 건」(1957. 8. 28), 『난민관계』, 1960(국가기록원 BA0223250); 「난민정착사업 현황 보고에 관한 건」(1960. 4. 15), 『난민관계』, 1960(국가기록원 BA0223249).

106 「난민정착사업추진위원회 회의록」(1960. 5. 6), 「난민정착사업 추진에 관한 건」, 『난민관계』, 1960(국가기록원 BA0223249).

다. 이를 위해서는 목공, 토공 등 기술자가 필요하고 막대한 비용이 수반된다는 우려가 있었지만, 사업장 대표 신기성은 시멘트 기와로 "국가에서 구호하여주신 보람이 있게 농촌 시범이 되도록 하자"고 주장했다. 입주자의 희망에 따라 시멘트 기와를 제작하거나 기존의 토기와를 교체하면, 위원회에서 공매 입찰 후 처분이 가능하도록 했다.[107]

정부가 난민정착사업장을 농촌 개발의 모델로 삼고자 했다는 것은 사업장 대표를 교육·훈련하는 과정에서도 확인할 수 있다. 정부는 사회사업연구회의 실시 계획에 따라 난민정착사업장 대표자연구회를 지속적으로 개최했다.[108] 신기성은 화개면 사업장 대표로 1960년 9월 21~26일에 걸쳐 제26기 대표자연구회에 참석한 후 수강의 소회 및 건의서를 보건사회부에 제출했다.[109] 이 내용을 통해 당시 농촌 난민정착사업장의 특징과 향후 전망을 살펴볼 수 있고, 또한 난민정착사업장이 농촌 개발의 토대로 주목받고 있었다는 점에서 농촌 사회 변화 양태를 파악할 수 있다.

신기성은 화개면 사업장이 원주민으로 구성되어 있고, 주택은 농촌형의 문화주택에 손색이 없다고 밝혔다. 정부에 건의한 내용은 크게 사업장 주민의 지원, 사업장 시설 및 환경, 중앙 및 타 사업장과의 연락과 홍보에 관한 것이었다. 우선 농촌 사업장 주민에게도 보조금 또는 저리 융자가 제공되어야 한다고 했다. 도시에서도 1957년부터 주택 건립을 위주로 한 난민정착사업이 실시되고 있었는데, 도시 사업장에는 주택 건축을 위한 보조가 행해지

---

107 위의 문서.

108 「사회사업 세민 지도자 및 종사자연구회 실시의 건」, 『난민관계』, 1960(국가기록원 BA0223251).

109 이하 내용은 신기성, 「수강의 소회 및 건의서, 사회사업 세민 지도자 및 종사자연구회 실시의 건」, 위의 문서철 참조.

고 있었다. 신기성은 "농촌에서 중농이 몰락하고 소농도 유지할 수 없는 경제 실정"임을 강조하며 "도시를 유지하고, 식량의 근원지 주민의 생활을 보호해야 국가 경제가 회복할 수 있다"고 강조했다.

또한 정착사업장 내에 창고, 공동목욕탕, 공동작업장 등의 시설이 필요하다며, 설치를 위한 자재 분급을 요청했다. 어느 사업장도 창고 없이는 경영이 어렵다고 했다. 그는 목욕탕을 농촌의 부족한 위생 및 보건 시설을 보완할 방법으로 생각했다. 공동작업장에 대한 생각은 구체적으로 드러내지 않았으나 1960년부터 실시된 난민정착사업장 내의 가내수공업장같이 상품 생산이 가능한 시설을 의미했을 것이다.

사업 관리에 있어서는, 원조 주체인 외원 기관과의 연락을 정부가 책임져야 한다고 주장했다. 각 지방에 산재한 사업장들이 중앙에 문의하기도 어려운 여건이었고, 실제로 방문을 위해 왕복할 비용도 문제였다. 대표자라하더라도 중앙 기관에 상담하는 방법을 모르는 경우도 있었다고 한다. 여기에 지역 간 차이가 있더라도 균형을 취하길 당부했다. 또한 정부에서 각 사업장을 방문하여 주민들을 독려할 것을 건의했다. 중앙의 방문은 주민들의 생활에 큰 영향을 미친다는 판단에서였다. 끝으로 각 사업장에서 미거(美舉)가 될 만한 사항을 알리는 방법이 필요하다고 했다. 다른 사업장의 좋은 예시가 난민이 사업장에 입주하는 데 명분이 될 수 있다고 보았기 때문이다.

이상과 같이 1950년대 말 화개면에서는 전쟁 이전에 활동했던 우익 세력이 사업을 주도했다. 1950년대 농촌 난민정착사업의 주요 대상은 원주지에 복귀하지 못하는 난민이었으나, 화개면 사업장의 사례에서는 현지에 복귀한 지역민이 사업에 참여했다. 전쟁 이전에 지역 유지였던 인물들은 정착사업을 추진하면서 지역 내 영향력을 확보했다. 정부는 난민정착사업을 농촌 개발의 시범 사례로 삼고자 했고, 사업 주도자들은 여기에 적극적으로 호응했다.

2) 사업장 정착민의 의무와 마을 내 정치 참여

1960년 화개면 사업장에 참여한 난민은 복귀 불능 난민과는 구분되는 '수복 난민'이었다. 당시 경상남도는 난민정착사업 사업장 유형을 크게 두 가지, 복귀 불능 난민과 수복 난민으로 나누었다. 복귀 불능 난민은 한국전쟁으로 인해 거주지와 주택을 떠나온 피난민으로서,—주로 북한 출신이 많았으나 남한 내 출신도 포함했다—다시 전 거주지에 돌아가지 못하는 난민을 가리켰다. 수복 난민이란 여순사건 또는 전쟁으로 작전상 소개를 당하여 다른 지방에 임시로 거주하다가 휴전과 진압 후 원 거주지와 농토에 복귀한 난민을 의미했다. 두 부류가 섞여 있을 때는 세대수가 많은 쪽을 유형으로 삼았다. 범왕 사업장의 입주 예정 50세대는 범왕리 18, 대성리 16, 운수리 2, 정금리 6, 부춘리 8세대로 구성되었다. 이들은 이전에 마을에 살았던 주민들이었고, 자신의 토지로 돌아온 경우였다. 때문에 토지 소유권을 가지고 있어서 사업 추진에서 가장 중요한 문제였던 토지 사용에서 제약이 없었다.[110]

사업장은 개간과 농경을 주업으로 삼았다. 이미 1958~59년에 보리 콩과 팥·조·고구마·채소·연초·임산물·감자를 수확했다. 정맥과 소맥, 농우 원조를 받기도 했다. 가축으로는 돼지 8, 송아지 7, 큰 소 17마리가 있었다.[111]

농우는 1950년대 말 정착사업에서 큰 비중을 차지했다. 1954년에도 수복지구 정착사업장에 670여 두의 농우가 분배된 바 있었으나 다수가 농경에

---

110 「난민정착사업 현황 보고에 관한 건」(1960. 4. 15), 『난민관계』, 1960(국가기록원 BA0223249).

111 위와 같음.

부적합하여 문제가 되었고, 전 사업장을 대상으로 하지는 않았다.[112] 1959년 3월에 보건사회부와 경제조정관실의 난민정착사업 계획에 의해 전국을 대상으로 한 배정이 이루어졌다. 처음에는 2,466두의 농우를 1만 8,485세대에 배정한다는 계획을 세웠다가 4월에 전국 331개 정착난민사업장에 1,833두의 농우를 구입해서 나누어주었다. 2만 2,494세대에 12세대당 소 한 마리가 배부된 것이었다. 1억 1천만 환의 예산은 경제부흥 특별회계 정착사업비로 배정했다.[113]

11월에는 7천 2백만 환의 예산으로 농촌형 2천 세대와 수복지구용 1,600세대에 1,200두를 분배하기로 결정했다. 지역별로는 경기도 457, 충북 61, 충남 189, 전북 57, 전남 102, 경북 77, 경남 128, 강원 112, 제주 17두로 경기도가 가장 많고 충남, 경남이 뒤를 이었다.[114]

농우 분배에 1억 8천 7백만 환의 대충자금이 투여되었던 만큼, 정부는 사업장 내에서의 농우 관리에 심혈을 기울었다. 정부는 농우 관리 요령을 통해 지역별, 사업장별, 수배자별 지침을 내렸다. 우선 농우 배정 과정을 보면, 도지사가 배정한 표에 따라 군수가 정해진 두수를 분배받는다. 군 실정에 따라서 배정을 변경할 수 있으나 도지사의 승인이 필요했다. 배정 현장에는 사업장 대표, 읍면장, 시장 및 군수와 도 관계관이 입회해야 하고, 구입

---

112 「8호당 농우 1두」, 『경향신문』, 1954. 5. 25; 「농우 구입 자금 2천만 환 기증 한미재단서 수복 농민에」, 『동아일보』, 1954. 5. 25; 「농우 479두 수복지구로 수송」, 『동아일보』, 1954.7.10.; 「행정권 이양 앞둔 수복지구 건설보」(上), 『경향신문』, 1954. 9. 7; 「국회에서도 논의 수복지구의 농우 문제」, 『동아일보』, 1955. 6. 5.

113 「정착 난민에 낭보」, 『경향신문』, 1959. 2. 17; 「소 2천여 두를 분여」, 『경향신문』, 1959. 3. 22; 「정착 난민에 또 '소'」, 『경향신문』, 1959. 4. 2.

114 「3천 7백 세대에 농우 천여 두 배정 난민정착사업」, 『동아일보』, 1959. 11. 22.

한 농우에는 군에서 낙인을 해야 했다.[115]

보건사회부는 1956년도 이전 사업장은 12세대, 1957년도 사업장은 9세대, 1958년도 사업장은 7세대당 1두씩 배정하기로 했다. 면장은 이에 맞추어 사업장에 배정된 농우를 분배했는데, 입주한 난민들이 반을 편성하고 반원 중에서 가장 농우 사육을 잘할 수 있는 조건을 구비한 사람(수배자)을 1명씩 택하여 각 1두씩 분배하는 방식이었다. 농우의 소유권도 의무를 이행한다는 조건으로 수배자가 가졌다.[116]

농우 수배자의 의무는 막중했다. 수배자는 각서 또는 서약서로 의무 이행을 보증해야 했다. 의무 사항은 ① 항상 농우에게 질병이 발생하지 않도록 주의하고 무리한 노역을 가하지 않음, ② 반원의 합의에 의하여 농우 사육에 지장이 없는 한도 내에서 반원의 농토 경작에 무상으로 제공함, ③ 농우가 분만한 송아지 2두는 면장에게 무상으로 납부하고 납부 완료 시까지는 관의 승인 없이 매도 양도 또는 교환하지 아니함, ④ 농우 관리에 있어서 각서 각 항 및 농우 관리 요령 기타 관의 지시를 절대 준수하며 만약 이를 위배하거나 이행하지 않을 경우 농우를 회수하거나 관의 변상 명령 또는 기타 여하한 조치에도 이의를 제기하지 않겠다는 내용 등이었다. 수배자 외에 2명의 보증인이 함께 서명 날인하여 농우 분배와 동시에 제출해야 했다.[117]

분배되는 농우는 2세 이상의 건강한 암소였는데, 추후에 송아지가 면장

---

115 보건사회부, 「난민정착사업용 농우 관리 요령」(1959. 4), 충남 논산시 상월면, 『난민정착사업장 농우 관계 서류』(국가기록원 BA003442).

116 위와 같음.

117 「4292년도 난민정착사업 농우 구입에 관한 건」, 『난민관계』 1960(국가기록원 BA0223249).

〈사진 13〉 난민정착사업용 농우 기증
경제 기반이 없는 난민을 지역에 정착시키기 위하여 노임은 양곡으로 지급되었고, 농기구나 농우 등의 물자 또한 지원되었다. 사진은 1959년 1월 29일 고양군에서 난민정착사업용 농우가 기증되는 모습이다. 국가기록원 소장(CET0061802).

에게 납부되면 면장은 송아지를 미리 결정된 반원에게 순차적으로 분배하여 점차 전 반원이 농우를 소유하게 한다는 계획이었다. 수송아지는 암송아지로 교환하되 가격 관계로 송아지 교환이 불가능할 때는 수송아지로 일단 배부하고 교환할 수 있는 시기에 암소를 교환시킨다. 장기적으로 사업장 내 난민 전원의 농우 소유를 구상하고 있었던 것이다.

농우 관리의 책임 정도는 수배자가 가장 높았다. 보건사회부는 1959년 분배 당시에 "발병하거나 부상, 폐사하였을 때는 즉시 그 사유를 도지사에게 보고하고 지시를 받아야 한다"는 수준으로 요령을 정했으나 1962년부터는 "수배자가 고의 과실이 없음을 증명하지 않는 한 사고 당시의 시가에 의하여 즉시 변상하여야 한다"고 변경했다.[118] 면장이 항상 농우의 관리 상황

---

118 보건사회부, 「난민정착사업용 농우 관리 요령」(1959. 4), 충남 논산시 상월면, 『난민정착사업

을 조사하여 지도 감독할 책임을 져야 한다거나, 군수가 축산 기술 공무원에게 연 2회 농우 상황을 조사하게 하여 질병의 예방 조치를 취하게 해야 한다는 규정을 두었으나, 문제의 직접적인 예방 책임은 수배자의 것이었다. 또한 지시 명령을 이행하지 않으면 농우를 반납하도록 되어 있었다.[119]

이상의 전국 단위 계획에 따라 화개면 사업장에도 농우가 배정되었다. 그러나 사업장 현황 보고에 따르면, 농경과 축산에도 불구하고 빠듯하게 생계를 유지하는 수준이었던 것으로 보인다. 사업장에서는 농기구가 부족하여 개간이 원만하지 않았고, 경작은 밭작물로 제한되었다. 양곡은 원조에 의존했는데, 백미는 전무했다. 축산의 경우에도 소는 관리 요령에 따라야 하고 적어도 송아지를 낳을 때까지 매매가 불가능했다. 때문에 난민은 목재 운반이나 제탄 사업장의 부속 재료를 생산하는 등 농사 외의 활동과 부업을 해야 했다.[120]

사업에 참여하여 주택 자재 농기구와 식량 등을 배정받고 주택을 건축하는 데는 의무와 보증이 상세히 규정되어 있었다.[121] 먼저 주택은 지정 장소에 집단적으로 건립하는데, 부지를 최소한 50평 확보해야 하고 부지 확보를 위한 비용은 입주자가 부담해야 했다. 정해진 설계도면에 따라 9.15평의 주택을 건립하는데, 배급된 자재 외에 부족한 자재도 입주자가 준비하여 기일에 맞춰 입주해야 할 의무가 있었다. 부족한 자재와 건축 부지가 확보되

　　　장 농우 관계 서류」(국가기록원 BA003442); 경기도청, 「난민정착사업장 농우 관리 상황 수
　　　정 지시」(1963. 2. 8), 경기도 옹진군 사회과, 『보건사회예규철』(국가기록원 BA0175056).

119　보건사회부, 「난민정착사업용 농우 관리 요령」(1959. 4), 충남 논산시 상월면, 『난민정착사업
　　　장 농우 관계 서류」(국가기록원 BA003442).

120　「난민정착사업 현황 보고에 관한 건」(1960. 4. 15), 『난민관계』, 1960(국가기록원 BA0223249).

121　이하 내용은 「서약서」, 「심득서」, 「난민정착사업 추진에 관한 건」, 위의 문서철에 근거함.

면 목재, 양탄, 양회, 식량, 농기구 등 자재를 배급받는데, 양도 및 매매 처분은 불가능했다. 만약 매도나 교환을 했을 때는 입주자가 내놓은 적립금(1십만 환)에서 충당하고, 부족액은 보증인이 변상하는 것으로 되어 있었다. 계약을 위배할 시에는 자재 전부를 회수 변상하거나 기타 어떠한 조치를 취하더라도 이의를 제기할 수 없었다.[122] 덧붙여 주택 건립 중에도 지시 감독을 준수하고, 지붕은 기와 또는 미제 루피(루핑으로 추정)로 덮을 것을 요구했다. 관의 승인이 있으면 설계 변경이 가능하다거나 적립금을 일부 지원한다는 내용도 포함되어 있었다. 하지만 애초에 적립금, 주택 부지, 보충할 자재를 확보해야만 입주할 수 있었고, 배급된 물자는 무상이라는 점이 강조되었으나 원칙상 임의로 사용할 수 없었다는 점에서 입주자의 부담은 클 수밖에 없었다.

때문에 사업장 내 주택 건축이 지연되면서 사업장 지역이 변경되기에 이르렀다. 과거에 소개지여서 사업장(주택 건축지)으로 선정되었던 지역을 접근이 용이한 지역으로 바꾼 것이었다. 논의 과정에서 "명목상으로는 난민 정착사업이지만 읍내에 집단 건설하여 기존에 생계를 영위할 기반이 있는 자들을 대상으로 하자"는 주장, "생활 근거가 없으면 입주를 희망하지 않을 것"이라는 예상이 나왔다. 따라서 빨치산 진압의 피해 지역으로 선정된 범왕, 대성리는 접근이 어렵다는 이유로 사업 지역에서 빠졌다. 화개면에서도 북쪽 산지에 위치한 두 곳은 자재 운반에 시일이 많이 소요된다는 점이 지적되었다. 논의 결과, 두 지역으로 진입하는 입구에 위치한 신흥에 주택을 건축하기로 했다. 최종적으로 부춘리(장내), 법하(삼신리), 정금, 용강, 신흥(범왕

---

122 그러나 실제로는 자재를 인수받은 즉시 매매하는 사례도 많았다. 「난민정착사업 현황 보고에 관한 건」(1960. 4. 15), 『난민관계』, 1960(국가기록원 BA0223249).

리)이 선정되었다. 즉 직접 피해를 입었던 소개 지구가 아니라 빠른 시일 내에 건축이 가능한 지역이 사업장으로 결정된 것이다.

또한 사업 실시 전에 소개 지구민에게 배급되었던 구호 양곡 또한 입주자에게 배급하는 것으로 바뀌었다. 난민정착사업장 앞으로 나온 것이므로 입주자에게 전량 배급해야 한다, 소개 지구민에게 배급했던 구호 양곡의 양이 적은 데다가 그들이 개간 사업에 주력하지 않을 것 같다는 점이 변경 근거가 되었다.[123] 사업추진위원 중에는 소개 지구민이 아니어도 사업장에 입주하는 사람들은 생계가 곤란한 사람일 것이라고 주장하는 사람도 있었다. 그러나 사업에 참여하기 위해 적립금, 부지 비용, 부족 자재 충당 비용이 필요했기 때문에 입주민이 소개 지구민보다는 나은 상황이었으리라 추측된다.

사업이 진행되자 입주 희망자들은 사업장 운영을 목적으로 자치운영회를 조직했다.[124] 운영회는 삼신리 법하 마을에 두고 부춘리, 삼신리, 용강리, 범왕리 사업장의 운영 및 조직 방식과 회원의 의무 및 권리를 규칙으로 정했다. 산하에 사업 경영과 경리를 협의하는 운영위원회와 질서 유지를 목적으로 심의위원회를 두었다.

회원은 "각 지구별 사업장에 입주 공동생활을 원하는 자"로서 "공동생활을 영건(營建)할 의무와 자치 운영에 참여할 권리"를 지녔다. 회원은 입주하는 자인 정회원과 농우를 기르는 자인 찬조회원으로 구분했다. 회원은 퇴

---

123 「난민정착사업 추진위원회 회의록」(1960. 5. 6), 「난민정착사업 추진에 관한 건」, 『난민관계』, 1960(국가기록원 BA0223249).

124 이하 자치운영회에 관한 내용은 「난민정착 화개면 사업장 자치운영회 규칙」(1960. 8. 2 시행), 「난민정착 화개면 사업장 자치운영회 규칙에 관한 건」, 『난민관계』, 1960(국가기록원 BA0223251)에 근거함.

거할 경우 배정된 물자 일체를 반납해야 하고, 주택에서는 실구매액 차액을 청구할 수 있다고 했다. 사망 시 가족이 계속 거주한다면 가주(家主)가 자격을 계승할 수 있었다.

임원은 회장 부회장 이사장 각 1명, 반장 이사 심의위원 각 5명, 총무부장 사업부장 후생부장 상무이사 각 1명을 두었다. 임원은 1년 임기로 각 사업장 전체 회의에서 정회원 중 선임하기로 했다. 운영위원회는 10세대 단위로 뽑는 반장과 이사로 구성하고, 심의위원회는 각 사업장의 전체 회의에서 선출하고, 연장자를 의장으로 두었다. 두 위원회는 겸직할 수 없게 했다.

자치운영회는 사업장 내에서 결정적인 권한을 행사했다. 심사 결과 자격이 허용되지 않는다고 판단되면 입주할 수 없도록 했다. 또 회원의 상벌 규정을 두고 심의위를 통해 결정하도록 했다. 사업 건설에 특이한 공로가 현저하거나 공동생활에 모범이 될 만한 독행(篤行)이 있는 자에게는 상을 주도록 했으나, 징계 규정은 더 엄격하고 구체적이었다. 서약 보증서에 그 내용을 적시하고 본인 및 보증인 2명이 서명해야 입회가 가능했다. 징계 사항은 ① 고의 또는 과실로 인하여 사업장에 피해 또는 명예를 상하게 하는 일, ② 불효(不孝) 불순(不淳)하며 폭언과 폭행을 감행하는 일, ③ 음주(난음亂淫) 도박을 임의로 감행하는 일, ④ 난폭한 행동 언사를 감행하여 이웃에 친목을 훼손하는 일 등이었다. 이를 위배하면 심의위 결정에 따라 회원 자격 정지, 물자 배정 중지, 급여 물자 회수, 손해 배상, 공개 사과 및 해명 등의 징계 조치를 내릴 수 있었다.[125]

입주 대상자들은 사업의 존폐를 가르기도 했다. 사업장 중 정금 예정지

---

125 「난민정착 화개면 사업장 자치운영회 규칙」(1960. 8. 2 시행), 「난민정착 화개면 사업장 자치운영회 규칙에 관한 건」, 『난민관계』, 1960(국가기록원 BA0223251).

는 1960년 11월 말까지 입주 대상자들 사이에 분열이 생겨서 사업 추진이
제대로 되지 않자 면장이 사업을 취소했다. 그 과정에서 사업장 대표와 면
장이 책임을 둘러싸고 갈등했고, 대표는 정금을 제외하고 부춘 9, 법하 19,
용강 12, 범왕 10세대로 계획을 변경하여 면장이 아닌 하동군수에게 직접
사업 허가를 요청하기도 했다.[126]

지리산 지역에서는 전쟁 이후까지 빨치산 진압이 계속되며 소개와 파괴
가 장기적으로 계속되었고, 주민이 복귀하여 마을이 복구되기 시작한 것은
1950년대 후반이었다. 하동군은 전쟁기에는 교전이 치열했고, 전쟁이 끝난
이후까지 빨치산 토벌 작전이 지속된 곳이었다. 화개면에서 소개되어 난민
이 되었던 지역민은 1955년부터 복귀할 수 있었다. 이 지역의 난민정착사업
은 '수복 난민' 유형으로서, 개간 및 농업과 함께 주택 건설이 사업에서 중요
한 위치를 차지했고, 특히 난민정착사업장에 농우가 배정되기 시작하면서
영농의 효율성을 높이게 되었다는 점이 주목된다. 그러나 효과적인 원조 물
자 관리를 위해 사업장 입주자에게는 부담이 될 만한 의무 사항이 많았다.
또한 입주를 위해서는 적립금이나 부지 및 자재 비용 등을 충당할 수 있는
일정한 경제력이 있어야 했다.

화개면은 여순사건 후 빨치산 활동과 진압 과정에서 피해를 입은 지역
이라는 점 때문에 난민정착사업장으로 선정될 수 있었으나, 실제로 사업이
진행될 때는 피해 지역이나 해당 지역민의 구호나 정착보다는 마을 전체의
개발과 사업을 유지해가는 데 초점이 맞추어졌다. 사업장에 입주를 희망하
는 사람들은 자치 조직을 구성하여 정부에 대응하기도 했다. 사업장 자치운
영회는 사업장에 입주할 난민의 자격 심사와 사업장 운영을 담당했고, 면

---

126 「난민정착사업장 추진에 관한 건」(1960. 11. 25), 『난민관계』, 1959(국가기록원 BA0223248).

전체 사업 목록에서 특정 지구를 취소시킬 수 있을 정도로 지역 내에서 정치적인 영향력을 발휘했다.

하동군 화개면의 사례로 보면 한국전쟁기에 피난민의 구호 대책으로 시작된 난민정착사업은 1950년대 말에 마을의 생산성을 높이고 개발을 도모하는 수단으로 변모했다. 또한 사업에 참여하는 지역민은 조직 구성과 운영을 통해 의사 결정에 참여하고, 규칙을 만들어가는 정치 활동을 하게 되었음을 확인할 수 있다.

3장
1950~60년대 전남 장흥의 정착사업과 농지 분배

1. 1950년대 월남민의 난민정착사업 실시와 사업장 운영

전남 장흥군에서는 1950년대에 난민정착사업, 1960년대에 개척단·자활단, 자조정착사업, 자조근로사업 등 다양한 형식의 사업이 실행되었다. 참여자 또한 한국전쟁 피난민, 고아·부랑아, 현지인, 남한 출신 외지인 등 복합적이었다. 그 규모 면에서도 1960년대 전반까지 단일 사업장에서 최대 면적의 간척지가 조성되기도 했다. 또한 1960년대 후반에 공유수면을 매립한 자조근로사업장의 농지 분배 규정과 실상을 파악할 수 있는 지역이다.

장흥군은 전남에서 가장 규모가 큰 난민정착사업이 실시된 지역이었다. 1961년 5월 22개 사업장에 1,858세대 9,623명이 참여하여 323정보를 개간했고, 107정보의 간척지를 매립했다.[127] 그런데 1963년 당시에는 2개 사업장이 있었다고 보고되었다(〈부표 3〉). 사업장의 수가 급격히 줄어든 것은 사업이 완공되었기 때문은 아니었다. 1961년에도 미완성된 사업장이 완성된 사업

---

127 이 책 2부 〈표 2-14〉 참조.

〈사진 14〉 장흥 간척사업 매립 공사 부지 1
1962년 11월 28일 촬영된 전남 장흥 간척사업 매립 공사 부지 전경이다. 사진은 국가기록원 소장(CET0043727).

〈사진 15〉 장흥 간척사업 매립 공사 부지 2
1962년 11월 28일 촬영된 전남 장흥 간척사업 매립 공사 부지 전경이다. 사진은 국가기록원 소장(CET0043727).

장보다 훨씬 많았다. 사업장이 감소한 것은 1960년대 전반에 사업이 흐지부지되거나, 정부가 난민정착사업이 아닌 다른 형식으로 흡수·전환시켰기 때문이었다.

장흥에는 황해도 출신 난민들이 집단으로 배치되어 정착했다. 특히 옹진 출신이 다수였다. 이들은 난민정착사업을 기획·운영하는 주체였다. 1950년 12월부터 1951년 2월까지는 서해 도서 지역의 난민 남하가 집중되었다. 1951년에 옹진 도서 지역에는 난민이 10만 명 이상 있었다.[128] 1951년부터 서해안 도서 지역에 있던 난민은 전라남북도로 분산 배치되었다. 1·4후퇴 시기에 LST에 승선한 월남민은 총 20만여 명이었고, 서해안 지대에서 62,082명이 승선한 것으로 추정되었다.[129]

서해안에서의 소개와 피난은 섬을 경유하고 선박을 통해 이동했다는 점이 주요한 특징이었다. 육지에 있던 사람들은 인근의 작은 섬들로 1차 피난을 했다. 당시 섬에는 원주민보다 더 많은 수의 난민이 모였고, 매우 열악한 상태였다. 먼저 주거는 원주민의 집을 나누어 쓰거나 천막이나 나무로 집을 지었다. 창린도의 경우를 보면, 피난민의 유입이 많아지자 군 당국이 원주민의 집에 난민을 배정했던 것으로 보인다. 기린도에서는 친척이 있다 해도 함께 살 수 없었다고 한다.

우리도 그 밤에 와서 잘 [집이 없어서] 못 들어가서 개갓에서 자고 그거 눈이
팔팔한 데서 자고 아침에 집집마다 피난 나와서 창린도라는 데 들어왔는데 아

---

128 RG 338, UN Civil Assistance Command, Korea (UNCACK), 1951, Box 19, Investigations. File No. 333(이임하, 앞의 논문, 2010, 101~102쪽에서 재인용).

129 김귀옥, 앞의 책, 1996, 69쪽.

무리 인역(우리) 식구가 이 방에서 다 자고 잪어도 못 자. 피난민 싹 가니까 정부에서 한 집에 몇 씩 다 분배를 해줬어. 그런대로 이제 들어가서 조금 몇 달 살다가 한 해 여름나고 피난을 나왔으니까 (…).[130]

조운행 : 천막 치고, 막 치고 뗏막, 그땐 그 우리 기린도가 친척이 있었거든요 고모네가 있어서, 우리 고모는 잘 살았어. 섬에서, 산에 가서 재목도 해다 서끌(서까래) 들고, 떼 뜯어가 벽 쌓고 그러고서 방도 넣고 그러고 살았어요.

박옥연 : 고모네 부자면 고모네 집에 가서 살지, [왜] 작은 방에 갔어?

조운행 : 1년간, 그때 어떻게 피난민들이 내려오는지 섬으로 몰려갖고, 고모네 집에서 좁아서 살 수가 없어요 다른 데서 막 다 와갖고 고구마 쌓아놓은 데 머리통 우거가서 다 잠자고 다 그랬어요 소는 바깥에 내[놔서] 매고, 우리 고향에서는 집에 외양간이 있거든요 거기 다 제쳐놓고 짚 깔고 멍석 깔고 그러고 있으니. 사람이 참 수만 명 밀렸다. 저 섬에, 저 조그만 데.

면담자 : 그 사람들 다 그 배로, 돛단배 정도였을 텐데, 왔다갔다 계속 실은…

조운행 : 돛단배를 [타고] 다 육지서 들어온 거죠[131]

서해안 해로로 남하한 난민은 목포 외에 군산, 여수로도 들어갔다. 정부는 전남에서 목포·여수·해남·진도·완도·강진·고흥·광주를 피난지로 지정

130 김선비 구술(월남민 구술생애사 조사연구, http://waks.aks.ac.kr/rsh/dir/rsearch.aspx?rshID=AKS-2014-KFR-1230004&sType=&sWord=%EA%B9%80%EC%84%A0%EB%B9%84).

131 조운행 구술(월남민 구술생애사 조사연구, http://waks.aks.ac.kr/rsh/dir/rsearch.aspx?rshID=AKS-2014-KFR-1230004&sType=&sWord=%EC%A1%B0%EC%9A%B4%ED%96%89).

했고, 전북에서 군산·김제·부안·남원·이리(익산)·전주·정읍을 지정했다.[132] 그러나 실제로 난민이 들어간 것은 정해진 지역에 한정되지 않았다. 목포로 들어온 황해도민은 1~2주 동안 유달국민학교, 북중학교, 목포중학교 등 학교에 수용되었다. DDT 소독이 있었다고는 하지만[133] 사상증명 등의 절차가 있었다고 말하는 사람은 없었다. 피난민임을 증명하는 것이 중요했다는 이야기도 나오지 않았다.

　이에 비추어보면, 황해도 남부에서 피난한 사람들은 적어도 전쟁기에 남과 북의 정치적 경계를 경험하지는 않았던 셈이다. 선행연구의 분석[134]과 다르게 당국으로부터 크게 의심 받지 않았거나, 정부의 정책이 있었다 하더라도 피난민이 그것을 감시나 사상적 통제라고 인식하지 않았기 때문이라고 할 수 있다. 감시나 의심에 근거한 정부나 유엔군의 정책이 없었다고 한다면, 그 이유로는 38도선 남쪽 지역에서 피난이 시작되었기 때문에 이들이 전쟁 이전에 북한 체제를 경험하지 않았다는 점을 추정할 수 있다. 또한 비자발적인 피난이었고 결과적으로 휴전선 이남으로 월남한 경우이기 때문에 피난민 스스로도 북한 주민이라는 인식은 없었다.[135]

　목포에서 출발한 열차와 차는 전남 각 지역에 난민을 내려놓았다. 광주

132　사회부, 「피난민 소개 및 구호 요강 송부에 관한 건」(1950. 12. 15), 『정부소개대책관계서류』, 1950(국가기록원, BA0852069).

133　조운행 구술.

134　강성현은 피난민이 국가로부터 끊임없이 감시받고, 사상과 보건의 측면에서 자신을 증명해야 했다고 했다. 강성현, 앞의 논문, 결론 참조.

135　윤택림이 분석한 '미수복 경기도민'과 38도선 이남의 황해도민은 공통적으로 북한 주민이라는 정체성은 없었다고 볼 수 있다. 윤택림, 『구술로 쓰는 역사—미수복 경기도민의 분단과 이산의 삶』, 아르케, 2016, 334~335쪽.

에는 송정역으로 3천 명 정도의 황해도민이 들어왔다.[136] 난민에게는 목포에서 가까운 지역이 좋다는 인식도 있었다.[137] 들어온 직후에는 고향으로 돌아갈 수도 있으리라는 희망이 있었기 때문이다. 목포와 가장 가까운 곳은 영암이었다. 부친이 피난민 대표였던 가족은 영암으로 갈 수 있었다.[138] 영암 외에 강진, 보성, 고흥, 장흥에도 배정되었다. "군대 배당"되듯이 배정이 되었다고 한다.[139]

지역에 배정된 난민은 우선 현지인의 집에 얹혀 살게 되었다. 마을마다 난민에게 방을 배정하여 임시로 살게 했다. 장흥에서는 이장이 주선하여 현지인에게 방을 얻어주고, 밥이나 김치, 옷도 걷어다 주었다.[140]

오옥선과 오택성은 남매로, 부친이 난민 대표를 맡고 있어서 목포에 고아원을 세워서 살았다고 한다. 영암에 배정되어 목포와 영암을 오가며 살다가 장흥에 정착사업장이 조성되며 이주했다.

너는 어디 부락으로 가거라. 이 부대, 너는 어디 부대로 가거라. 그래 가꼬 군대 배당돼듯기 배당돼서 가족들이 나왔어.[141]

영암군이란 데로 배치됐어. 우리 돌아가신 아버님이 그때 우리 고향 난민들

136 「김정호의 광주 역사산책 2편 14. 피난민」, 『무등일보』 2015. 2. 12.

137 조운행 구술.

138 OH_13_007_오택성_06.

139 OH_13_007_오옥선_06.

140 허여화 구술(월남민 구술생애사 조사연구, http://waks.aks.ac.kr/rsh/dir/rsearch.aspx?rshID=AKS-2014-KFR-1230004&sType=&sWord=%ED%97%88%EC%97%AC%ED%99%94).

141 OH_13_007_오옥선_006.

대표로 계셨기 때문에, 영암군으로 배치를 받아서 갔는데, 거기서 처음에 나는 시종면이라는 데 가 있다가 (…).[142]

이정순은 장흥 용산면 출신인데, 월남민인 남편이 강진에서 장흥 관산읍으로 오게 되면서 만나 결혼하고 이후 남편과 함께 간척사업에 참여했다.

목포에서 강진으로 배치되었다 하드만. 강진에서 살다가, 그때 작은아버지가 면에 댕긴게. 면 소사로 있다가 관산으로 와가꼬 인자 [남편이] 나 만나서 살았어. 그 난민들 집이라고, 저 집을 지어서, 정부에서 집을 지어서 주드만. 한 칸씩. 그래서 거기서 살고 있드만.[143]

전남에서 가장 큰 규모로 사업이 진행되었던 장흥은 몇 가지 점에서 그 의미가 남다르다. 우선 장흥에서 사업을 시작한 인물을 주목할 필요가 있다. 평양 출신의 김형서(金瀅瑞)[144]라는 인물이다. 김형서도 1·4후퇴 시기에 목포에 들어왔다고 하는데, 전쟁 이전에 이미 월남한 상태였다. 그는 전쟁기

---

142 OH_13_007_오택성_006.

143 OH_13_007_이정순_006.

144 김형서는 1929년 평양공립고등보통학교를 졸업하고 1930년 3월에 평양사범학교 강습과를 나와서 4월에 大館공립보통학교에 훈도로 들어가 8년간 근무했다. 1938년 6월 평안남도 산업국 토목과에서 약 7년을 근무한 이후 5년간 북한에서 거주하다가 1950년 4월에 월남했다. 장흥 외에 고흥, 당진에서 간척사업을 하여 '개척왕', '농촌의 태양', '영세민의 아버지'라고 불리기도 했다. 1961년 5월에 전국난민정착사업장 대표대회 의장 표창장, 1966년 5월 산업훈장(은탑) 등을 수령했고, 1969년 8월에는 아시아의 노벨상이라고 불린 막사이사이상을 수상했다. 오유권, 「김형서 선생—지도를 바꾼 간척왕」, 『막사이사이상 수상자들의 외길 한평생』, 장학사, 1981, 217, 219, 251~260쪽.

〈사진 16〉 농지 분배식
1962년 2월 16일, 장흥군 안양면 사촌리에서 열린 농지 분배식. 왼쪽에서 여섯번째가 정희섭 보건사회부장관이다. 사진은 장흥문화원 소장.

에 남한에서 난민들과 함께 이동했거나 다른 경로로 전남에 왔을 가능성이 있다.[145] 김형서 일행은 목포에서 며칠 동안 체류하다가 기차로 보성으로 이동했고, 트럭으로 장흥으로 오게 되었다. 이들 난민은 안양면 당암리에 도착하여 구호 양곡으로 연명하며 산을 개간하기 시작했다. 1955년에 당암리에서 난민정착사업이 40세대로 인가되었다. 이후 1959년에 사촌리에 50세대가 인가되어 김형서는 안양면 당암리, 사촌리 사업장의 대표를 맡았다.[146]

---

145   전쟁이 발발하자 그가 옹진의 난민들을 이끌고 왔다고 왔다는 기록이 있으나 그가 피난 과정에서 주도적인 역할을 했는지는 불분명하다. 「막사이사이상 봉사 부문 김형서 씨에」, 『경향신문』 1969. 8. 16.

146   당시 전남도지사에 의하면 1952년 사회부에서 전남을 포함한 각 도에 난민정착사업 요강

사촌 사업장에서는 1962년 2월에 218가구의 입주식이 열렸다. 매립 당시에 보성 성당에서 양곡을 제공했고, 기독교세계봉사회(KCWS), CARE에서 자금을 제공했다고 전해진다.[147]

김형서는 안양면에서 피난민 연락사무소를 운영하며 사업을 진행했다고 알려져 있다. 그는 이 사무소를 1961년 10월에 장흥군 난민정착사업연합회로 개편하고, 1963년 10월에 사단법인으로 한국정착사업개발흥업회(흥업회)를 설립했다. 1960년대까지 장흥에서는 흥업회가 여러 개의 사업장을 운영했고, 그 규모도 컸다. 흥업회의 사업장 외에도 관산읍 옥당리에 2개 사업장이 1955년에 60세대, 1959년에 50세대로 인가되었고,[148] 이 사업장은 옹진 출신 난민의 집단거주 지역으로 기록되어 있으나 장연 등 황해도 다른 지역 사람들도 함께 있었다.[149]

1960년대에 장흥의 또 다른 난민정착사업장은 관산읍에 있었다. 옥당리에 2개 사업장이 1955년에 60세대, 1959년에 50세대로 인가되었다. 1960년에는 안희제가, 1963년에는 박춘성이라는 인물이 대표를 맡고 있었다.[150] 이 사업장도 옹진 출신 난민의 집단거주 지역으로 기록되어 있으나 장연 등 황해도 다른 지역 사람들도 함께 있었다.[151]

을 시달했는데, 전남에서는 이미 이전부터 개간과 염전 개발이 진행되고 있었다. 이을식, 『전남 도정의 회고』, 죽헌 이을식 선생 고희기념사업회, 1981, 61쪽; 「난민정착사업 농우 관리 철저의 건」(1960. 2. 8), 『난민정착사업용농우』 (1); 오유권, 앞의 글, 245~251쪽.

147   「2백18가구 난민에 자활의 길」, 『경향신문』 1962. 2. 16.; 오유권, 앞의 글, 251~260쪽.

148   「난민정착사업 농우 관리 철저의 건」(1960. 2. 8), 『난민정착사업용농우』 (1).

149   장흥문화원, 『관산읍지』, 2009, 664쪽; OH_13_007_이정순_06.

150   「난민정착사업 농우 관리 철저의 건」(1960. 2. 8), 『난민정착사업용농우』 (1); 〈부표 3〉.

151   장흥문화원, 『관산읍지』, 2009, 664쪽; 김선비 구술.

〈사진 17〉 관산 난민정착사업장
난민정착사업장에 농우를 끌고 오는 모습이다. 사진은 장흥군청 소장(장흥-01-1966-
000001-080(2)).

장흥의 난민정착사업장에도 정부 방침에 따라 농우 구입비가 배정되었
다. 1956년 이전 사업장으로는 당암리와 옥당리가 각 5두, 3두를 구입할 수
있었고, 1959년 경제부흥 특별회계에서 사촌리와 옥당리에 3세대당 1두로
각 50세대 기준 17두의 구입비가 배부되었다. 정부의 농우 관리 지침은 장
흥에도 똑같이 적용되었는데, 당시 장흥에서는 복귀 불능 난민에게 배정되
어야 하는 농우를 난민이 아닌 사람이 사육하여 문제로 지적되었다.[152]

정부의 정착사업 방식은 난민정착사업이 종결되지 않은 상태에서 1960
년대 중반에 자조근로사업(PL 480-2 지원)과 자조정착사업(PL 480-3 지원)으로 전

---

[152] 「난민정착사업 농우 관리 철저의 건」(1960. 2. 8), 『난민정착사업용농우』 (1).

환해갔다.[153] 변화된 방침에 따라 1962~65년까지는 정착사업, 1966년부터 자조근로사업이라는 항목으로 구호 양곡이 책정되었다. PL 480의 잉여농산물은 정해진 목적에 따라 사용되어야 했기 때문에, 1960년대의 정착 및 자조근로사업은 일차적으로 잉여농산물을 사용하기 위해 추진된 것이었다. 잉여농산물의 용도에 따라 무상(PL 480-3)이거나 근로의 대가로 임금이 지급(PL 480-2)되도록 규정되었다. 장흥은 흥업회가 자조근로사업까지 운영했고, 전국 최초로 대덕 사업장을 완공했다.[154]

〈표 3-5〉와 같이 흥업회의 사업장은 1965년 12월 현재 PL 480-3 자조정착사업으로 진행되며 외국 민간 원조 단체의 지원을 받았다.[155] 이듬해인 1966년에는 풍길, 고마, 장관 사업장이 PL 480-2 자조근로사업으로 변경되었고,[156] 1969년에 덕촌 사업장도 전환되었다(〈부표 6〉).

흥업회 사업장은 피난 온 황해도 사람들이 주도했다. 흥업회는 김형서를 회장으로 하여 본부에 이사를 두었고, 사업 현장에서는 소장 또는 대표가 사업 실무를 총괄하며, 그 하위에 사무장이 관리하는 체계였다. 여기서 황해도 출신 인사 12명이 흥업회 이사를 맡으며 현장 관리 간부가 되었다. 사업장에서는 대표가 십장을 지정하면, 흥업회 간부가 십장을 관리했다. 십장 역시 피난민이 주로 맡았다. 현지에 "건달"들이 있었다 해도 사업장에서는 피난민 출신 간부들에게 "꼼짝 못하고 굽실굽실"해야 했다. 십장이 "대표

---

153 보건사회부, 「미공법 제480호 제3관에 의한 개발 사업 신청 및 관리 요령」(1965. 5), 장흥군, 『농지분배관계철』 (2).

154 난민정착사업에서 자조근로사업으로 구호 사업이 변경된 배경과 과정은 별도의 논고에서 다룰 예정이다.

155 「전라남도 PL 480-3 개발 사업장 현황 일람표」(1965. 12. 31), 『간척사업관계철』 (1).

156 「자활정착단원 조사 보고」(1967. 2. 14), 『농지분배』 (2).

〈표 3-5〉 한국정착사업개발흥업회의 장흥 정착사업장 조성(간척) 현황

	사촌	풍길	고마	장관	대덕	덕촌
착공일	1958. 6. 30.*	1963. 10. 28	1963. 9. 15	1963. 8. 30	1962. 3. 10	1963. 10. 28
준공일	1961. 12. 31	1966. 12. 31	1966. 12. 31	1966. 12. 31	1966. 12. 31	1968. 12. 31
대표자	김형서	마상욱	최용진	최용태	김형서	김형서
원조 단체 (1965. 12. 31 기준)	KCWS, CARE	CARE	KCWS	CARE	KCWS	CARE
면적 (매립 / 농지, ha)	108.7 / 74.3	64.8 / 39.9	139.3 / 93.2	37.4 / 34.6	789.7 / 536.7	506 / 390
방조제	1조 1,464m	1조 2,145m	2조 1,232m	3조 1,218m	3조 1,929m	1조 3,541m
세대수	107	70	182	66	1,057	?

* 출전: 사업 종류는 「전라남도 PL 480-3 개발 사업장 현황 일람표」(65. 12. 31), 『간척사업관계철』 (1); 「대덕 자조정 착사업장 잔여 공사 추진」(1966. 2. 25), 『농지분배관계철』 (2); 「회의 소집 요구」(1967. 3. 29), 『농지분배』 (2)참조; 대 표자와 원조 단체는 「전라남도 PL 480-3 개발 사업장 현황 일람표」(65. 12. 31), 『간척사업관계철』 (1); 「대덕 자조 정착사업장 토지 분배식 거행」(1965. 10. 15), 『농지분배관계철』 (1) 참조; 기타는 오유권, 「김형서 선생—지도를 바 꾼 간척왕」, 『막사이사이상 수상자들의 외길 한평생』, 장학사, 1981, 224~235쪽.
* 장흥군 문서에는 1959년도 난민정착지로 기록되어 있다. 「난민정착사업 농우 관리 철저의 건」(1960. 2. 8), 『난민 정착사업용농우』 (1).

의 아들 역할"을 하고 있었기 때문이었다.[157]

흥업회는 사업장을 관할하며 참여자를 관리하고, 임금을 지불했다. 장흥에서 흥업회 사업에 참여하는 사람들은 크게 두 부류로 나뉘었다. 난민을 포함하여 현지 출신의 지역민, 다른 지역에서 유입된 사람들은 일반 취로자(就勞者)로 구분되었고, 다른 한 부류는 개척단·자활단이었다. 황해도 출신 난민이 주도하는 정착사업에서 현지인과 외부인은 난민 단체의 관리하에서 노동하고 대가를 받았다. 대표, 간부, 감독, 십장 등 관리직을 맡은 난민은 더 이상 열악한 조건에 놓인 '복귀 불능 난민'이 아니라 사업의 주도권을 가지고 정착해가는 사람들이었다.

---

157 OH_13_007_손성명_06.

지정 단원들은 몇십 명 정도로 그렇게 많지가 않지마는, 출유하는 지방 사람들이 있잖아요. 하루 품삯이믄 돈이 몇 만 원씩 가니까. 또 십장들. 일 부려먹을라믄 십장들이 있어야 되거든. 걔들이 책임자들로 있고 내가 할 일은 걔들 말고 관리하는 거밖에 없지. 연장 분실한 거 있나 없나 각 십장들한테 [확인]하고 또 사무실 왔다 갔다 하고 둑 있는 데 조그만 초가집 하나 있는 게 우리 사무실이었어. 지금은 아무것도 안 보이지만 둑이 별로 없었을 때는 집이 괜찮았었거든. 십장은 대표가 지정을 해줬어. 십장들도 좀 활덕활덕해야 되거든. 어수룩한 애들 안 되거든. 인부들한테 잽히니까. 피란민들이 많이 했지. 지방 건달들은 몇 안 섞였어. 해봤자 우리한테 항상 굽실굽실해야만 되니깐. 동네에서는 건달이라고 하더라두 우리 사업장 내에서는 꼼짝 못 하잖아. 만약 눈에 났다 그러믄 해고시키면 끝나니깐. "이 감독, 자네 당분간 쉬어야 되겠네" 딱 그래불믄 "예, 알겠습니다" 하고 쉬는 거지 뭐. 내가 젊었을 때두 파워가 좀 셌어. 대표의 아들 역할을 하니까 말이야.[158]

취로자는 '종업원', '정착원'으로 일컬어지기도 했고, 사업장에서 임금을 받고 근무했다. 각자 일한 날짜만큼 전표를 받아서 월말에 양곡이나 현금으로 교환했다. 관리직이 아닌 취로자가 된 난민은 다른 생계 수단이 없었기 때문에 작업장 노동을 주업으로 했지만, 현지 출신 지역민은 기존에 토지나 선박을 소유하고 있는 경우 부업으로 사업에 참여했다. 야간 근무는 더 많은 노임을 받을 수 있었고, 현지인과 사업장에 정착한 난민은 식사도 집에서 해결했다. 작업 자체는 고단했지만 일하는 만큼 수입이 있었기 때문에 작업에 참여했던 사람들은 보람이 있었다고 기억했다. 또한 간부들은 관리

---

158 OH_13_007_오택성_006.

직이어서 일 자체도 크게 힘들지 않았고, 부업으로 일을 했던 사람들은 "돈 버는 재미"가 있었다.[159]

현지인들은 흥업회와 무관하게 자체적으로 사업을 실행하기도 했다. 관산읍 삼산리에서는 마을 사람들이 12인조, 17인조, 31인조, 53인조라는 조직을 구성하여 인근 지역을 각각 4, 5, 5, 25ha씩 간척했다. 53인조였던 현지인에 따르면, 마을 건너편에 보였던 섬을 막자고 해서 주민들이 조를 짠 후, 남녀 106명이 함께 지게로 돌을 옮겨서 제방을 쌓았다고 한다. 정부에서 밀가루를 지원받아서 자체적으로 공동노동을 한 결과, 1년 반 만에 갯벌을 메웠다.[160]

장흥 내 사업장의 또 다른 부류는 고아·부랑아 등 출신의 개척단, 자활단이었다. 취로자가 자발적으로 사업에 참여했던 것과 달리, 이곳에서 확인된 단원들은 강제로 징집되어 사업에 동원되었다. 1961년 11월 14일에 충남서산에서 창설된 기록이 있는 '대한청소년개척단'은 장흥과도 관계가 있었다.[161] 이 개척단은 2부에서 다룬 김춘삼이 주도한 자활개척단과는 달랐다. 자활개척단은 현지로 출발하기 전에 조직되어 단원들이 목적지와 해야 할 일을 미리 인지하고 있었다면, 대한청소년개척단은 그렇지 않았다. 대한청소년개척단은 민정식(閔定植)[162]이 대표를 맡았지만 정부에서 직접 관할했고,

---

159   OH_13_007_손성명_006; OH_13_007_이주태_006; OH_13_007_오옥선_006; OH_13_007_이정순_006.

160   장흥군지편찬위원회, 『장흥군지』, 1993, 513쪽; OH_13_007_이옥현_006.

161   '대한청소년개척단'은 장흥뿐만 아니라 서산에도 사업장을 조성했다. 장흥보다 규모가 컸던 것으로 보인다. 장흥에 있던 사람들을 서산으로 보내기도 했는데, 장흥에서 서산으로 갔던 정영철은 서산이 '큰집', 장흥이 '작은집'이었다고 했다. OH_012_006_정영철_006.

162   민정식은 1954년부터 자신이 운영하는 자동차조립공장에 부랑인 70여 명을 들였다고 한다. 이후 개척단 조직으로 각종 포상을 받았다. 權度洪, 「르뽀 이색지대―서산개척단」, 『신동

수용소 등 기관에서 바로 보내지거나 단속과 검거를 통해 이송했다.

　부산에서 장흥으로 오게 된 정영철은 현지에 도착해서야 개척단이 된 것을 알게 되었다. 그는 제주도 고아원을 탈출한 후 부산으로 와서 구두닦이 등을 하며 부랑아 조직의 중간 보스 역할을 했었다. 4·19혁명 때는 고학생을 돕고 글을 배우다가 시위에도 참여했다. 5·16 이후 단속으로 '보호소'에 구금되어 있다가 장흥으로 강제이송되었다.

면담자 : 장흥 오셨을 때 이야기를 해주세요.

구술자 : 버스에서 내리니께, 영화 보면 포로들 잡아서 머리 뒤에다 손을 올리잖아? 그렇게 해서 내려. 머리를 든다든가 손을 내렸다가는 '어머니 사랑 정신 보신탕'이라고 쓰인 야구 빠따로 삭 조져대는 거여. 그거 한 대씩 맞으면 꽉꽉 소리 나면서 머리가 팽팽 돌아.

면담자 : 장흥에 가실 거라는 걸 버스타기 전에 알고 계셨어요?

구술자 : 전혀 몰랐지. 장흥이라는 것도 모르고 어디 섬인 줄 알았지. 버스에서 밤에 커튼 다 치고 잡담을 한다든가 그러면 죽어. 머리를 앞으로 숙이고 있어야 돼. 갈 때까지 몇 시간을 그랬어. 길이나 좋나, 들럭거리는데. 내리니께 바닷물이 철썩철썩하고 "여기는 대한청소년개척단이다. 여기는 영(令) 외는 아무것도 없다. 느그들은 아무 권리도 없다. 밥 먹을 권리도 없고, 오줌도 느그들 마음대로 못 싼다." 그러더니 그 말이 맞더라고 "소변 보고 싶습니다." 한 명이 그러면 안 들어주고 여러 명이 손들어야 줄 서서 번호 맞춰가며 갔다 왔어. 도망갈까 봐 '인간 철조망' 있었고 그

아」 1965. 12, 274쪽; 「오명을 묻은 '부랑아의 양지'」, 『동아일보』 1962. 9. 15; 「수해때 많은 생명 구한 오씨 등 7명 표창」, 『경향신문』 1964. 12. 8.

러니 도망가는 거는 꿈도 못 꿔. 갔다가 걸리면 죽으니께.[163]

시설에 수용되어 있지 않아도 각지에서 장흥에 보내졌다. 장흥의 개척단이 대한청소년개척단과 같은 조직이었는지, 흥업회에서 관리했는지는 확인되지 않는다. 장흥에서 계속 작업을 했던 김이곤은 스스로 '건설단'이었다고 기억하고 있고, 1968년의 농지 분배 시점에는 '자활단'으로 기록되어 있기 때문이다. 이 자활단은 흥업회에서 운영했다. 광주에서 잡혀 온 김이곤은 관산읍 고마리의 장환도에 가게 되었는데, 도착 즉시의 환경에 대해 상세히 기억했다. 자활단 작업장은 몇 지역에 나뉘어 있었던 것으로 확인된다. 자활단의 사업장에는 거처가 마련되어 있지 않았고, 엄격히 통제되어 있었다.

모집이라는 건 있을 수가 없고 그때 당시 강제로 다짜고짜로 그냥 젊은 사람들만 보면 내 잡아다가, 젊응게 네가 깡패 생활 한 놈 아니냐 해 갖고 원래 그 건설단이라는 데에는 그 깡패들 소탕 작전에서 갖다가 그냥 일 시키는 장소그든요? (…) 우리는 몰랐지. 차에다 싣고는. 어디 모르고 가다봉게 막 섬에다가 때려 퍼불더라구요 우리들은 그것을 몰랐지. 첨에 이제 막 가서 잠잘 데가 없슈. 장흥 관산면에서 좌측으로 쑤욱 들어가면은 장환도가 섬입니다. 섬에다 퍼 놔버렸는디 잠을 잘러니 잠잘 데가 있을까 밥을 먹으려니 밥 먹을 데가 있을까. 없잖습니까. 군대에 있든 천막을 한 대여섯 개를 처났더라구요 천막에서 잠을 잘러고 보니까 그 가마데기라고, 옛날에 짚으로 짜서 올려 깔아놓고 거기서 자라고 그렇게 해놨대요 잘러고 하는디 뭐 두께가 있어야죠 쉽게 짐승으로 본다고 하면

163 OH_012_006_정영철_006.

도살장에 들어가는 것허고 똑같죠. 잠을 자는디 아주 썩은 냄새가 그렇게 났었고 한 3일인가 잔게 저녁에 비가 하튼 쏟아져버렸더니 물이 여 [누웠을 때 등]까지 막 차부리고 이런 난관이 되더라구요.[164]

홍업회 간부들이 자활단의 작업을 관리했다. 이들의 권한은 "막강했다"고 한다. 사무장이나 지도원을 두어 단원들을 관리하게 했는데, 이들은 단원 중에서 다시 중대장, 소대장, 반장, 부반장을 뽑아 현장의 작업 지시와 통제를 맡도록 했다.[165]

[중대장은] 제일 빠른 놈. 월급은 주지 않지. 명예만 "너 중대장" 그렇게 했으니께, 고것만 해도 어디야. 내 비서관으로 항상 그림자 같이 나만 따라댕기고 [아니면] 내무반에서 밤새도록 있어야. 10시에 "취침!" 하면 그냥 자야 돼. 새벽 5시부터 기상나팔 불어. 그럼 운동장 같은 데 쫙 모여. 모이믄 내가 작업 지시를 쪽쪽 내리지. "몇 조는 어디로 가고 몇 조는 어디로 가고 어떻게 해라." 그렇게 한 다음에 한참 있어야 십장들 나와. 십장들은 가정 있는 사람들이니까, 아침 출근을 해야 돼.[166]

홍업회가 운영했던 6개 정착사업장에서는 1,646ha(16.46km²)가 매립되었다 (〈표 3-5〉). 1966년에 5개 사업장이 완공되었고, 농지 분배가 추진되었다. 특히 1966년 5월 30일에 대덕 사업장 준공식이 성대하게 열렸다. 박정희 대통령

---

164   OH_13_007_김이곤_006.

165   김이곤은 자활단에서 반장을 맡았다. OH_13_007_김이곤_006.

166   OH_13_007_오택성_006.

〈사진 18〉 장흥군 대덕 정착사업장 농지 분배식 1
1966년 5월 30일, 장흥군 대덕 정착사업장 농지 분배식이 열렸다. 사진은 국가기록원
소장(CET0021137).

을 비롯하여 외국 인사와 정부 고위층이 참석했기 때문에 언론도 크게 보
도했다. 여기서 흥업회장 김형서와 기독교세계봉사회(KCWS) 회장이 훈장을
받았다. 언론은 "피와 땀을 흘려서 거센 바닷물을 막고 옥토를 만드는 데 성
공한 초유의 협업농장"으로 보도했다.[167] 장흥군은 행사를 위해 학생들을 차
출하여 행사 준비를 시켰고, 지역민들 대다수가 준공식에 참석했다.[168] 장흥

---

167 「장흥군 매립 농토를 분배」, 『동아일보』 1966. 5. 30; 「대덕 간척지 준공」, 『경향신문』 1966. 5.
30; 「박 대통령 장흥에 간척 준공식 참석」, 『매일경제』 1966. 5. 30; 「장흥 대덕 간척의 완공」,
『동아일보』 1966. 5. 31; 공보처 홍보국 사진담당관, 『박정희 대통령 장흥 및 대덕 정착사업장
농지 분배식 참석』(국가기록원 CET0021137), 1966.

168 「대덕 자조자활정착사업장 조성 농지 가분배식 거행에 따르는 협조 의뢰」(1966. 5. 20), 『농
지분배관계철』(3).

〈사진 19〉 장흥군 대덕 정착사업장 농지 분배식 2
1966년 5월 30일, 농지 분배식에 박정희 대통령이 참석하여 축사를 하고 있다. 사진은
국가기록원 소장(CET0021137).

사람들에게는 대통령을 목격한 이 행사가 인상적인 경험으로 남아 있다. 대
덕 사업장은 당시 전국에서 가장 규모가 큰 정착사업장이었다. 또한 처음
완공된 사업장이었기 때문에 특히 주목을 받았다.[169]

홍업회는 장흥에서의 사업 성공을 계기로 다른 지역에서도 〈표 3-6〉과
같이 자조근로·정착사업을 진행했다. 장흥의 경우 대덕에서 가장 대규모로
가장 빨리 농지 분배가 이루어졌지만, 다른 사업장에서도 1965년부터 간척
이 완료되며 분배 절차가 시작되었다.

---

[169] 「대덕 자조정착사업장 농지 분배 사무 추진」(1966. 2. 3), 『농지분배관계철』 (2).

사업장	전남 고흥군 해창만	전남 고흥군 오마도*	충남 당진군 석문
착공	1965. 8. 21	1964. 7. 25	1967. 1. 20
준공	1969. 9. 30	1966. 11. 30	1968. 5. 29
면적(매립/농지, ha)	2,770 /1,573	1,087.5 / 839.4	714 / 383
방조제	2조 3,464m	3조 2,753m	2조 733m

* 출전: 오유권, 「김형서 선생―지도를 바꾼 간척왕」, 『막사이사이상 수상자들의 외길 한평생』, 장학사, 1981.
* 전남 고흥군 오마도의 경우, 소록도와 연결되는 이 공사는 한센인에 의해 1961년부터 시작되어 방조제가 조성되었으나 인근 지역 주민들이 환자들의 거주를 반대하여 1964년에 보건사회부가 흥업회에 사업권을 이관했다. 환자들은 체불 임금과 간척 토지에 대한 권리를 모두 상실했다. 정부는 2008년 한센인피해사건진상규명위원회를 조직하여 해방 후~1960년대에 오마도 간척사업을 포함한 16개 사건을 피해 사건으로 결정했다.

전남 장흥에서는 1950~60년대에 다양한 형태의 정착사업과 근로사업이 진행되었다. 1950년대에 난민이 시작한 정착사업에 1960년대 전반부터 고아·부랑아가 강제동원된 개척단·자활단이 참여했고, 1960년대 중반 이후에는 PL-480의 지원으로 정착사업, 자조근로사업이 동시에 진행되었다. 이러한 장흥군의 사례만으로도 정착사업의 시기별 변화와 그 특징을 추적할 수 있다.

2. 1960년대 취로자(就勞者)와 자활단의 노동과 농지 분배

장흥군 사업장의 간척 작업은 강도 높은 노동으로 가능했다. 취로자와 단원들 사이에 작업 방식의 차이가 있지는 않았다. 먼저 공사는 남포로 인근의 산을 발파하거나 배로 큰 돌을 실어 와서 '물막이'하는 것부터 시작되었다. 수십 척의 배가 돌을 실어 날랐다. 배를 가진 사람은 배 크기별로 수입을 얻을 수 있었다. 내려놓은 큰 돌을 옮겨 쌓으면 작은 돌들을 사이에 끼워

〈사진 20〉 장흥군 안양면 사촌리 작업 현장
1954~1957. 토차에 바위를 옮기는 모습이다. 사진은 장흥문화원 소장.

서 제방을 만들었다.[170]

제방으로 바닷물을 막은 후에는 흙과 뻘[171]로 제방 안쪽을 메웠다. 흙을 나르기 위해 사용한 주요 기구는 '구루마' 또는 '토차'라고 불렸던 수레였다. 탄광에서 쓰던 것과 같았다고 한다. 이 수레가 지나갈 수 있도록 레일을 먼저 깔고 2인 1조로 한편에서 담은 돌, 흙, 진흙을 퍼서 밀고 간 후 메워야 할 곳에 쏟아부었다. 곡괭이나 삽으로 흙을 퍼 담았는데, 진흙을 떠서 지게

---

170 남포는 도화선 장치를 하여 폭발시킬 수 있게 만든 다이너마이트를 뜻한다. 『표준국어대사전』 참조; OH_13_007_이정순_006; OH_13_007_이성남_006.

171 '개흙'(갯바닥이나 늪 바닥에 있는 거무스름하고 미끈미끈한 고운 흙)의 경남, 전남 방언. '벌'만 표준어로 인정함. 『표준국어대사전』 참조.

에 지고 옮기는 '뻘떼기'는 "힘없는 사람은 할 수 없었"다고도 하지만, 여자들도 뻘떼기와 돌과 흙을 나르는 작업에 참여했다. 남자들이 지게를 지거나 지푸라기를 엮어서 등에 맨다면, 여자들은 머리에 돌을 이어 옮겼다. 당시에 주로 바위를 옮겼던 이정순은 최근까지도 "고개가 쑥 들어가서 모가지가 아프다"며 당시에 가장 힘들었던 일이라고 기억했다.[172] 갯벌 매립 작업은 간부를 제외하고 단원과 취로자 모두에게 무척 고된 노동이었다.

위험한 작업 과정에서 사상자도 종종 발생했다. 겨울철 작업과 산사태가 피해를 야기했다. 자활단은 겨울에 야간 작업도 진행했는데, "구루마를 끌고 들어가면 물이 허벅지까지 찼"고 "나오면 땡땡 부어서 죽는 사람"까지 있었다. 산을 발파한 후 흙을 퍼 나를 때 산이 무너져서 20여 명이 묻힌 적이 있었다. "가[장자리]에 묻힌 사람은 파냈지만 안에 들어간 사람은 서너 명씩 사망"했다. 산사태는 여러 차례 반복되었다고 한다. 수레를 끌고 경사진 곳을 내려가면 "40키로(km/h)는 되는데, 두 명이 타고 내려가다가 수레가 뒤집혀서 실려 있던 돌에 머리가 찍혀서 간" 사람도 있었다.[173]

단원들의 사망사고가 빈번하게 발생했지만, 장례 절차나 묘는 없었다고 한다. 단원은 홀로 잡혀왔고, 내부에서 자체적으로 통제가 이루어지면서 외부로 사고가 알려지지 않았던 것이다.

면담자 : 그때 반장님이셨으니까, 죽는 사람 있으면 어떻게 장례를 치르거나 그
렇게 하셨어요? 아니면 그냥 바다에 묻은 거예요?

---

172 OH_13_007_김이곤_006; OH_13_007_손성명_006; OH_13_007_이주태_006; OH_13_007_
오옥선_006; OH_13_007_이정순_006.

173 OH_13_007_김이곤_006.

구술자 : 장례라는 것이 없어요. 거기선. 그냥 긁어분 디서 그냥 묻어부러야죠 다른 기타 얘기하면은 깜짝 놀라분게 그 얘기는 안 허고

면담자 : 해주세요.

구술자 : 아니 그것은… 그것은 됐 또 해선 안 되고, 해선 안 되고 인자 긁은 거이서 요러고 묻어버렸다고 요러고 얘기만 허는 것이 상책이고

면담자 : 보통 한 달에 여러 번 그런, 일주일에 한두 명씩 그….

구술자 : 처음에 가 가지고 한 그, 그죠, 한두 명 [죽는] 과정은 보통으로 들어 있었고 인자 주로 일하다가 많이 그, 그런 일을 당했고 또 많이 [도망가다가] 도중에 잡혀부렀고[174]

아침저녁으로 시간 되면 죽으면 죽은 사람 갖다 묻어야 하니까 끌고 나가는 것을 보는 거지. 들것에다 송장을 메고 가는 거 죽은 사람을 (…).[175]

비 오면 [시신이] 튀어나오기도 하고 [빗물에] 씻겨나가서 큰 비 오면 그냥 썩으니께 뼈도 허옇게 튀어나온 사람도 있고 죽지 않고 숨이 안 끊어지고 끙끙하는 사람도 있더라고 그 길로 나도 가다가 그 속에서 소리도 나더라니까. 그런 사람도 거기다가 그냥 막 버린거야.[176]

정부는 자조근로사업 시범사업 후 3년이 지난 1966년에 신규 사업을 중

---

174 위와 같음.

175 〈'인간 재생 공장'의 비극—대한청소년개척단을 아십니까?〉, SBS, 〈그것이 알고 싶다〉 1113회(2018. 3. 3 방송), 마을 주민 인터뷰, 00:01:02.

176 위와 같음, 00:01:10.

단했다. 보건사회부장관은 이미 벌인 사업 중에서도 긴급 사업만 중점적으로 진행하라고 각 지방에 지시했다.[177] 정부가 사업을 권장했던 1965년에도 이미 각 지방에서는 사업에 대한 의욕이 줄어들고 있었다. 보건사회부와 농림부가 각 시도의 사업 실무자 회의를 통해 사업비 및 일정 조정에 나섰지만 별다른 성과가 없었다. 1966년 9월 당시에 전체 공사 실적은 24% 정도였고, 총 공사의 14%는 착공도 되지 않은 상태였다. 잉여농산물이 도입되지 않은 데다 국내 수송도 부진하여 정부 부담분과 일시 차용 양곡을 동원해도 계획 달성은 불가능했다.[178]

1960년대 후반 홍업회 사업장에서는 현지조사가 있었다. 홍업회 사업장에서 500명을 무작위 추출한 조사에 따르면, 사업장에는 전남 지역 출신이 56.4%로 가장 많았다. 난민정착사업장으로 시작했음에도 전남 출신이 많았던 것은, 사업 착수 후 계속 참여자가 유입되었기 때문이다. 적어도 사업 착수 6개월 이후에 참여한 수가 39.2%, 사업 착수 당시나 6개월 이내에 참여한 수는 40.5%, 다른 사업장에서 분배를 받지 못해 이 사업장에 다시 참여한 수가 12.1%였다. 연령별로는 21~40대가 약 70%에 달했고, 주택은 54.5%가 사업장에서 제공한 것이었다. 교육 수준은 국민학교 졸업이 54.5%, 무학이 24.4%였다.

자활단은 사업장 전체의 10% 이상이었다. 전체의 33.8%는 미혼자였는데, 현지 출신이 아니고 부랑하던 사람들이기 때문이라고 분석된다. 65.4%는 자의로 작업에 참여하고 있었으나 14.2%는 강제로 작업하고 있다고 답변했다.

---

177 「자조 신규 사업 중지 정 보사부장관 지시」, 『동아일보』 1966. 6. 29.

178 「자조근로사업 엉망」, 『경향신문』 1965. 9. 22; 「공전하는 자조근로사업」, 『매일경제』 1966. 9. 1; 「자조근로사업 좌절」, 『경향신문』 1967. 1. 1.

조사 결과 71.2%를 제외한 수가 "부랑성을 띄고 있다"고 분석되었다. 사업장에 송치되어 단체생활을 영위하는 이들에 대한 조사 연구가 따로 필요하다고 지적되었다.

그러나 자활단 외의 사람들도 현재 생활에 대한 만족도가 높지는 않았다. '대단히 만족한다'가 41.2%였지만, '그저 그렇다'가 43.2%, '불만'이 9.6%, '다른 일터로 가고 싶다'가 4.8%였고, 자살을 기도한 적이 있는 사람이 477명 중 88명으로 19.5%에 달했다. 이는 수입과 관련된 문제일 텐데, 사업장에 오기 전과 비교하여 수입이 더 좋아졌다는 응답과 나쁘다는 응답이 각각 36.3%, 34.9%였고, '같다'는 18%로 나타났다. 사업장에 유입된 사람들의 소득이 크게 증가하지 않았음을 알 수 있다. 또한 유급 공휴일이 없었기 때문에 50.8%가 공휴일을 원하고 있었고, 31.8%는 빨리 사업을 완료하기 위해서 휴일은 불필요하다고 생각했다.

사업장에서 일하는 사람들의 가장 큰 기대는 토지 분배였다. 토지 분배를 기대하고 참가한 수가 46.7%, 단순히 일터를 찾아온 수가 30.2%, 강제로 참여한 수가 11.7%였으며 동기가 분명하지 않은 수는 4.1%였다. 현재 사업장보다 많은 보수를 주더라도 가지 않겠다는 수가 74%였고 이 중 56.3%는 토지 분배를 기대하고 있었기 때문이었다. 실제로 '사업 완료 후 토지 분배를 받을 수 있다'고 확신하는 수가 71.6%, '전혀 기대할 수 없다'거나 '하지 않는다'가 16.5%, '어떻게 될지 모르겠다'는 이들이 11.9%였다. 분배 기준에 대해서는 67.9%가 노동일수를 기준으로 해야 한다고 밝혔다. 일수가 부족해서 분배를 기대하지 않는 집단에서도 노동일수를 기준으로 분배해야 한다고 생각하는 수가 많았다. 그러나 7.8%는 가족 수를 기준으로 해야 한다고 생각

했다. 이 또한 많은 사려가 필요하다는 분석이었다.[179]

정부는 자조근로사업의 농지 분배에 관한 법적 조치를 마련했다. 장흥은 공유수면을 매립한 간척사업장으로서 공유수면매립법에 의거하여 피면허자는 준공 인가를 받은 날 소유권을 취득할 수 있었다.[180] 피면허자는 농지 수배 대상자에게 일정한 면적을 무상분배하겠다는 약정서를 시장 및 군수가 확인하고 농림부에 제출하면 준공 인가 시에 그 조건을 이행하는 것으로 법적 효력이 발생했다. 피면허자의 소유 면적은 '65년도 자조근로사업 실시 요령'에 따라 제한되어 있었기 때문에 사업 시행을 담당했더라도 부당 수익을 얻지 못했다. 이러한 절차는 PL 480-2, PL 480-3으로 지원하는 간척사업장에 공통적으로 적용되었다.[181]

〈표 2-25〉에서 보듯이 자조근로사업장의 분배 세대는 크게 영세민과 영세 농민으로 구분되었지만, 실제 사업장에서는 분배 대상자가 세분화되었다(〈표 3-7〉). 투자적 보상 대상자, 자활 정착민, 현장 취로자 중 무토지 영세민, 5반보 미만의 영세 농어민(단순 노무자 및 일반 취로자)으로서 정착하고 있는 자

---

179 서울대학교 김인달, 하상락 교수의 지도하에 사회사업과와 보건대학원의 직원 및 학생이 참가하고, 강봉수(1963. 12. 17~1964. 7. 7, 제7대 보건사회부 차관)와 정희섭(1961. 7. 7~1963. 12. 16, 1966. 1. 15~1969. 10. 21, 제9·12대 보건사회부장관)이 참여하여 조사 계획 및 실시를 도왔다. 자조근로사업의 성과와 의의를 결론으로 내며 표본조사 결과를 긍정적으로 해석하는 경향을 보였다. 정희섭,「자조사업에 대한 소고—전라남도 장흥군 소재 홍업회 사업장에 대한 조사 보고를 중심으로」,『정경연구』 1권 6호, 1965. 7, 149~156쪽.

180「공유수면매립법」제14조(법률 제986호), 시행 1962. 1. 2, 제정 1962. 1. 20.

181 피면허자 소유 면적은 다음과 같은 공식에 따라 정해졌다. ① 총공사비=외원 양곡대+국고 또는 지방자치단체 보조금+피면허자 투자금, ② 투자비율=피면허자 투자금÷총공사비, ③ 피면허자 소유 면적=총개답 면적 투자비율. 전남지사 신용우,「미공법 480호 식량에 의한 공유수면 매립공사에 대한 농지 분배 법적 조치 지시」(1965. 9. 21), 장흥군,『농지분배관계철』(1).

<표 3-7> 장흥군 풍길, 고마·장관 사업장 농지 분배 현황

사업장 분배대상	풍길		고마·장관	
	세대	분배 면적(평)	세대	분배 면적(평)
투자적 보상	19	17,667	63	48,486
자활단원	18	43,200	57	136,800
현장 취로자	36	55,200	132	162,600
공동경작면적*				30,000
잔여면적**		2,956		419
계	73	116,067	252	347,886

* 출전: '풍길 사업장 조성 농지 분배 내력', '고마 장관 조성 농지 분배 내력', 장흥군(1967. 8. 11), 「농지 분배 결과
보고」, 장흥군, 『농지분배』 (2).
* 별도 관리 방안을 수립할 계획.
** 별도로 대상자를 선정하여 분배하기로 함.

를 분배 대상자로 하되 세대당 1인을 농지 분배 대상으로 정했다. 투자적 보
상 대상자는 "사업 착수 전 또는 사업 기간 중에 투자적 보상 조건을 약정했
거나 사업 추진상 유공자"로 사업을 위해 토지나 자금, 시설을 지원했던 사
람을 가리켰다. 자활 정착자는 사업 초기의 개척단과 이후에 들어온 부랑인
및 연장 고아였는데, 분배 당시까지 정착 거주하는 사람에 한했다. 투자적
보상 대상자와 자활 정착민에게 토지를 우선 분배하기로 정해졌다.[182]

여러 지역 출신과 현지인으로 구성된 현장 취로자는 <표 3-8>과 같이 별
도의 등급별 기준을 적용하여 농지 범위 내에서 상급부터 순서대로 분배하
도록 했다. 등급은 취로 일수를 근거로 했고, 분배 면적은 600평을 단위로 했

---

[182] 관산읍 삼산 사업장에는 보건사회부가 이주 정착시킨 부랑인, 연장 고아, 서울 지구 이주민
에게 우선 분배하고 잔여 농토가 있을 때 여타 정착 취로자에게 분배할 것을 원칙으로 했
다. 「대덕 삼산 사업장 농토 분배 사무 시행 계획(장흥군 자체 계획안)」, 장흥군 내무과 사회,
「대덕 사업장 농지 분배 시행 사무 일정표 및 시행 계획서 작성」(1965. 10. 21), 『농지분배관
계철』 (1).

<표 3-8> 장흥군 자조근로사업장 현장 취로자에 대한 등급별 기준표

등급	기준 분배 면적(평)	사무 기술 취로		노동 취로	
		월평균 취로	연취로일수	월평균 취로	연취로일수
1	2,400	26	1,101	20	801
2	1,800	22	901	14	601
3	1,200	15	601	10	401
4	600	7.4~15미만	301~600미만	7.4~10미만	301~400미만

* 출전: 장흥군, '풍길 자조근로사업장 조성 농지 가분배 면적 결정'(1967. 4. 14), 「보상 수배자 명의 변경」, 『농지분배』(2).

다. 다만 기존에 본인이 보유하고 있던 농지와 분배 농지를 합하여 1정보를 초과할 수 없도록 했다. 즉 초기에 정착하여 전업으로 한 난민이 가장 상위의 등급을 받을 확률이 높았고, 지역 영세민 중에서도 토지를 소유하지 않은 사람이 유리한 기준이었다. 본인이 보유한 농지를 고의로 누락하거나 허위 신고하여 분배 농지를 수배할 경우 분배가 취소되었다.[183]

분배 기준에 따라 면적이 정해지면 농지의 지번을 추첨했다. 지번 추첨은 군수가 추첨 요강을 별도로 정하여 추첨하도록 했다. 이성남은 삼산리 사업장에서 분배를 받게 되었는데, 600평을 단위로 했기 때문에 서로 떨어져 있는 논을 분배받는 경우도 많았다고 한다. 본인은 붙어 있는 필지를 뽑게 되어 운이 좋았다고 했다. 반면 고마리 사업장의 이정순은 좋지 않은 땅을 분배받게 되어 농사가 어려워서 팔고 다른 땅을 매입했다.

600평씩 이렇게 빤듯빤듯하니 이렇게 차근차근 떼어서 이렇게 길음만 들어

---

183 「장흥군, 풍길, 고마, 장관 자조근로사업장 조성 농지 가분배 지침(안)」(1967. 4. 3), 장흥군청, 『농지분배관계철』(2).

놓고 했제. 요리요리 띄어야겠다 하면 인자 그 다음에 망 뚝 만들고 정착원들은 들어가꼬 두 개 비. 600평이 두 개. 1,200평을 구지뽑기로 해서 뽑아. 그 안에가 번지가, 번호가 있어가꼬 그 번호대로 자리에 가서 내가 벌고 그렇게 했어. 운이여. 나는 그때 잘 뽑아가꼬 나가 젤 좋은 데 뽑았어. 잘못 뽑은 사람들은 여기서 하나 뽑고 저기다 하나 뽑고 뽑으러 딱 줄지어 들어가는디 큰 통에가 놔두고 그 안에서 뽑아내는디 1, 2, 3, 4로 써 갖고 그 봉투를 인자 노란 봉투에 담았거든. 그 수천 지라고 요만한 거라고 그때. 번지수를 써놓고 그래 내가 생각할 적에는 틀림없이 날라가게 썼을 거다. 그랑께 아무리 좋던지 나쁘던지 한 군데로 떨어졌으며 좋겄다 두 개면 날라리. 그렇게 생각하고는 푹 쑤셔서 속 안으로 들어가꼬는 잡응께는 석 장이 날날이 잡히더라고 그래서 우에 잡은 놈은 딱 띄어불고 두 장만 가꼬나왔어. 중앙교회라고 수동학교라고 요 밑에가 떨어졌어. 제일 좋은 데가 떨어져부렀어. 딴 사람들은 여가 하나 떨어지고 쩌~ 회진까지 가서 떨어져불고.[184]

운수가 없응게 제비뽑기 하는디, (웃음) 안 좋은 것이 뽑아져가꼬, 물이 차가꼬 에이 못하겄는디. 지금은 인자 시대가 좋아가꼬, 기계를 논께 모 대는 문제없이 다 해먹어. 논 팔아가꼬 바까치기 했지. 바가꼬 어떻게 쪼까 지어보고 두 필이나, 니[네] 필을 샀는디 지어묵다 말다 그라다가, 여기 기계 놓은께 괜찮아 이제는 다. 암만 물 찼던 사람[논]도 그렇게 물이 금방 빠져.[185]

자료와 구술을 종합하면, 분배 대상 기준에 따라서 실제로 분배가 이루

---

184 OH_13_007_이성남_006.

185 OH_13_007_이정순_006.

어졌음을 확인할 수 있다. 박정희가 다녀가고 당시 언론에도 크게 알려진 대덕 사업장은 PL 480-3 자활정착사업장이었는데, 1965년부터 농지 분배 절차에 들어갔다. 2월 시점에 논 1,000정보가 조성되었고 1,962세대에 분배되었다. 처음 정착한 피난민이 850세대, 지방 영세민이 1,112세대로 지역민의 비중이 더 높았다.[186] 용산면 풍길리와 관산읍 고마리 및 장관도 사업장의 분배 내역은 〈표 3-7〉과 같다.

실명으로 기재되어 있는 세부 분배 명단에 따르면 고마·장관도의 투자적 보상자도 구분이 되어 있다. 용지 및 물건 교환부 및 투자적 보상 면적 소유자 27명에게 150~2,700평, 토지 사용물 5명에게 600~1,800평, 회사물 중 보상 면적 소유자 11명에게 6~600평, 사업 추진 유공자 12명에게 600~900평, 순직자 3명에게 1,200, 2,400평, 학교 실습논과 마을 논으로 1,200평이 분배되었다. 풍길 사업장에서는 투자적 보상자 중 무상 노력 제공자로 마을민 대표 외 2명이 분배를 받았다. 일반 취로자는 풍길에서 7명, 고마에서 15명이 2,400평을 받았다. 자활단원은 75명 전원이 2,400평을 받았다.[187]

자조근로사업으로 전환된 장흥의 난민정착사업에서는 월남민, 개척단원(자활단원), 지역민이 공동으로 공유수면을 매립하여 대규모 농지를 조성했다. 월남민이 주도하는 흥업회는 기획과 운영부터 농지 분배까지 정착사업의 전 과정을 총괄했다. 농지 분배는 정해진 사업 투자자와 단원을 우선시했고, 난민 출신 정착민 등 취로자는 노동 일수에 따라 합리적으로 분배를 받았다.

186 「농지 분배에 대한 근거 법규」(1965. 2. 17), 장흥군, 『농지분배관계철』(1).

187 장흥군, 「풍길, 고마, 장관 자조근로사업장 조성 농지 가분배 지침(안)」(1967. 4. 3), 『농지분배관계철』(2).

이상의 3부에서는 제주도 법호촌, 하동군 화개면, 전남 장흥군에서의 정착사업을 살펴보았다. 1950년대 난민정착사업이 기획된 제주도와 실행된 지리산 지역의 경남 하동군 화개면을 분석했다. 두 지역은 4·3사건과 여수 순천사건, 이후 한국전쟁까지 연이어 피해를 경험한 곳이고, 이로 인해 발생한 난민의 정착을 목적으로 했다는 점이 동일하다. 소개·파괴된 마을의 복구와 정착이 시작된 시점은 제주도가 전쟁기인 1952년 3월부터였다면, 화개면은 1956년 3월부터였다. 정착사업도 제주도에서 먼저 기획되었다. 제주도에서는 1954년 읍·면별 조사로 4만 7천여 세대의 4·3 난민과 1,100여 세대 육지 피난민을 파악했고, 1955년부터 사업이 추진되었다. 화개면은 1958년부터 사업을 신청했으나 실시는 1960년에 가능했다.

사업장의 난민 구성에도 차이가 있었다. 제주도 법호촌 사업장은 월남민 출신 교회 장로가 기획·운영했으며 월남민이 65% 정도를 차지했다. 화개면 범왕 사업장은 소개 이전의 현지 출신이 복귀해 사업을 추진·주도했다. 이 구성은 마을의 성격을 규정하는 데 핵심적인 배경이었다. 법호촌은 유입된 사람들이 새롭게 형성한 마을이었지만, 범왕 사업장은 사업 운영 세력이 우익 활동을 했던 면 관료와 유력자들이었기 때문에 지역 정치를 주도했다.

사업 방식 면에서 법호촌과 범왕 사업장은 모두 개간을 계획했지만, 그 과정과 결과는 달랐다. 법호촌의 경우 원조 물자의 대부분이 도입되지 않았고 개간도 이루어지지 않았다. 정착민은 한라산에서 벌목하여 땔감을 파는 것으로 생계를 유지했다. 화개면은 자신이 소유한 토지로 복귀했기 때문에 자연스럽게 개간과 농경이 이루어졌고, 시기상 1959년부터 전국에 배부되었던 농우도 지급받았다. 화개면 사업장은 원하는 사람이 사업에 참여하는 방식이었고, 사업장을 소개된 해당 마을에 조성하지 않으면서 소개되지 않았던 사람도 포함될 수 있었다. 사업 참여 희망자들이 조직을 구성하여 사업장 시설 및 환경 조성 등 사업 운영에 관여하며 영향력을 행사했던 점에 서도 법호촌과 크게 달랐다.

전남 장흥의 정착사업은 사업 기간, 규모, 구성원, 종류 및 결과 등 다방 면에서 정착사업을 규명하는 데 매우 중요한 위치를 차지한다. 정착사업의 시작은 월남민이었다. 서해안에서 목포를 거쳐 전남 각지에 분산 배치된 난 민이 정착사업의 주체가 되었다. 장흥에서는 월남민인 김형서가 안양면 난 민정착사업장을 시작한 뒤 피난민 연락사무소를 한국정착사업개발흥업회 로 발족시켜서 장흥 내 6개 사업장을 조성·운영했다.

월남민이 흥업회 간부로 현장 관리감독을 맡았고, 사업장에는 개척단과 현지인이 참여했다. 간척 작업 자체는 기계가 없는 고된 노동으로서 다른 곳과 동일했으나 사업장 구성원의 성격은 크게 달랐다. 월남민과 현지인은 급여를 받고 일하는 취로자였고, 개척단은 무임 노동을 했다. 취로자는 원 하는 만큼 작업에 참여하고 가족 단위의 일상생활을 하지만, 자활단은 작업 할당량을 채워야 했고 군대와 같은 방식의 통제 생활을 했다. 사업장 내 자 활단 사상자가 다수 발생했지만 적절한 대응은 없었다.

흥업회 사업에는 구호용으로 제공된 PL 480-3의 자조정착 또는 개발사 업과, 개간 등 특정 목적을 위한 PL 480-2의 자조근로사업이 모두 있었다. PL 480-3과 PL 480-2 사업의 방식은 동일했으나 민간 단체의 구호 사업이 목적인 PL 480-3은 점차 PL 480-2 근로사업으로 수렴되었다. 자조근로사업 에서는 정부가 농지 분배에 관한 법적 조치를 마련했고, 공유수면을 매립 한 사업장은 무상분배한다는 법률에 의거하여 취로자와 자활단 등 모든 참 여자가 정해진 기준에 따라 간척한 농지의 소유권을 획득했다. 농지 조성과 분배의 결과로 보아 장흥은 성공적으로 사업이 완수된 지역이었지만, 농지 소유권 획득이 곧 농촌 정착으로 직결되는 것은 아니었다.

4부

사업장의 '경계'와 정착민의 삶

앞에서는 지역 사업장에서 실제로 정착사업이 실시된 배경, 사업장 조성 과정, 사업 기획자와 참여자에 대해 분석했고, 사업의 결과로서 농지 분배가 완료되었던 사례를 살펴보았다. 4부에서는 사업장 내 난민의 경험을 근거로 하여 정착사업이 난민의 농촌 정착 과정에 어떠한 영향을 미쳤고, 그 한계와 의미는 무엇이었는지 다루고자 한다. 4부는 이를 규명하는 과정에서 정착사업과 난민의 삶이 다층의 경계에 얽혀 있었음을 밝히고, 정착민이 된 난민이 이 경계들에 어떻게 대응해갔는지를 조명하려는 것이다. 앞서 다루었던 정착사업의 기획과 추진, 과정과 실제가 난민과 직접적으로 맞닿는 지점들을 짚어보겠다. 궁극적으로 난민의 발생과 정착 문제는 해방 후 한국 사회의 모순과 과제들의 응축이었고, 그에 대한 난민의 역동적인 대응이었음을 밝히고자 한다.

1장
사업장의 통치 경계와 정부의 정착 유도

여기서는 정부가 사업 기획과 운영에서 확립했던 원칙과 법률이 실제로 어떻게 적용되고 있었는지 살펴보고, 정부가 정착을 유도하기 위해 사업장을 통제했던 실상을 조명할 것이다. 사업장을 통치하는 정부의 제도적·정책적 기제들은 사업장과 사업 참여자에게 어떻게 인식되고 수용되었을까?

1. 정부의 사업 원칙과 사업장에서의 변용

정부의 원칙상 난민정착사업의 대상은 난민이어야 했다. 원주지에 복귀한 난민은 파괴된 주택과 농지를 복구하기 위해 사업을 진행했고, 원주지로 복귀할 수 없었던 난민은 개별적으로 생계 수단을 모색하고 있었다. 난민을 대상으로 정착사업이 실시된다는 것이 알려지자 난민은 여러 가지 동기로 사업장에 들어오게 되었다. 그러나 사업에 참여한 사람들은 난민에 한정되지 않았다.

사업 대상이 될 수 있는 '난민' 범주는 지역과 사업장마다 차이가 있었다. 월남민은 복귀가 불가능한 난민으로 정착사업이 실행될 수 있게 했다. 1950년대에 전국 단위의 난민정착사업 단체가 있었고, 이 단체는 원조기구와도 밀접하게 연계되어 있었다. 난민정착사업을 정부 시책으로 다룰 것을 건의했던 전국난민정착사업총연합회는 난민정착사업중앙연합회(이하 중앙연합회)와 동일한 단체로 추정된다. 총연합회에 1,677개 사업장 대표가 참여했던 규모로 보아도 사업장 대표가 회합하고 사업 관련 정책을 정부에 건의하는 조직이 전국에 복수로 있었다고 보기는 어렵기 때문이다.[01]

중앙연합회의 기획 및 운영 등에 관한 기록은 발견되지 않았으나 조직에 참여한 구성원과 사업장이 연계되어 있어서 사업장을 통해 운영의 특징을 파악할 수 있다.[02] 화성시 서신면 매화리 사업장 대표인 김봉조(金鳳祚)가 중앙연합회의 회장을 역임했고, 부천군 계양면 이화리 사업장 대표였던 황주협(黃周冾)은 원호부장을 맡은 바 있다. 김봉조는 강원도 철원 출신이었고, 황주협은 함경도 출신으로 두 인물 모두 월남민이었다.

중앙연합회는 정착사업에 식량을 원조했던 CARE와 사업 추진 과정에서 상호 협조했다. 이화리 사업장 현지에서 실질적으로 사업 기획, 감독, 운영을 했던 임항섭은 현지 출신이라서 대표가 되지 못했고, 난민인 황주협이 대표가 되었다고 밝혔다. 황주협이 중앙연합회에서 주한 CARE 담당자인 이구봉을 임항섭에게 소개하면서 사업이 실행될 수 있었다. 임항섭은 이화리 인근 선주지리 출신으로 25세에 이장을 맡았던 지역 유지였으나 사업장 대표는 남한 출신이 맡을 수 없었다. 원조 물자 역시 난민이 참여해야 사업

---

01 「난민정착사업 각 사업장 회의」, 『경향신문』 1961. 5. 10.

02 이하 매화리 사업장에 대한 내용은 OH_14_006_권호원_06, 이화리 사업장은 OH_14_006_임항섭_06에 근거함.

장에 배정될 수 있었다.

> 구술자 : 38 이북에서 피난 나온 사람만이 난민이야. 우리나라에서 어렵게 사는
>   사람은 영세민.
> 면담자 : 난민하고 영세민은 확실히 구분이 됐나요?
> 구술자 : 다르지. 구분이 되는데, 난민이라 해야 외국에서 원조 주니까. 피난 나와
>   서 기아선상에서 허덕인다는 거지. 그러니깐 케어(CARE)에서 원조를 주
>   는 거야. 영세민이라면 이북 사람이 아니고, 남한 사람이거든. 다 구별
>   이 됐어.[03]

    이화리 사업장에서는 난민과 영세민이 사업에 함께 참여했는데, 이들은 명확히 구별되었다. 난민을 대표로 하고, 난민이 참여한다는 계획이 수립되어야 사업이 가능했다. 또한 난민은 곧 월남민과 같은 개념으로 여겨졌다.

    제주도 법호촌에서는 월남민인 백원정이 대표를 맡았고, 사업장 구성 세대 중 월남민의 비중이 가장 높았지만, 제주도 출신의 난민과 지역민이 이주했다. 단원 명단에 첨가되었던 월남민이 있었던 점을 보아도, 사업이 선정되고 원조 물자가 더 많이 배정되도록 하기 위해 서류상으로 난민을 늘렸던 것으로 추정된다. 또한 하동군 화개면에서는 복귀한 지역민이 '수복난민'으로 구분되어 사업을 추진했다. 즉 난민정착사업은 원칙상 난민을 대상으로 했고, 정부가 사업을 허가할 때도 대표와 구성원들의 출신 지역을 확인했다. 그러나 사업장 현장에서는 현지 출신 지역민이 사업을 운영하기도 했고, 난민이 아닌 사람들도 사업에 참여하고 있었다.

---

03 OH_14_006_임항섭_06.

정부의 난민정착사업 목적은 일정 기간 동안 원조 물자를 제공함으로써 난민이 개간이나 간척으로 농지를 조성할 수 있게 하고 농지를 생산 수단 삼아 정착하도록 한다는 것이었다. 실제로 난민이 사업장에 이주하거나 사업에 참여하는 계기는 정부의 목적과 일치하지만은 않았다. 그 계기는 첫째로 사업장에 공여되는 원조 물자를 들 수 있다. 원조 물자는 정부가 사업을 진행하는 수단이자 난민이 참여하는 계기로서 중요한 의미를 지니고 있었다. 제주도 법호촌의 사례에서 보았듯 원조 물자가 사업장에 실제로 공여되는지 여부가 사업의 성패를 좌우하기도 했다. 1950년대에 많은 외국 민간 단체가 원조를 했으나 천주교(가톨릭)구제회(NCWC), 기독교세계봉사회(KCWS), CARE가 가장 큰 비중을 차지했다(〈부표 6〉). 사업장에 따라서 한 단체로부터 물자가 들어오는 경우도 있었고, 교회와 성당을 통해 들어오거나 단체가 직접 사업장에 공여하기도 했다.

전쟁기 철원 금학산에서 미군 폭격으로 인해 피난한 권호원은 용인에 살다가 경기도 화성 매화리로 이주했다. 매화리 사업장에서는 염전을 조성했다. 이곳의 난민은 강원도의 이른바 '철의 삼각지대'인 철원, 김화, 평강 출신이었다. 1953년 6월에 김봉조가 매화리에 사업장을 조성했고, 이 지역 출신 난민 395세대, 2천여 명이 결집하여 '철의 삼각지 피난민자치공생조합'을 설립한 것이다.[04] 난민들이 모여들었던 것은 간척을 한다면 배급이 나온다는 소식 때문이었다.

> 구술자 : 김봉조라는 분이 이북에서, 철원서 나온 사람들을 모집을 하는 거예요.
> 둑을 만든다고 모집하는 바람에 여길 들어온 게 된 거지.

---

04 OH_14_006_권호원_06.

면담자 : 용인 사실 때는 철원이 수복되고 난 뒤였어요?

구술자 : 수복 안 됐어요 [갯벌] 막으면 배급을 잘 준다고 하니까 들어온 거예요.
여기를 들어오니까 철원서 온 사람뿐이 아니고, 먹고 살기 어려운 사람
들은 다 왔어. 그때는 장비가 없었으니까 300여 세대가 순전히 지게로
흙을 끌어다가 둑을 막았어요.

면담자 : 용인에서 여기 간척사업한다는 얘기를 어떻게 들으셨어요?

구술자 : 김봉조라는 사람이 피난민 수용소 관리하는 기관을 통해서. 서신면에
도 난민 관리하는 부서가 있으니까 거길 통해서.[05]

매화리 사업장은 덕적도에서 실어 온 돌, 인근의 흙을 지게로 날라서
1956년에 길이 874m, 높이 2.3m의 둑을 쌓았고, 평균 높이 2m의 저수지 둑
1,734m를 완성했다. 염판 40정보, 저수지 30정보, 개간할 유휴지 20정보를 확
보했고, 완성된 12정보에서 채염하여 전매청에 판매했다. 난민정착사업으
로는 최초로 제염이 이루어진 것이다. '수복지구'의 정착이 가능해지면서
초기에 유입된 난민 중 귀향한 경우가 많아서 1962년 6월 현재에는 153가구
가 남아 있었다.[06]

매화리 사업장의 조성 과정은 영화로도 남겨졌다. 제방을 쌓고 내부 공
사, 수로 공사하는 과정을 모두 촬영했다고 한다. 권호원은 제방이 터지는
장면을 도랑에서 확대 촬영했던 일화를 기억하며 촬영 후 면사무소와 마을
에서도 상영했다고 전했다. 이 영화는 미공보원(USIS)에서 제작한 〈바다를

---

05 OH_14_006_권호원_06.

06 「염전을 축조 피난민 공생조합서」, 『조선일보』, 1956. 7. 27; 「8개 항목 건의 자활정착사업」, 『경
향신문』, 1963. 9. 21; 「피난민 염전 최초로 생산」, 『조선일보』, 1956. 9. 25; 「6·25의 유산 (2) 월남
피난민」, 『동아일보』, 1962. 6. 26.

밀어낸 사람들(Hands That Moved the Sea)〉이었다.[07]

철원의 행정권이 이양된 후에도 권호원의 고향은 철원 북면이어서 북한에 편입되었다. 권호원은 철원으로 돌아가더라도 고향 마을로는 복귀할 수 없었다. 사업 당시에 조성한 염전으로 생활을 영위하며 현재까지 매화4리 마을에 살고 있다.

난민이 사업장에 이주하는 두 번째 배경은 난민들이 집단정착하는 지역이기 때문이었다. 제주도 법호촌의 사업장 조성 소식은 도내 전역에 알려졌다. 전쟁 이전에 월남한 뒤 다시 육지에서 피난한 난민 또한 여러 경로로 사업장 정보를 접했다. 박용이는 전쟁기에 평남 진남포에서 피난하여 제주도로 입도했는데, 부친이 무장대에 의해 사망했다. 그와 가족들은 성산포에 살다가 '정착촌' 소식을 듣고 법호촌에 들어오게 되었다. 도내 난민들에게 사업장이 형성될 것이라는 정보가 공유되고 있었다고 한다. 모든 난민을 모은다는 소식을 듣고 이주했다는 것이다. 법호촌 사업장 소식은 신문에도 광고가 났던 것으로 보인다. 김만자는 성산포에서 광고를 보고 직접 지원하여 법호촌에 들어왔다. 또 육지에서도 사업장을 알고 있던 인물이 있었다. 변일녀는 난민 대표 역할을 했던 인물로부터 소개를 받아서 오게 되었다.

소문에 소문을 들은 거죠. 피난민들은 다 그런 정보를 알잖아요. 이 법호촌

---

07 OH_14_006_권호원_06; 〈Hands That Moved the Sea(바다를 밀어낸 사람들)〉, 1958, 미공보원 (USIS) 제작, NARA 수집, 29분 10초, 한국근현대영상아카이브(고려대) 소장; 「탄생 열한돌 맞는 리비틱 뉴우스」, 『동아일보』 1959. 8. 16; 1950년대 미 공보원은 농촌으로 대상으로 이동 영사 차량을 활용한 영화 상영을 하는 등 매체를 활용한 대민 활동을 벌였다. 미 공보원의 대중 활동은 허은, 『미국의 헤게모니와 한국 민족주의』, 고려대학교민족문화연구원, 2008, 제7장 참조

에다가 피난민 정착촌 생긴다, 피난민들 다 이리로 모은다 그래서 왔어요.[08]

　그 신문에도 나고 했어요. 신문에 보믄 광고가 있더라구요. 그래서 그거 보구서는, 내가 여기로 지원했다구요. 가겠다고.[09]

　제주시 들어오니까 하 집사가 데리러 왔어. 그래서 이, 여기에 개척한다고 피난민들 준다고 그래서 일로 직접 데려다줘서 (…).[10]

　난민이 사업장에 들어올 때는 개인적인 이유나 사업이 아닌 다른 기대 감이 작용하기도 했다. 김만자는 함북 신포에서 결혼 생활을 했고, 시댁이 부유하여 남편은 일본 유학을 시도하기도 했었다. 남편이 전쟁 이전에 먼저 월남하고, 김만자가 뒤따라 월남했다. 전쟁으로 인해 주문진, 안동, 경주, 부산을 거쳐 제주도에 도달했다. 남편은 제주도에 들어온 후 부유했던 고향에서의 삶과 헤어진 부모를 그리워하여 음주가 잦았다고 한다. 음주할 때마다 슬퍼하며 울었고, 김만자는 법호촌이 교회 중심으로 형성된다는 사실을 알고서 남편이 술을 끊기를 기대하여 오게 되었다. 그러나 기대와 달리 남편의 심정에는 큰 변화가 없었던 것으로 보인다. 김만자는 50세에 남편이 병으로 사망한 것도 술 때문이라고 생각했다.

08　박용이 구술(월남민 구술생애사 조사연구, http://waks.aks.ac.kr/rsh/dir/rsearch.aspx?rshID=AKS -2014-KFR-1230004&sType=&sWord=%EB%B0%95%EC%9A%A9%EC%9D%B4).

09　김만자 구술.

10　변일녀 구술(월남민 구술생애사 조사연구, http://waks.aks.ac.kr/rsh/dir/rsearch.aspx?rshID=AKS -2014-KFR-1230004&sType=&sWord=%EB%B3%80%EC%9D%BC%EB%85%80).

면담자 : 처음 여기 법호촌 오시기 전에는, 어떻게 살 거라고 좀 생각을 하셨어
　　　　요? 성산포에서 그 소식 듣고 와야지 했을 때는?

구술자 : 아 여기 올 적에는, 물론 교회 단체니깐, 아이들도 할아방이 술을 끊으
　　　　리라고 생각하고 왔어요.

면담자 : 그게 제일 중요했던 거였어요?

구술자 : 예. 술을 끊는 거 그거 난 목적으로 잡아서 여기 온 거예요.

면담자 : 뭘 먹고 살아야 할지는 모르셨던 거예요?

구술자 : 예. 그 생각은 못 했어요. 그 생각 못 하고 그저 할아방이 주로 왜 술장사
　　　　도 못 하게 하고 하면 어, 당연히 가족두 있구 하니까, 뭐인가 술을 끊으
　　　　리라 생각하구서는 온 거지.[11]

　법호촌에 오게 된 또 다른 동기로는 정착사업에 참여하는 게 아니라 목
장을 운영하려고 했던 계획이 있었다.

면담자 : 바로 그냥 이쪽으로 오신 거예요?

구술자 : 응. 그냥 거기서 하룻밤 쉬어서 자고는. 그 산에 목장, 양도 여기서 키우
　　　　고 소 키우고 하자 그러면서, 기다가(그러다가) 망해 가지고, 우리가 운이
　　　　없지 뭐. 운이 없어 그렇게 됐지.[12]

　변일녀는 마을 조성 당시부터 법호촌에 들어온 것은 아니었다. 계획대
로 목장이 되지 않자 법호촌에 오게 되었다. 처음 들어왔을 때 "소 외양간

11　김만자 구술.

12　변일녀 구술.

같은 데 군대 이불을 깔고 덮고" 지냈고, 밭을 메고 보리를 베러 다니는 등 다른 사람 농사를 거드는 일을 했다. 법호촌이 기대했던 것과 다르게 생활이 어려웠다는 사실은 박용이도 지적했다. "와보니까 살 거 같지가 않았"다고 당시를 회상했다.[13]

난민은 정부가 추구했던 목적, 즉 농지 조성 후 정착이라는 목적만을 가지고 사업에 참여한 것이 아니었다. 원조 물자도 하나의 동기가 되었으나 난민이 모여 산다는 것에 이끌려, 생활의 변화를 추구하기 위해, 새로운 방식의 생계 수단을 모색하기 위해 사업장으로 이주했다. 지역별로 차이는 있겠으나 사업장의 현실적인 조건들은 예상과 기대보다 열악했다. 사업이 계획대로 진행되었다 하더라도 난민의 입장에서는 사업장에서 예상하지 못한 어려움과 실망감을 극복해야 했다.

원조 물자는 정부의 사업 수단이자 난민의 이주 동기였다는 점에서 중요했다. 그런데 원조 물자는 운영상 정부의 원칙과 실제 사업장 사이에 큰 차이가 있었다. 원칙은 현물 그대로 배급해야 한다는 것이었다. 현물 양곡은 단일한 품목이 일정 기간 동안 배급되었다.

〈제주도 법호촌〉
저, 나라에서 주는, 성당에서 주는 거. 안랑미. 밀가루. 강냉(옥수수) 가루. 강냉
가루만 줄 적에는 강냉, 그 콩밥만 해먹고, 밀가루 줄 적엔 밀가루 수제비만- 해
주니까 애들이 질리네. 그리고 안랑미 주면 안랑미만 먹고 그러는 거라. 뭐, 좋게
해먹을 수가 없는 거라. 똑 떨어지면 또 주고 그러면서 타오고 타오고 하니까. 이

---

13 박용이 구술.

건 뭐 먹기 싫어도 할 수 없이 배가 고프니까 할 수 없이 먹는 거야.[14]

옥수수죽, 옥수수범벅, 그게 있거든. 지금도 옥수수 가루를 보면은, 지겨울 정도거든. 그게 고급으로 지금은, 아주 고급인데 그때는 진절머리가 날 정도로 정말 힘들었거든, 그 당시에는.[15]

〈부천군 계양면 이화리〉

옥분 40kg인가 50kg인가 컸어. 밀가루푸대보다 큰 걸로 몇 천 포가 오고, 트럭도 여러 대가 들어오고 지방에서 "우~ 대단하다" 그러지. 그게 공사비를 주는 거야. 근데 그거 먹는 사람이 드물지. 다 바꿔서 줬지. 옥분이 특히 필요하다는 사람은 몇 포 떼어 가지고 주기도 그랬지. 그런데 돈으로 주는 걸 원하지. 그거 줘봐야 먹지 못하잖아. 옥수수 강냉밥이 오죽해? 먹는 걸로는 힘들단 얘기야.[16]

〈화성군 서신면 매화리〉

여기 와서는 배급이 잘 나오니까 기독교봉사회, 천주교봉사회, 미국 CARE니 이런 데서 봉사하고 한 가지 재미있는 게, 모여 사니까 한 집에 강냉이 가루를 해먹으면 전체 동네가 다 강냉이 가루야. 보리밥이면 전부 다 보리밥. 배급 주는 대로 먹으니까. 수수쌀이면 수수 밥 만들고 떨어질 때까지는. 그 동네가 그렇게 먹고 살았어요.[17]

---

14 변일녀 구술.

15 OH_14_006_김창옥_06.

16 OH_14_006_임항섭_06.

17 OH_14_006_권호원_06.

정부의 원칙대로라면 사업장들은 공여되는 한 종류의 곡물로 연명할 수밖에 없는 상황이었다. 이 원칙은 모든 사업장에 적용되는 것이었고, 여러 사업장의 사례에서 볼 때 사업이 원칙대로 운영될 때 정착민의 생활은 어려움이 컸다. 이 경험은 마을 사람들이 동일한 음식을 해 먹었던 일화이기도 하지만, 굶지 않기 위해 무엇으로든 끼니를 해결할 수밖에 없었던 경험이자, 현재까지도 진저리나는 기억으로 남아 있다.

원조 물자를 현물 그대로 배급해야 한다는 원칙은 지방정부, 사업장 대표 및 운영자가 물자를 정착민에게 공여하지 않을 것이 우려되었기 때문에 정부가 확립한 원칙이었다. 실제로 1950년대에 매년 양곡을 횡령하는 사례들이 발생했고, 지역도 전국 각지에 걸쳐 있었다. 보도에 따르면 면장과 면의원, 면서기 등 실제 사업장을 관리하는 말단 행정 기관에서 횡령, 유용, 착복이 가장 많았다. 교환과 매각이 그 방법이 되었다. 다음으로는 사업장 대표가 많았고, 수복지구에서는 군인의 착복도 발견되었다. 그 품목도 양곡, 주택 자재, 비료, 농우 등 사업에 들어오는 물자 전반을 아우르고 있었다.[18]

그러나 물자의 판매와 교환 자체는 사업장에서 흔히 이루어졌던 것으

---

18 「구호 양곡을 편취, 부천 난민수용소 부소장 등 구속」, 『경향신문』, 1955. 5. 6; 「양정 좀먹는 말단 리 면장을 구속, 부면장, 면의원 문초」, 『경향신문』, 1955. 11. 21; 「사천서장 파면 제안 도의회서 김 의원이」, 『경향신문』, 1955. 12. 9; 「수리비 등 유용 북삼면장을 수사」, 『동아일보』, 1955. 12. 22; 「난민 등쳐먹은 사건」, 『경향신문』, 1956. 6. 25; 「구호 자재 등을 횡령 읍정 감사에서 탄로」, 『동아일보』, 1956. 11. 29; 「공금을 횡령 면장이 문서 위조」, 『동아일보』, 1957. 2. 26; 「내무부서 조사 영일면장 부정 사건」, 『경향신문』, 1957. 3. 20; 「구호 양곡을 횡령」, 『동아일보』, 1957. 3. 26; 「피난민용 건축자재 면의원이 매각착복」, 『조선일보』, 1957. 5. 20; 「구호 물자 횡령 제주도 난민대표 십여 명 행방 수색」, 『경향신문』, 1957. 11. 16; 「구호 물자 횡령 복귀 불능 피난민 투척단장을 문초」, 『조선일보』, 1958. 3. 26; 「면서기가 배급 비료 횡령, 정착난민용 약 천 가마」, 『조선일보』, 1958. 8. 13; 「삼천 백여만 환을 착복」, 『동아일보』, 1959. 7. 29; 「유솜 자재를 횡령」, 『경향신문』, 1960. 12. 30.

로 보인다. 부천 이화리에서는 711세대가 수로 공사에 참여할 계획이었고, 원조는 옥수수 가루(옥분)를 3개월마다 한 세대당 세 포대씩 들어왔다. 대형 미군 트럭으로 옥분이 들어오면 한국 트럭이 다시 싣고 나갔다고 한다. 한국 트럭은 '상회차'였는데 옥분을 엿과 술을 만드는 상점에 거의 전량 판매했다. 또한 이 상회들과 연계된 가게들이 있었다.[19] 양곡 판매 금액은 사업에 참여하는 사람들에게 노임으로 지불되었다.

> 옥분을 타면, 노임조로 옥분을 줘야지 현금을 주지 못하게 돼 있어. 근데 사람이 옥분만 먹고 살아? 쌀도 팔아먹어야 하고, 보리쌀도 팔아먹어야 하고 그러니까 돈을 줘야 하고, [옥분을] 팔아야 돈이 되는데 팔면 불법이야. (…) (면담자 : 일꾼들 노임을 매일매일 주셨나요? 노임 액수는 어느 정도 됐나요?) 매일매일 주기도 하고 며칠 몰아서 주기도 하고 근데 장기간 안 주면 먹고살 수 없다고 아우성이 난다고 노임 [액수는] 잊어먹었지. 노동자 노임인데 얼마 안 되지.

장흥에서도 흥업회가 여러 사업장의 운영을 총괄하고 있었고, 물자를 판매하여 임금을 포함한 간척 공사 자금으로 전용했다. 당시에는 물자를 직접 지불해야 했고, 공사에 사용하지 못하게 되어 있었다고 한다. 자조근로사업으로 공사가 허가되었기 때문에 난민정착사업 시기였던 것으로 추정된다. 공사비로 사용한다는 사실이 신문에 보도되고 문제가 불거진 적이 몇 차례 있었다.[20]

난민정착사업장에서 원조 물자가 판매되었던 것은 사업장 현장 당사자

---

19 OH_14_006_임항섭_06.

20 비공개 구술.

들의 필요 때문이었다. 사업 운영자는 이를 사업 추진 비용으로 썼다. 사업장별로 개간이나 수로 건설 및 간척 등에 필요한 자재나 시설이 있다 하더라도 충분하지 않았을 가능성이 크다. 농지 조성 작업 과정이 노동에 의존한 면이 크기 때문에, 공사비가 별도로 책정될 필요가 없었던 것도 추정 가능하다. 노동하는 사람들에게는 현물 양곡이 배정되었으므로 사업 운영 또한 양곡에 의존해야 하는 상황이었다. 한편으로는 사업장 운영자가 물자를 현금화하여 노임으로 지불함으로써 사업 참여자들을 통제하고, 영향력을 행사할 수 있었다.

난민 등 사업 참여자들은 직책을 맡아서 관여하지 않는 이상 사업 운영이 구체적으로 어떻게 이루어지는지 알 수가 없었다. 현물과 현금 공여도 운영자가 지급하는 것에 따라 달라졌기 때문에 그 규모를 가늠하지 못한 상황에서는 현물보다 현금을 선호할 수밖에 없었다. 또 현물을 많이 지급받는다 하더라도 불법이었던 판매와 교환을 개인적으로 시도하기는 어려웠다. 결국 정착민에게 실제로 공여되는 물자나 현금은 사업장 대표의 의지와 도덕성에 의존하는 면이 컸다.

사업 대상자를 난민으로 규정하고 원조 물자의 판매와 교환을 금지하는 것은 사업의 기본적인 원칙으로 사업장에 적용되는 정부의 통치 경계였다. 그러나 사업장에서는 서류상 대표를 달리하거나 명단을 바꾸어 사업을 인가받고, 난민이 아닌 사람들 또한 참여할 수 있게 했다. 원조 물자는 부정을 막기 위해 판매와 교환을 금지했으나 실제로 부정은 종종 일어났다. 사업장에서 운영자나 난민이 현금 운영의 효율성을 공유하면서 판매와 교환이 자연스럽게 행해지고 있었다. 정부가 사업장 조성과 운영을 위해 형성한 통치의 경계는 현장에서 사업 당사자들에 의해 적극적으로 변용되고 있었다.

2. 사업장 통제와 정착 유도

1950년대의 난민정착사업장에서 정부의 통치가 사업 대상과 원조 물자에 대한 원칙과 규정으로 발현되었다면, 1960년대 전반에 5·16 군사정부는 정착사업장을 철저히 감시하고 통제하여 적극적으로 정착을 유도하고자 했다. 긴급 실업 대책으로 귀농정착사업을 실시하고, '혁명공약' 실행의 일환으로 부랑아 정착사업을 본격화했던 것처럼, 군정은 당면한 문제를 해결한다는 명분으로 정착사업을 주된 사회정책의 하나로 추진했다.

귀농정착사업장은 정부가 직접 관리했으나 사업 직후에도 현지에 왔다가 이탈하는 사람들이 있었다. 경북 군위군 고로면 화북리 사업장은 고산지대여서 귀농민이 추위를 피해 다른 지역으로 옮겨 있었을 때 면에서 이탈을 막기 위해 연락이 계속되었다.

> 동짓달에 집을 지어놔 놓으니, 우리가 못 살겠다 하면서 이제 할아버지가(남편이), 나는 친정으로 가고, 또 할배는 이제 서울, 저으(자기) 엄마가 거기 있었거든. 그래가 거기에 가고 그랬어. 그랬는데, 면에서 도망갔다고 막 연락이 오는 거야. 그때는 이제 전화가 있어? 전부 편지로 하잖아. 연락이 와 가지고 설달에, "아 가 자 안 되겠다" 이력카더라고 그래 "와요? 좀 날이나 따시거든 가지 그 삼한에 어이 갈라고 이력카노" 이카니, "아이고 면에서 안 된다, 도망갔다고 난리다" 이카니까네 (…).[21]

정부는 "정착민 중 무단히 정착지를 이탈하거나 임의로 교체하는 등 각

---

21 OH_14_006_서선열_06.

자의 사명을 망각하는 처사가 있어 사업 수행에 지장을 초래케 하므로 단호한 이적 조치를 취하고" 현지에서 다시 선정하여 보충하라는 지시를 내렸다.[22] 충남 서산군 고북면에서는 영농 경험이 있는 자, 1세대 가동 인원이 3인 이상인 세대, 협동 정신이 있고 성질이 온건한 자, 영세 농가로서 착실한 세대로 정착민을 재선발하기도 했다.[23]

귀농민이 입주 직후에 이탈하게 된 데는 모집 단계에서 정부의 과장된 홍보가 불러온 실망감 탓도 있었다. 고로면 화북리로 온 서선열은 현금을 지급받는다고 듣고 사업에 지원했다. 양산군 웅상면 평산리에서 사업에 참여했던 이명춘은 서울에서 담당자가 "일단 가기만 하면 논농사를 당장 할 수 있다. 물만 대면 된다"고 해서 오게 되었다고 한다. 실제로는 천막촌에 야산 상태였고 아무 준비가 없어서 속았다는 생각을 했다는 것이다.[24]

사업장 입주 4개월 후 정부는 사업장의 실태를 조사했다. 1961년 12월 감찰위원회는 "다수의 실업자와 농민을 각처에 정착시키고 있는데 일부의 몰지각한 자들은 근본 국가 시책에 위배된 행위로서 개간케 할 뿐 아니라 음

---

22 충청남도 농정국 농업정책과, 「귀농정착사업 시행에 대한 정착민의 동향에 관한 건」(1961. 9. 28), 『개간사업 귀농정착』, 1961~1963(국가기록원 BA0161351).

23 충청남도 서산시 건설도시국 건설과, 「귀농정착사업계획」(1961. 9. 18), 『귀농정착』(국가기록원 BA0057750).

24 1970년대 초반에 귀농정착사업을 주제로 한 연구가 이루어졌다. 당시에는 중앙과 지방정부의 사업 문서철들을 발견하지 못했다. 그럼에도 양산군 웅상면 평산리 신명 부락과 진천군 덕산면 화상리의 사업장에서 사업 당시의 면장, 사무소장, 정착민을 만나서 면담했고 사업 결과에 대해 다각도로 분석하여 참고가 된다. 권철현, 「한국 지역사회 개발의 전략에 관한 사례 연구—도시 빈민의 귀농정착화 정책을 중심으로」, 연세대 행정학과 석사학위 논문, 1974, 86~112쪽. 권철현은 거제 출생으로 석사 졸업 후 일본 쓰쿠바대학에서 도시행정학으로 박사학위를 취득했고, 제15, 17, 18대 국회의원(한나라당, 새누리당)과 주일대사(2008~2011)를 역임했다.

주를 일삼고 있는 망국적 분자가 있다 하니 귀부에서 철저히 조사하여 시정케 하고 그 결과를 회보하여주시기 바란다"는 지시를 농림부에 내렸고, 농림부는 각 도에 '귀농정착민 동태조사'를 지시했다. 그 내용은 정착민의 음주와 주점 출입 여부, 개간 작업에 인부 고용 여부를 필수로 했고, 강원도, 충청남·북도, 전라남도가 보고했다.[25]

감찰위원회가 현지조사를 지시하는 한편 중앙정보부도 자체 조사를 하여 농림부에 상황을 통보했다. 중앙정보부는 귀농정착사업이 농지 개간, 주택 건축에서 85% 이상 목표 달성이라는 양호한 성과를 거뒀지만 "일부 몰지각한 정착민은 국가가 베푼 시책에 역행한다"며 그 실태를 보고했다. 실태 보고에는 귀농민이 요구하는 사항도 포함되었다.

시정할 사항으로는 ① 의타심과 이기적인 근성이 남아 있어서 음주 만취 후 추태를 부리거나 사치 등으로 금전을 낭비하고, ② 경북 일부 정착민 중에는 형식적으로 개간을 하여 보조금만 타서 도시로 가려는 자가 있으며, ③ 현지 주민에 비하여 자부심이 강하여 배타심으로 자기들 자체의 단체인 것처럼 행동함으로써 빈축을 사고 있다, ④ 일부 귀농민이 인부를 사서 개간 작업을 하고 있어서 개간비의 차액을 불로소득으로 얻고 개간된 농지도 형식적인 곳이 있어서 내년 농작물 파종 여부가 의문시된다는 내용 등이 지적되었다.

이에 반해 귀농민들은 ① 귀농 간부 6명(단장, 부단장, 총무, 십장, 전표원)은 유급으로 월 4만 환 정도를 지급 받으므로 귀농민 간에 계급 차이로 인한 불화가 조성되고 있으니 실제로 필요한 단장 서무에 한하여 월 2만 7천 환을 지

---

25 감찰위원회, 「정보 문서 이송의 건」 및 「지역별 보고」(1961. 12), (1962. 1), 『귀농정착관계철』 (국가기록원 BA0132517).

급하도록 할 것, ② 현재 개간된 농지에 수리 시설을 하여 논으로 해줄 것, ③ 비료와 종자 및 농우와 사료를 배급해줄 것, ④ 세농들은 자신들보다 생활 수준이 높은 도시민에게 개간지를 알선하는 것과 같이 자신들에게도 생활 토대를 마련할 수 있도록 개간지 알선을 필요로 하고 있으니 이를 검토할 것 등을 요구했다.[26]

정부는 사업의 현 실정에서 정착민이 자력으로 성실하게 개간해야 한다는 입장이었지만, 귀농민은 급여와 영농 구조의 개편을 요구하는 등 사업 자체의 개선을 요구하고 있었다. 양측의 입장은 합의되기 어려웠다.

한편, 개척단의 조직과 관리는 군대와 같았다. 대관령에서는 소대가 말단 조직을 형성하여 소대장이 관리했고, 서산에는 소대(20여 명)-중대(5, 60여 명)의 조직과 목공부·미싱부·연극부 등 직능별 부서가 있었다.[27] 단원들은 매일 정해진 목표를 반드시 채워야 했고, 기준 없이 시간에 맞춰 작업해야 하는 등 노동 강도가 셌다.

만날 할당량이 있어. 오늘은 몇 루베다 이렇게. 루베라는 걸 난 알지도 못했는데 거기서 오늘은 1인당 몇 루베의 흙을 갖다 메꿔야 된다고 하면 여기서 파서 저쪽에 메꾸고 도비산에서 돌 지고 와서 저수지 둑에다 쌓아놓으면 거기다 석축을 쌓아서 기초공사하고 그게 참 정말, 너무 어려웠어. 어디 밖에 나가길 하나, 사람 구경도 못 하고.[28]

---

26 중앙정보부, 「귀농정착민 실태 통보」(1962. 1. 6), 『귀농정착관계철』(국가기록원 BA0132517).

27 「한국합심 자치 대관령개척단, 해발천3백미! 재생의 건설보」, 『조선일보』 1961. 6. 15; OH_012_006_정영철_006.

28 루베는 1m³의 일본식 표현. OH_012_006_정영철_006.

〈사진 21〉 박동묘가 서산의 대한청소년개척단을 방문하여 시찰
1963년 8월 10일, 박동묘 국가재건최고회의 고문이 개척단을 접견하고 연설 중이다.
사진은 국가기록원 소장(CET0029932).

일이란 것이 끝이 없응게. 하루 나가믄 아침에 다섯 시에 기상해 가지고 출발허믄 저녁 여섯 시라는 시간에 일을 마치니. 그 마치나 마나 뭔 일 있으믄 또 해야 된게. [오전] 다섯 시에 연병장에 집합해 가지고, 그때 늦어부리믄 안 된게 파다닥 해야 돼. 군대 식으로, 파다닥. 늦어부리믄 열 요에 딱 시워(세워)놔부러. 딱 시워놔부리믄 혼나기도 하지만 제일 고된 일로 가버리니까 (…).[29]

식량 배급도 조직 단위로 이루어졌고 간부들도 단원 중에 선발했다.

여기 주차장에서 중대별로 밥을 타러 가. 인원 몇 명이라고 말하면 바케스에

---

29   OH_13_007_김이곤_006.

다가 삽으로 재서 줘. 어리바리한 사람이 가면 밥 적게 받아오고, 똘똘한 사람이 가면 좀 많이 받아오고. 나는 우리 소대 먹여 살려야 되니께 아무리 바빠도 소대장인 내가 애들 데리고 가. 부산서 같이 온 어느 선배는 전국 씨름대회에서 소도 몇 개 딴 사람이여. 그 사람한테 밥 타러 가면 "인마 알았어" 그러면서 인원 무시하고 그냥 많이 줬어. 우리 소대는 분위기가 좋았어. 소대장이 하루에 한 번씩은 공식적으로 기합을 줘야 돼. 그런데 난 기합 줄 시간 되면 "앞에 서. 목적지 저수지로 뛰어!" 하고 노래자랑하고 놀다가 돌아와서는 기합 줬다고 했지.[30]

정부는 개척단을 영구 정착시켜야 한다는 목표를 가지고 남성 단원과 여성들의 합동결혼을 추진했다. 충남 서산사업장 단원들은 서울부녀보호소에 있던 여성들과 합동결혼식을 올렸다. 첫 결혼식에는 '홍등가 출신'이라고 하는 여성이 서울에서 57명, 충남에서 43명 보내졌다. 여기에 25명은 서울시립부녀보호소에서 모집하여 선발했다. 지원자가 100명이었다고 알려진 가운데 선발된 여성들은 서울시장을 예방한 후 서산으로 떠나 결혼식을 올렸다.[31] 두 번째 결혼식은 서산에서 서울로 이동하여 치러졌다. 2018년 SBS 방송, 2019년 국가인권위원회 조사에 따르면, 여성들은 이미 서산에 잡혀와 있었다.

225쌍은 윤치영 서울시장 주례하에 워커힐에서 했어. 즉 말하자면 순전히 전시 효과로 버스가 서산 역사상 그렇게 많이 들어오긴 처음이여. 도로가 있나?

30　OH_012_006_정영철_006.

31　「새출발한 윤락 여성」, 『동아일보』 1963. 3. 13; 「황해의 갯벌다져 안주의 터전」, 『경향신문』 1963. 7. 22; 「내고장 소식」, 『대한뉴스』 제438호, 1963. 10. 12.

우리가 그거 버스 오기 전에 도로 내느라고 얼마나 혼났는 줄 알아? 마음이 있는 놈이고, 없는 놈이고 이렇게 짝지어놓고 그놈하고 해야 되니께.[32]

단원들을 결혼식에 보내기 위해 많은 버스가 서산에 들어왔고, 버스가 다니는 길을 단원들이 직접 내느라 고생했다는 경험이다. 그는 결혼식이 당시 언론에 보도되었는지 모르고 있었음에도, '전시효과'였다고 했다. 단원들은 자기 의지와 무관하게 합동결혼에서 짝지어진 사람과 결혼하게 되었다.

1960년대 합동결혼은 대한청소년개척단 외에도 김춘삼이 조직한 '대한자활개척단', 서울시와 정부가 후원해서 설립한 '근로재건대'에서 이루어졌다. 결혼식이 열릴 때마다 여러 신문과 뉴스에 보도되었고, 개척단과 과거 성매매 여성의 합동결혼식은 신랑신부 모두 "과거의 그늘진 생활에서 벗어나"는 것이라고 의미부여되었다. "가족을 잃고 밝은 사회를 등진 의지할 곳 없는 불량 청년들과 윤락의 함정에서 헤매던 불우한 여성"이 결합하는 것이 바로 국가가 말하는 이들의 합동결혼이었다. 김현옥(金玄玉) 서울시장은 어느 주례에서 "떳떳하고 진취성 있는 시민으로 새 서울 건설에 참여, 새 일꾼이 되라고 당부"했다.[33]

대한청소년개척단의 2회 결혼식이 있었던 1964년 말, 단장 민정식은 제16회 인권선언일을 맞아 국무총리상을 수상했다. 1965년에는 어머니날을 맞아 민정식의 부인 김태남(金太南)이 "부랑 청소년 1천 7백여 명을 개척단으

---

32   OH_012_006_정영철_006.

33   「내고장 소식」, 『대한뉴스』 제438호, 1963. 10. 12; 「50대 신랑·신부도 행복의 원앙 50쌍」, 『경향신문』 1967. 6. 3.

로 이끌어 친자식처럼 돌보고 있으며 서울의 윤락 여성을 선도, 350여 명의 개척단원과 합동결혼식을 시켰다"는 근거로 대한어머니회의 모범어머니 표창을 받았다.[34]

대한자활개척단에서 열었던 합동결혼식은 그 규모가 상당했다.[35] 김춘삼은 개척단을 형성하기 위해서는 남자들의 집단이 1차적 조건이지만 "개척 사업이 결실을 얻으려면 필히 결혼해서 가정을 가져야 한다"는 생각을 가지고 있었다. "남자건 여자건 뜨거운 피가 끓는 인간으로 태어나온 이상 이성을 그리워하게 마련이고 또 끓어오르는 욕정을 적당히 해결할 수 있는 상대가 있어야 한다"는 것이었다. 김춘삼은 합동결혼식이 계속 보도되면서 유명세를 타게 되었고, "내 이름이 전국적으로 널리 알려지자 일하기가 무척 편해졌다"고 밝혔다.[36] 합동결혼식은 김춘삼 개인에게 고아원과 개척단 운영의 명분을 제공했고, 유명세만큼 그의 생활과 활동은 더욱 자유로워졌다.

그러나 1968년 130쌍의 합동결혼 때 김춘삼과 부단장 신동근(申東根)이 찬조금으로 받은 결혼 비용을 횡령했다는 혐의로 구속되었다. 찬조금을 받고서도 부부에게 한 쌍에 천 원씩 결혼식 참가비를 거뒀다는 혐의도 포함되었다. 또한 130쌍 중에서 50쌍은 조작되었다는 내용도 있었다. 언론은 "한

---

34 「수해 때 많은 생명 구한 오씨 등 7명 표창」, 『경향신문』 1964. 12. 8; 「부엌에 갇힌 인종과 희생만의 자기상실에서 모색하는 '현대의 모상', 8일은 어머니날」, 『동아일보』 1965. 5. 6.

35 1970년 5월 4일에 서울 남산야외음악당에서 열린 250쌍의 결혼식에서 윤치영(공화당 의장 서리)이 주례를, 김제원(경향신문사 사장)이 명예주례를 맡았다. 1971년 5월에는 대한자활 개척단이 통일자활개척단으로 개칭한 뒤 1,071쌍의 합동결혼식이 열렸다. 여기서는 오경인(전 서울시 교육감)이 주례를 맡았다. 「자활개척단 250쌍 합동결혼」, 『경향신문』 1970. 5. 4; 「1,071쌍 매머드 결혼식」, 『경향신문』 1971. 5. 24.

36 김춘삼, 『거지왕 김춘삼』 2, 열림원, 1991, 155쪽, 109쪽.

때는 거지들과 침식을 같이하고 그들을 돌봐 거지왕초로서 존경을 받던 김[춘삼]도 돈을 알면서 자가용을 타고 비서 5명을 거느린 의젓한 왕초가 되어 향락을 누렸다"고 했다. 김춘삼은 이에 대해 "부하를 잘못 둔 탓이지 나는 거지들을 위한 왕초에는 변함없다"고 항변했다.[37] 그해에 자활개척단에 대한 대대적인 수사가 벌어졌고 김춘삼은 무혐의로 풀려 나왔지만 1972년에 무용단을 해외 순회공연 시켜준다는 명목으로 비용을 사취한 혐의로 다시 구속되었다.[38]

정부와 개척단 운영자는 정착사업장에서의 이탈을 막기 위하여 단원들을 감시하고, 개척단은 내부 위계 조직으로 상호 감시를 했다. 또한 강제적인 합동결혼을 실시했다. 귀농정착사업장은 중앙정부의 주요 시책이었기 때문에, 사업장의 지방행정 기관뿐만 아니라 감찰위원회, 중앙정보부도 사업장의 동태를 조사 보고했다. 개척단의 합동결혼은 예산 확보, 장소 제공 및 주례 등에서 정부의 적극적인 지원이 있었기 때문에 가능했다.

장흥의 자활단은 농지 소유권을 획득했음에도 대다수가 농지를 매매한 후 이주했다. 사업 과정에서도 이탈하는 경향이 많았다. 자활단원은 사업 당시의 차별과 폭력을 감내한 결과로 토지 분배를 받은 것이었지만, 사업

---

37 합동결혼식 기부금 횡령 외에도 김춘삼의 '비행'은 여러 가지였다고 보도되었다. △ 합동결혼식을 빙자해서 기부금 찬조금 조로 얻은 돈 중 259만여 원을 횡령, △ 안양에 있는 73만 평의 국유지를 개척단 정착지란 이름으로 불하받기 위해 교섭, △ 봉천동 360가구의 주민들에게 장소 배정, 시유지 입주 등을 내세워 금품을 갈취, △ 혼혈아 민속예술제 공연을 빙자, 50만 원을 착복, △ 그 밖에 폭력 공갈 협박 등등이었다. 「'자활개척단'의 거지왕자 사회사업 이름 팔아 재미」, 『동아일보』, 1968. 9. 14; 「합동결혼 축하금 가로채」, 『경향신문』, 1968. 9. 12; 「찬조금 등 가로채 합동결혼 미끼 개척단 부단장 구속」, 『동아일보』, 1968. 9. 12.

38 화국량, 앞의 책, 262쪽; 「해외여행 무용단 조직 거액 사기, 김춘삼 씨 구속」, 『조선일보』, 1972. 3. 12; 「자활개척단장 구속」, 『경향신문』, 1972. 3. 13.

당시부터 지역민과 분리된 생활을 했고 간척지에서의 수확 전망도 불투명했다. 간척 도중에도 이탈 시도가 많아서 이를 막기 위한 장치를 마련했다. 서산에서는 '구호반'을 만들어서 간부와 마찬가지로 단원 중에서 선발하고, 상호 감시하도록 했다.

> '구호반'이라고 인간 철조망으로 보초를 서는 거여. 그걸 내가 뽑혀서 하게 된 거여. 말하자면 경비들이지. 그걸 하는데, 부산에서부터 장흥 거쳐서 같이 온 우리 동지들이 도망가려고 내 초소로 나온 거여. 6명이 한 번에 나왔는데, 가다가 걸리면 걔들도 죽고 나도 죽고 다 죽어. 그래서 같이 튈까 하다가 내가 없으면 금방 사이렌 울려서 잡으러 나올 테고 A반이라고 하면 구호반에서 계속해서 번호가 전달돼야 해서 빠질 수가 없어. 오줌 누면서도 자기 번호가 오면 불러야 돼. 1초소 이상 없음, 2초소 이상 없음 이렇게 계속 불러.[39]

장흥에서는 서산에 비해 감시가 느슨한 편이었다고 추정된다. 동향 출신끼리 모의해서 비가 오는 날 탈출을 감행했다.

> [비오는 날] 일할 때, 오늘 저녁 몇 시경에 우리 모이자, 이래 가지고 그냥 내일 비가 온다고 그러면 낮에 불고(얘기하고). 저녁이면은 뇌성벽력허며는 [갈 수 있고] 낮엔 못 도망가니까. 밤에도 비가 안 오면 뻘에 요로 걸어가면 소리가 납니다. 뽕뽕 소리가 나요. 소리 나면 잽히니까. 비가 매서우면 소리가 몰라 불죠 뭔 소린지. 보통 서른 너댓 명이서 대여섯 명이 내빼부러요. 자기끼리 모아 가지구 그냥. 감시는 허지마는, 따로따로 [타향 출신끼리] 섞어서 방에다 잠을 재웠는

---

39 OH_012_006_정영철_006.

데, 수시로 [감시가] 돌지마는 도는 순간을 타서, 열 사람이 지키고 한 사람 도둑
질해 간다는 사람을 못 지키드라고.[40]

    1950년대 정부는 난민정착사업을 난민에 한정하고, 사업장에 공여할 원
조 물자는 현물 그대로 배급되어야 한다는 원칙과 법률로 사업장을 통치했
다. 또한 난민이 농지를 조성하여 정착할 것을 요구했다. 그러나 난민은 다
양한 동기로 사업에 참여했고, 사업장에서는 여러 방식으로 원칙의 변용이
이루어지고 있었다. 운영자와 난민이 서로의 이해와 요구를 같이할 때 사업
은 원활히 진행될 수 있었다. 5·16 군정 시기에 정부는 새롭게 시작한 정착
사업에서 대상자를 통제하고 감시하여 농촌 정착을 강제하고자 했다. 그것
은 어떠한 결과를 가져왔을까? 이 문제는 3장에서 보다 자세히 다루기로 하
겠다.

---

40   2013년 6월 25~26일 구술, OH_13_007_김이곤_006.

2장
농지 조성 후 소유권 문제와 경제적 경계

정착사업장의 또 다른 경계는 경제적인 것이었다. 정착사업은 황무지나 갯벌을 생산적인 농지로 만드는 작업이기도 했다. 작업을 통해 조성한 농지의 분배와 소유 문제는 난민의 삶의 수준을 좌우하는 문제였고, 사업 결과를 평가할 수 있는 중요한 요소였다. 정부가 정착사업을 권장하고 난민이 사업에 참여하는 경제적 배경으로 원조 물자도 작용했지만 그것은 일시적·한정적이었고, 농지를 소유할 수 있다는 기대감이 컸다. 정착사업 참여자의 농지 소유권 획득 여부는 개간 이전의 토지 소유 관계, 사업 시기와 방식, 대상에 따라 달랐다. 장흥의 홍업회 사업장과 같이 자조근로사업으로 전환된 경우 소유권 이전이 원만했으나, 소유권이 있는 토지를 개간한 사업장, 고아·부랑아가 동원된 사업장에서는 소유권 분쟁이 매우 장기화되기도 했다.

1. 난민정착사업장의 소유권 분쟁

1960년대 전반에는 난민정착사업으로 토지 개간이 완료된 후 등기이전이 되지 않은 사업장이 다수 있었다. 1950년대 난민정착사업에서는 정부의 인허가 과정을 거친 후 원조 물자를 공급받아서 개간과 간척이 진행되었으나 등기에 관한 법적 규정은 부재했다.[41] 난민이 개간한 농지는 보건사회부의 지시에 의해 면에서 제공하여 경작권을 확보한 국유, 귀속, 사유의 황무지, 간석지, 하천 부지 등이었다. 그런데 개간이 완료되자 국유나 귀속 토지의 연고를 주장하거나 사유지의 반환을 요구하는 일이 발생했던 것이다.[42]

1962년 7월에 이북 5도 지사들은 「난민 토지 분쟁에 관한 진정서」를 보건사회부에 제출했다. 정착한 난민과 원주민 또는 지주 사이의 소유권 분규를 방지한다는 목적에서 개간촉진법의 범위 내에서 합법적인 조정 절차 및 입법 조치를 요구하는 내용이었다. 진정서에 따르면 난민정착사업이 시작된 1953년 이래 9년간 약 15만여 세대 76만 3천 명이 당시 1,095개 사업장에서 황무지, 간사지, 국유임야 3만 3천여 정보를 개간 완료했는데,[43] 이 개간 완료 토지에 사유지가 포함되어서 소유권자의 소유권 반환 또는 경작료 청구가 이어지고 있었다.

보건사회부는 진정서를 토대로 농림부에 대책 수립을 요청했다. 정착사

---

41 1950년대 말부터 개간 완료된 지역에서 분규가 있었다. 경기도 고양군 중면, 송포면의 하천 부지 60만여 평을 이북 출신 난민이 개간했으나 보건사회부와 경기도에서 27만 평을 원주민과 38선 이남 '미수복지구' 난민에게 분배하기로 하여 이들 사이에 유혈 사태가 벌어지는 등 문제가 되었다. 「춘경기 놓칠 60만 평」, 『동아일보』 1959. 4. 7; 「사설: 고양의 경작권 싸움을 선처하라」, 『동아일보』 1959. 4. 8; 「"개간 농토 뺏지 말라" 북한 난민 의사당 앞서 시위 진정」, 『동아일보』 1959. 5. 11.

42 여중현(전 난민정착사업중앙연합회 부회장), 「개간 농지 분규의 문제점 난민정착사업의 경우」, 『경향신문』 1962. 11. 23.

43 USOM의 자료는 1,685개 사업장, 7만 8천여 세대, 43만 6천여 명으로 집계하여 차이가 있다. 2부 〈표 2-11〉 참조.

업 당시에 사업장 토지에 대한 군수·읍면장의 주선 또는 지주의 임의 사용 승인이 있어서 개간을 시작했는데, 농토가 조성된 후 소유권을 주장한다는 내용이었다. 이는 대다수 정착 난민들이 다시 "노두(路頭)에서 방황하는 결과를 가져오며, 사회적 혼란을 막고 복지 사회 건설을 지향하는 사회정책면을 고려"한다면 대책이 필요하다고 제안했다. 사업장에 개인 경작권이 형성되어 있다면 개간촉진법상 개간 경작지를 삽입하여 소유권을 완전히 인정받을 수 있도록 법률을 개정하고, 그렇지 않다면 정착 난민들이 개간한 토지를 매수하여 연부 상환하도록 하자고 했다. 또는 국공유 임야지를 난민들에게 불하조치해달라고 했다.[44] 보건사회부는 문제가 야기되자 전국 난민 정착사업장의 토지 분규 여부를 조사했다.[45]

그러나 농림부는 보건사회부가 요청한 조치가 불가하다고 답변했다. 난민정착사업으로 이미 개간된 지역은 개간촉진법의 개정으로 조치하기 어렵고, 사유 미간지(未墾地)는 개간 허가의 우선권이 소유자에게 있기 때문에 현재 정착민에게 개간을 허가하기 어렵다는 이유였다. 보건사회부는 사업의 일환으로 삼아 토지 매수 대금을 융자하고 난민에게 상환하도록 하는 것을 제안했다.[46] 개간촉진법을 입안하고 농지 개간과 이후 분규에 관한 책임을 맡은 주무 부처는 농림부였으나, 난민정착사업은 여전히 구호 사업으로 취급되어 보건사회부가 관리하고 있었다.

---

44 보건사회부장관, 「정착 난민 토지 분규 미연 방지 협조 의뢰」(1962. 7. 27), 농림수산부 농어촌 개발국 조성과, 『귀농정착관계철』(국가기록원 BA0132517).

45 전라남도, 「난민정착사업장 토지 분규 조사」(1962. 8. 6), 전라남도 화순군 사회복지과, 『난민 정착사업관계철』(국가기록원 BA0052447).

46 농림부장관, 「정착 난민 토지 분규 미연 방지 협조 회시」(1962. 8. 16), 농림수산부 농어촌개발 국 조성과, 『귀농정착관계철』(국가기록원 BA0132517).

소유권을 인정받을 법령의 제·개정이 난망한 상황에서 난민 측의 요구 수준도 저하될 수밖에 없었다. 난민정착사업중앙연합회 부회장을 역임했던 여중현(呂重鉉)은 법적인 대책으로 분쟁조정위원회를 마련할 것과 고가의 지대 또는 소작료의 제재를 제안했다. 난민 측에서 지주에게 현실적인 보상 방법을 제시해도 지주 측에서 터무니없는 지대나 소작료를 요구하며 부당이익을 확보하려는 것이 문제였기 때문이다.[47] 그러나 분쟁에 관한 제도나 규정은 마련되지 않았던 것으로 보인다.

개간촉진법은 개정되었지만 미개간지의 개간을 확대하기 위한 목적이었고, 기존의 개간된 토지에 적용될 내용은 없었다. 최초 개간촉진법은 개간 예정지로 고시된 지역에 한하여 개간할 수 있도록 되어 있던 것을 미간지로서 1단지 30정보 미만의 국유 또는 자기 소유지도 개간 허가를 받아 개간할 수 있도록 하는 내용이었다.[48]

난민정착사업장의 농지 분규는 정부 차원의 대책 없이 개별 사업장에서 처리해야 했고, 합의되지 않은 사업장에서는 장기간 분쟁이 이어졌다. 대표적으로 경기도 평택군 팽성면 사업장은 하천 매립 후의 토지 소유권이 인정되지 않으면서 기존 지주의 소유권이 확정되었고, 정착한 난민은 소작인이 되었다.

평택군 팽성면 도두리와 신대리 일대의 '신대 자조정착사업장'은 1954

---

47 여중현(전 난민정착사업중앙연합회 부회장), 「개간 농지 분규의 문제점 난민정착사업의 경우」, 『경향신문』 1962. 11. 23.

48 소유권 등기가 미필 중이어도 농지개혁법에 의해 농지 분배를 받은 자, 국유재산법에 의해 토지를 불하 또는 양여 받은 자, 귀속재산처리법과 국공유재산처리임시특례법에 의해 토지 불하를 받은 자를 소유자로 인정했다. 또한 개간 허가의 1순위인 영세 농가는 "영세 농가 및 정부 계획에 의하여 정착할 농가"로 변경했다. 「개간촉진법」(법률 제1392호), 시행 1963. 8. 14, 일부개정 1963. 8. 14(그 내용은 제6조 제3항 신설, 제9조 제1호 개정).

년 5월 13일에 승인을 받고 '복귀 불능 난민 정착'을 목적으로 조성되었다. 여기에는 식민지기부터 몇 차례 이주를 경험한 난민이 들어왔다. 이들 150세대는 경북 월성 또는 영천에서 태어나 1930년대에 일제의 수탈을 피해 강원도 철원 등지로 집단이주했었다. 해방 후 전쟁이 발발하자 피난길을 떠나 영천으로 돌아왔으나 고향에서의 생활도 어려웠다. 동향 출신으로 평택에 있던 이석경, 정석준이 정착사업을 추진하며 150세대 750명이 평택군 팽성읍 신대리, 도두리 일대에 오게 되었다.[49]

이 사업은 150정보의 안성천 갯벌을 막는 사업으로서 1954년 5월 1일부터 2년을 기한으로 시작되었다. 경기도에서 승인한 조건은, 2년 기한 내에 사업을 완료해야 하고 기한 후에는 일체의 구호 물자 배급을 중지한다는 것이었다. 토지는 정부에서 양여(讓與)하여 세대당 분배한다는 내용이었다.[50] 1954년 사업이 시작된 이래 4년여 공사 후 3km의 제방을 쌓아 간척했고, 그 후 6년여 동안 토지의 염분 제거와 매립, 고르는 작업을 거쳐 농지를 조성했다. 1963년 9월 세대별 1정보씩의 농지 소유권을 보유하게 되었고, 10월에 USOM 관계자, 평택군수가 참석하여 '자립선언식'을 치르며 구호는 중단되었다.

그러나 간척된 농지의 소유권은 매립 이전의 하천 지주에게 넘어갔다. 지주는 대양학원(수도여사대, 현 세종대학교 재단)이었다. 대양학원은 1949년 윤희태(尹熙泰, 제2대 이사장)로부터 동양척식주식회사 소유였던 이 토지를 기증받고 재단 소유로 등기를 마쳤다. 양도되었을 당시 지목은 임야, 하천이었

---

49 유재문 외 146명, 「진정서」(1995), 『대양학원, 평택시 팽성읍 신대리 및 도두리 주민 간 토지 소유권 분쟁 관련 자료』(국사편찬위원회 06-경기-평택-팽성읍-개인1-001), 이하 평택 문건은 동일한 문서철.

50 「복귀 불능 피난민 정착사업 실시 승인의 건」(1954. 5. 17), 「확인원」(1955. 4).

다. 난민에 의해 간척된 농지에 대해 대양학원은 농민들에게 소작료를 청구했고, 농민들은 거부했다. 1964년 대양학원은 난민 대표 등 9명을 상대로 토지 인도 청구소송을, 농민 한 명에게는 별도의 임대료 청구소송을 제기했다.

이 재판의 쟁점은 토지가 간척 전에 바다에 포락되었는가 여부였다. 재판부는 토지가 포락된 바 없다고 인정하여 원고 승소를 판결했고, 1심 판결이 고등법원(1967년 11월), 대법원(1968년 4월)에서 유지되었다. 판결에 따라 농민들은 대양학원에 소작료를 납부해야 했다. 농민들은 판결에 승복하지 못했고, 일부는 소작료 납부를 거부했다. 대양학원이 생산량 30%의 소작료와 재단의 생산량 책정을 시행하자 농민들은 수용하지 못했고, 1970년대에도 대립은 계속되었다.

농민들은 1981년에 국가보위 입법회의에 진정서를 제출했다. 정부와 경기도는 11월 대양학원을 상대로 토지 소유권 확인 청구소송을 제기했다. 정부는 해당 토지가 바다 포락지였다는 것을 입증하기 위해 1946, 1948, 1967년 항공사진, 1954, 1955년 당시 사업승인서, 면장의 포락 확인서 등 자료를 수집·제출했으나 재판부는 1984년 대법원에서 최종 원고 패소 판결을 내렸다. 1985년 대법원에서 상고허가신청도 기각되며 법적 논쟁은 종결되었다.[51]

그러나 농민이 토지를 계속 경작하는 한 분쟁은 계속될 수밖에 없었다. 농민 50여 명은 상경하여 대양학원 이사장실에서 1987년 11월 17일부터 65일간 농성을 벌였다. 평택군이 농지 구입 자금 융자를 주선한다는 약속을 받고 해산했지만, 농민들은 서울 농성 중에도 재단이 농민들의 주장을 묵살

---

51 유재문 외 146명, 「진정서」(1995); 「10년의 피땀 수포화」, 『경향신문』 1966. 5. 31; 「억척으로 싸워 일군 40만 평 허무하게 빼앗겼다」, 『경향신문』 1981. 3. 13.

하고 한 번도 협상에 응하지 않았으며 대통령 선거 결과가 발표된 후 더욱 안하무인격이었다고 주장했다.[52] 농성을 푼 농민들과 대양학원은 평택군수의 중재로 매수 협상을 진행하기도 했으나 가격차를 좁히지 못했다. 농민들은 간척 노동의 대가가 기여분으로 인정되어 가격에 반영되기를 바랐고, 대양학원은 주변 토지의 실거래가를 기준으로 협상했기 때문이었다.[53]

농민들은 돌아와서 재단 직영 농장에서 농성하며 직접 영농할 것을 결정했다. 당시 39만여 평 중 대양학원이 11만 평을 자영하고 있었기 때문이다. 1988년 3월부터 마을 내 대양학원 관리사무소를 점거하고, 1987년도 소작료 납부를 거부하며 6개조로 나누어 2개월간 철야농성을 벌였다. 또한 '도두 지구 토지 반환 대책위원회'를 꾸리고 소식지를 발행하여 상황을 공유했다. 5월 15일에는 평택 시내에서 집회를 추진했는데, 정부의 저지로 팽성읍에서 집회를 열었다. 이 집회에는 팽성읍 내 7개 마을 농민 120여 명과 농촌 봉사를 위해 현지에 온 대학생 등 340여 명이 참여했다. 마을에서 10km 떨어진 평택역 광장으로 출발했으나 시계 2km 전방에서 이를 막는 경찰과 충돌하면서 8명의 농민과 5명의 대학생이 부상을 입었다. 대책위는 "농민들이 한 번도 보지 못한 최루탄을 마구 던지고 곤봉으로 농민과 학생들을 때렸다"며 경찰의 저지에 분개했다.[54] 농민들은 학원 이사장 부인이 목사로 있는 교회 점거 농성, 세종호텔 점거 농성을 이어갔다.

---

52 도두 지구 토지 반환 대책위원회, 『토지 반환 소식』 창간호, 1988. 5. 26; 「세종대 땅 경작 농민 65일 만에 농성 풀어」, 『동아일보』 1988. 1. 21.

53 유재문 외 146명, 「진정서」(1995).

54 도두 지구 토지 반환 대책위원회, 『토지 반환 소식』 창간호, 1988. 5. 26; 「경작 땅 매각 움직임에 항의 농민·대학생 격렬 시위」, 『동아일보』 1988. 5. 16; 「농민·대학생 4백 명 시위」, 『한겨레』 1988. 5. 17.

당시 농민들의 요구는 토지 무상 양도였다. 근거는 ① 난민을 영구 정착시키기 위한 정부 시책의 일환으로 농지가 조성되었고 난민의 노력으로 개간하였다, ② 개간 당시 재단에서 개발 대가를 지불하거나 참여하지 않았다, ③ 1970년대까지 재단이 재산세를 납부하지 않았고 재단 재산관리대장에도 개간 10년 후인 1964년에 등재했다, ④ 바다에 포락되어 있는 농지여서 1950년 농지개혁에서도 제외되었고, 개간 이전에 어장을 이루고 있었다는 점 등이었다.[55]

농민 측은 토지 분쟁에서 국가의 책임을 제기했다. 국가가 권리 관계를 알 수 없는 상태의 토지에 대해 난민정착사업을 실시하고 소유권까지 인정함으로써 분쟁이 시작되었기 때문이다. 농민들은 "국가의 조치를 믿은 국민의 신뢰는 얼마나 보호되어야 하는가"라는 근본적인 질문을 던지고 있었다.[56]

농민들은 1995년에 정부의 토지 매수 후 무상 양도 또는 경작 가능한 토지의 대토와 이주 및 정착 비용 제공을 진정했지만, 요구는 결국 받아들여지지 않았다. 경기도가 가평군 상면 상동리 일대 도유지 338만여 평을 대양학원에 매각하는 대신 대양학원은 도두 지구를 매입하여 농민들에게 되팔기로 협약했지만 성사되지 못했다.[57]

경기도는 1997년에도 경작권과 임대료에 관한 중재를 시도했으나 이 역시 성사되지 않았다. 여러 차례 중재에도 불구하고 협의가 실행되지 않았던

---

55 평택 도두 지구 토지 반환 대책위원회, 『농성소식』 제4호, 1988. 12. 9.

56 대검찰청 서울고등검찰청 수원지방검찰청 평택지청, 「진정서」(1997), 『대양학원 평택 농장 분규 관련 양측 변호사 간 계약 조항 합의 동향』(국가기록원 CA0330014).

57 유재문 외 146명, 「진정서」(1995); 「평택 도두 지구 41만 평 소유권 놓고 이주 농민-대양학원 간 분쟁」, 『한국농어민신문』 2002. 1. 17.

이유는 표면적으로는 농민들의 거부로 보인다. 그러나 경기도는 "근본적인 문제 해결"을 "대양학원 측 재산상 손실 초래 않는 범위 내 해결"로 정하고 있었다.[58] 검찰은 이 합의를 통해 "최소 3년간 분규가 없을 것"을 기대했다.[59]

농민들은 계속해서 결의대회나 진정서를 통해 대양학원과 정부에 무상 양도를 요구했다. 결의대회에는 도의원도 참석하여 농민들이 양보안을 내놔도 재단이 냉담하다고 지적했다. 세종대 총학생회장 또한 참가하여 재단을 비판하고 농민과 함께 투쟁하겠다고 다짐했다. 추후 서울대 농생대, 경기대, 세종대 학생들도 참가가 예정되어 있었다.[60]

2000년대에 들어서도 경기도는 분쟁 중재에 나서고 일정한 조치를 취했다. 2000년에 경기도는 정부의 허가를 얻어 도세 감면 조례를 개정했는데, '복귀 불능 난민정착사업' 실시 승인을 받아서 조성한 농지를 경작하던 자가 경기도로부터 분양 취득하는 경우에는 취등록세를 면제한다는 내용이었다.[61] 즉 난민정착사업으로 국유지를 경작했다면 취득할 때 세금을 면제한다는 것이어서 여러 사업장에 적용될 수 있었다. 그러나 신대 사업장은 사유지였으므로 해당되지 않았다. 또한 일부 세금 면제로 농민들의 개간 노동과 비용이 상쇄될지는 미지수였다.

---

58 대검찰청 서울고등검찰청 수원지방검찰청 평택지청, 「진정서」(1997), 『대양학원 평택 농장 분규 관련 양측 변호사 간 계약 조항 합의 동향』(국가기록원 CA0330014).

59 대검찰청 서울고등검찰청 수원지방검찰청 평택지청, 「대양학원 평택 농장 분규 관련 농민 보고대회 결과 동향」(1997), 『대양학원 평택 농장 분규 관련 양측 변호사 간 계약 조항 합의 동향』(국가기록원 CA0330014).

60 대검찰청 서울고등검찰청 수원지방검찰청 평택지청, 「농지 반환을 위한 평택농민결의대회」(1997), 『대양학원 평택 농장 분규 관련 양측 변호사 간 계약 조항 합의 동향』(국가기록원 CA0330014).

61 「대양학원 토지 분쟁 '종지부'」, 『경기일보』 2000. 1. 4.

경기도의 중재 방식이 농민들의 처지에 맞지 않아서 문제가 해결되지 못한 측면도 있었다. 2002년에 경기도는 '서산 간척지 대토'를 제안했고 농민이 이를 수용하면서 농지 구입 예산으로 188억 원을 편성하여 장기 저리 융자를 지원하기로 했다. 그럼에도 2004년까지 31명만이 농지 매입을 완료한 반면 대부분은 담보 능력 한계 등의 문제로 융자금 활용이 지연되고 있었다.[62]

정부의 중재로 농민과 대양학원의 협상이 타결된 것은 2004년이었다. 이때는 새로운 변수가 등장했는데, 바로 미군 기지의 확장과 용산 기지 이전이었다.

한미 양국은 2003년에 연합토지관리계획(Land Partnership Plan, LPP)을 개정하며 팽성읍 토지 24만 평을 추가로 공여하기로 결정했고, 2004년에 주한 미군 용산 기지 및 미2사단을 이전하기로 확정했다.[63] 그에 따라 팽성읍은 기존에 캠프 험프리즈와 부속부대 터로 5.5km²를 제공하다가 14.65km²를 제공하게 되었다.[64]

평택 미군 기지 확장과 용산 기지 이전이 결정되면서 대양학원과 분쟁했던 신대·도두 지구도 기지 대상지에 편입되었다. 오랫동안 분쟁이 계속되던 대양학원 소유 토지에 대해 2004년 12월 20일에 정부 중재하에 농민과 대양학원 사이의 합의가 이루어졌다. 농민 측에서 신대·도두 지구 대책위원장, 평택농민회장, 도두2리장 등 20명이 참석했고 대양학원 측에서는 이

62　국무조정실, 「대양학원과 농민 간 50년 분쟁 타결 합의서 서명식 결과」(2004), 『대양학원』(국가기록원 DA0531896).

63　평택문화원·팽성읍지편찬위원회, 앞의 책, 2010, 174쪽.

64　「김수한의 리썰웨펀: "미군 기지 조기 반환하라" 왜? 미중 사이 '국익 외교' 시동」, 『헤럴드경제』 2019. 8. 31.

사장과 총장 등 4명이 참석했다.

합의서의 결론은 대양학원이 미군 시설 부지로 편입되는 농지에 대해 보상가 20%를 '농지 간척 및 개량에 대한 변상'으로 농민들에게 지급하고 국방부에 매각한다는 것이었다. 또 2004년은 대양학원의 토지 경작 임대 기간이 만료되는 해인데, 경작 기간을 1년 연장하여 영농 손실 보상금을 받을 수 있도록 한다는 내용이 포함되었다.[65]

정부는 이 합의가 50년 분쟁을 타결하는 것이라고 평가하면서 "경기도와 평택시장, 국회의원, 정부 등 유관 기관 간 유기적 협력을 통해 원만히 해결"되었다고 평했다. 농민 측도 "가슴에 담겨 있던 한이 어느 정도 해결된 것 같"다며, "대양학원 측의 배려와 정부의 중재에 대하여 고마움을 표시"했다. 하지만 농민들로서는 아쉬움이 남을 수밖에 없었다. 신대·도두 지구 대책위원장은 합의를 수용하면서도 토지를 미군 기지로 편입하는 것이 "맏아들을 잃어버리는 심정"이라고 언론 인터뷰에서 밝혔다.

농민들이 아쉬움은 심정적인 것에 머물지 않았다. 합의 내용에서 여전히 해소되지 않은 문제들도 있었기 때문이다. 우선 보상 대상은 농지였기 때문에 50여 년 동안 살았던 대지에 대해서는 협상된 것이 아니었다. 농지 합의 당시에도 이 문제에 대해 "어떤 형태로든 대양학원 측과 협상을 해야 한다"는 목소리가 있었다. 또 해결되지 않은 문제는 도두 2리 주민들이 냈던 소작료였다. 도두 2리 이장은 마을 주민들이 50여 년간 대양학원에 "도지를 꼬박꼬박 내며 살아왔"고, 이에 대해서도 보상이 필요하다고 보았다.[66]

---

65 국무조정실,「대양학원과 농민 간 50년 분쟁 타결 합의서 서명식 결과」(2004), 『대양학원』(국가기록원 DA0531896).

66 국무조정실,「대양학원과 농민 간 50년 분쟁 타결 합의서 서명식 결과」(2004), 『대양학원』(국가기록원 DA0531896).

이상과 같은 팽성 난민정착사업장의 사례로 볼 때, 1950년대에 난민정착사업 대상지를 정부에서 알선했지만, 농지개혁에 따른 소유권 변동이 확인되지 않은 채로 사업이 실시되었음을 알 수 있다. 난민은 경작권을 보장받아 개간하고 정부로부터 소유권도 확인받았지만, 개간 후에 지주가 등장하여 고가의 지대나 고율의 소작료를 요구하곤 했다. 그러나 1960년대 전반 정부는 개간을 촉진할 법령과 제도를 구축하면서도 기존에 조성된 농지에 대하여 난민의 권리를 인정하지 않았다. 팽성 사업장의 농민들은 민주화 이후 대양학원에 적극적으로 대항하며 토지 무상 양도를 주장했다. 사법부의 판단은 소유권뿐만 아니라 개간의 대가도 인정하지 않는 것으로 결정이 났다. 50여 년 동안 지속된 분쟁은 해당 토지가 미군 기지에 편입되면서 종결되었지만, 난민 출신으로 정착했던 농민들은 다시 이주할 수밖에 없었다.

2. 개척단 사업장의 정부 이관과 정착민의 유상 매수

장흥에서는 개척단 사업장이 난민정착사업장과 함께 자조근로사업에 편입되며 개척단 단원에게도 농지 분배가 이루어졌다. 서산의 사업장은 장흥과 달리 초기에 개척단원에 의해서만 간척 작업이 이루어졌고, 매립된 토지는 군에 이관되었으나 결과적으로 최근까지 등기이전이 되지 못했다. 그 원인은 정부의 행정 처리가 원활하지 않았던 데 있었다.

서산 사업장은 인지면 모월리에 위치해 있었다. 1942~45년 일본인들에 의해 염전용으로 물막이 공사만 되어 있다가 1952년에 전매청에서 공유수면을 매립한 곳이었다. 1961년에 폐염전 206정보를 농지화하고 세대당 1정보씩 분배한다는 보건사회부의 계획에 따라 개척단이 설립되었다. 68명이

〈표 4-1〉 충남 서산 대한청소년개척단 현황(1965)

(단위: 명)

인원	연령별				학력별			
	15세 이하	20세 이하	30세 이하	30세 이상	국졸 이하	중졸 이하	고졸 이하	대졸 이하
726 남 423 여 303	187	88	326	125	521	129	70	6

* 출전: '대한청소년개척단 수용 내용', 서산군, 「서산 자활정착사업장 현황」, 충청남도 서산시 총무국 회계과, 『자조근로』(국가기록원 BA0057880).

입주한 뒤 정부는 1962년에 천 명을 서산에 정착시킬 계획이었다. 개척단의 구성은 〈표 4-1〉과 같았다. 이 또한 설립 4년여 뒤의 통계이므로 한계가 있으나 대략적인 현황은 파악할 수 있다. 개척단 전체 인원은 설립 당시 2,241명까지 늘었다가 1965년에는 1,771명만 남았다. 연령별로는 20대가 가장 많았지만 15세 이하, 20세 이하의 어린이나 청소년도 상당수 있었다. 실제로 서산의 유재문은 9세에, 김광덕은 10세에 개척단에 들어왔다. 어린이들은 간부 가정에 배치되어 머슴처럼 가사를 돕다가 시간이 지나면 작업장에 투입되었다고 한다.[67] 당시 개척단원의 70% 이상이 무학이었고 중등교육을 받은 사람은 10%에 그쳤다. 여성이 포함된 것은 남성 단원과 결혼시킬 목적에서였다.[68]

1963년에 개척단 내부의 감시 체제가 붕괴된 후 사업장을 이탈한 단원이 많았으나 남은 단원들은 농지 분배의 기대감 때문에 이탈하지 않았다.

---

67 〈'인간 재생 공장'의 비극—대한청소년개척단을 아십니까?〉, SBS, 〈그것이 알고 싶다〉 1113회(2018. 3. 3 방송), 00:15:50.

68 서산시지편찬위원회, 『서산시지』 8, 1998, 209쪽; 權度洪, 「르뽀 이색지대—서산개척단」, 『신동아』, 1965. 12, 273쪽; 「부랑아·고아 위한 '사랑의 5개년 계획'」, 『동아일보』, 1961. 11. 24; 홍종철, 「혁명정부의 복지 행정」, 국가재건최고회의, 『최고회의보』 제27호, 1963. 12, 13~14쪽; 서산군, 「서산 자활정착사업장 현황」, 충청남도 서산시 총무국 회계과, 『자조근로』, 1968(BA0057880).

당시 단원들은 "우리가 흘린 땀이 거름이 되어 땅의 넓이는 치수를 더해가고 흙의 비옥도는 나날이 높아간다"며 "내년이면 판가름이 난다"고 전망하고 있었다.[69] 실제로 사업장에서는 1964년, 개간 3년 만에 처음으로 2천 7,8백 가마의 보리를 수확했다.[70]

서산의 대한청소년개척단 사업장은 1966년 9월 1일에 서산군으로 이관되었다. 그 명칭도 자활정착사업장으로 변경되었다. 보건사회부는 1966년부터 기독교세계봉사회(KCWS), CARE, 세계구호위원회(World Relief Committee: WRC), 제7일안식일교회(Korea Union Mission 7th Day Adventist Church: SDA) 등 5개 민간단체에서 맡아 해오던 구호 사업 중 ① 정착사업, ② 학교 급식, ③ 일반 영세민 구호, ④ 모자 보건 등 4개 사업을 직접 관할하기로 했다. 이들 단체는 미 공법 480호 3관 잉여농산물로 각 단체별 사업을 해왔다. 정부는 사업에 일관성이 없고 능률이 오르지 않는다고 이관 이유를 설명했다.[71]

그러나 정부가 사업을 관할하면서 사업장 내부 상황은 더 악화되었다. 정착민에 따르면, 면에서 임명한 대표가 양곡 및 자재대를 횡령 착복하거나 양곡 배정이 지연되는 문제, 과잉 노동과 노임(양곡 3.6kg)의 부족으로 생계유지가 어려웠다. 정착민들은 정부에 구호 대책을 요구했다.[72]

총 809명으로 구성된 사업장이 서산군으로 이관된 후, 세대당 면적을 구획하는 가분배 절차가 시작되었다. 〈표 4-2〉와 같이 1971년까지 4회에 걸쳐 국유지 255ha의 가분배가 진행되었다. 1968년에 개척단원 206세대 분배가

---

69 「삶의 새순 서산개척단, '전과 9범' 백성옥 씨의 수기」(下), 『경향신문』 1963. 7. 31.

70 「피땀 흘려 살쪄간다」, 『동아일보』 1964. 6. 15.

71 「보사부서 도맡아」, 『경향신문』 1965. 11. 20.

72 「8년간 황무지 그대로」, 『경향신문』 1968. 7. 11; 「서산 자활정착사업장 폐촌의 위기」, 『경향신문』 1968. 7. 11.

〈표 4-2〉 서산 자활정착사업장 농지 가분배 현황

분배 회수	분배 일자	분배 세대수			세대당 면적(ha)	분배 면적 (ha)	비고
		입주자	지방 주민	계			
1	1968. 8. 26.	188		188	1	184.5	단독 7세대×0.5(ha)
2	1968. 9. 18	18		18	1	17.5	단독1세대×0.5(ha)
3	1969. 4. 18		38	38	0.7	25.5	
4	1971. 5. 13		91	91	0.3	27.5	
계		206	38	244		227.5	

* 출전: '7. 다. 농지 가분배 현황', 서산군, 「서산 자활정착사업장 현황」, 충청남도 서산시 총무국 회계과, 『자조근로』, 1968(BA0057880).

이루어지고 그 후에 지역민 129세대에게도 농지가 분배되었다.[73] 1969년 분배된 농지에는 난민 사업장으로 조성하여 서산 자활정착사업장에 편입된 10ha도 포함되어 있었다.[74]

농지 가분배가 진행됨과 동시에 소유권 이전을 위한 무상 대부 절차도 시작되었다. 국유지 대부로 조성된 사업장은 1965년 12월 31일자로 대부 기간이 종료되었으므로 세무 당국에 대부 기간 연기 신청을 제출했는데, 정부 방침으로 국유재산 대부가 중지되어 1969년까지 보류 중이었다.[75] 모월리 3구의 1~5반 소속 171명의 정착민은 유상 매수할 능력이 없으므로 개답 조성한 농지를 측량 분할하여 각 개인 앞으로 대부 또는 불하 조치해줄 것, 이에 필요한 측량비 지원과 농지 불하 가격을 최저선으로 조절해줄 것을 건의했

73 서산군, 「서산 자활정착사업장 현황」(날짜 미상), 충청남도 서산시 총무국 회계과, 『자조근로』, 1968(국가기록원 BA0057880).

74 「피난민 사업장 농지 분배 상황」(날짜 미상), 충청남도 서산시 총무국 회계과, 위의 철.

75 「국유재산 무상 대부 기간 갱신 신청」(1969. 4. 10), 「국유재산 관리」(1969. 4. 21), 충청남도 서산시 총무국 회계과, 『자조근로』(국가기록원 BA0057880).

다.[76]

이에 대해 충남도는 국유재산의 불하 또는 대부는 관리청인 홍성세무서에서 직접 취급 처리하고 있으므로 정착 난민들이 각자 불하 또는 대부를 받고자 한다면 국유재산법 조항에 의한 소정의 규정에 의거하여 수속 절차를 취하고 면에서 이를 종합하여 직접 관할 세무서와 절충 계약 체결하도록 하라며 책임을 넘겼다. 농지 대금 및 기타 비용 조달 관계로 인하여 정착 난민들이 불하 또는 대부가 여의치 못할 때는 국유재산 무상 대여 신청 서류(사업 계획서 첨부)를 구비하여 동 사업장 운영권자인 면장 책임하에 홍성세무서장과 국유재산 무상 대부 계약을 체결하라고 했다.[77] 서산군에서는 분할 측량을 실시하여 불하 신청을 하거나 무상 대부 계약 갱신 신청을 할 계획이었다. 개척단원과 영세 농가에는 무상 양도하고 원주민에게는 유상 불하할 것을 인지면에 지시하며 해당 이장과 실무자가 군 사회계 직원과 함께 홍성세무서를 방문하여 절충하도록 조치했다.[78]

그러나 홍성세무서는 "인지면 모월리에 소재한 자활 정착소는 과거 보건사회부가 무상 대부 계약을 체결하였던 재산으로 약 5년 전 계약 만료로 본 계약은 소멸되었으며 자활 정착소도 해산하고 있는 처리이며 수용소에 거주하던 사람은 각처에 분산된 현금에 무상 대부 및 무상 매각은 국유재산법에 의거하여 불가하다"고 판단했다.[79]

---

76 서산군 인지면 모월리 3구 서산 자활정착사업장, 「농지 불하 건의서」(1969. 5. 16), 인지면장, 「국유재산 무상 대부 기간 갱신 신청」(1969. 5. 24), 위의 철.

77 충청남도지사, 「국유재산 무상 대부 계약 체결」(1969. 7. 12), 위의 철.

78 「서산 자활정착사업장 토지 무상 대부 계약 및 갱신 계약 수속 경위 및 처리 방법」, 충청남도 서산시 총무국 회계과, 『자조근로』(국가기록원 BA0057880).

79 홍성세무서, 「국유재산 무상 대여 및 무상 불하 대책 건의」(1971. 3. 17), 위의 철.

1970년까지 불하 및 대부가 체결되지 않고 가분배가 이루어지고 있을 때 사업장에서는 농지 매매가 함께 벌어지고 있었다. 매도인 측에서는 "생활의 생계에 부득하여 매도하고 이거(離居)치 못하고 있는 실정이며 이거하자매 본 사업장 내에서 다년간 고생하며 살다가 떠나는 입장에서 고생한 대가로 또는 생활하기 위하여, 이거 비용을 조달하기 위하여 처분하였다"고 하였다. 매수인 측에서는 농지의 부족으로 영세성을 탈피하기 위하여, 사업장 내 주민이 생산하는 양보다 일반 주민이 영농하면 다수확함으로 생산 증가하여 수익을 얻기 위하여 매수하였다고 하며, 농지의 처분은 권리금으로 양도받았으니 사업장 주민과 동일하게 취급하여 불하 조치를 취해줄 것을 요구했다.[80]

중앙정보부 대전대공분실은 사업장 내 농지 매매에 대한 첩보를 입수했다. 서산 자활정착사업장에서 농지가분배위원회를 구성하여 188세대에게 가분배가 이루어졌는데, 이 중 96세대가 1정보당 5~15만 원씩에 매각 처분함으로써 정부 시책을 어기고 있다고 했다.[81] 충남도의 진상 조사 요구에 대해 서산군은 경작권만 인정했을 뿐이며 소유권을 인정한 것이 아니므로 매매 행위라고 할 수 없으나 사업장을 이탈하면서 권리금을 받고 경작권을 양도하는 현금 거래가 있었던 것은 사실이라고 보고했다.[82]

서산 자활정착사업장에서 농지의 소유권이 확정되지 않은 데는 관련 법령의 미비가 결정적이었다. 사업장은 1971년 9월 16일자로 국세청에, 1977년 7월 6일자로 재무부에 등기가 되었다. 농민들의 진정은 1990년대까지 이

---

80   「자활정착사업장 농지 매매 조서」(1970. 4. 30), 위의 철.

81   중앙정보부 대전대공분실, 「첩보통보」(1971. 7. 22), 위의 철.

82   서산군수, 「난민정착사업장 농지 매매에 대한 첩보」(1971. 8. 12), 위의 철.

어졌는데, 1991년 말 정부는 장기 저리 분할 납부 방식으로 분배를 결정했다. 농민들은 이 결정을 수용하지 않았다. 당시 국유지는 농경지 117, 대지 5를 합하여 122ha였고, 분배 대상은 개척단 23세대, 이주한 영세민 14세대, 관리 양여 170세대로 구성되어 있었다. 농민들은 1968년에 제정된 '자활지도사업에 관한 임시조치법'에 근거하여 사업장 농지를 국유재산법 제35조로 인정하고 무상 분배하기를 요구했다. 또 현 경작자에게 매각 처분 시 국유재산법 시행령 제37조 제7항을 인정하여 개량비를 공제한 저렴한 가격으로 연부 상환 매각해줄 것을 요청했다.[83]

　'자활지도사업에 관한 임시조치법' 제6조는 "사업 시행으로 생긴 분배 대상 토지와 기타 권리는 지방자치단체의 필요에 의해 수용되었거나 공공 필요에 의하여 유보하는 부분을 제외하고는 대통령령이 정하는 바에 의하여 근로 구호의 대상자에게 우선적으로 무상분배 할 수 있다"고 규정하고 있었다.[84] 그런데 이 법령은 시행령이 제정되지 않은 채 있다가 미제정 상태로 1982년에 법령 자체가 폐지되고 말았다. 1991년 이전까지 농민들은 수차례 청원, 건의, 진정을 했으나 정부는 불명확한 답변으로 일관했고, 1991년 부터 국회의원 박태권(朴泰權) 등이 나서며 정부에 건의한 결과 20년 분할 납부 매각으로 국무회의에서 의결되었다. 대통령 승인을 앞두고 열린 설명회에서도 농민들은 유상 분배에 이의를 제기하고 다시 진정할 것을 결정했다.[85]

83　「자활정착촌 국유재산 무상 분배 요구 관련 주민 동향」, 충청남도 서산시 행정지원국 회계과, 『자활정착 모월 지구 매각 추진』, 1992(국가기록원 BA0652518).

84　「자활지도사업에 관한 임시조치법」(법률 제2039호), 시행 1968. 8. 23, 제정 1968. 7. 23.

85　서산군 재무과, 「설명회 개최 결과 보고(인지면 모월 지구 관련)」(1992. 1. 15), 위의 철.

1991년 1월에 재무부 국고국장, 국유재산과장이 회의에 동석하여 농민들을 설득했지만 농민들은 분명한 근거를 들어 유상 매각을 반대했다. 그 근거는 미완공된 불모지를 주민 자력으로 이루어놓았다는 점, 국비 투자는 한 사실이 없다는 점, 농민들이 그동안 해왔던 청원, 탄원을 국회가 상세히 검토하지 않아서 시행령 제정이 안 되었던 점 등이었다. 정부의 실책을 인정하고 국유재산법에 의한 예약 시행 사업으로 봐야 한다는 것이 농민들의 주장이었다.

이에 대해 정부 측은 "시행령 제정이 안 되어 아쉽지만 재론하지 말자, 국유재산법을 지켜야 한다"는 입장을 고수했다. 농민들은 14대 국회에 재청원하기로 방침을 정했고, 정부는 1992년 5부 이자에 20년 상환 조건으로 전체 매각할 것을 원칙으로 했다. 불응할 경우 임대로 전환 조치한다는 결정이었다.[86] 매각 대금 중 귀속 대금 30%는 감정 평가 결과로 사정 단가에서 30%를 공제하거나, 주민들이 희망하는 마을 공동 수혜 사업을 계획한다는 두 가지 안이 구상되었다.[87]

정부는 1992년 3월부터 농지 매수 신청에 들어갔다. 모월리, 산동리, 야당리 9개 마을에 204명의 직원을 배치하여 정부의 입장은 번복되지 않을 것이고 당해 신청 조건으로 '제일 좋은 조건인 연 5분 이자'를 적용하며 최대한 행정 지원을 하겠다며 주민들을 설득하고 신청 기한까지 연장하면서 독려했다. 그러나 전체 753필지 356명의 점유자 중 연말까지 39필지 11명이 매

---

86 서산군 재무과, 「회의 참석 결과 보고(인지 모월 지구 관련)」(1992. 1. 24), 충청남도 서산시 행정지원국 회계과, 『자활정착 모월 지구 매각 추진』, 1992(국가기록원 BA0652518).

87 「자활정착촌 국유재산 무상 분배 요구 관련 주민 동향」, 위의 철.

각 및 매수 신청을 했고, 3명이 매수를 포기하는 데 그쳤다.[88] 유상 매수가 가장 부당하다고 생각한 사람들은 개척단으로 온 사람들이었다. 정부에서도 사업장을 조성하는 초기에 온 개척단은 유상 매각에 참여하지 않을 것으로 예상했다.[89]

정부 방침에 불복한 농민들은 소유권 이전 등기 청구 소송을 제기했지만 2004년에 헌법재판소에서 각하 판결되었고, 뒤이어 2008년 변상금 부과 처분 취소 소송도 대법원에서 기각되었다.[90] 이에 2010년에는 주민 대표와 서산시가 협의하여 국민권익위원회에 토지 무상 불하 또는 저리 장기 분할 매각을 요청했다. 국민권익위원회는 강제로 집단이주하여 서산에 정착케 된 본인들 또는 그들의 상속자들에게는 개량비를 인정하여 장기 분할 상환으로 불하할 것, 1992년 1월경 정부의 「서산 지역 자활정착 국유지 매각 계

---

88 농민들이 매수 신청을 거부한 이유는 다음과 같았다. ① 무상 불하 요구, ② 영농 수익이 보장되지 않은 현 실정으로는 20년 분할 납부 매각에 응할 수 없음, ③ 매수 신청 가격을 알아야 할 것이며 농민을 위하는 입장에서 먼저 감정을 실시하여 가격을 제시하기를 바라고 있음, ④ 영농 수익이 없는 지금 무상 불하가 안 되면 과거와 같이 농사 지을 것임, ⑤ 가격을 제시하면서 매수 신청을 받도록 하고 무상이나 다름없을 정도로 저렴한 경우에나 매수 신청을 하겠음, ⑥ 제14대 국회가 개원되면 재청원하여 무상 불하 요구 후 차후 국회 결정에 따라 매수 여부 결정, ⑦ 농지 중 밭도 아니고 논의 경우 매매가 거의 이루어지지 않는 실정이며 더구나 국유지의 매수 가격도 모르는 상태에서는 매수 신청하지 않겠음, ⑧ 현재 농지의 매매가 거의 이루어지지 않고 있는 상태이며 본 국유지 경작자들은 50대를 넘어선 층이 대부분을 차지하며 본 농토를 매수하여도 차후에 농사를 지으려는 자녀들이 없어 매수 신청을 거부. 서산군 재무과, 「국유재산 매수 신청 기간 연장」(1992. 5. 27), 「국유재산 매수 신청 당부」(1992. 8. 13), 「국유재산 매수 신청 촉구」(1992. 10. 29), 「자활정착 국유재산 매수 신청 집중 독려」(1992. 11. 9), 「인지면, 자활정착 국유재산 매각 결과 보고」(1992. 12. 23), 위의 철.

89 서산군 재무과, 「모월 지구 자활정착사업지 주민 동향 보고」(1992. 2. 7), 위의 철.

90 홍을표(서산시 회계과장), 「서산 양대·모월 지구 농지 원활한 매각을 기원하며」, 『충청투데이』 2012. 10. 8.

획」에 불하 대상자로 예정되어 있던 자들 또는 그들의 상속자에게는 개량비 인정 없이 장기 분할 상환 방식으로 불하할 것을 권고했다.[91] 2013년 정부는 278명에게 865필지, 243만 2천여m²의 토지를 연리 2.1% 20년 분납 조건 등으로 매각하기로 결정했다.[92]

2012년에 만난 정영철은 농지가 관광 도로에 편입되는 과정에서 등기가 되어 있지 않기 때문에 보상을 받지 못하게 된 상황을 토로했다. 당시는 매수에 관한 사항이 논의되던 때였기 때문에 무상 대부나 혜택이 있기를 기대하고 있었으나 결과적으로 간척·입주 시기와 관계없이 동일한 조건의 유상 매수가 결정되고 말았다.

내가 억울하게 이렇게 끌려와서 개척했을 때부터 지금 나는 무정부에서 사는 거나 똑같다. 나는 솔직히 얘기해서 정부에서 나한테 순전히 피해만 줬지, 정부가 나한테 도와준 건 하나도 없다. 강제로 잡아다가 그 땅을 개간할 때 당신들이 어떻게 개간을 했는지 알기는 아냐고, 굶어가면서 거기서 맞아 죽어 가면서 배고파서 다 그 땅 다 팔고 가고 그래도 끝까지 내가 지키고 살았는데, 그나마도 등기도 없는 놈의 땅을, 또 거기다가 더 뺏어간다니, 거 말이 안 된다, 그건 법도 아니라고, 나는 정부 법 없는 줄 안다고 그 도지사가 그 주위 사람들한테 시행사한테 무슨 법이 없냐니까 시행사도 없대. 도의원한테 부탁해서 [안희정 도지사를] 만났는데 거기서 어떻게 하든간에 피해가 덜 가게, 그리고 자기들도 그걸 한번 법률적으로 한번 찾아보겠다, 맨 처음에는 그러더라고 그런데 법률적으로

---

91 국민권익위원회, 『국유지 무상 불하 또는 저리 장기 분할 상환 방식 불하 요구 등』(민원표시 2BA-1011-044628), 2011. 8.

92 「권익위, 서산 양대·모월 지구 매각지 점검, 주민들 "개량비 인정해달라"」, 『충청투데이』 2013. 1. 25.

찾아봐도 이제는 없다, 무슨 우리가 자기들이 이 땅을 보상을 해주면, 그게 만약에 보상을 해줬다고 하면 그게 곧 법이 된다나. 나중에 또 그런 일이 있으면 그 사람들한테 또 그렇게 해줘야 되기 때문에 전국적으로 그런 게 얼마나 많겠냐고 설득력 있게 얘기는 하더라고 하- 나도 그게 맞겠다 하면서도 자꾸 억울한 거여. 자꾸 억울한 거여. 그게 자다가도 그 생각만 하면 벌떡 일어나진다니까. 그래서 우선 우리가 그 땅 들어가는 것보다도 우선 등기가 먼저 나야 되는 거라. 우리가 딱 생각할 때 빨리 등기가 나게 그 법을 지금 추진하고 있더라고 그 등기가 나면, 근데 우리들 [개척단] 1기생들한테는 얼마나 무슨 혜택을 줄지 모르지. 그때 좀 싸게 해줄런지, 그냥 무상으로 해줘야 되는데, 지금 그걸 몰라.[93]

2013년 서산에서 개척단이 개간한 토지의 유상매수가 결정되었지만 2017년부터 개척단에서의 인권 유린이 정치·사회적 이슈가 되었다. 『한겨레』, AP통신이 보도하고, 서산 출신 작가의 집필로 연극 〈언덕을 오르는 마삼식을 누가 죽였나〉가 공연되었다. 2018년에는 사회적 관심이 폭발하는 전기가 있었는데, SBS 〈그것이 알고 싶다―'인간 재생 공장'의 비극, 대한청소년개척단을 아십니까〉가 방영된 것이었다. 이어서 이조훈 감독의 다큐멘터리 영화 〈서산개척단〉이 개봉하고 피해자들이 적극적으로 나서기 시작했다. 당시 청와대 국민청원 게시판에는 진상규명, 책임자 및 관련자 처벌 촉구, 피해 보상 요청, 교육 확대 등을 요구하는 관련 청원이 수십 건을 넘어서는 등 사회적 공분을 자아냈다. 이때부터 개척단 피해자들과 주민들은 '서산개척단진상규명대책위원회'(회장 정영철)를 결성하고 국회와 청와대에서

---

93 OH_012_006_정영철_006.

기자회견을 하는 등 본격적인 활동을 시작했다.[94]

2019년 이후에는 각 기관에서 자활정착사업의 현황과 개척단 피해를 규명하는 연구·조사가 이루어졌다. 한국형사법무정책연구원 연구에서 나는 서산과 장흥의 사례뿐만 아니라 전국적으로 있었던 자활정착사업과 그 피해를 국가가 조사해야 한다고 강조했다.[95] 국가인권위원회와 서산시는 개척단 피해자와 피해 상황 실태 조사를 진행했다. 여기서는 개척단 피해자 26명과 1966년 9월 이후 이주한 주민 3명의 면접 설문조사가 이루어졌다. 그 결과 개척단 입소 경위, 입소 후 생활, 해소 후 상황 등 구체적인 피해 사실이 드러났고, 이를 근거로 '자활근로사업 피해 사건 진상규명 등에 관한 법률안'을 제안했다.[96] 2021년 제2기 진실화해를 위한 과거사 정리위원회가 조사를 개시하면서 주요 사건에 서산개척단이 포함되어 현재 조사가 진행 중이다.

1960년대 중반 이후 정착사업의 결과로 농지가 조성되자 사업 당시 명확히 하지 않았던 농지 소유권 문제가 대두되었다. 월남민이 조직적으로 정부에 문제 해결을 요구했으나 기존의 소유권이 우선시되었다. 평택에서는 농지가 조성된 후 사업 당시 관여하지 않았던 소유권자가 하천 매립지의 소유권을 주장했다. 매립한 토지가 사유지인지, 바다(공유수면)인지를 둘러싸고 오랜 법적 다툼이 있었으나 농민들은 패소했고, 결과적으로 해당 지역에

---

94 김아람, 「1960년대 개척단의 농지 조성과 갈등 구조」, 『사학연구』 131, 2018, 324쪽.

95 김아람, 「제6장 자활정착사업과 노역 동원」, 유진·강석구·박경규·김아람, 『국가폭력 연구—노역 동원을 중심으로 (I) 1960년대 초법적 보안 처분과 국토건설사업』, 한국형사정책연구원, 2019.

96 국가인권위원회·한신대학교 산학협력단, 『서산개척단 사건 실태 파악 및 피해자 구제 방안 마련 연구』, 2019; 서산시, 『서산개척단 사건 피해 상황 실태 조사』, 2019.

미군 기지가 이전하게 되며 이주가 결정되었다. 서산에서는 개척단원이 초기에 간척한 뒤 지역민이 점차 유입되었다. 사업장의 관리권은 서산군으로 이관되었으나 정부의 행정 부재, 개간자에게 우선 분배한다는 법제의 시행령 미비로 인해 과거 개척단원의 노동 대가가 반영되지 않은 채 정부의 유상 매수가 결정되었다.

정착민은 오랫동안 사학재단, 정부 등 자본과 권력을 상대로 법적 다툼을 해왔다. 결과적으로 정착민의 요구는 받아들여지지 못했다. 이들은 정부의 권유와 강제동원으로 사업장에서 농지를 조성하고 농촌에 정착하여 사업의 목적을 달성했지만, 정부는 불확실한 사업 사전조사와 무능력한 행정으로 정착민을 고립시켰다. 소유권 분쟁이 지속되었던 사업장은 생산성이 높은 공간을 창출했지만 그 과정의 노동은 배제되는 경제적 경계를 형성했다. 이 경계는 정착민이 스스로의 주장을 내세우게 하는 동력이기도 했으나 좌절을 반복하게 하는 원인이기도 했다.

3장
정착·이주의 현실과 사회적 경계

정착사업으로 마을이 조성된 당시부터 현재까지 정착해서 살고 있는 사람들보다 이주한 사람들이 훨씬 더 많다. 사업 시점으로부터 길게는 60여 년이 지났고, 공업화에 치중한 개발로 인해 이농이 촉진되었다. 그럼에도 정착사업이 시작될 때부터 현재까지 정착하여 살고 있는 사람들도 있다. 난민의 정착과 이주에는 앞서 살펴본 농지 소유권 등 경제적 조건뿐만 아니라 사업장 내외부에서 형성하는 관계가 영향을 미쳤다. 특히 복귀하지 못하는 난민 등 새로운 사람들이 유입되어 조성한 사업장은 마을, 지역 단위에서 기존의 질서나 지역민과 관계를 형성했다. 난민은 여기서 차이와 경계를 실감했다. 이러한 사회적 경계는 어떻게 변화하였을까.

1. 재이주의 배경과 농촌 정착의 한계

정착사업 과정에서, 혹은 그 이후 사업장을 떠나게 된 배경으로는 사업의 방식과 미래에 대한 전망이 복합적으로 작용했다. 감시와 통제하에 있던 개척단에서 대부분의 사람들은 사업장을 벗어나고자 했다. 서산의 대한청소년개척단에서는 단원들이 스스로 저항하며 사업장을 이탈했다. 사업장에서 최소한의 인간적인 대우도 받지 못했던 일반 단원들은 간부에게 반발하게 되었다. 개척단 조직 내 계급 또한 내부에서 형성된 것이었으므로 다수가 동조하면 전복이 가능한 구조이기도 했다.

간부들이 허연 쌀밥에다가 콩을 섞은 게 상해서 개밥으로 내놨는데, 어떤 놈이 얼마나 배고팠던지 그 개밥을 퍼먹어버렸어. 그래서 또 기합을 받는거. 그 바람에 더 일찍 스트라이크가 일어난 거야. 내가 맞아 죽는 한이 있더라도 이야기를 해야 되겠더라고 "중대장님, 이건 솔직히 팰 일이 아니다, 기합을 줄 일이 아니다" 말했지. 그래서 중대장이 "느 소대냐?", "아니 우리 소대는 아닌데 얼마나 배고팠으면 그러겠소" 사실 우리 간부들도 배고픈데 이 사람들은 얼마나 배고프냐. 나도 말단 간부지만 그래도 소대장 아니냐. 그런 내가 배고픈데 딴 사람들은 얼마나 배고프겠냐고 "그러니 좀 봐주쇼" 말했지. 소대장들은 친구들이기도 했는데 다 같이 도비산에 모여서 "야, 이거 우리가 맨날 이렇게 사냐? 느그 중대장들 중에 한두 사람만 끼어도 되는데, 이거 들고 엎어버리자." 즉 말하자면 쿠데타지 뭐. 그런데 양○○라는 친구가 1기생인데 정말 독불장군, 아주 골통이여. 걔한테 중대장 꾀어내서 스트라이크에 동조하게 하자고 했지. 내가 앞장을 서야 되겠다는 생각을 하고 있는데, 어느 날 조회에서 "정영철이 나와!" 하더라고 내가 불려 나가니께 뒤의 애들도 마음의 준비를 하고 있었던 거지. "도와!" 하면서 스트라이크가 일어난 거야. 중대장이 "느그들 쿠데타냐?" 하면서 사무용 철판을 던졌는데 옆으로 비켜가면서 좀 찢어져서 피가 철렁 났어. 그래서 애들이 와 하며 일어난 거야. 죽기 아니면 살기로 덤비자 하고 우리는 "오늘서부터 우리는 자유여. 어떤 놈이 건들면 죽어" 하니까 간부들 목소리가 다 묻혀버리는 거여. 말단

대원들은 다 우리 편이고 그러고선 중대로 다 들어왔어. 그날은 일도 안 했지.[97]

사건을 주도한 정영철은 이 사건을 1963년으로 기억하고 있는데, 정치적 민주화 이후에 사건을 '민주화'라고 명명하며 의미를 부여했다. 이 '민주화'로 구호반이 폐지되었다는 점에서 큰 의미를 지닌 사건임은 분명하다. 감시가 사라지자 많은 단원들은 사업장을 떠났다고 한다. 이전과 같은 통제가 사라지자 농지 분배가 계획되어 있었음에도 단원들이 사업장에 남지 않았던 것은 그간 개척단 생활에 대한 거부감이 컸음을 반증한다.

> 우선 구호반을 철수시키라고 했어. 구호반들도 다 우리 편이니께 "철수해라, 오늘부터 절대 근무 서지 마라" 하고서 하룻저녁 자고 나니까 막사가 텅텅 비었어. 구호반이 없으니께 다 밖으로 가버렸어. 우리 중대가 56명 있었는데, 하룻저녁에 23명 남고 다 가버렸어. 내가 남은 사람들한테 "느그들 그냥 가면 억울하지 않나. 농지 분배 이거 해준다니까, 농지 분배 받자. 집에 가도 할 일이 없으니까 제발 가지 마라." 그런데도 소용없어. 다 가고 간부들만 다 남았어. 간부들도 인심 잃은 사람들은 다 떠났고 대원들 때리거나 해서 인심 잃은 사람들은 안 떠났으면 맞아 죽지.[98]

장흥에서는 개척단원도 동일하게 농지 분배를 받았다. 그러나 대부분의 단원들은 사업장을 떠났다. 4필지(2400평)를 받았던 반장 출신 김이곤도 사업장을 떠났다. 언제 농사가 될지 모르겠다는 판단으로, 그 사이의 농사 실패

---

97 OH_012_006_정영철_006.

98 OH_012_006_정영철_006.

를 감당하지 않기 위해 헐값에 토지를 팔고 나간 사람이 많았다. 김이곤은 지역 유지들과도 원만한 관계를 유지했으나 학력이 부족하여 정착을 하지 않았던 이유도 있었다.

면담자 : 단 해체하고 다른 분들은 다 어디로 가셨어요?

구술자 : 다 각자 그냥 어디로 간지를 몰라버리죠. 뿔뿔이 다 가고 싶은 데로 가버리고 정히 갈 데가 없는 분들은 그거서 정착해갖고 몇 분이 있을 거예요. 엊그저께도 돌아가시고, 저 장한도 들어가는디 두 분인가 계시고 요짝에 그 대밭 있는디 가서 그 한 세 분인가 지금 한, 네 분인가 거기 계시고 그러고 지금 현재 그 [고마] 3구에 가서 두 분도 계시고

면담자 : 농사가 땅 메우고 얼마나 있어야 싹이 나던가요?

구술자 : 한 4년, 한 5년 되니까 조금 될까대나(될까말까 하다) 대요. 그때 당시에는 인제 사람이 먹고살 수 있는 정도는 나오더라구요. 그 안에 배급은 끊어져 버렸응게 뿔뿔이 다 사라져버렸죠. 그리 안 했으믄 몰라, 그 그렇게 뿔뿔이 다 그렇게 갈라져 갔겠습니까? 그기에서 정착해서 지금까지 살고 계신 양반들을 본다고 하면은 구사일생이라고 살고 계실 거예요. 나 같은 사람은 원래 그 장흥, 손○○ 씨 허고 길○○ 씨 허고 나를 업고 한두어 번 춤을 추고 그랬어요. 아까운 너를 어쩔 것이냐. 그러고 길○○ 씨가 하는 말씀이 뭐라고 하냐면은 니가 책가방이 너무 잘랐다(짧다), 책가방이 없다, 책가방만 조금, 중학교만 나왔더라도 내가 너는 내가 데리고 댕겼다마는. 왜, 모든 것으로 봐서 내뿔(모자랄) 것이 한나도 없다. 나 보고 그러대요.[99]

---

99 OH_13_007_김이곤_006.

이처럼 단원들이 토지를 받았음에도 정착하지 않거나 정착할 수 없었던 이유를 보다 다층적으로 고려해야 한다. 단원 출신으로 반장을 맡았던 사람이나 사업장 간부는 사업장에서 단원이 '노예'였다고 했다. 현장에 온 것부터 자의가 아니었고, 정부가 과거에 범죄 전력이 있거나, 범죄를 저지를 우려가 있다고 보거나, 수용 시설에 두는 것보다 낫다고 판단한 사람들을 도시로부터 격리하여 개발이 필요한 곳에 배치한 것이었다. 이들은 관리하고 통제해서 사업에 활용해야 할 수단이었다. 노동의 효율이 떨어질 때는 구타가 일상적이었고, 맞아 죽어도 "인원 차출 보고만 띄우면 되는 일"이었다. 사고로 사망한 경우에도 "논이나 밭에다, 산에다 묻으면" 그만이었다.[100]

삼산리에서는 불복종하는 단원을 때려죽인 후 사체를 유기한 혐의와 상해치사 혐의로 자활단 단장과 지도계장 및 지도원을 구속한 일이 있었다. 이웃마을 주민들과 단원들이 시비가 붙어서 단원이 경찰서에 잡혀 왔을 때 폭로한 것이었다.[101] 정부와 사회가 이들에게 외쳤던 자활, 갱생과 같은 구호들은 노예 생활을 통해 새 인간으로 거듭나라는 요구였다. 사업장이 준공되어 무임금으로 노역하던 열악한 생활에서 벗어날 수 있게 되었을 때 이들은 '단원 출신'이라는 낙인에서도 벗어나고자 했을지 모른다.

단원들은 공권력에 저항하기도 했다. 남겨진 문헌 기록은 없지만 삼산에서 단원들이 "파출소를 버스로 들이받고" 다른 지구의 단원들도 함께 일어나서 "장흥군이 난리"가 났었다. "전라도 경찰이 거의 다 모였다"는 것은 과장이겠으나 경찰이 총을 쏘고 진압하려 하자 단원들은 돌멩이를 던지고 나무를 들며 싸웠고, 여럿이 잡혀 들어갔다는 것은 일리가 있다. 그 사건 후

---

100 OH_13_007_김이곤_006.

101 「단원을 타살」, 『동아일보』, 1963.10.26; OH_13_007_오택성_006.

경찰은 단원들을 모아놓고 요구 사항을 들어주겠다며 집단이 아닌 한 사람씩 불러들여 회유했다. 경험자는 "폭동을 진압하기 위해 그런 수법을 썼다"고 기억했다.[102]

사업장에서 단원들은 간부 및 종업원과 분리되어 있었고, 일상을 공유하지도 않았다. 마을의 현지인들은 단원들을 평범한 사람과 다르다고 생각했다.[103] 마을 청년들과 단원들 사이의 다툼도 잦았다. 어느 때는 단원이 마을을 지나가다 청년들에게 맞고 들어오면 단원들이 한꺼번에 마을에 몰려가서 "집구석을 막 때려 부수고 난리가 났다." 단원들은 겨울 방한복과 여름옷이 정해져 있었다. 청년들을 "혼내고" 난 뒤에는 노란 여름옷을 입으면 주변에서 "건드리지 못했다"고 한다. 단원들은 현지인들에 비해 연령이 낮은 편이었고, 거의 대부분은 미혼이었다. 부모 형제는 고향에 있거나 전쟁으로 이산했거나 고아가 된 사람들이 많았다.

정부와 운영진이 합동결혼까지 추진하며 개척단의 정착을 의도했지만 결과는 부정적이었다. 개척단은 강제로 사업에 동원되었기 때문에 연고가 있다면 이탈할 가능성이 충분했다. 대관령 사업장에서는 취재 기자를 통해 고향의 부모에게 연락을 취해달라는 사람도 있었다. "[사업장에서] 배고프지 않지만 집에 가서 부모 밑에서 살고 싶다"는 단원의 심정으로 보아도 개척단의 강요된 정착은 성공을 기대하기 어려웠다.[104] 이들은 국토를 개발하는 산업 전사, 재건의 일꾼으로 홍보되었으나 일체의 자유를 박탈당했다.

---

102 OH_13_007_김이곤_006.

103 OH_13_007_이정순_006; OH_13_007_오옥선_006; OH_13_007_이주태_006; OH_13_007_오택성_006; OH_13_007_이성남_006.

104 「새땅 새집 그리고 새살림, 서산 땅에 오명 묻은 청소년개척단원들의 회와 비」,『조선일보』 1963. 7. 24.

원하지 않은 합동결혼은 부부 관계를 지속시키기 어려웠다. 외출이 가능했던 여성들은 그때를 기회로 사업장을 떠나기도 했다.

> 대외적으론 다 누구하고 결혼해라 누구하고 결혼해라, 몇 번 만나보고 이렇게 하라고 얘기했어. 그런데 마음에 드는 사람이 어디 있고, 마음에 안 드는 사람이 어디 있겠어. 그때는 뭐 배고파 죽겠는데 무슨 여자 생각이고 남자 생각이여. 여자는 무조건 시집가면은 도망갈 수 있느냐 생각만 했어. 재수 좋은 여자들은 간부들한테 시집가면 다문(다만) 밖에라도 잠깐 휴가증 끊어서 나갔다 올 수 있었어. 그런 식으로다가 결혼을 하고 보니께 한 1년도 못돼서 [여자들이] 거의 없어진 거야. 다 나가버렸어. 다 홀애비 됐지.[105]

서울시가 1963~1964년에 합동결혼을 주선했던 부부 350쌍 가운데 45쌍(13%)이 결혼에 실패하였고, 130여 쌍(40%) 이상이 "부부 생활에 불안도가 짙다"고 대답하여 결국 정착을 위한 합동결혼 역시 안정적인 가족 구성에 한계를 지니고 있었다.[106]

한편, 강제로 정착사업에 동원된 단원과 다르게 자발적으로 귀농정착사업에 참여한 귀농민도 결과적으로는 사업장에 정착하지 않았다. 귀농정착사업장과 자활단 사업장은 내륙 개간지와 해안 매립지로 형태가 달랐지만 실질적인 영농을 위한 조건이 좋지 않은 것은 마찬가지였다. 귀농정착사업

---

105 OH_012_006_정영철_006. 물론 합동결혼한 부부가 모두 헤어진 것은 아니다. 지금도 가족을 유지하는 경우도 있고, 어느 피해자의 경우 강제결혼이 아니었다고도 했다. 국가인권위원회, 『서산개척단 사건 실태 파악 및 피해자 구제방안 마련 연구』, 2019, 64~66쪽.

106 「윤락 여성과 부랑아 합동결혼식 그 뒤, 350쌍 중 45쌍이 완전 파경, 40%는 불안 상태」, 『조선일보』 1966. 10. 5.

장의 귀농민은 부채를 감당하면서 상환과 생계 유지를 동시에 부담해야 했다. 긴급 실업 대책이자 국토건설사업으로 실시된 귀농정착사업은 1회로 중단되었다.

정착 희망자가 증가하고 있다며 사업을 재개해야 한다는 여론이 보고되기도 했으나 정부는 재정 면에서 다액의 자금이 소요된 점(매 세대당 평균 125,170원) 등을 이유로 사업을 중단했다. 귀농정착사업을 지양하고 개간촉진법에 의거하여 현지 영세 농가에게 개간 영농하게 하는 것이 효과적이라며, 실업 문제도 타 부서에서 취급해야 한다고 정리했다.[107] 사업이 계속되지 않았던 것은 계획 대비 성과가 부진하다고 판단되었기 때문이었다. 이는 사업 기획 단계부터 분배까지 전 과정에서 발생한 여러 문제들로 인한 것이었다.

우선 5·16 군정은 사업을 졸속으로 추진했다. 1961년 6월 22일에 실업자를 지방에 보낸다고 밝히고 7월 16일에는 박정희가 당면 경제 시책으로 귀농정책을 발표했으며, 이틀 후 사업의 구체적인 내용까지 발표되었다. 23일에는 사업 담당 기관이 정해지고 8월 2일에는 추경 예산에 사업 자금을 포함시킨다는 결정이 내려졌다. 희망자 모집도 동시에 이루어져서 7월 23일 공고 후 8월 7일에 선정하여 21~25일에 현지에 보냈다. 사업 기획부터 시행까지 한 달이 조금 넘는 기간이었다. 장기적인 계획이 없었을 뿐만 아니라 시범사업도 이루어지지 않았다.[108]

대상 정착지 선정도 문제의 소지를 안고 있었다. 정부와 도 당국이 사업에 적합한 토지를 결정했다. 전남 영광은 농림부 기술반과 대한수리조합연

---

107 농림부, 「농지정착사업에 대하여」(1962. 2. 22); 농림부 개간간척과, 「귀농정착사업 실시 상황 보고」, 농림수산부 농어촌개발국 조성과, 『귀농정착관계철』, 1962(국가기록원 BA0132517).

108 이 책 3부 1장 참고; 권철현, 앞의 논문, 100~101쪽.

합회 전남 지부에서 결정했다.[109] 경남 양산에서는 농림부가 평야가 없는 곳 중에서 조사했고, 동, 리, 면별로 추진위원회를 구성했다. 문제는 사유지 확보였는데, 정부가 강권으로 시세의 절반 가격에 매입했다.[110] 〈표 4-3〉의 서산 고북면에서 개간이 완료된 후에도 정부 매수가 되지 않았던 것으로 보아 사업장으로 선정된 지주는 부당함을 감수해야 했다. 이 점은 현지 주민과 귀농민의 관계에도 부정적인 영향을 미칠 수 있었다.

또한 분배 경작하기로 한 토지 면적은 6천 평으로 확정되어 있었으나 측량이 정확하지 않아서 구획이 일정하지 않았다. 추후 등기이전을 위해서는 재측량이 필요했다. 귀농민이 정착할 지역은 필지를 2정보씩 나누어두고 각자의 개간지를 추첨으로 정하게 되어 있었다. 고로면에서는 95세대가 A~D구역으로 분할된 임야 190정보를 개간하게 되어 있었고, 산내면에서는 50세대가 100정보를 A~C구역으로 분할하여 개간을 시작했다. 토질에 따라 개간 가능성과 생산성, 노동 강도가 달랐으나 결정된 것은 자신의 운이라고 생각하며 순응했다.

사업장의 위치와 환경은 험악했다. 공통적으로 개간되지 않은 황무지였고, 고도가 높은 산지의 사업장의 경우 접근이 매우 어려웠다. 경북 군위군 고로면 사업장은 평균 600m 이상의 고산 지대로 현재도 차량으로 평지에서 6km를 올라가야 한다. 인근에 화산산성과 육군3사관학교 화산유격장이 있으나 화북4리 마을로 들어가는 대중교통편은 없다. 고랭지 채소 재배를 주업으로 하는데, 밭을 사이에 두고 집들이 멀게는 1km 이상 흩어져 있어서

---

109 충청북도 진천군, 「귀농정착사업 계획 및 실적」; 전라남도 영광군, 「귀농정착사업 현황」, 충남 서산시 건설도시국 건설과, 『귀농정착』, 1961(국가기록원 BA0057750).

110 권철현, 앞의 논문, 86쪽.

마을회관도 도보로 이동하기가 쉽지 않다. 개간이 진행될 때도 남성들이 사업장에 올라가서 작업을 하고 다른 가족들은 아랫마을에 머물렀다. 사업장에 처음 도착했을 당시에는 거처가 없어서 원 거주민의 주택 남은 방에 들어가거나 천막 생활부터 시작했다.

〈군위군 고로면 화북리〉

만약에 가정집이 방이 두 개 있잖아. 면에서 방 하나만 얻어주는 거야. 가을 추수를 하면 촌에도 방이 하나고 둘이고 그렇잖아. 이 집에서도 추수를 해야 되는데 왜 안 비켜주느냐 이거라. 막 면서기가 와서 지랄하더라고 이제 여기 올라가라 이기라. 내가, 당신은 부모도 없고 자식도 없나, 우예 어린 것들을 데리고 어디 삼만리에 집도들도 없는 데다 가라 하느냐고 내가 얼마나 퍼부어 제꼈다고 (웃음) (⋯) 막깡(모두) 뭐 이렇게 돼지집매로 천막 쳐놓고 있는 사람도 있고 우리는 그래도 할바이가 참 워낙 면서고 말이라도 하니께, 더러 천막을 하나 얻어 가이고, 두 집에서 같이 살았어. 두 집에서 살림을 복판에 쳐놓고, 사람 댕기는 데 저래 놓고, 누우면 서로가 안 보이고 앉으면 둘이 얘기할 수도 있고 한 천막 속에, 새댁이하고 살았다카이.[111]

〈월성군 산내면 대현리〉[112]

길이 겨우 나 있었어. 들어와가 동곡이라고 하는 데서 내려가지고, 한 집에 방이 예를 들어서 두 개 세 개 있든지 이러면 하나 비어 있는 집은 이제 해당이

---

111   OH_14_006_서선열_006.

112   현 경주시 산내면 대현3리.

되는 거라. 한 집에 들어가서 이제 우리가 기거를 하게 돼 있어.[113]

  정부는 사업 완료 시기를 입주 당해로 설정했다. 8월 말에 입주한 후 11월 말까지 6천 평 개간 완료와 주택 완성을 지시했다. 12월 초에 평균 82%가 개간 완료되었고 96%가 주택을 건립하는 성과를 올렸다. 중앙정부에서 당국에 영농 자금을 분여했고, 사업장별로 종자와 비료가 배정되었다. 임금으로도 평당 40원의 현물이 지급되었는데, 이는 개간비, 주택 건립비, 다음 해 농사 경비가 포함된 것이었다. 그러나 정부가 제시한 당해의 목표를 달성하기 위해서는 세대당 2~3명의 노동으로는 무리였다. 이에 귀농민이 제공된 임금으로 외지의 인부를 고용하는 일도 발생했다.[114]

  초기 운영비 부족은 사업의 가장 핵심적인 문제점이었다. 부족한 비용은 지역과 사업장 단위에서 자체적으로 충당하기도 했다. 입주 초기에 먹을거리를 마을의 협조로 제공 받았고, 양곡과 광목이 개간 실적에 따라 배급되었다.

  그래가 막, 옹께 뭐 주냐 카마 배추 깔린 거, 또 이제 호박 한 쪼가리, 된장, 간장, 오만 걸 다 가따운(가까운) 데서 여기 멕여 살린다고 애먹었지. 밑의 마을에서 면서기들이 댕기미 얻어가지고 주는 거고 우리가 뭐 아무것도 없으니까 채소도 누구 밭에 가가이고 좀 돌라카면, 그때만 해도 채소도 귀했거든. 깔려가지고도 주고, 뽑아주는 사람도 있고, 호박도 한 덩거리 못 주니까 반 쪼개가지고도 주고 그랬더라 하니끼네. (…) 면에서 개간하는 대로 한 일주일에 한 번쓱 와서 개간비

---

113 OH_14_006_최태현_006.

114 권철현, 앞의 논문, 87쪽.

를 재여. 이제 얼마 했는거, 그거 개간비를 해가지고 뭐 주냐 하면 밀가루, 또 쌀
도 좀 주긴 줬지. 또 저 광목.[115]

하루에 예를 들어서 내가 100평을 개간하는 거야, 손수 괭이를 가지고 개간
을 해가 밭을 일구면은 보리쌀을 평수대로 주는 거라. 일 한 것만큼 주는 거예요.
그러니까 이제 거기 맨날 가가지고 개간을 해야 보리쌀을 받는 거라.[116]

초기에 양곡 및 비료 등 물자가 부족하자 귀농민은 당장의 생계에 지장
이 생겼고, 이는 부채로 이어졌다. 결과적으로 성공했다는 평가를 받은 사
업장의 면 직원도 귀농민이 정착하자마자 빚을 지게 된다고 지적했다. 귀농
민은 무일푼이고, 땅은 황무지이기 때문에 경작을 위해서는 비료 소비가 더
크기 때문이었다. 처음 제공된 영농 자금으로 첫해 농사와 축산을 했다가
실패하면 부채는 더 늘어날 수밖에 없었다. 상환 능력이 없는 상태에서 대
여 양곡과 외상 비료를 얻을 수 없는 악순환이 계속되었던 것이다. 당해 수
확이 없는 귀농민은 사방 공사에서 노동하여 연명한 사례도 발견된다.[117]
　1965년의 귀농정착사업장 현황(〈표 4-3〉)에 따르면 군위, 동래, 청원에서
는 대여 양곡 상환을 못하는 등 부채로 인해 귀농민의 생활이 안정되지 못
했으므로 융자 등 정부의 대책이 필요하다고 요구했다. 청원군 북일면 사업
장에서는 20세대의 배정지가 담배 재배 적합지로 확정되어 경작했으나 시
설 등 지출이 소득을 초과하여 정부 공채와 사채를 변제하지 못했다. 3년 이

115　OH_14_006_서선열_006.

116　OH_14_006_최태현_006.

117　권철현, 앞의 논문, 98쪽; 「새 땅의 개척자 귀농정착민」, 『경향신문』 1963. 6. 19.

내에 상환할 수도 없는 실정이었다. 도 당국은 1964년부터 채무 청산에 들어갔기 때문에 3년이 경과한 후 등기이전이 되어야 한다는 입장이었다. 3년 이내에 분배할 경우 매도할 우려가 있고, 당초 의도한 정착사업이 되지 않는다는 것이었다. 정착민의 재량권을 당분간 군에 귀속시키더라도 이농 방지에 주력해야 한다는 주장이었다. 가족 수가 증가하는 것에 비하여 일반 농작물로는 생계 유지가 어려우므로 담배나 과수원 등 특용작물에 주력해야 함을 지적했지만 특용작물 재배를 위한 시설은 귀농민의 부채로 충당했다.[118]

귀농민이 개간과 영농 경험이 부족하다는 점도 사업을 어렵게 했다.[119] 농촌 출신이라 하더라도 도시에서 생활하던 사람들이었기 때문에 농사를 위한 교육과 훈련이 필요했지만, 개간 일정은 촉박하고 제도는 구비되지 않았다. 정부는 사업장에 감독 책임자, 지역사회개발 지도원을 둔다고 했으나 구체적인 활동 내용이 정해져 있지 않았고, 군면 단위에서 자체적으로 운영했기 때문에 책임이 따르지 않았다.

> 정부에서 보낸 개척 요원이 왔다는 말만 들었지 얼굴 한 번 본 적도 없고 이
> 마을에 한 번 다녀간 적도 없다. 들리는 말에 의하면 군청이나 면사무소나 드나
> 들고 술집에서 산다고 하는 말을 들었다.[120]

---

118 충청북도지사, 「귀농정착사업장 실태 조사서」(1965. 9. 15), 농림수산부 농어촌개발국 조성과, 『귀농정착사업장실태 조서』, 1965(국가기록원 BA0132529).

119 농림부, 「농지정착사업에 대하여」(1962. 2. 22). 『귀농정착관계철』(국가기록원 BA0132517).

120 1973년 10월 16일 권철현 면담; 이명춘 구술(당시 양산군 웅상면 신명 부락 거주); 권철현, 앞의 논문, 89쪽.

개간과 영농에서 기후 조건은 극복하기 어려운 문제였다. 고로면과 같은 산지의 사업장은 추위가 문제였다. 강원도 양양군 토성면 사업장은 입주 후 5년간 매년 풍수해를 당하여 수확이 일정하지 않았다.[121] 전남 영광군 백수면에서는 조수의 만조, 폭풍, 지질로 한 달에 10여 일밖에 개간 작업을 하지 못했다. 월동 대책과 생계가 불안정했고 개간 작업이 완료된다고 해도 토지에 염분이 완전히 제거되어 농토로 활용하기까지 약 8년이 경과해야 하는 실정이었다.[122]

이러한 여러 제약에도 불구하고 개간은 사업 계획대로 이루어졌다. 1961년 8월부터 입주가 시작된 후 1965년 6월에는 농림부에 사업 목적이 달성되었다고 확인되었고, 소유권 등기이전이 필요하다고 보고되었다.[123] 1965년에 정부는 각 사업장 실태 조사를 지시했다. 8~11월에 걸쳐 조사가 실시되었다. 사업장의 현황을 정리하면 〈표 4-3〉과 같다.[124]

사업장 정착민의 동태를 파악한 결과, 대부분 영농에 충실하다고 했으나 4개 사업장에서 총 72세대가 이농한 것으로 보고되었다. 이는 귀농정착사업에 참여한 전체 1,228세대 중 약 6%에 해당하여 큰 비중을 차지하지는 않는다. 그러나 다른 지역에서는 이농 세대를 아예 보고하지 않았다. 서산 사업장을 보면, 이농한 세대 수만큼 또는 그 이상으로 현지인이 새롭게 사

---

121 강원도지사, 「귀농정착사업장 실태 조사」(1965. 9. 17), 농림수산부 농어촌개발국 조성과, 『귀농정착사업장 실태 조서』, 1965(국가기록원 BA0132529).

122 중앙정보부장, 「귀농정착민 실태 통보」(1962. 1. 6), 농림수산부 농어촌개발국 조성과, 『귀농 관계철』(국가기록원 BA0132517).

123 농림부장관, 「귀농정착지 농토 등기에 대한 질의」, 농림수산부 농어촌개발국 조성과, 『귀농정착사업장 실태 조서』, 1965(국가기록원 BA0132529).

124 농림수산부 농어촌개발국 조성과, 『귀농정착사업장 실태 조서』, 1965(국가기록원 BA0132529).

<h2>〈표 4-3〉 귀농정착사업장 현황(1965)</h2>

도	군	사업장	토지 분배에 대한 의견	배정 세대	이농 세대	비고
충남	서산	태안면	- 현 정착민 경작 면적 위주로 분할 측량하여 분배함이 사업 종결할 수 있을 것임	28	13	현 정착 31세대 (현지에서 입주)
		고북면	- 매수되지 않은 면적(7,697평)을 매수한 후 분배되어야 함	84	31	현 정착 84세대 (현지에서 입주)
	예산	삽교면 고덕면 신암면 오가면	- 현 정착민은 비교적 영농에 충실, 생활 기반이 어느 정도 돼 있으나 여러 명이 영농에 전연 경험이 없어 이농할 가능성이 엿보임. - 현재 가분배 분할하여 경작 중인 토지를 기준으로 면적을 재측량 균등히 분배하여 조속 등기이전 완료함이 가함			
전북	부안	보안면	- 본도 자체로 이동 방지에 대한 강경한 조치를 취하여 왔는 바 앞으로 계속 이동 방지를 위하여 농지 분배가 아직은 시기상조	50	25	
경남	동래	정관면 매곡면	- 기후로 인한 흉년으로 정착민이 부채를 상환하지 못하였고 대여 양곡을 체불한 단원이 반수이므로 융자를 하여 영농 정착하도록 조치가 필요함- 토지는 개인에게 분배하면 큰 도움이 될 것	30	3	
경기	평택	송탄읍 평택읍	- 분배 면적이 고르지 못함			
		팽성면	- 무상 또는 장기 상환 요망 - 현 경계로 측량			
경북	월성	산내면	- 분할 측량을 조속히 하여 분배 면적의 정확과 이전 등기 절차에 만전을 기하기 바람			
경북	군위	고로면	- 현재 입주자가 안착 상태에 있으므로 소유권을 이전하여도 무방함 - 아직까지 생활력이 부족하여 부채로 인하여 생활 기반이 안정치 못함으로 부채 상환 방안을 정부에서 감안하여 정착민의 부담을 경감하는 대책이 필요함.			
경남	양산	동면 웅상면	- 분배가 가능함			
강원	양양	간성면	- 현재 정착하고 있는 면적을 필지별로 세부 측량하여 분배함이 요망됨			
		토성면	- 분배 측량을 조속히 하여 개인에게 불하함으로써 그 자활 의욕을 더욱 북돋아줄 수 있음으로 하루 속히 각 개인에게 불하 조치 할 것을 바람 - 현 분배된 토지를 필지별로 재측량하여 지적 정리를 하여줄 것을 바람			
충북	청원	북일면	- 현 정착민 생활 실태가 과다한 부채 및 인구에 비하여 생산 실적이 저조한 관계로 자급자족하는 실정이 못 되고 있음. 그 이유로서 첫째 생활 기반을 정부에 의존하여 닦아왔을 뿐만 아니라 귀농정착민으로서 실농에 적합한 영농책을 근년에 와서 강구하게 됨으로 정착 이후 농사에 실패를 거듭하였기 때문에 다액의 부채를 상환치 못하고 있는 것임. 현 정착민들은 모다 채무 청산과 자립하려는 생활력을 기르고 있는 실정임.			
	진천	덕산면	- 대부분이 항구적으로 정착 가능성이 있으나 일부 세대는 안착할 가능성의 희박함으로 앞으로 기회를 보아 분배함이 가하다고 사료됨.			
전남	영광	군서면 백수면	- 현재 산지 개간 및 공유수면을 매립하여 영농, 소유권 등재로 영농에 의욕이 강해질 것			

* 출전: 농림수산부 농어촌개발국 조성과, 『귀농정착사업장 실태 조서』, 1965(국가기록원 BA0132529)의 각 지역별 보고 내용을 토대로 정리함.

업장에 입주한 것을 알 수 있다. 정부 보고에 반영되지 않았으나 양산군 웅상면은 78세대 중 2년 후 절반이 이탈했다고 조사되었다.[125] 즉 총 세대수로만 보고한다면 초기 입주자가 빠지고 다른 세대가 들어와도 파악되지 않는다. 때문에 다른 지역에서도 이농이 없었다고 단정할 수 없다.

또한 예산, 태안, 진천에서는 향후에도 이농이 있을 것으로 전망했다. 예산 사업장은 정착민들이 영농에 전혀 경험이 없어서 희망을 찾기 어렵다는 점을 원인으로 보았다. 입주 초기에도 감찰위원회와 중앙정보부가 사업장을 예의주시했고, 고로면에서도 이탈을 방지하기 위한 감시가 행해졌다. 태안에서는 이농을 방지하기 위해 강력한 조치를 취하고 있었다. 이를 보아 사업장 내외부에서 귀농민을 통제하고 있었음을 알 수 있다.

정착민이 정부에 요구한 바는 무상 분배나 장기 상환을 통한 소유권 이전이었다. 입주 당시 분할된 토지는 계획대로 6천 평 내외였으나 면적이 일정하지 않아서 측량이 우선되어야 했다. 대부분의 사업장에서 현재 개간한 토지 경계를 따르되 정확하게 측량할 것을 원했다. 정착지는 군 소유 토지가 많았으나 사유지인 경우도 있었다. 북일면에서는 지주들이 불응하여 군이 이전 등기를 하지 못한 채 소송을 벌이고 있었다.

귀농정착사업으로 사업장의 개간이 가능했던 것은 입주한 귀농민이 부채를 감당하며 영농했거나 지역민이 다시 유입되었기 때문이었다. 정부는 계획이 부재하고 비용이 부족한 상태에서 귀농정착을 독려했고, 목표를 달성시키기 위해 사업장과 귀농민을 통제했다. 영농의 자연적인 제약과 사업의 제도적인 한계는 정착민이 스스로 극복할 수밖에 없었고, 개간의 책임은 귀농민에게 부가되었다. 이 과정에서 이농은 부채와 개간에 시달린 귀농민

---

125 권철현, 앞의 논문, 88쪽.

의 자연스러운 선택 중 하나였다.

　난민정착사업과 귀농정착사업 및 개척단에 참여한 사람들의 정착과 이주가 엇갈리게 된 데는 몇 가지 점들이 작용했다. 먼저 분단과 전쟁의 난항 속에서 공통된 경험이 존재하는가의 차이가 있었다. 난민은 제주도나 하동에서처럼 4·3, 여순사건 등 동일한 어려움을 겪었거나, 피난 과정을 함께했으며 외부로부터 차별을 받는 등 '난민'으로서의 지위가 삶을 규정했다. 실업자 등 도시민이나 고아·부랑아 또한 전쟁의 경험은 가지고 있었고, 이들 또한 난민과 다를 바 없는 생사의 고비와 경제적 빈곤을 경험했다. 그럼에도 정착사업장에서는 난민에 비해 공동체적인 동질감이나 결속력을 가지지는 않았다. 더구나 개척단은 가족이 없는 단신인 데다가 격리된 생활을 했기 때문에 농촌 마을에 적응하고 정착하기가 상당히 어려웠다.

　다음으로는 이주를 선택할 수 있는 조건이 달랐다. 월남한 난민은 고향에 돌아가지 못하기 때문에 남한의 어느 곳에 가더라도 새로운 정착 과정을 거쳐야 했다. 그러나 기존에 도시 생활을 경험했던 사람들은 더 낫다고 판단되는 곳으로 이주하기가 상대적으로 수월했다. 난민은 같은 난민의 연고가 있을 수 있었지만 가족 전체가 도움을 받는 것도 불가능했고, 정착사업장을 뿌리 내릴 곳으로 삼은 경우가 많았다. 사업으로 조성한 농지는 난민에게는 다시 고향을 만들 수 있는 기반이 되었던 것이다.

　끝으로 사업장 농업 환경의 영향이 있었다. 제주도가 섬이고, 법호촌이 한라산 중산간 지역이어서 접근성이 크게 떨어졌다. 군위군 고로면 화북리는 귀농정착사업장 중에서 현재까지도 접근이 어려운 곳이다. 산지는 접근성뿐만 아니라 기후 조건도 열악하기 때문에 일반적인 개간 작업만으로는 영농이 불가능했지만, 당국이나 사업 운영자의 조처는 이루어지지 않았다. 또 갯벌은 매립이 되어도 염기가 빠지기까지 시간이 오래 걸린다. 염전 역시 소득을 올리기까지의 기간이 필요하다. 그럼에도 끝내 정착하게 된 사람들은 이러한 조건들을 극복해냈거나, 지금도 부채와 빈곤에 시달리고 있다.

결과적으로, 난민으로 정착사업장에 들어와서 남은 사람들보다 떠난 사람들이 더 많았다. 또한 사업의 시작과 종료 사이에도 참여자는 유동적이었다. 난민들이 사업을 시작했던 지역에서도 사업이 진행되면서 현지나 인근의 지역민들이 결합하며 점차 참여자가 다양해지는 경향을 볼 수 있었다. 부천 이화리에서는 1961년에 수로 사업을 시작할 때 대상 711세대 중 초기에 유입된 난민보다 지역 영세민의 비중이 높았다고 한다.[126]

초기에 들어온 난민들이 떠난 이유를 살펴보면, 먼저 사업장을 임시 거주지로 삼았던 경우가 있었다. 제주도에서는 전쟁이 끝난 후 육지로 나간 사람들이 많았다. 화성 매화리에서는 1954년에 유엔군에서 행정권이 이양되면서 고향 지역이 '수복'되자 돌아간 사람들이 많았다고 한다.

사업장을 이탈하는 근본적인 원인은 정착할 만한 여건이 아니라고 판단했기 때문이었다. 제주도는 원조 물자가 없었기 때문에 사실상 사업이 시행되지 않았다. 화성, 장흥과 같은 염전과 간척지는 농지가 조성되기까지 기간이 오래 걸렸고, 원조 물자만으로는 생계 유지가 어려웠다. 매화리에서 권호원은 가족 내에서 아버지가 정착사업장에서 일하고, 아들들은 기존에 있던 염전에 가서 노동을 하거나 나무를 팔아서 가계를 유지했다고 했다. 사업장이 완공되었을 때는 60여 가구가 채 남지 않았다. "여기서 못 살겠다"고 떠난 사람들이 많았다고 한다.[127] 염전 조성 기간에 원조만으로는 생계 유지가 어려웠기 때문이다. 초기에 들어왔던 난민이 떠난 마을에는 여러 지

---

126 OH_14_006_임항섭_06.

127 OH_14_006_권호원_06.

역 출신의 다른 사람들이 들어오게 되었다.

2. 장기 정착과 사회적 경계의 극복

현재까지 사업장 마을에 정착해 살고 있는 사람들은 다양한 이주의 계기에도 불구하고 떠나지 않고 살아왔다. 이들의 정착과 삶에는 농지 소유 등의 조건 외에도 사업장 내부와 외부에서 형성한 관계가 중요한 영향을 미쳤다. 정착민이 맺은 다층의 관계에서 드러나는 인식과 경험은 사업장에서 형성된 사회적 경계가 무엇이었고, 정착민은 그것을 어떻게 극복해갔는가를 보여준다.

먼저 사업장 내부의 관계이다. 정착민 사이의 동질성과 결속력은 정착하는 데 영향을 미쳤다. 사업장에 오게 된 동기 중에는 난민이 모여서 산다는 것도 포함되어 있었다. 난민은 극단적인 생존 위협을 경험했고, 경제적으로 열악한 상태에 있다는 공통점이 있었다. "없는 사람이 모이니까" 그 자체로도 "단결이 세졌다"는 것이다.[128]

매화리 사업장은 '공생조합'이라는 사업 명칭대로 조합을 통해 물자 배분이나 생활을 공동으로 균등하게 하는 것을 지향했고, 대체로 실행했던 것을 볼 수 있다. 정착사업으로 조성된 매화 4리 마을은 다른 마을과 비교하여 훨씬 단합이 잘 되어서 면 단위 체육대회 등 행사에서 좋은 성과를 얻었다고 한다.

---

128 위와 같음.

근데 없는 사람이 모이니까 단결이 세져요. 서신면에서 체육회 하면은, 우리 동네 이기는 동네가 없어. 뛰는 거고 축구고 뭐고 우리 동네를 당해내는 동네가 없었어요.[129]

월남민은 귀향할 수 없는 현실 속에 사업장에서 동향 출신이 모여 살게 된 것이었으므로 공고한 유대감을 지니고 있었다. 피난 이전에 같은 지역에서 북한 정권을 경험했거나 전쟁 당시에 동일한 피해를 겪었다는 공통의 기억이 있었다. 장흥에 정착한 황해도민과 같이 해로로 피난한 경우, 집단으로 이동하면서 거의 동일한 피난 경로와 생활을 경험했다는 점도 유대감 형성에 작용할 수 있었을 것이다.

사업장이 조성 단계에서부터 동향 출신으로 구성되었을 경우, 장소와 지위, 환경이 달라도 내부 구성으로 본다면 정착 과정을 통해 피난 이전의 고향 마을을 재형성한다는 의미를 지닐 수도 있었다. 화성 매화리는 사업 추진 당시부터 '철의 삼각지대' 출신들로 구성되었고, 장흥은 황해도 중에서도 옹진 출신이 다수를 이루었다. 제주도에는 여러 지역 출신이 모여 있었는데 월남민 출신으로서 현재까지 70여 년을 살고 있는 사람들은 특히 강한 동질감을 가지고 생활 전반을 공유하고 있다.

면담자 : 고향 사람은 좀 마음이 더 가고 그런 건….
구술자 : 그거야 물론이지. 우리는 어디를 가도 통해. 어디를 놀러 갈 때도 통하고 전화 해 가지고 통해도 뭐 거식하고 하여튼 교회 가도 같이 가고 시장 보러 가도 같이 가고 어디 볼일 보러 가도 같이 가고 전화도 또 다 통

---

129 OH_14_006_권호원_06.

하잖아. 여기 사람들은 좀 아무래도 교회는 좋긴 좋은데 시름없이 살긴

살아도 좀 가깝질 않지. 마음에 친근이 적지.[130]

월남민이 지닌 공통의 경험, 결속력은 사업 과정에서의 개간·간척 작업

뿐만 아니라 이후 마을 단위에서 생활 수준을 향상시키는 데도 효과적으로

작용했다. 전남 영암군에서는 서호면 몽해리의 학파 농장에 난민정착사업

장이 조성되었다.[131] 영암 또한 황해도에서 출발한 난민이 목포에 도착한 후

에 배정되었던 전남의 각 지역 중 한 곳이었다.

영암 몽해리 사업장 마을은 1950년대부터 '새마을'로 일컬어졌는데, 마

을에 정착하는 과정이 순탄하지는 않았다. 사업 당시에는 식량 배급이 중단

되는 것이 가장 큰 어려움이었다.

여기 막 내려와 가지고 배급을 매-달 주다가 그 한 몇 달 끊어질 때가 있다

고 중단돼 가지고 그러면, 제발 그럴 때는 진짜 힘들어. 먹고사는 게 힘들어 가지

고 처음에는 죽 쒀서 먹어. 애기들 요만 할 때 이러고 그래서 나중에 보니까 어른

은 반 그릇이고 애들은 한 그릇이여. (웃음) 그 뭐 쑥 따다가 보리, 보릿가루, 보리

---

130 김생금 구술 (연세대 역사와공간연구소).

131 영암 학파 농장은 호남의 대자본가였던 현준호(1889~1950)가 1940년 4월에 영암군 성호면
성재리에서 양장리에 이르는 1.2km 제방으로 갯벌을 간척하여 조성한 농장이다. 공사가 난
항을 겪다가 1944년 7월 초에 동양척식주식회사로 양도되었다. 해방 후 현준호의 삼남 현영
원이 공사에 재착수하며 난민정착사업도 실시했다. 1962년 10월에 농림부로부터 준공 인
가를 받았으나 토지 분배가 되지 않아서 1988년부터 소작 철폐 운동이 벌어졌다. 서호면과
군서면의 200여 호가 분쟁에 얽혀 있다가 1995년에 20년 분할 상환 조건으로 소유권이 이전
되었다. 오미일, 「4장 호남은행장, 그러나 간척과 증미 계획에 몰두한 현준호」, 『근대 한국의
자본가들』, 푸른역사, 2014, 216쪽; 「무송 현준호」〈8-23〉, 『영암신문』 2004. 6. 28; 「군서면 구
림마을」〈33〉, 『영암신문』 2005. 1. 21.

깨에다가 죽 쑤어 먹고 그럴 때 힘들었지 뭐. 그 논에 가서 피도 훑어다가 해 먹어보고 밭에 가서 보면 시래기도 밭에 그 겨울에 나가서 줏어다가 먹고 (…) 그럴 때는 힘든 세상을 살고 그러니까 '아 이제는 우리가 일해야 산다' 그러고 부지런히 일한 거지. 그러니까 애들이고 뭐이고 그냥 전부 다 그 새마을 하면 이름 이름이 저 저 동네 가보라고 저 악착같이 일하는 사람들 어디 일거리 있다 하면 나가서 일했으니까.[132]

난민은 사업 초기부터 정착을 목표로 생활했던 것은 아니었다. 정착을 고려하지 않았던 이유가 중요한데, 1950년대까지 이북 고향에 돌아갈 희망을 가지고 있었기 때문이었다. 그러나 식량 배급이 원만하지 않으니 기본적인 생활이 곤궁해졌고, 점차 시간이 지나며 정착하게 되는 과정에서 더욱 근면하게 일했다고 한다.

그 처음에 그 저수지 일하러 와 갖고 모여 가지고 그 50년대 그때는 일해서 돈 나오면 돼지 잡아먹고 술 먹고 이거를 방탕하게. 고향 간다는 생각만 한 거야. 그러니까 돈 생기면 먹고 두드려 먹고 그냥 다 없애고 그 방탕 생활을 하다가 딱 정부에서 배급도 안 나오지, 저기 현장도 딱 중단돼서 일이 안 되지, 한 6개월 동안 하니까 이제 죽 먹고 국수 사다 먹고 이런 식으로 그냥 굉장히 힘들게 아마 살았을 거야. 그래 이제 나는 그때는 거기서 안 살았는데 그 한번씩 여기 와보면 그렇게 힘들게 살더라고 그러더니 '아 이거는 아니다' 하는 생각이 그때부터 드는 거지. '아 이건 돈, 내가 고향엔 가면 가더라도 여기 일단 먹고살 건 저축은 해

---

132 오석성 구술(연세대 역사와공간연구소).

야 된다' 그러고 그때부터는 논도 뭐 한 마지기 사고 그러더라고[133]

성실하게 일하고 저축한 결과 난민들이 만든 '새마을'이 다른 마을에 비해 더 높은 생활 수준을 영위하게 되었다는 점을 주목할 만하다. 면장에 의해 지역의 본보기로 비교되는 일도 있었다. 다른 마을과 비교될 때, 난민은 과거로부터 이어져온 경제적 기반 없이 스스로의 노력으로 생존해갔다는 점이 강조되었다. 현재까지 거주하고 있는 몽해리 새마을 사람들은 이에 대한 자부심을 가지고 있었고, 향상된 생활 환경이 다시 공동체의 유대를 강화하는 계기가 될 수 있었다.

> [면장이 다른 마을 이장한테] 당신들 새마을 피난민, 피난민 하는데 저 피난민 동네 보라고 저거 저 안테나 선 거 보라고 저기 가면 세탁기 냉장고 없는 집이 없다고 너거 동네들 가봐야 한 동네 열 집도 안 된다고 저 사람들 그렇게 부지런히 일 해 갖고 문화적인 생활 하는 거 보라고 당신들은 사랑방에서 술이나 먹고 화투나 치고 그러니까 저기 사는 거 보니 당신들은 그 조상들이 물려준 재산으로 그러니까 먹고 사는지 저 사람들은 맨주먹 쥐고 와서 [사는데] 저걸 보라고 저기 가면 젖 먹는 애기들까지도 일을 한다고 그렇게 해야 살지 당신네같이 농사 지어놓고 사랑방에서 화투나 치고 술이나 먹어 가지고 봄에는 뭐 없으니까 세 끌어주시오 하고 다니는데 저 사람들은 농사지은 거 고대로 해 가지고 다시 모아 가지고 논 사고 면장이 저 마을에 한 번 가보라고[134]

---

133   오석성 구술.

134   위와 같음.

한편, 동일한 난민으로 구성되지 않고 사업장 내부의 구성이 다양했던 경우에는 그 상호 관계와 인식 또한 복합적이었다. 난민정착사업장이지만 제주도 법호촌 사람들은 출신 지역이 다양했다. 그 출신 지역은 크게 제주도와 육지로 구분되었다. 육지에서 남북한 지역 차이는 크게 드러나지 않았던 것으로 보인다. 사업장 대표인 백원정이 난민(월남민) 출신이었고, 구성원의 규모에서도 월남민이 가장 다수였기 때문에, 초기에는 육지 난민이 마을을 주도했다. 그러나 시간이 지나면서 주도권은 제주도 출신에게 넘어가게 되었다고 한다. 제주도 출신인 김창옥은 마을의 주도권이 변화하며 육지의 난민들과 관계가 더 좋아졌다고 했다.

처음에는 집권 세력이 피난민들이었어요. 나중에는 세력이 바뀌지는 거지. 나이 든 분들 돌아가시고, 우리가 나이가 드니까 완전히 바뀌지고 그때부터는 피난민들하고도 서로 웃게 되고 서로들 가까워지고 '우리 부락이다'는 개념이 있었던 거지요.[135]

마을 사람들끼리 '같은 마을'이라는 인식을 형성하게 된 시기는 명확하지 않으나 몇몇 사람들은 마을 공동의 이해를 추구했던 일화를 기억했다. 김창옥을 비롯한 제주도 출신 사람들의 기획으로 10명이 모여서 5·16 이후 재건국민운동 당시에 '사랑의 금고'라는 계 밭을 만들었다. "훗날 애들 커서 대학 보내고, 학교에 조달하고, 불쌍한 아이들 있으면 도우는 기금을 만들자"는 취지였다고 한다. 여기에 참여하지 않은 사람들 중에는 한라산에서 더 큰 금액으로 수익이 가능한 계를 했던 사람도 있었는데 마을의 공적인

---

135 OH_14_006_김창옥_06.

이익을 추구하고자 그와 다른 계를 만들었다는 것이다. '사랑의 금고'는 얼마 지나지 않아 한 명이 밭을 팔아버리고 라디오를 구매하는 바람에 깨지게 되었다. 함께 모여서 라디오를 듣기도 하고 즐거웠던 기억이지만, 본래의 목적을 이루지 못한 아쉬움이 남았다.[136]

그런데 제주도 출신의 인식과 달리 육지 출신 난민에게는 마을 사람들 서로의 차이에 대한 인식이 장기간 지속되었던 것으로 보인다. 월남민으로 법호촌에 정착한 김만자도 마을 사람들 17명이 모여서 만든 쌀 한 가마니 계에 참여했었다. 그러나 1970년대 후반에 남편의 수술을 위해 계를 받고자 했으나 반대에 부딪혔고 비용을 마련하기 힘들었던 경험이 있었다. 그 기억은 현재까지도 여전히 아픈 경험으로 남아 있다.

> 우리 열일곱 사람이, 계, 쌀계를, 쌀 한 가마니 계를 그때 들었다구요. 계에서 내가 그런 요청을 한 번 했어요. 이만저만 해서 나 할아방 죽어서 받는 것보다, 웅, 나 살았을 적에 쌀계로 그거 모다 주면 안 되느냐고 그러니까, 쌀계를 살아씨 모다서 뭐하재는거? 아, 그래서 쌀계로 달라고 하니까, 안 된다 그러더라구요. 그래서 그 쌀계를 주면 내가 할아버지 때, 그때 병원에 갈라 그랬어요. 병원에 열흘만 입원하면 된다고 하니까, 그래서 거기다가 쪼금 보태고 해서, 옛날에 우리 딸이 수술을 세 번 받을 적에두, 저-기, 할아방이… (잠시 침묵하다 훌쩍임) 본토인도 들구, 이북 사람도 몇 사람이 들구 했는데 열일곱 사람이 들었는데, 허니깐 여-기, 황해도 할망, 그 할망은 그러자구 자꾸 그러더라구. 여기 사람한테 사정을 하고 하더라고 그런데 여기 할망들은 안 들더라구. 안 들고 또 그 다음에 이북 사람들

---

136 위와 같음.

도 안 듣고 그러니까 아유, 그냥 관두라구, 관두라구 했어요[137]

　　법호촌 내에서 여러 형태의 계가 만들어졌고 출신 지역에 관계 없이 가입하여 운영했지만, 계원들 사이에서도 서로를 구별하는 인식상의 차이는 존재했다. 김만자가 계를 타는 데 다른 사람들이 반대한 이유는 규칙 등이었겠으나, 1970년대 후반까지도 함께 계를 하더라도 '본토인', '이북 사람' 등 출신 지역에 따라 사람들이 구별되고 있었다.

　　전남 장흥의 정착사업장에서는 이북 출신 난민, 이전 세대부터 현지에 거주하고 있던 사람들, 다른 지역 출신의 일반 취로자와 고아·부랑인 출신의 자활단이 같은 지구 내에서 작업을 했다. 그러나 지구 면적이 넓었기 때문에 실제 작업 현장은 서로 분리되어 있었고, 일상 생활 공간 역시 구분되었다. 현장 작업에 참여하고 가족들과 생활하는 사람들은 평소에 단원들을 접할 일이 거의 없었다고 한다.

　　일반 취로자의 단원에 대한 인식은 다양하게 나타났다. "무서워서 말도 안 해봤다", "우리들 하고는 다르다", "순하디 순하다", "젊고 일도 잘했다", "분위기가 좋았다", "순전히 깡패" 등으로 긍정적, 부정적인 인식이 모두 나타나서 단일하게 규정하기는 어렵다. 다만 간부를 맡은 인물의 경우 단원들과 함께 일하고 대면하면서 부정적인 인식이 덜한 경향이 있었고, 단원들과 직접 접촉하지 않고 전해 듣는 이야기들로 판단할 경우, 특히 여성들은 공포나 거부감이 더 컸던 것으로 보인다.[138]

137　김만자 구술.

138　OH_13_007_이정순_006; OH_13_007_오옥선_006; OH_13_007_이주태_006; OH_13_007_오택성_006; OH_13_007_이성남_006.

일반 취로자 사이에서 난민과 현지 출신의 지위나 상호 인식 차이는 단원과 비교할 때 두드러지지 않았다. 현지 출신은 기존에 소유하고 있던 토지가 있었기 때문에 사업에 참여하여 부수입을 올릴 수 있었다는 점에서 난민과 비교하여 경제적 우위에 있을 가능성이 높았다. 그러나 이 때문에 난민을 차별하거나 난민과 갈등을 빚게 된 경우를 발견하지는 못했다. 월남민이 장흥에서 처음 난민정착사업을 시작하고, 이들의 주도로 조직된 홍업회가 여러 사업장을 운영하면서 지역 내에서 영향력을 행사했다는 점을 그 이유로 들 수 있겠다. 또한 공유수면을 매립하여 취로한 일수에 따라 소득이 분배되었기 때문에 소유권을 둘러싼 문제가 벌어질 공산이 크지 않았다.

이상과 같이 정착사업장은 월남민과 같이 동질성이 높은 집단, 다양한 지역 출신, 참여 과정과 생활 방식이 다른 사람들로 구성되어 있었다. 이들 사이에서는 강한 결속력이 나타나거나 일상 생활의 평범한 일화들에서 차이가 드러나기도 했다. 공통적으로는 사업장 내부에서 갈등의 관계가 형성되더라도 한 공간에서 개간·간척을 해야 하거나 곤궁한 생활에서 벗어나고자 하는 공통의 목표가 있었다.

그러나 사업장 마을과 난민이 인근 마을 또는 지역과 맺는 관계에서는 난민이나 사업장에 대한 차별이 존재했다. 제주도 법호촌과 경남 하동군 화개면에서처럼 난민정착사업에서 난민은 남북한의 여러 지역 출신들이었으나 1950년대의 사회적인 인식에서 난민은 곧 월남민을 가리키는 것이기도 했다.

난민정착사업 전체가 민간의 원조 물자로만 운영되었던 것은 아니었고, 사업 신청 또한 하동군 화개면처럼 현지 출신 난민도 할 수 있었기 때문에, 난민정착사업이 월남민만을 대상으로 한 것은 아니었다. 그러나 부천뿐만 아니라 전남 영암의 사례에서도 월남민은 난민과 등치되었다. 난민인 월남민에 대한 사업장 외부 지역민의 인식은 매우 부정적이었다. 영암이나 경기도 성남에서 난민은 '사람'과 다르다고 비하되었다.

옛날에는 그때는 차별이. "피난민하고 사람하고 가는 거 봤냐"고 그런 소리도 하고 암만해도 괄시를 받았지. (⋯) 우리 황해도 말은 조금 달랐지. 그게 만약나, 우리 고향 사람들끼리도 만나면 난 그대로 황해도 말 그대로 많이 써. 그 전라도에서 내가 오랜 세월 동안 살았잖아, 이게. 몇십 년 살았으니까 인제 가끔 지금도 전라도 말이 나오긴 나오지. 그게 지금 시간이 얼마나 지났어. 엄청나게 지났지 뭐.[139]

경기도 본토 사람들이 우리들 오믄 사람으로 취급을 안 하더라구. 어떤 땐 그래서 "저그 저 누구 아버지하고 피난민하고 간다." 이런 소문까지 있었어. 피난민은 사람 아닌 거야. 이매 지방 본토 사람들하구 우리들하구 차별이 있지. 지금은 그렇지 않겠지만 그때 경기도 본토 사람들 보면은, 수백 년 조상 대대로 물려 내려온 터전 가지고서 하기 때문에 텃세가 상당히 심했어. 우린 그 동네에서 빈집 하나 얻어 갖고 살림하고 있었고.[140]

1950년대에 월남민이 쉽게 구별되었던 이유 중 하나가 지역 방언이었다. 월남민은 방언을 사용했기 때문에 남한 출신이 아니라는 사실이 쉽게 드러났다. 남한 지역민들이 난민을 멸시했던 데는 여러 배경이 있었겠지만 난민들 스스로는 그 이유를 알 수 없었다. 여러 지역의 사례를 종합하여 유추해

---

139 오석성 구술.

140 OH_13_007_오택성_06.

볼 수 있겠다.

우선 월남민은 체제가 다른 북한 출신이라는 점 때문이었다. 화성 매화리는 사업장 명칭을 둘러싸고 지역민의 인식을 드러냈다. '공생조합'이라 명명된 사업장을 두고, 기존 지역민은 북한 출신들이 모여 있다는 이유로 '공산조합'이라고 지칭했다. 월남민은 '빨갱이'를 도와주는 것이 아니라고 강변했다. 이 경험에서 보면 지역민의 반공의식은 월남민에게 그대로 투영되고 있었고 월남민은 자신들의 생활이 출신 지역과 무관함을 강조하고 있었다.

> 동네에서는 우리 보고 '공산조합'이라고 우리 마을 사람들은 "우리가 빨갱이 도와주냐"고 '공생조합'이라고 그랬지. 공산조합 아니라고[141]

난민은 경제적 토대가 없는 상황에서 이주해 온 집단이었기 때문에 생활권이 공유되는 인근 지역에서는 이해 관계가 얽혔고, 이로 인해 갈등이 빚어지기도 했다. 매화리에서는 난민이 간척지에 둑을 쌓는 기간 동안 현지 주민에게 더부살이를 하게 되었는데, 그 과정이 녹록지 않았다.

> 우리가 서신에 들어왔을 때 면에서 홍법리로 가라 그래서 홍법리로 갔어요. 정해진 집으로 가니까 딸만 아홉을 낳은 집이야, 아들을 낳으려고 하면 또 딸 낳고, 또 딸 낳고 그래 아홉이야. 당시에 우리는 3형제야. 내 동생, 제일 밑에 동생, 나 3형제야. 그 집 마루에다 짐을 갖다 놨는데, 이불 보따리하고 소달구지 갖다 놨는데, 아들 셋이라고 안 된대요. 딴 집을 가라 그러더라고. 그 집에 가니까 [주

---

141 OH_14_006_권호원_06.

인이] 나이는 젊었는데, 딸만 낳아 가지고 죽고 아들도 없고, 자식이 없어. 그 집에서 또 쫓겨난 거야. 아들이 3형제면 남편이 바람난다고 또 딴 집으로 보내더라고. 그 집에 가니까 3대가 앉았는데, 아들은 딱 하나 있더라고 나보다 한 달 더 먹은 아들이 하나 있어. 그 집에서 살았지.[142]

　지역민과 난민이 경쟁하게 될 때도 난민은 견제와 차별을 겪었다. 서신면에서 체육대회가 열리면 난민은 고의적으로 반칙을 하는 등 지역민들의 텃세를 경험했다. 아이들의 다툼과 같은 일상적인 생활에서도 무시를 느꼈다. 어느 곳에서나 쉽게 벌어질 수 있는 일이지만 실제로 지역민의 차별의식이 있었다고 짐작할 수도 있다. 그렇지 않다 하더라도 월남민이자 이주민인 입장에서는 이를 갈등 상황이자 의미심장한 사건들로 기억하고 있었다.
　난민과 지역민은 함께 쌀 계를 하며 경조사를 공유하기도 했다. 계를 통해 사업장 마을이 다른 마을과 연결되었고, 이는 정착사업으로 신설된 마을이 기존의 마을과 완전히 분리되거나 고립되어 있지는 않았다는 사실을 보여준다. 관계를 형성하게 되자 여기서도 갈등이 빚어졌다.

　여기가 매화 2리였을 때, 텃세 한 번 받은 적 있고 우리 동네하고 이 너머 동네하고 쌀 계를 만들었어. 두 말 계. 너머 [마을] 사람도 환갑이 되 가지고 쌀 두 말씩 갖고 갔었어요 [또 우리] 옆집 노인네도 환갑이었어요. 너머서 쌀을 두 말씩 가지고 왔어. 이 집에서 돼지고기하고 두부하고 차려냈어. 그런데 매화 2리 ○○○라는 사람이, "쌀 두 말씩 계를 타면서 이따위로 차렸냐"고 야단을 치는 거야. 그러니까 환갑 집에서는 "죄송하다. 성의껏 한다고 했는데 미안하다"고 사

142　OH_14_006_권호원_06.

과를 하는데도 야단을 치는 거야. 한 달 좀 더 있다가 그 야단치는 사람 사촌이 환갑이여. [우리가] 너머 [마을로] 갔어요. 쌀 두 말을 들고 갔는데, 아주 형편없이 차렸어. 근데 내가 그 사람하고 한자리에서 먹게 생겼어. 그때도 나이 몇 살 안 되었지. 내가 "우리 동네에 와서는 잘못 차렸다고 야단치고 그러더니 여기는 잘 차려서 앞에 있는 거냐"고 한마디 했지 뭐요. 그랬더니 우리 동네에서 같이 간 사람이 냅다 따지는 거야. 그래가 둘이서 야단을 치는 거지. 그랬더니 이 사람이 도망가더라고 그 동네 사람들도 말 함부로 하면 안 된다고 말은 항상 조심해서 해야 된다고 ○○○란 사람이 토박이야. 토박이인데 그따위로 했다가 아주 나한 테 망신 톡톡히 당했지. 토박이들이 텃세 많이 했지.

지역민이 사업장을 부정적으로 인식하여 갈등이 빚어지기도 했다. 장흥에서는 사업장에 들어오는 원조 물자가 판매·교환된다는 것을 이웃마을에서 고발하여 경찰이 조사하러 나오기도 했다. 그 배경은 명확하지 않으나 기존 지역민이 사업장에 경계심을 가지고 있었던 것은 분명하다.

구술자 : [밀가루] 사 가지고 이리로 보내면 여기서는 그거 타는 사람들은 이거 다 백성들 주라고 가져오는 식량을 순전히 팔아먹고 있다고 그거를 경찰서에 갖다가 고발. 경찰이 어디서 어떻게 팔더냐 [하면] [고발한 사람이] 어젠 누가 사 가지고 가더라, 그래….

면담자 : 누가 고발을 했어요, 일하는 사람들이?

구술자 : 아니! 저 이웃 사람들, 우리 사업장하고 등진 사람들이 많아.

면담자 : 아ㅡ 이 동네 사람들인데.

구술자 : 응, 동네 사람도 그렇고, 그거 다 주체 못 하면 다 있어. 어디 가도 반대들 이 있거든. 그 사업장 밀가루 그걸 순전히 팔아먹고 있다고 그런 사람들

이… 경찰서에서도 나와서 조사도 해보지만 아이, 순전히 우리도 공사

하는 사람들 뭘 줘야 될 거 아니냐 [했지].[143]

제주도 법호촌에서는 원조물자가 도착하지 않고 개간도 이루어지지 않았기 때문에 사업장에 들어온 난민의 생계가 매우 불안정했다. 이들은 한라산에서 벌목하고 장작과 숯을 만들어 판매한다는 이유로 '인간 송충이'라는 비난을 듣기도 했다. 비난의 주체는 경찰이었다. 또한 인근 마을에 땅을 제공한다는 이유로 정부에서 마을의 폐동이 언급된 일이 있었다.

5·16 후에 육군 대령인가 했던 하○○이 경찰국장으로 왔거든. 우리 보고 '인
간 송충이'라고 그랬어. 김○○ 지사가 와 있을 땐데, ○○○ 씨하고 둘이 우리 부
락을 폐동하려 한다고, 신문에 잘못된 기사가 났거든. 여기 목장이 신하효 사람
들 목장이어서 거기에 소들을 방목하고 길렀는데, 이 부락은 땅이 없거든. 사람
들이 소나무들 잘라 와서 다 팔아묵고 그러니까. 지사가 '이 부락은 폐동시키는
걸 생각해보겠다' 그게 와전돼서 대문짝만 하니 지방지에 났으니까.[144]

법호촌에서는 폐동 소식을 듣고 마을 총회에서 차비를 모아 대표로 하여금 도지사를 만나러 가게 했다. 김창옥은 이때 도지사를 만난 뒤 마을에 수도관이 새로 만들어졌다고 했다. 당시 법호촌에서는 간디스토마가 유행하고 있었고, 읍이나 다른 기관에도 여러 차례 도움을 요청한 바 있었으나 마을이 무시당하여 수용되지 않았었다고 한다.

---

143 비공개 구술.

144 OH_14_006_김창옥_06.

물 때문에 간디스토마로 풍토병이라고 해 그내 자꾸 병자도 생기고 할 때지만은, 수도를 즉바로 해줬거든. 전화해놓으니까, 바로 여기 실어온 거야. 우리가 버스 타고 와보니까, 부락 일부에는 수도관을 세우러… 차로 서귀포에서 빠이쁘들을 실어다놓고 있더라고 정말로 흐뭇하기도 하고 고맙기도 하고 '아, 과연 이런 일이 있는 거로구나.' 읍에 가면은 수십 번을 얘기를 해도 "없다, 이건 딴 데 할 거고 다른 거 할 거다" 했어. 어디 기관에서도 우리 부락을 한 수 아래로 하시를 할 때니까.[145]

법호촌 사람들에 대한 차별적인 인식은 일반 도민에게서도 나타났다. 사회적으로 비난과 차별을 받았던 것은 법호촌 사람들의 열악한 경제적 조건 때문이었다. 법호촌 사람들이 서귀포 시내에서 나무를 팔고 오는 길에 다른 마을에서 곡식을 서리하거나 하는 도난 사건들이 있었다. 인근 마을 사람들은 법호촌 사람들을 경계했다. 사업장 마을은 난민을 보호한다는 의미에서 '법호촌(法護村)'이라 명명되었지만 제주도에서는 법이 제대로 작동하지 않는다는 의미로 '법무촌(法無村)'이라 부르기도 했다. 현재까지 법호촌에 살고 있는 사람들은 공통적으로 마을이 경제적으로 극히 궁핍했고, 이것이 차별로 이어졌음을 이야기한다. 난민정착사업장이 기획되었으나 실행되지 않았고, 정착하고자 했던 난민은 최소한의 생계 유지에 어려움을 겪었다. 또한 빈곤한 마을이라는 낙인과 멸시를 경험했다. 사업장 조성 당시 설립된 시온교회의 장로는 법호촌이 지금도 제주도에서 가난한 마을로 여겨지고 있다고 했다.[146] 제주 출신으로 법호촌에 살고 있는 김창옥 역시 마을

---

145 위와 같음.

146 송철언 구술(2015. 3. 5, 제주도 서귀포시 시온교회).

의 역사와 발전에 큰 관심을 가지고 활동하고 있는데, 마을이 법호촌으로만 알려지는 것에 부정적이다. 여전히 가난한 마을이라는 차별적인 인식이 존재하기 때문이다.[147]

지역민의 난민에 대한 차별은 난민이 가족을 구성하는 데도 크게 영향을 미쳤다. 정착한 월남민은 대체로 월남민, 특히 동향 출신과 결혼하고자 했다. 영암에서는 월남민이 고향에 갈 것을 염두에 두고 전라도 출신을 며느리로는 삼아도 딸을 전라도에 시집보내지는 않았다고 한다. 지역민은 그것을 비판하기도 했다.

> 저기 가면 그 [이북] 동네 사람들끼리 결혼하는 거야. 고향 가면 이거 헤어진
> 다고 여기(전라도) 며느리는 얻어오고, 딸은 안 준다고 항게 피난민들이 불량하다
> 고 그러고 지금은 막 결혼하지만 그때만 해도 여기 한동네 사람들끼리 다 결혼
> 을 했어. 그래 고향 가면 딴 동네니까 그런 생각으로.[148]

제주도 법호촌에서는 차별을 겪다 보니 정착 초기에 자녀를 제주 출신과 결혼시킬 생각을 하지 않았다고 한다. 실제로는 자녀들이 모두 제주 출신과 결혼했다.

> 좀, 이 토평 같은 데… 저, 보목리, 신하효 같은 데 가믄 쪼꼼 법호촌 것들, 법
> 호촌 것들, 육지 것들 하고 좀 나무랩디다. 우리두 진짜로 아들도 큰 것들이 둘이
> 있구, 딸도 둘이 있구, 그랬지만은, 여기 사람한테 시집갈 거 같단 생각을 안 했어

---

147 OH_14_006_김창옥_06.

148 오석성 구술.

요. 여기 며느릴 할 줄 알고 할까도 생각도 안 하고 기랬는데 어떻어떵 하다 보난 딸들도, 뭐 여기 사람한테 시집가고, 다 시집들을 잘 가더라구요.[149]

이처럼 현재까지 마을에 정착해 살고 있는 사람들은 정착 초기에 다양한 측면에서 기존의 지역, 지역민과 관계를 형성했다. 동질성이 강한 월남민들은 결속력 또한 강해서 마을에 정착하며 사는 데 긍정적인 영향을 미쳤다. 그러나 난민에 대한 사회 인식은 매우 차별적이었기 때문에 이를 극복해가는 것 또한 정착의 중요한 과정이었다.

난민은 정착 과정에서 사업의 완수를 위해 노력했고, 장기적으로 사업장 내·외부의 관계를 형성했다. 난민의 출신 지역과 이념, 사업장의 빈곤과 원조 물자 등의 차이와 지역민의 차별과 멸시는 사업장과 정착민에게 사회적 경계로 작동했다. 장기간 거주하면서 마을, 지역과 교류가 늘었고 세대가 바뀌며 경계는 차츰 완화되어갔다고 볼 수 있다. 그러나 정착민에게는 이 과정이 외부인 또는 북한 출신이라는 스스로 극복할 수 없는 문제들을 실감하는 것이었다. 또한 가시화되지 않는다 해도 경제적·문화적 차이를 극복해가는 삶이었다.

이상과 같이 4부에서는 농촌정착사업에서 형성되었던 통치의 경계, 경제적, 사회적 경계에 얽힌 정착·이주의 배경과 정착민의 삶을 살펴보았다. 1950년대에 정부는 최소한의 비용으로 난민을 농촌에서 자력으로 살게 하기 위해 정착사업을 적극 추진했다. 난민은 같은 경험을 한 사람들과의 집단거주, 원조 물자 배급, 이전보다 좀 더 나은 삶의 추구 등의 동기로 사업에

---

149 김만자 구술.

참여했다. 정착민은 사업장을 통해 작동하는 정부의 통치를 현실에 맞게 활용했다.

난민은 사업장에서 농지를 조성했고, 분배에 대한 기대감을 지녔다. 그러나 기존에 소유권자가 있던 토지 중에는 난민이 사업에 참여하여 개간을 했음에도 소유권이 인정되지 않는 경우가 있었다. 이는 사업 초기에 정부의 토지 소유 관계 확인이 불분명했다는 점, 문제가 발생한 후에도 개간·간척한 사람들이 아닌 기존 소유권자를 우선했다는 점, 행정상 착오와 무책임으로 정착민의 요구에 대응하지 않았다는 점 때문이었다. 정부는 난민과 구호 대상자를 사회문제로 인식했기 때문에, 정착사업으로 구호를 축소하고 도시에서 이들을 배제하는 것을 사업의 목적으로 했다. 사업 이후에 빚어진 토지 소유 문제나 사업장의 환경 등 사업상의 문제점은 당사자가 해결해야 했다.

난민의 정착은 다양한 물리적, 심리적 어려움을 극복하며 가능했다. 농지 조성을 위한 강도 높은 노동, 불리한 영농 조건, 부족한 영농 경험 등은 재이주를 선택하는 배경이 되기도 했다. 난민은 전쟁, 피난 등 과거의 경험, 고향에 대한 향수, 경제적 동질성으로 결속력을 가졌고, 이웃과 공동의 목표를 추구하거나 근면한 생활로 삶을 향상시키기도 했다. 또한 차별과 멸시를 감내하고 나름대로 대응하며 장기적으로 정착했다.

결론

결론

지금까지 해방과 분단, 한국전쟁과 전후 재건의 연속에서 난민이 발생하고 정착해갔던 과정을 농촌정착사업의 기획 및 실제를 통하여 살펴보았다. 정착사업에는 정부가 기획하고 추진하는 정책, 사업장 지역에서의 실행과 대응, 당사자인 난민의 인식과 삶이 복합적으로 작동하고 있었다. 난민의 정착은 1950~60년대 해방 후 분단국가가 형성되고 전쟁을 치르며 복구와 재건을 해야 하는 현실에서 안정적인 국민을 구성하는 과정이었다. 또한 정착을 위해서는 난민이 농지를 조성하고 자립해야 한다는 과제가 부여되었고, 나아가 생산에 기여할 것이 요구되어 난민은 실질적인 재건의 주체가 되었다.

한국에서 대규모의 난민이 발생하게 된 계기는 식민지로부터의 해방, 남북의 분단, 남북한의 전면 전쟁이었다. 미군정기에 난민은 한반도 외부로부터 유입되는 인구 집단으로서 도시의 사회문제로 인식되었다. 이승만 정부 수립 전후에는 제주4·3과 여순사건에서의 봉기와 그 진압으로 인해 소개된 사람들이 난민이 되었다. 정부는 사건 지역 전체를 초토화하고 저항 세력의 완전한 궤멸을 추구하며 무장하지 않은 사람들의 희생 또한 당연시했다. 한국전쟁은 한반도 전역을 범위로 한 난민을 발생시켰고, 정부와 유엔군은 대응에 나섰다. 이동하는 존재는 전쟁에 장애물로 판단되었기 때문에 난민을 통제하는 것이 우선시되었다. 1960년대에 난민은 점차 줄어들었으나 난민과 유사한 상태로 유동하는 빈민들이 지속적으로 존재했다. 5·16 군정과 박정희 정권은 이들을 사회에서 배제하면서 효과적으로 동원할 방법을 모색했다.

1950~60년대에 정부는 불안정한 상태에 있는 난민을 정부에 구호 부담을 야기하고 사회적 문제를 일으킬 것이 우려되는 대상으로 취급했다. 이들은 정착과 자립의 과정을 통해 정부가 조사·관리·통제하는 대상에서 벗어나게 되었고, 사회경제적 차원에서도 점차 동등한 주권을 행사하는 국민으로 전환되었다. 정부는 난민을 문제시하는 인식에서 난민 대책을 수립했고, 난민 대책은 한국의 사회정책의 출발점이자 요체가 되었다. 사회정책은 문제시되는 난민을 감소시키고 정착 상태로 바꾸는 데 그 목적을 두었다. 인도적인 목적을 실행하거나 국민을 보호해야 할 국가의 의무를 이행하는 과정이 아니었다. 이주할 수밖에 없는 긴박한 상황에서 난민이 생존할 수 있는가, 어떻게 하면 더 많은 난민을 생존시킬 것인가의 문제는 정부 정책의 목표나 내용이 아니었다.

정부는 실질적인 정책의 목적을 '이동하는 난민을 정착시켜 더 이상 난민이 아닌 상태로 만드는 것'에 두었다. 정책의 내용은 정부의 책임을 최소화하는 방식으로 구성되었다. 이는 정부가 분단과 전쟁, 농촌 경제의 피폐와 같이 난민과 구호 대상자가 생겨난 구조적 요인에 대한 근원적인 문제의식이나 해결의 의지가 없었기 때문이기도 하다. 전쟁기에 정착사업이 시작될 때부터 그 원칙은 '난민의 자발적인 노력으로 실시한다'는 것이었다. 정착사업의 과정과 결과에서 정부는 시종일관 당사자의 의식과 자세를 강조했고, 난민이 발생한 배경과 모순은 희석되었으며, 난민에게는 스스로 정착해야 한다는 책임만이 부여되었다.

　정부 정책의 또 다른 성격은 '지방정부 및 지역사회의 역할에 의존한다'는 것이었다. 제주도와 여순사건 지역 및 지리산 지역은 연이은 재난으로 복구가 지연되었으나, 전쟁 이전에 사건 당시부터 고립되어 있었기 때문에 어려운 상황이었다. 전쟁기에 난민이 피난하고 임시로 거주할 때도 지역에서 건물이나 주택을 공유할 수밖에 없었다. 정착사업이 진행되는 절차상으로도 지방 단위에서 개간이나 간척이 가능한 토지를 물색하거나 난민 조직 또는 복귀 정착민 마을에서 자체적으로 사업을 신청하는 방식이었다. 지역의 자원을 최대한 활용한다는 것이 사업의 원칙이었다.

　정착사업으로 규명한 1950~60년대 사회정책은 중앙정부-지방정부-마을 및 사업 기획자-난민 등 당사자의 위계에서 정책 실행을 위한 역할과 책임이 위계의 하위로 내려갈수록 가중된다는 특징을 가지고 있었다. 위계가 형성되고 유지된 배경에는 구호 물자가 있었다. 구호 물자의 수량은 원조기구가, 지역 단위의 할당은 정부가, 사업장 단위의 배정은 지방정부가 권한을 가지고 있었기 때문이다. 난민은 구호 물자 없이는 최저 생활마저 곤란했기 때문에 이에 의존할 수밖에 없었고, 그것을 매개로 정책에 협력하게 되는 구조였다.

　시기에 따른 정착사업의 성격을 보면, 1950년대와 1960년대에 연속과 차이가 있었다. 정착사업은 농지를 조성한다는 동일한 방식으로 진행되었고, 1960년대까지 지속되었던 잉여농산물의 공여로 사업이 이루어졌다. 정착사업을 조건으로 구호 물자가 배분되었기 때문에, 사업은 참여자가 구호를 받을 수 있는 실질적인 수단이었다. 또한 정착사업은 미개간지나 갯벌을 농토로 전환시키고 농우를 기르게 하는 등 농촌 개발의 방법이기도 했다. 즉 정착사업은 구호 정책이자 개발 정책이었고, 이는 1950년대와 1960년대에 공통적인 상황이었다. 1950년대의 '구호'에서 1960년대의 '개발'로 사회·경제 정책이 완전히 전환되었다고 보기는 어렵다.

시기별 정착사업의 차이를 보면, 1950년대에 정부는 비교적 동질성을 지닌 난민을 대상으로 하여 실제로 농촌에 정착하고 구호 대상에서 벗어나 자립하게 하는 것을 목표로 했다. 1960년대의 정부는 고아·부랑아 등 난민 외의 새로운 대상을 사회와 완전히 분리시켜서 농촌 정착을 강제하거나, 집단화되지 않은 주체들이 노동 수단으로 사업에 참여하여 농지를 확장하고 농업 생산을 높이도록 하는 데 주력했다.

이상과 같은 정부의 인식과 정책하에서 난민은 정착사업을 운영하고 적극 참여했다. 난민들은 사업장으로 이주하면 유사한 출신과 경험을 지닌 사람들이 모여 살 수 있고, 원조 물자로 당장의 생계를 유지할 수 있으리라 판단되었기 때문에 사업장으로 결집했다. 난민에게 정착사업은 삶의 선택 중 하나가 되었다. 농지를 조성해야 한다는 부담에도 불구하고 난민이 정착사업에 참여했던 것은 농지 분배 등 좀 더 나은 삶에 대한 기대가 있기 때문이었다.

정착사업에 참여한 사람들이 사업 후 정착과 이주를 하게 되는 배경과 과정에는 농지 분배와 소유 외에 난민으로서의 특징과 사회와의 관계도 작용했다. 동질감을 가진 사람들이 함께 생활하는 것은 집단적으로 마을에 정착하는 데 긍정적인 역할을 했다. 동시에 사업장 마을 인근의 생활권을 공유하는 마을과 관계를 맺고 살았으나 차별이나 멸시를 느낀 기억은 여전히 남아 있다. 특히 월남민에 대해서는 지역민의 이념적 편향이 차별의 근거가 되었다. 사업 당시에 원조 물자 배급이 원활하지 않거나 거의 없는 상황에서도 난민은 가능한 수단을 최대한 활용하여 생계를 꾸렸고, 기존의 마을에 본보기가 되기도 했다.

　정착사업을 토대로 하여 난민이 지역에서의 기반을 강화하기도 했다. 경남 하동군 화개면에서는 기존 지역민이 난민이 되었다가 1950년대 후반에 복귀하여 정착하면서 사업을 추진했다. 월남민과 비교하여 복귀 정착민은 고향으로 돌아와 과거의 환경과 사회 관계를 회복시키고 자신의 토지를 재건하는 것이어서 분배나 소유권의 문제가 없었다. 인근 마을이나 인간 관계에서 갈등을 빚을 가능성도 적었다. 복귀한 난민은 이주 이전의 질서도 복구하여 정치 세력으로서 다시 마을을 주도했다. 여기서 정착사업은 마을을 개발하고 조건을 향상시키기 위한 수단으로 기능했다.

　이에 반해 1960년대 전반에 실시된 정착사업은 참여자의 정착 여부로 보면 대체로 실패로 돌아갔다고 할 수 있다. 강제동원으로 억압된 생활을 하던 고아·부랑아 출신의 개척단은 농지 소유권이 확보되었는데도 지역을 떠났다. 귀농정착사업은 도시민이 스스로 지원하여 선발된 것이었음에도 현재의 부채, 불안한 전망, 영농 경험의 부족, 억압된 생활로부터의 탈피 등 당면한 문제를 극복하기 위해 다시 이주를 선택하는 경우가 많았다. 1950~60년대 정착사업 참여자들에게 농촌에 정착한 것은 성공이고, 이주하면 실패라는 식의 이분법은 실제 삶과 맞지 않는다.

　정착사업에서 난민은 난민이 되기까지의 경험을 공유할 수 있거나, 가족을 구성했거나, 자연적 환경이 비교적 유리할 때 정착을 선택했다. 전남 장흥에서는 월남민이 정착사업을 주도하기도 했고, 가족 단위로 거주했기 때문에 단신으로 강제동원된 개척단원들과 달리 정착하는 경우가 많았다. 정착하는 과정에서 난관에 봉착하더라도 난민은 극단적인 상황에서 생존해낸 경험과 그 동력으로 의지를 발휘했다.

　또 계획된 바와 다르게 정착사업이 사실상 실시되지 않았다 하더라도 사업장 마을을 일구고 터전으로 삼아 살아온 사람들이 있다. 제주도 법호촌에서는 난민들이 빈곤한 사정으로 인해 비난을 들었고, 마을 자체가 차별을 받았다. 정착한 난민은 경제적 어려움과 사회적 멸시를 감내하고 살아왔다. 현재까지도 마을에 대한 부정적인 인식이 있어서 정착민이 이를 해소하기 위하여 마을의 역사를 기록하는 등 노력하고 있다.

정부의 정책과 난민의 삶이 맞물린 사업장 공간은 다중의 경계로서의 의미를 담고 있었다. 정부가 사업의 원칙과 법률로 구현하는 통치의 경계, 사업장에서 새로운 농지가 조성되고 개발이 이루어지는 경제적 경계, 사업장 정착민과 지역민 사이의 사회적 경계가 존재했다.

통치의 측면에서 정부는 원칙상 정착사업의 대상을 난민에 한정했고, 원조 물자는 판매나 교환을 불허했다. 원조 물자는 사업을 실행하는 수단이자 정착의 동기가 되었다. 또한 정부는 사업장을 관리·통제하며 정착을 유도하기도 했다.

경제적 경계라는 측면에서 사업장은 생산성이 없었던 토지나 수면이 개간과 매립을 통해 생산적, 경제적 공간으로 변모하는 것이었다. 사업장은 지역 내에서 마을 사이에 경제적 변화와 그 결과의 차이를 구분하는 경계가 되었다. 새롭게 형성된 경제적 공간은 소유권을 둘러싼 갈등을 빚기도 했다.

사회적 경계의 측면에서 사업장의 정착민은 집단 내부에서는 결속과 의지를 강화하면서도 지역민과의 차이를 실감했고, 지역민은 사업장 마을 및 난민과 관계를 맺었다. 월남민은 특정한 관계를 맺지 않는다 하더라도 출신 배경과 이념의 차이로 인해 차별을 경험했다. 난민은 빈곤하다는 이유로 멸시를 당하기도 했다. 마을과 지역, 나아가 한국 사회 전반에 존재하는 사회적 경계는 난민의 삶 속에서 분명하게 나타나고 있었다.

난민은 정착 과정에서 장기간에 걸쳐서 이러한 경계들에 대응했고, 이는 난민이 지역과 사회에서 국민으로 정착하는 주체적인 변화였다. 먼저 통치의 수단이 되었던 정착사업의 대상 규정과 원조 물자의 현물 배급 원칙은 현장에서 현실적으로 변용되었다. 실제로 사업에는 난민이라고 규정되지 않았던 사람들도 참여했다. 사업장 운영자와 정착민은 각자의 필요에 따라 원조 물자를 판매·교환하여 활용했다. 또한 법호촌에서와 같이 정착민은 물자가 부족하거나 공백이 생길 때 벌목 등 가능한 다른 수단을 강구하며 생계를 유지했다.

경제적으로 정착민의 노동은 구호 대상자였던 개인의 정착과 자립을 가능하게 한 것을 넘어서 농지 조성과 식량 증산에 기여했다. 1960년대에는 그 가시적인 성과가 나타나기 시작했다. 사업장 근처에서 농지를 소유하고 있던 지역민은 사업으로 부수적 수입을 얻기도 했다. 1950~1960년대에 정착사업이 진행되던 농촌 마을은 생산성이 향상되었고, 도시와 다른 역동성이 존재했다. 이것은 난민을 비롯하여 가장 취약한 지위의 사람들의 긍정적인 전망과 근면한 노동으로 추동된 것이었다. 그럼에도 불구하고 스스로 조성한 농지에서 소유권을 획득하지 못하게 된 경우에 이들은 자본과 권력을 상대로 노동의 가치를 주장하며 장기간 다툼을 벌이기도 했다.

정착민은 지역과 사회의 사회적 경계도 극복해가야 했다. 이들은 적극적으로 차별에 대응하기도 했고, 계나 마을 행사에 참여하며 인근 마을과 생활을 공유했다. 사회적 경계는 가시화되지 않았지만 정착의 감정과 심리에 큰 영향을 미쳤다. 차별의 경험은 당사자에게 깊이 각인되어 있다. 이주해야만 하는 상황에서 난민이 되고, 다양한 방식으로 다시 정착해야 하는 사람들이 지역과 사회, 국가 단위로 직면했던 사회적 경계는 오랜 시간이 지난 현재까지도 지속되고 있는 측면이 있다.

한국에서 해방과 분단, 전쟁은 강제적인 이주를 야기했고, 수많은 사람들이 난민이 되었다. 정부는 난민을 다시 정착시키고 자립하도록 하여 국가를 안정시키고 재건하고자 했다. 난민은 극단적인 공포와 생존의 위협을 경험했고, 삶을 회복하기 위한 방법을 모색했다. 정부와 난민의 목표는 농촌 정착사업을 매개로 하여 공통적으로 추구되었다. 정부는 난민이 농촌에서 농지를 형성하고, 구호에서 탈피하여 농업 생산과 개발에 기여하는 주체가 될 것을 기대했다. 난민은 정부의 정책을 활용하면서 농지를 조성했고, 현실의 조건과 미래 전망에 따라 정착과 이주를 선택했다. 난민이 정착사업에 참여하고 농촌에 정착하거나 재이주하는 과정은 1950~60년대 국가를 재건하고 다층의 경계 속에서 국민이 형성되는 역동적인 변화였다.

부록

[부록 1] 피난민 분산 계획 요령(1950. 7. 10)[01]

一. 사회부 관계

1. 피난민 수용소 설치 - 각 도는 철도연선(鐵道沿線) 기타 필요개소에 해당된 피난민을 완전히 수용할 수 있도록 피난민 수용소를 화급 설치할 것

2. 피난민 증명서 교부 - 연고, 지인이 전무하고 사상이 온건한 피난민에 한하여 피난민 증명서를 교부할 것

3. 인솔 - 대전서부터 목적지까지 인솔할 것

4. 수용 - 피난민 증명서 소지자를 원칙으로 하여 수용하되 사상 온건 여부를 항상 심사 감시할 것

5. 급식 - 1인 1일당 2합식 급식할 것

6. 경리 - 본 예산 영달항목 이외의 지출을 절대 금하며 최소한도로 절약 적정을 기할 것

二. 농림부 관계

1. 양곡 공급 - 도 사회과 요구에 의한 피난민 수용에 필요한 양곡을 민속(敏速)히 공급하여 피난민 급식에 지장이 무하게 하되 양곡대금 지불이 즉시 불능 시에라도 지불가능 시까지 유예하여 양곡은 즉시 인도하도록 할 것

三. 국방부, 내무부 관계

1. 피난민 신분조사 및 피난민 증명서 교부 협력 - 불순분자를 제외하기

---

01   國防部, 『韓國戰亂一年誌』, 1951. 10. 15, C49~50쪽.

위하여 대전시에 들어오는 또는 대전수용소에 수용된 피난민의 신분을 세밀히 조사하여 사상 온건한 자에 한하여 피난민 증명서 교부에 협력할 것

2. 인솔 – 대전서부터 피난민의 승차 운송 도중의 질서를 유지하기 위하여 목적지까지 인솔할 것

3. 경비 – 대전수용소에 수용된 또는 각 도 피난민 수용소에 수용된 피난민의 질서를 유지하고 사상 불온자의 개입을 방지하기 위하여 피난민 수용소에 상시 주재 경비할 것

四. 교통부 관계

1. 운송 – 피난민의 목적지별 운송 요구가 유할 시에는 피난민 증명서 소지자에 한하여 조속히 무상운송할 것

五. 보건부 관계

1. 보건—피난민 환자는 각 의료기관을 동원하여 무료시료할 것

[부록 2] 피난민 구호 대책 요강(1950. 8. 24)[02]

1. 원칙

1) 피난민은 승리를 위한 일선 희생자이므로 정부와 민간은 협력하여 피난민 구호에 만전을 기하여야 한다.

2) 당분간의 정부행정은 작전수행을 제(除)한 외 피난민 구호에 중점을 둔다.

3) 각 부처의 유한(遊閒) 공무원을 구호사업에 전용(轉用)한다.

4) 관계기관으로부터 오는 구호 물자는 엄정 공평하게 분배함에 만전을 기한다.

5) 대구-영천-경주-포항 등 지점을 통한 직선의 이남 및 대구-경산-청도-밀양-창원의 제(諸)지점을 통한 선 이동(以東)의 지역 기타 완전한 지역 및 제주도 내에 피난민을 수용한다.

2. 조직: 피난민 수용소의 설치

1) 각 가정의 분포 2) 집단적 수용을 하는 경우에는 매 수용소의 정원은 최하 1만 명 최고 2만 명으로 함 3) 제1항 4)의 지역에[03] 피난민 전체 수효에 해당한 수용소를 설치

3. 피난민 수용소의 시설

1) 사회부 출장소 2) 보급소 3) 진료소 4) 영업관 주재소 5) 교육계몽반

---

02 「국무회의, 피난민 구호 대책 요강을 결정」, 『민주신보』 1950. 8. 26.

03 "제1항 5)의 지역에 (…)"의 오기로 보임.

4. 피난민 수용소 운영

1) 중앙에 중앙피난민구호위원회 구성

(1) 구성: 사회부·보건부·농림부·내무부

(2) 직능: A. 구호사업의 감독 감찰 B. 구호 대책의 수립 C. 구호 물자의 제1차 분배

2) 지방에는 지방피난민구호위원회

(1) 구성: 군수, 지방 유력인사 3명 내지 5명의 피난민 대표

(2) 직능: A. 당 구역 간의 수용소의 운영계획 수립 B. 수용소 생활의 개선책 수립 C. 구호 물자의 제2차 분배

(3) 매 수용소는 서울특별시·도·군·면·동 혹은 리·통·반으로 종적(縱的) 조직을 함.

[부록 3] 피난민 소개 및 구호요강(1950. 12. 15)[04]

1. 피난민 소개 원칙

1) 피난은 부녀자 및 남녀 노약자를 우선적으로 안전지대에 소개하는 것을 원칙으로 한다.

2) 비전투원이라 할지라도 전력을 가진 남녀는 최후까지 직장을 사수하되 최후 피난은 정부에서 이를 지시 발표한다.

3) 소개 방법 및 지시는 관계부처에서 이를 행하되 통일된 정부 방침에 의하야 발표한다.

4) 피난민의 소개는 안전지를 택하되 양곡 기타 구호 물자의 보급이 용이한 장소를 택한다.

5) 피난민 구호는 사회부가 이를 담당하되 별지 구호요강에 의하야 이를 시행한다.

6) 피난민이 통과할 도로 및 수용 장소는 별지 지시에 의하야 이를 실행한다.

7) 피난민 운송 기관은 기차 화물자동차 선박 급 우마차를 이용하되 부득이할 때는 도보로 소개한다.

8) 피난민의 신분조사 감찰은 국방부 및 내무부 소속 기관에서 이를 실행한다.

9) 피난민의 위생 의료 및 방역은 이를 보건부가 담당한다.

---

04 사회부, 「피난민 소개 및 구호 요강 송부에 관한 건」(1950. 12. 15), 『정부소개대책관계서류』, 1950(국가기록원, BA0852069).

(1) 피난민 통로 지시

1. 황해지구의 피난민은 선박을 이용하야 인천으로 경유 또는 직접 당진 및 서산으로 도착하야 홍성 경유 남하하여야 한다.

2. 이북 및 개성지구 피난민은 수색에서 소사를 경유 발안리를 통과하야 아산 이남 지정 도로를 남하하여야 한다.

3. 강원도 지구 피난민은 용인을 경유하야 온양에 지(至)하야 남하하여야 한다.

4. 기타 피난민은 지시 도로에 의하야 남하하되 국도 또는 군사도로는 일반 피난민의 통과를 불허한다.

(2) 피난 장소 지정

1. 국방부·내무부·사회부에서 합의 결정된 피난 장소에 소개하여야 한다.

2. 소개 장소는 4개 지구로 구분한다.

제1지구 - 경남북지구

제2지구 - 전남 일부 전북지구

제3지구 - 충남지구

제4지구 - 제주도지구

3. 각지 소개민은 그 이재지에 따라 지정장소로 소개하여야 한다.

1. 38 이북 피난민 - 충남과 전남북도

2. 서울과 경기지구 피난민 A. 일반 시민은 전남북도 B. 기타 피난민은 경상북도

(3) 피난 지구별 및 수용계획

피난민 지구별 및 수용인원은 약 2백만으로 예정하고 각 지방에 우선 배정한다. 단 충남지구를 조기 피난 지구로 정하고 영남과 제주지구를 최후의

피난 지구로 한다.

A. 충남지구 - 논산 대덕 공주 아산 홍성 청양 온양읍 대천 부여 당진 서천 예산

B. 호남지구 - 영암 외에 강진, 보성, 고흥으로도 가고, 장흥에도 배정되었다.

전라북도- 군산 김제 부안 남원 이리 전주 정읍

전라남도- 목포 여수 해남 진도 완도 강진 고흥 광주

C. 영남지구

경상북도 - 대구 경산 청도 영천 경주

경상남도 - 부산 울산 마산 고성 거제도 김해 사천 밀양 통영 남해 동래

D. 제주지구

2. 피난민 구호요강

1) 피난민 구호 실시는 이를 사회부에서 담당한다.

2) 요구호 대상자는 다음과 같다.

A. 남녀 노약자와 부녀자는 우선적으로 이를 구호한다.

B. 무의탁하야 자력으로 생활을 유지할 수 없는 자

C. 기타 요구호 대상으로 지정되는 자

3) 요구호 대상자가 집단적으로 형성되었을 때는 이를 수용소에서 입주시켜 공동 숙식을 행한다.

4) 피난민 구호 실시는 별지 규정에 의한다.

(1) 피난민증 발행 및 등록 실시

1. 피난민은 수하(誰何)를 막론하고 피난민증을 소지하여야 한다.

2. 피난민증 발행은 각도 사회국과 수용소에서 이를 한다.

3. 피난민 등록은 가급적 도·시·군 별로 구분된 수용소에 등록하여야 한다.

4. 등록에 완료치 아니한 자에는 규정된 물자를 배급하지 아니한다.

(2) 구호 실시 규정

요구호 대상자는 피난민 구호요강에 의한다.

A. 숙사

1. 피난민구호임시조치법에 의하야 입주 신청자에 한하야 일반주택과 공공건물에 입주할 수 있다.

2. 피난민 중 무주택자는 사회부에서 설치한 수용소에 수용할 수 있다.

B. 식량과 연료

1. 요구호 대상자는 1인당 1일 2합의 양곡을 무상공급한다.

2. 부식대로 매인당 1일 22~40엔을 지급한다.

3. 연료대로 매인당 1일에 30엔을 지급한다.

C. 조산비와 매장비

산모 조산비로 매인당 5,000엔, 사망자 매장비로 매인당 5,000엔씩을 지급한다.

D. 의류와 침구

구호 물자가 입수되는 대로 이를 배급한다.

E. 공동취사 및 숙사에 관한 세칙은 전기 각항에 의하야 따로이 정한다.

(3) 수용소 운영 요령

피난민 중 자력으로 생활을 유지할 수 없는 자를 집단구호하기 위하야 적당한 장소에 수용소를 설치하고 좌기 요령에 의하야 이를 운영한다.

1. 필요하다고 인정될 때는 사회부에서 수용소를 설치한다.

2. 수용소의 관리 및 운영은 도지사 및 특별시장이 이를 행한다.

3. 수용소의 설치비 및 운영비는 이를 중앙에서 지급한다.

4. 수용소의 설치는 주로 학교 극장 요리점 공장 기타 공공건물을 이용하되 별개로 신설할 수도 있다.

5. 수용소는 피난민 구호용 이외의 용도에 사용하지 못한다.

6. 수용소에 수용되어 있는 피난민은 가급적 도·시·군 별로 통반을 조직한다.

7. 수용소에 수용된 피난민은 질서를 유지하기 위하야 관 및 수용소 내 각급 책임자의 명령과 규약을 엄수하여야 한다.

8. 피난민의 보건을 위하야 위행 방역 및 의료 등 시설은 보건부와 연락 실시한다.

9. 피난민의 교화계몽을 위하야 신문지의 배부, 강연 및 이에 적합한 책자를 배부하고 위안의 방법을 강구한다.

10. 수용소에 수용한 자는 반드시 등록하고 피난민의 동태 및 구호 물자수급 및 경리 상황을 일보로서 소관관청에 제출하여야 한다.

11. 피난민 중 신분이 불명한 자 또는 제5열을 방지하기 위하야 수용소장은 수시로 경찰에 연락하여야 한다.

12. 수용자 중 노동할 수 있는 자는 전력 증강에 협조하여야 한다.

13. 수용자 중 제2국민병 해당자는 즉시 자진등록하고 군부지시에 응하여야 한다.

14. 기타 사항은 응시관의 지시와 수용소 자체의 창의에 의한다.

[부록 4] 피난민 복귀 및 복귀 후 조치 요령(1951. 3. 8)[05]

1. 복귀 지구

피난민 복귀지는 행정기능과 치안이 회복되었으며 복귀 후 구호 대책이 선 완전수복지구라야 하며 복귀는 정부 지시에 따라 질서 있게 하여야 한다.

2. 복귀 수속

복귀 피난민은 소지한 피난민증 또는 시민증에 피난지 시군수가 발행한 '귀향증'과 전염병 예방주사증을 가져야 한다. 단 '귀향증'은 피난민이 소지한 '피난민증' 또는 '시도민증'에 귀향증명인을 적의(適宜) 압날(押捺)하여 대용할 수 있다.

3. 복귀 순위

복귀는 혼란방지와 복귀지 완전수복을 고려하여 38 이남 원주민으로서 신 사태에 인한 남하 피난민을 우선 실시하고 6·25 이후에 남하한 피난민은 차위로 한다.

4. 복귀 통로

귀향 피난민은 군용도로 사용을 피하여 간도(懇到)를 취하되 집단 행로를 취하지 말고 분산귀향을 하여야 한다.

---

05 사회부, 「지방관회의지시사항」, 『특별지방관회의관계서류』, 1951(국가기록원 관리번호 BA0 135101).

5. 도중 구호

1) 피난민 중 요구호자로서 정부의 지정한 수용소에 현재 수용 구호를 받고 있는 피난민은 귀향 시 10일분 식량과 부식대금을 선급한다.

2) 피난민 통로 지역의 군수, 시장, 도지사는 관내 민간 단체와 일치 협력하여 관민 총동원으로서 피난민의 통로 지시 도중 급식, 숙사 등 제반 편의를 절대 제공하여야 한다.

6. 운송

정부는 앞으로 가능한 한 조속히 열차, 선박 등 운송기관을 동원하여 피난민 복귀에 편의를 도모할 방침이나 위선 피난민 각자가 편리한 방법으로 귀향에 최선을 다한다.

7. 복귀지의 구호 대책

1) 수복지구에 해당되는 서울특별시장, 각 도지사, 군수시장은 복귀지의 피해 실정을 지급 조사 파악하고 수용, 식량, 의료 기타 구호 대책을 사회부와 연락하여 지급히 강구하여야 한다.

2) 원주지에 복귀한 피난민 중 주거와 생활 능력을 상실한 자에 한하여 군·면 단위로 집단수용하고 구호를 계속하여야 한다.

8. 복귀 질서 유지

피난민의 무질서한 이동은 도중 혼란으로 군 작전에 지장이 있을 뿐만 아니라 도중 구호도 곤란함으로 복귀 목적지가 완전수복될 때까지는 현주지에 계속 체류하여 구호를 받을 것이며 피난지 시장, 군수는 '귀향증' 발행을 보류하여야 한다.

9. 복귀 후의 조치

1) 복귀 지구 행정관청은 복귀 원주민 중 요구호자를 계속 수용 구호하되 피해 실정과 요구호인원 수를 정밀히 조사하여 조속히 사회부에 보고하여야 한다.

2) 각도는 피난민 복귀에 따르는 이동 실태를 조속 정확히 파악하여 각 도 관내 시군별 피난민 증감 수요 구호자 증감 수를 사회부에 지급 보고하여야 한다.

[부록 5] 서울특별시 및 도 구호위원회 규정(1952. 10)[06]

1. 위원: 서울특별시 및 도 구호위원회는 좌기 인원으로써 구성한다.

A. 한국 측

(1) 각도(제주도 제외) 도지사, 문교사회국장, 사회과장, 보건과장, 양정과장, 지방유지 3인 이상

(2) 서울특별시 시장, 사회국장, 사회과장, 의약과장, 위생과장, 내무국장, 지방과장, 지방유지 3인 이상

(3) 제주도 도지사, 총무국장, 사회과장, 지방과장, 양정과장, 지방유지 3인 이상

B. UNCACK 측—팀 사령관, 후생관, 보건관, 공급관

2. 목적

A. 서울특별시 및 도 구호위원회는 사회부, 보건부 및 UNCACK 본부에서 공동으로 수립한 방침 및 지시에 의거하여 활동하고 건의하며 또한 결의하여야 한다.

B. 서울특별시 및 도 구호위원회의 직능은 여좌하다.

(1) 구호 대상자 및 소요 자금 물자 등의 조정에 관하여 서울특별시 및 도 관계당국에 대한 건의와 원조

(2) 구호 물자의 배정

(3) 사회부, 보건부 및 UNCACK 본부의 공동지시에 의거하여 구호 물자의 조작(操作), 배부, 기장, 경리 및 최종 수배자 점검 등에 관한 적절한 절차

---

06   사회부, 「서울특별시 및 각도 문교사회국장회의지시협의사항」, 『사회부』, 1952(BA0135127).

를 수립하고 실시함에 있어서의 서울특별시 및 도 관계당국에 대한 건의와 원조

(4) 구호 및 후생사업 실시 및 운영에 관한 감독

3. 직무

A. 구호 물자 도착 통보가 있을 시는 이를 배정하여 서울특별시 또는 도 내 전 요구호자에게 그 구호도에 의한 공정무사한 배급의 실시를 기할 것

B. (1) 서울특별시, 도 및 하부 행정 기관에 대한 현장점검 및 사무감독을 함으로써 구호 물자의 조작, 배정 및 경리 상황의 지도와 감독 (2) 구호 물자 최종 수배자의 점검

C. (1) 구호 대상 자격 및 구호도는 개인별로 이를 결정할 것 (2) 피구호 자의 구호의 필요 여부 및 구호도 여하를 정기적으로 적어도 월 1회 조사할 것 (3) 관계관서는 피구호자에 관한 소정의 기록을 비치하되 항상 갱신할 것 (4) 요구호자에 관한 정확한 통계자료를 수집하여 통계월보를 정리 작성 할 것 (5) 기증 구호 물자는 서울특별시 및 도 도착 즉시부터 최종 수배자에 배급될 때까지 기증물자에 관한 표시를 하여 각 수배자에게 주지시킬 것

D. 구호 및 후생사업 운영상황을 검토하여 그 조정 및 개선에 관한 건의 를 할 것

E. 구호 및 후생사업 관계법규 및 훈령 도수에 관하여 서울특별시 및 도 당국에 건의하고 원조할 것

F. 후생시설, 구호의료시설, 피난민수용소 및 기타 피난민 수용시설을 조 사하여 최소한도의 적당한 보호와 만족할 만한 생활상태가 유지되도록 할 것

G. 다음 사항에 대해 서울특별시 및 도 관계당국에 건의하고 원조할 것

(1) 피난 또는 세궁민의 자력자립, 인보상조 및 지방자원 활용의 장려 (2) 구호에 의존하고 있는 각종 난민이 생산상태에 복귀하여 자립할 수 있도록 하기 위한 정착사업계획의 추진

4. 권한

A. 회계 및 사무감사, 기타 특별조사 등을 포함하는 특수사무를 수행하기 위하여 위원 중에서 분과위원 또는 실행위원을 임명한다.

B. 구호 및 후생사업 전반에 의한 조사연구를 하여 서울특별시 및 도 당국 또는 언캑에 건의한다.

C. 재한 외국 민간 구호단체 및 민간 사회사업기관의 대표들과 긴밀한 연락을 취하여 구호사업의 원활을 기한다.

D. 필요하다고 인정할 때에는 외자청지방사무소장, 금련도지부장, 기타 필요한 자를 구호위원회에 초청한다.

E. 외국으로부터의 기증 구호 물자를 배정할 때는 재한 기관 대표를 구호위원회에 초청한다.

5. 운영 절차

A. 서울특별시 및 각 구호위원회의 의결은 다수결로 한다.

B. 서울특별시장 및 각 도지사를 구호위원회의 의장으로 한다.

C. 각 도 문교사회국장(서울특별시 사회국장 제주도 총무국장)을 부의장으로 한다.

D. 의장 및 부의장 공히 유고 시에는 위원 중에서 임시의장을 선정한다.

E. 서울특별시 및 각 도 구호위원회는 의장이 지정하는 장소 및 시일에 매주 1회 개회한다.

F. 특별한 경우 또는 위원 2인 이상의 요청이 있을 시는 의장은 임시회를 소집할 수 있다.

G. 구호위원회는 위원 2/3 이상 출석으로써 성립한다.

H. 위원회는 구호, 후생 및 보건 계획과 운영에 관련된 사항을 의사 일정에 포함시키도록 요구할 수 있다.

I. 의사 일정은 개회 벽두에 직접 다수결로 결의하여야 한다.

J. 의장 및 위원은 토의 안건에 관하여 동의할 수 있다.

K. 의장은 동의를 표결하기 전에 토의하도록 하여야 한다.

L. 구호 물자 배정 이외 안건에 관하여 가부 동수인 경우에는 의장이 이를 결정한다.

M. 구호 물자는 유엔 구호 계획에 관한 기정 방침 및 원칙에 의거하여 배정 결의하며 배급하여야 한다.

N. 회의록은 한미 양국문으로 작성하여야 한다. 의사 일정 각항에 관한 동의, 토의 및 결의 등 중요 사항만을 기록하여 부록을 작성할 수 있다. 회의록은 차기 회의에서 낭독 표결하여 통과하여야 한다. 결의된 회의록은 사회부, 보건부 및 언캑 본부에 1부씩 제출하여야 한다.

[부표 1] 지역별 난민정착사업장일람표(1959~1960)[07]

1) 경기도

연번	시군	읍면	동리	세대수	인원수	대표자	사업 종류
1	고양	송포	대화	300	1,890	李九鉉	농업
2	양평	청운	비룡	17	90	孫東鎬	〃
3	여주	능서	백석	216	1,325	鄭然養	〃
4	〃	북내	주암	100	640	李俊模	〃
5	〃	점동	덕평	140	487	閔丙醒	〃
6	안성	공도	만정	54	324	金學善	〃
7	〃	금광	개산	26	155	李昌華	〃
8	평택	팽성	신대	150	915	李錫慶	〃
9	〃	오성	창내	200	1,060	金春龍	〃
10	〃	포승	원정	140	874	李康煥	염전
11	〃	포승	홍원	380	2,242	車連弘	농업
12	〃	팽성	석봉	70	415	李鴻基	〃
13	〃	서탄	마두	125	742	金炯在	〃
14	〃	평택	동복	70	417	康承業	〃
15	〃	팽성	도두	120	665	邊完植	〃
16	〃	청북	삼계	120	662	朱龍奎	염전
17	〃	〃	고잔	100	550	姜錫琯	농업
18	〃	고덕	지곡	150	895	沈松英	〃
19	강화	강화	갑곶	26	128	金元植	〃
20	〃	〃	관청	72	222	朴昶陽	〃
21	〃	길상	초지	70	410	李元德	〃
22	화성	봉담	수영	115	712	李道相	〃
23	〃	안용	배양	123	695	崔華植	〃
24	〃	서신	장외	329	2,107	金鳳祚	염전

---

07 RG469, Unclassified Subject Files, ca. 1955~11. 3. 1961 [Entry P 319], (33) Resettlement & Assimilation 489-81-270 (Documentation) FY 58, Allocation of Earth Machine and Utility Mixers for the Resettlement and Assimilation Program, 1961. 9. 14.

연번	시군	읍면	동리	세대수	인원수	대표자	사업 종류
25	〃	송산	신천	104	605	李謙夏	〃
26	부천	소사	소사	45	238	黃周洽	농업
27	〃	영흥	내	48	332	朴寅武	〃
28	〃	소래	포	110	617	金鎭潛	〃
29	〃	영흥	외	98	595	李常秀	염전
30	〃	소래	신천	120	720	金鍾明	〃
31	〃	북도	신도	143	829	金完植	〃
42	김포	검단	오류	30	177	申鉉周	농업
43	〃	양촌	학운	225	1,121	崔玉植	〃
44	〃	월곶	고양	133	720	李元培	〃
45	〃	〃	웅정	30	177	李穆淵	〃
46	〃	〃	포내	90	521	金春亨	〃
47	〃	〃	귀전	25	147	金錫允	〃
48	〃	양촌	학운	150	898	金俊基	〃
49	〃	〃	누산	790	1,682	朴寅煥	〃
50	〃	월곶	포구곶	50	300	李時榮	〃
51	〃	검단	오류	50	287	金興善	〃
52	〃	월곶	용강	50	283	宋龍九	〃
53	파주	교하	상지석	360	2,212	金昌權	〃
54	〃	〃	야당	70	470	鄭在億	〃
55	〃	아동	금릉	164	903	張洪集	〃
56	〃	조리	장곡	130	750	韓興順	〃
57	〃	아동	금촌	178	935	尹明相	〃
58	옹진	백령	진촌	100	560	金奉玉	〃
59	광주	구천		64	372	朴齊宣	〃
60	양주	주내		180	1,050	孟斗鎬	〃
61	광주	동부		20	110	韓鳳汝	〃
62	부천	영종		228	1,305	金炯讚	염전
63	〃	덕적		85	460	李殷相	농업
64	광주	구천		133	720		〃
65	김포	양서		103	518	金燦泳	〃
66	평택	현덕		150	900		〃
67	옹진	백령		300	1,550		〃

연번	시군	읍면	동리	세대수	인원수	대표자	사업 종류
68	김포	대곶		150	820	金鍾龜	〃
69	부천	대부				金時仲	염전
70	파주	월롱		81	435	趙謹行	농업
71	〃	교하		70	385	朴南信	〃
72	안성	미양		45	219	張錫禧	〃
73	인천	선학		38	228	安龍俊	〃
74	평택	포승		130	780	李康均	염전
75	강화	교동		350	350		농업
76	시흥	수암		50	300	吳世晧	가축

* NARA에 소장된 원본 문서에 32~41번까지 누락이 있음.

2) 충청도

연번	시군	읍면	동리	세대수	인원수	대표자	사업 종류
1	서산	해미	읍내	1,299	7,672	千黃祿	농업
2	〃	〃	〃	50	295	〃	〃
3	〃	근흥	용신	450	2,575	鄭金山	〃
4	〃	인지	야당	55	323	張仁寬	〃
5	〃	대산	독곶	70	434	曺圭成	〃
6	〃	안면	승언	177	1,001	姜龍一	〃
7	홍성	홍성	소향	160	919	申景熙	〃
8	당진	우강	송산	185	1,375	韓Jong東	〃
9	〃	신평	신흥	110	648	李鴻氏	〃
10	〃	합덕	소소	193	1,416	金伯允	〃
11	〃	송산	가곡	70	360	鄭淳和	〃
12	〃	순성	동(본?)	28	175	成東戶	〃
13	〃	송악	범교(봉교?)	40	254	金幸治	〃
14	아산	선장	선창	98	549	金Yum鎭	〃
15	〃	둔포	운용	110	653	金泰元	〃
16	〃	영인	창룡	250	2,001	任冕植	〃
17	예산	덕산	읍내	77	462	金東祐	〃
18	〃	오가	원천	106	621	田彰鎭	〃
19	〃	봉산	효교	117	719	崔漢旭	〃

연번	시군	읍면	동리	세대수	인원수	대표자	사업 종류
20	〃	고덕	석곡	132	788	金昌吉	〃
21	〃	덕산	대치	44	336	沈在求	〃
22	공주	계룡	하대	234	1,608	李相烈	〃
23	〃	우성	쌍신	200	1,217	鄭台鉉	〃
24	〃	반포	온천	100	480	尹淳求	〃
25	대덕	진잠	남선	153	1,033	崔大吉	〃
26	논산	상월	석종	472	2,812	金京贊	〃
27	〃	연산	고양	366	2,286	金永佑	〃
28	〃	두마	정장	230	1,845	金昌模	〃
29	〃	가야곡	강청	234	1,455	韓在天	〃
30	〃	은진	교촌	50	296	金成用	〃
31	〃	노성	교촌	60	374	李在晥	〃
32	〃	양촌(벌곡?)	신양(신흥?)	107	529	金甲中	〃
33	서천	서	도둔	150	985	朴鳳雛	염전
34	보령	오천	원산도	120	612	金宗基	〃
35	예산	오가	원천	54	275	金敦善	농업
36	예산	신암		23	143	金東佑	〃
합계				6,374	39,526		

이상 충청남도

1	보은	산외	백석	30	159		농업
2	영동	황간	신탄	41	205		〃
3	〃	〃	난곡	30	168		〃
4	진천	이월	중산	50	250		〃
5	〃	〃	신월	165	391		〃
6	〃	〃	Mijang馬場	114	559		〃
7	음성	대소	오류	100	530		〃
합계				530	2,262		

이상 충청북도

3) 전라남도

	시군	읍면	세대수	인원수	사업 종류
1	광산	하남	50	250	농업
2	함평	함평	50	210	〃
3	〃	월야	50	270	〃
4	영암	서호	100	480	〃
5	〃	학산	50	260	〃
6	해남	해남	30	141	염전
7	〃	삼산	20	75	농업
8	〃	화원	50	216	〃
9	무안	도초	20	75	〃
10	〃	하의	40	191	〃
11	〃	압해	40	212	〃
12	광산	대촌	30	145	〃
13	광양	진상	40	201	〃
14	〃	옥룡	40	200	〃
15	담양	남	45	225	〃
16	승주(순천시)	서	30	143	〃
17	승주(순천시)	송광	30	152	〃
18	고흥	점암	75	370	〃
19	보성	득량	25	130	〃
20	화순	한천	60	295	〃
21	장흥	관산	60	305	〃
22	〃	안양	40	203	〃
23	해남	옥천	28	180	〃
24	〃	화산	40	210	〃
25	〃	송지	40	198	〃
26	〃	계곡	22	130	〃
27	영암	군서	185	872	〃
28	〃	미암	40	205	〃
29	〃	신북	45	214	〃
30	〃	삼호	30	142	〃
31	무안	도초	10	481	〃
32	함평	손불	30	141	〃

	시군	읍면	세대수	인원수	사업 종류
33	〃	대동	40	196	〃
34	〃	엄다	50	243	〃
35	〃	신광	30	146	〃
36	영광	군남	100	490	염전
37	〃	대마	30	146	농업
38	〃	군서	30	138	〃
39	담양	수북	32	160	〃
40	장흥	장평	20	98	〃
41	〃	유치	55	265	〃
42	나주	문평	32	170	〃
43	〃	다도	40	176	〃
44	함평	월야	30	150	〃
45	〃	대동	42	210	〃
합계			1,976	10,110	

4) 전라북도

	시군	읍면	세대수	인원수	사업 종류
1	완주	이서	200	1,007	농업
2	진안	주천	50	272	〃
3	〃	마령	50	281	〃
4	〃	백운	50	285	〃
5	〃	정천	50	275	〃
6	〃	부귀	40	228	〃
7	금산	Rakwon(제원?)	80	455	〃
8	〃	군북	50	290	〃
9	〃	부리	50	279	〃
10	〃	남일	50	291	〃
11	무주	설천	50	326	〃
12	〃	무풍	20	147	〃
13	〃	〃	50	331	〃
14	〃	〃	50	258	〃
15	장수	계남	50	268	〃

	시군	읍면	세대수	인원수	사업 종류
16	〃	장수	90	490	〃
17	〃	산서	30	180	〃
18	〃	계남	40	208	〃
19	〃	번암	40	260	〃
20	임실	관촌	70	450	〃
21	〃	관촌	75	415	〃
22	〃	Haechi(덕치?)	75	365	〃
23	남원	금지	100	652	〃
24	〃	〃	50	307	〃
25	〃	보절	50	296	〃
26	〃	〃	50	311	〃
27	〃	송동	60	395	〃
28	〃	Subaek (수지, 이백?)	50	299	〃
29	〃	운봉	50	315	〃
30	〃	남원	50	304	〃
31	〃	주천	50	209	〃
32	순창	순창	100	644	〃
33	정읍	진흥(감곡면 진흥리)	100	702	〃
34	〃	〃	50	343	〃
35	〃	화봉(감곡면 화봉리)	100	709	〃
36	〃	〃	100	704	〃
37	〃	내장	50	325	〃
38	고창	부안	100	538	〃
39	〃	고창	100	620	〃
40	〃	대산	100	523	〃
41	부안	동진	150	841	〃
42	〃	주산	150	873	〃
43	〃	하서	270	1,150	염전
44	김제	봉산	100	605	농업
45	〃	〃	200	1,235	〃
46	〃	용지	100	615	〃
47	〃	〃	200	1,221	〃
48	〃	백구	150	771	〃

	시군	읍면	세대수	인원수	사업 종류
49	〃	봉남	150	777	〃
50	〃	월촌	100	571	〃
51	〃	금구	100	583	〃
52	〃	Chungku	80	402	〃
53	〃	Kwangrok	100	561	〃
54	옥구	미	50	316	〃
55	〃	개정	50	310	〃
56	익산	황등	200	1,282	〃
57	〃	〃	250	1,359	〃
합계			5,020	29,029	

5) 경상북도

	시군	읍면	세대수	인원수	사업 종류
1	경주	동천	21	133	농업
2	의성	가음	20	145	〃
3	안동	북후	20	103	〃
4	〃	길안	20	100	〃
5	〃	일직	50	271	〃
6	〃	남후	25	141	〃
7	〃	월곡	40	225	〃
8	〃	녹전	40	214	〃
9	영양	영양	38	236	〃
10	월성(경주시)	안강	37	218	〃
11	〃	산내	27	153	〃
12	영천	영천	20	80	〃
13	〃	북안	20	83	〃
14	고령	개진	50	256	〃
15	〃	쌍림	30	152	〃
16	성주	수륜	70	383	〃
17	칠곡	왜관	65	382	〃
18	〃	칠곡	20	131	〃
19	〃	가산	40	259	〃

	시군	읍면	세대수	인원수	사업 종류
20	〃	석적	25	186	〃
21	〃	북삼	40	256	〃
22	〃	약목	54	249	〃
23	금릉(김천시)	감천	24	149	〃
24	〃	조마	31	352	〃
25	선산(구미시)	도개	22	139	〃
26	상주	모서	37	264	〃
27	〃	〃	31	167	〃
28	〃	외서	20	126	〃
29	문경	마성	71	436	〃
30	〃	문경	20	132	〃
31	〃	가은	24	131	〃
32	예천	감천	25	126	〃
33	〃	풍양	30	167	〃
34	〃	상리	29	174	〃
합계			1,136	6,719	〃

6) 제주도

	시군	읍면	세대수	인원수	사업 종류
1	남제주(서귀포시)	서귀포	100	456	농업
2	〃	〃	50	261	〃
3	제주(제주시)	아라리	20	98	〃
4	〃	신산동	20	102	〃
5	남제주(서귀포시)	남원	20	105	〃
6	제주(제주시)		50	256	〃
7	북제주(제주시)	조천	40	201	〃
8	〃	구좌	300	1,562	〃
합계			600	3,041	

[부표 2] 정착사업장별 흙벽돌 제조기 및 설비 할당(1961)

	시도	시군	읍면	동리/번지	받는 사람	구분
1	서울시	성북구	미아동		서울시장	'59 정착사업
2			상월곡동			"
3		마포구	망원동			"
4	경기도	인천시	주안동	273-4	인천시장	"
5				산 12-5		"
6			구산동	30	소년직업보도 소장	중앙 구호 M.P.Shop
7		고양군	중면	일산리	중면장	'59 정착사업
8		양주군	진건면	용정리	진건면장	"
9	강원도	춘천시	우두동		춘천시장	"
10		양양군	속초읍	척산리	속초읍장	자활정착사업
11	충청북도	청주시	사직동		청주시장	'59 정착사업
12	충청남도	대전시	성남동		대전시장	"
13		서산군	남면	신장리	남면장	"
14		대덕군	유성면	구암리	유성면장	"
15			유천면	두마리	유천면장	"
16		당진군	합덕면	소소리	합덕면장	축산 목장
17		논산군	두마면	종장리	두마면	
18	전라북도	전주시	금암동		전주시장	'59 정착사업
19		정읍군	정주읍	시기리	정주읍장	"
20		김제군	용지면	장신리	용지면장	축산 목장
21		군산시	해망동		군산시장	'59 정착사업
22	전라남도	광주시	학동		광주시장	"
23		광주시	광천면		광주시장	"
24		장흥군	안양면	사촌리	안양면장	"
25	경상북도	대구시	내당동		대구시장	"
26			평리동			"
27	경상남도	부산시	감만동		부산시장	"
28			연산동			"

* 출전: RG469, Unclassified Subject Files, ca. 1955 - 11.03.1961 [Entry P 319], (33) Resettlement & Assimilation 489-81-270 (Documentation) FY 58, LIST OF ASSIMILATION FOR ALLOCATION OF EARTH BLOCK MACHINE & UTILITY MIXERS, 1961.

[부표 3] 전라남도 난민정착사업장 현황(1963)〉

시군별	읍면동	리	사업장명	대표자 성명
광주	충효		금곡	김희호
	문화		문화	정봉린
고흥	도양	봉암	녹동	원창성
	금산	어전	금장	심인택
장흥	관산	옥당	옥당	박춘성
	대덕	회진	대덕	김형서
강진	도암	벌정	도암	박홍양
해남	해남	내사	내사	이경호
		성동	용전	변용세
무안	도초	수다	수다	서택환
	망운	피서	망운	이병민
영광	염산	송암	염산	이영택
보성	웅치	강산	봉산	표화용
	문덕	운곡	백암	
		용암	가천	
	득량	오봉	해평	

* 출전: 「난민정착사업 실시 상황 조사 조치」(1963. 10. 31), 전라남도 보성군 사회복지과, 『난민정착』(국가기록원 BA0121170).

[부표 4] 제주 법호촌 난민정착귀농단 단원 명부

현주소 (남제주군 서귀면)	세대주 성명	가족수	노동 능력자 수	가족 중 특기	본적
남성리	오○문	4	2		남제주군 서귀면 동홍리
호근리	현○규	7	3		남제주군 서귀면 호근리
하효리	이○식	4	3		평안북도 박천군
하효리	우○윤	3	2		평안북도 희천군
호근리	이○진	8	4		황해도 풍산군
호근리	김○작	6	2		남제주군
호근리	김○경	4	2		남제주군
호근리	허○부	5	2		남제주군
호근리	오○부	4	2		남제주군
법환리	강○운	9	3		남제주군
서귀리	정○운	4	2		경상도 남해군
서귀리	김○생	5	3		경상도 남해군
서귀리	박○복	5	2	목공	평안남도
서귀리	강○열	8	5		평안남도
서귀리	김○규	7	2	약초재배 경력	황해도
서귀리	강○해	5	2		서울특별시
서귀리	김○순	3	3	미싱	평안남도
서귀리	최○후	7	2	양? 축산	평안남도 순천군
서귀리	정○희	6	2		황해도
서귀리	이○선	6	1	古靴수선	전남 완도군
서귀리	정○규	6	2	약?	제주도
서귀리	정○익	5	2		평안북도
서귀리	정○심	3	2		평안북도
서귀리	박○식	5	2		전남 광주군
서귀리	김○구	6	2	약초재배 경력	황해도
서귀리	이○화	5	2		평안남도
서귀리	김○화	4	3		평안남도
호근리	박○순	4	2		전남 장성군
서귀리	황○택	3	2		황해도
서귀리	김○성	5	2		
서귀리	김○복	4	2		

서귀리	김〇우	6	3		
서귀리	박〇생	8	4		
서귀리	김〇옥	3	2		함경남도
서귀리	김〇순(여)	5	2		함경북도
서귀리	김〇종	4	4		함경남도
서귀리	김〇수	5	2		함경남도
서귀리	김〇종	5	3		함경남도
서귀리	김〇규	7	5		평안북도
서귀리	장〇인	3	3		평안북도
서귀리	김〇균	3	2		평안북도
서귀리	김〇희(여)	6	2		평안북도
서귀리	현〇애(여)	4	1		평안북도
서귀리	김〇자(여)	2	2		경기도
서호리	이〇혁	4	2		평안북도
서호리	강〇규	3	2		평안북도
서호리	김〇	2	2		평안북도
서귀리	오〇범	2	1		평안남도
서귀리	김?	6	3		함경북도
서귀리	김〇선	4	2		전라북도
서귀리	이〇	3	3		평안북도
서귀리	이〇열	5	1		평안북도
서귀리	함〇	4	1		평안북도
보목리	임〇실	2	1		평안남도
서귀리	송〇호	4	2		평안남도
서귀리	이〇순	2	2		평안남도
서귀리	김〇	2	2		평안남도
서귀리	박〇범	5	본?		평안남도
서귀리	방〇호	2	2		황해도
서귀리	최〇욱	6	4	상인	황해도
서귀리	이〇아(여)	6	2		황해도
서귀리	박〇(여)	6	2		경기도
서귀리	박〇익	9	4	상인	충청남도
서귀리	정〇생(여)	3	2		충청남도
서귀리	이〇원	1	1		충청남도

서귀리	김○	7	1		경상도
서귀리	강○국	5	3		경상도
서귀리	임○신(여)	6	1		함경남도
서귀리	조○구	4	2		평안북도
서귀리	고○열(여)	5	1		황해도
서귀리	안○삼	3	2		황해도
서귀리	김○범	5	2		함경남도
서귀리	이○	6	4		함경남도
서귀리	이○모	6	3		함경남도
서귀리	장○식	4	4		평안북도
서귀리	이○희	4	1		평안북도
서귀리	김○현	6	3		평안북도
서귀리	오○룡	9	4		함경남도
서귀리	오○룡	7	2		함경남도
서귀리	이○홍	6	3		평안북도
법환리	이○범	2	2		평안북도
서귀리	홍○규	2	1		경상도
서귀리	윤○이	7	2		전라북도
법환리	김○호	5	3		전라북도
서귀리	김○산	2	2		평안남도
서귀리	최○실	4	1		경상도
서홍리	이○순	1	1		경상도
서귀리	백○이	2	1		평안북도
서귀리	이○혁	4	2		함경북도
서귀리	김○수	3	1		평안북도
서귀리	이○규	4	3		황해도
서귀리	송○호	6	2		평안남도
서귀리	옥○실(여)	7	5		평안남도
토평리	김○한	5	2		평안북도
서귀리	백○정	6	4		평안북도
서귀리	박○석	6	2		충청남도
서귀리	홍○규(여)	1	1		경상도
서귀리	이○규(여)	5	1		강원도
서귀리	김○(여)	5	2		경상도

서귀리	신○화(여)	1	1		경상도
서귀리	황○기	1	1		경상도
서귀리	박○	6	2		경상도
중문리	김○현	9	3	목공	제주도
중문리	강○운	12	4		제주도
서귀리	이○우	12	5		
합계		105	503	238	

* 출전: 「남제주군 난민정착귀농단 단원 명부」, 『1469난민정착(4·3사건피해상항조사」, 1955 (국가기록원 BA0178704).

[부표 5] 전라남도 자조근로사업(간척) 현황(1969. 7. 25)

시군	읍면	동리	매립면적(정보)	PL480-3→PL480-2
목포	충무	눌도	10.2	전환
		달리	49.46	전환
광양	광양	도월	16	
여천	화정	개도	29.024	
	화양	옥적	26.64	
		가포*	7.3	
	삼일	묘도	18.22	
고흥	점안	양사	16.55	
	금산	신양	103	전환
	점암	여호	79.12	
	점암	강산	209.24	
	도양	신양	202.96	전환
		오마	1,081	전환
	동강	죽암	912	전환
	과역	오도	199	전환
		노일	1,006.53	전환
	포두	옥강	2,747	
	도화	구암	60.23	
	풍양	보천	40	
강진	도암	송학	25.6	
		대별	98.62	
		사초	59.55	
		만덕	317.86	전환
	칠량	장계	43.32	
		영복	275.80	
신안	지도	방축	31.5	
		선도	21.2	
		봉리	25.03	
	안좌	구대	572.65	
		산두	96.614	
	압해	하동서	92.43	전환
		상동서	160.78	

		대천	20	
	암태	오상	3.04	전환
		비견	8.21	
완도	금일	월송	49.66	
		차우	1.61	전환
	약산	해등	34.77	전환
진도	고군	벽파	11.6	
승주	해용	상내	120.84	
함평	손불	월천	56.18	
		석성	559.08	
	관산	신동	254.21	
장흥	대덕	대리	9	전환
		덕촌	5.02	전환
	용산	덕암	34.55	
	군남	옥실	202.8	
	백수	하사	8.66	
영광		약수	41.10	
	영산	월평	74.30	전환
		봉남	152.1	
	해제	유월	231.91	전환
		용학	380.61	전환
무안	망운	목동	48.03	전환
	현경	창포	1,511.36	전환
		평산	3.36	
	상향	대양	443.34	전환
	북평	신월	226.94	전환
해남	북평	이진	90.9	전환
	현산	백호	99	전환
	황산	한자	142	전환
합계		61개	15,463.918	25개 전환

* 출전: 전라남도, 「PL480-II 자조근로간척사업 현황」, 1969.7.25, 장흥군, 『간척사업관계철』(1), 22~27쪽.
* 가포: 현 지명으로 확인되지 않음.

[부표 6] 외국 민간 단체 원조 물자 수입 허가 규모(1952. 12. 1~1957. 4. 30)

단체	금액($)	단체	금액($)
한미재단 American Korean Foundation	1,006,016	제7일안식교회 Korea Union Mission 7th Day Adventist Church	466,879
호주장로교선교회 Australian Presbyterian Mission	217,300	적십자사연맹 League of Red Cross Societies	452,874
아시아재단 Asia Foundation	207,326	메리놀교단 Maryknoll Fathers	56,126
침례교선교회 Baptist Mission	127,823	메노나이트중앙위원회 Mennonite Central Committee	592,431
CARE	4,923,725	감리교선교회 Methodist Mission	469,051
기독교아동기금 Christian Children's Fund	70,989	천주교세계봉사회 National Catholic Welfare Conference	31,768,727
기독교문화교회 Christian Literature Society	93,259	동양선교회 Oriental Missionary Society	167,879
콜롬반기독교회 Columban Fathers	68,206	장로교선교회(인디애나주) Presbyterian Mission(Ind.)	84,966
영국교회 English Church Mission	95,259	북장로교선교회 Presbyterian Mission(Northern)	250,883
에반제리칼어리언스교단 Evangelical Alliance Mission	102,021	남장로교선교회 Presbyterian Mission(Southern)	181,567
하나님의교회 Foreign Service Committee Assemblies of God	170,793	아동복리연합회 Save the Children Federation	102,380
양친회 Foster Parents Plan for War Children	254,259	아동복리회 Save the Children Fund	1,364,671
친우회 Friends Service Unit	611,630	에반제리칼세계구호위원회 World Relief Com. of the Na. Assoc. of Evangelicals	134,832
기독교세계봉사회 Korea Church World Service	15,691,308	대한기독여자청년회 Y.W.C.A.	134,832
보건선교회 Korea Gospel Mission	113,240	기타	461,394

* 출전: 「救濟品—自進救護團體에 依한 輸入許可」, 『復興月報』 1-11, 1-57·8, 188~189쪽.
* 각 단체의 영문명은 「救濟品—自進救護團體에 依한 輸入許可」, 『復興月報』 2-8, 1957. 11, 41쪽.

참고 자료

1. 문헌 자료

1) 정부 기관 소장 자료

(1) 국가기록원 소장(자료명 뒤에 붙은 일련번호는 국가기록원 관리번호임)

『각의록』, 『각의상정안건철』, 『국무회의록』, 『국무회의상정안건철』.

경기도 옹진군 사회과, 『보건사회예규철』, 1961~1971(BA0175056).

경남 하동군 화개면, 『난민관계』, 1959~1960(BA0223248~BA0223251).

경북 경주시 총무국 회계과, 『중요재산관계철 3』, 1964(BA0047434).

경북 김천시 조마면, 『난민정착』, 1954(BA0746493).

국무총리비서실 총무비서관, 「제주도개발단사업보고서」, 『일반국정관계서류철』
  (BA0135103).

농림수산부 농어촌개발국 조성과, 『귀농정착관계철』, 1961~1963(BA0132517).

농림수산부 농어촌개발국 조성과, 『귀농정착사업장실태 조서』, 1965(BA0132529).

보건복지부 사회복지정책실 복지자원정책과, 『한국사회복지사업연합회관계』 (2-1)
  (001), (2-2)(002), 1962~1963(DA0578360).

사회부, 『정부소개대책관계서류』, 1950(BA0852069).

社會部, 『救護狀況月報』, 1951(BA0135071).

社會部, 『特別地方官會議關係書類』, 1951(BA0135101).

사회부, 『사회부』, 1952(BA0135127).

전남 광양시 농업기술센터 농업지원과, 『난민정착농지관계철』, 1962(BA0580167).

전남 보성군 사회과, 『난민정착』, 1964(BA0121170, BA0121173).

전남 화순군 사회복지과, 『난민정착사업관계철』, 1961(BA0052447).

제주도, 『1469난민정착(4·3사건피해상항조사』, 1955(BA0178704).

충남 논산시 상월면, 『난민정착사업장 농우관계서류』, 1959(BA003442).

충청남도 농정국 농업정책과, 『개간 사업 귀농정착』, 1961(BA0161351, BA0161352).

충청남도 서산시 건설도시국 건설과, 『귀농정착』, 1961(BA0057750).

충청남도 서산시 행정지원국 회계과, 『자활정착 모월 지구 매각 추진』, 1992(BA0652518).

충청남도 서산시 총무국 회계과, 『자조근로』, 1968(BA0057880).

(2) 국립중앙도서관 소장

RG 554, Korean Communications Zone, Adjutant General Section, General Subject Correspondence Files 1952 series, 41 Resettlement of farmers.

RG 554, Korean Communications Zone, Adjutant General Section, General Subject Correspondence Files 1952 series, 44 Reports ROK-UNCACK Resettlement Committee.

RG 554, United Nations Civil Assistance Command Korea, Adjutant General Section, General Correspondence(Decimal Files), 1951~55 Series, 334 ROK-UNCACK Resettlement Committee.

RG 554, United Nations Civil Assistance Command Korea, Adjutant General Section, General Correspondence(Decimal Files), 1951~55 Series, 383.7 Resettlement & Assimilation of Refugees.

RG 554, United Nations Civil Assistance Command Korea, Adjutant General Section, General Correspondence(Decimal Files), 1951~55 Series, 383.7 Resettlement of Displaced Farmers.

UNC, Civil Assistance and Economic Affairs-Korea 1951. 7. 1~1952. 6. 30, 1952. 7. 1~1953. 6. 30, 1953. 7. 1~1954. 6. 30, 1954. 7. 1~1955. 6. 30.

(3) 국사편찬위원회 소장

① 미국 국립문서기록관리청(NARA) 소장 자료

RG 469, Entry P319, (12) Building Materials for Resettlement and Assimilation Projects - FY 56 Pipeline.

RG 469, Entry P319, (23) Community Assimilation & Economic Development FY 54.

RG 469, Entry P319, (33) Resettlement & Assimiliation 489-81-270 (Documentation) FY 58.

RG 469, Entry P319, (35) Resettlement & Assimilation 489-81-270 FY 57 Documentation.

RG 469, Entry P319, (36) Resettlement & Assimiliation 489-89-270 FY 56 Documentation.

RG 469, Entry P319, 326 Community Development Regulation 1959 & 1960.

RG 469, Entry P319, FY 59 Community Assimilation & Economic Development 81-519.

RG 469, Entry P319, FY 60 Refugee Economic Assimilation 489-81-59.

RG 469, Entry P319, FY 61 Refugee Economic Assn. 81-519.

RG 469, Entry P319, FY 62 Refugee Economic Assn. 489-81-519.

RG 469, Entry P319, Miari Project; Miari Assimilation Project.

RG 469, Entry P319, Resettlement & Assimilation - '57 Program.

② 지역사 수집 자료

『대양학원, 평택시 팽성읍 신대리 및 도두리 주민 간 토지 소유권 분쟁 관련 자료』(06-경기-평택-팽성읍-개인1-001).

③ 장흥군청 소장 자료

『간척사업관계철』(1), 1973.

『난민정착사업용농우』(1), 1960.

『난민정착농우관계철 I』(1)·(2), 1968~1969.

『난민정착농우관계철 II』(1)~(3), 1965, 1970.

『농지분배관계철』(1)~(3), 1965~1966.

『대덕자조정간사업장조성농지분기개인별사정부』(1), 1966.

『농지분배』(1)~(4), 1965~1968.

『예규(인보, 지역개발)』(1), 1961~1968.

④ 간행 자료
『구술사료선집 23: 이주와 정착―1950~60년대 농촌 정착사업 참여자의 경험』, 2016.
『국사편찬위원회 수집 미국 NARA자료 편람』, 2014.
『자료대한민국사』.

⑷ 온라인 제공

국가법령정보센터(http://www.law.go.kr).

국가보훈처 나라사랑광장(http://mpva.go.kr/narasarang).

국가통계포털(http://kosis.kr).

국사편찬위원회 한국사데이터베이스(http://db.history.go.kr).

국사편찬위원회 전자사료관(http://archive.history.go.kr).

국회회의록시스템(http://likms.assembly.go.kr).

대한민국헌정회(https://www.rokps.or.kr).

제주4·3아카이브(43archives.or.kr).

한국학중앙연구원, 『한국민족문화대백과사전』, 『한국향토문화전자대전』.

한국학중앙연구원 월남민 구술생애사 조사연구(http://waks.aks.ac.kr/rsh/?rshID=AKS-
        2014-KFR-1230004)

유엔난민기구(https://www.unhcr.or.kr).

2) 정부, 유엔 보고서 및 기관지

국가인권위원회, 『서산개척단 사건 실태파악 및 피해자 구제방안 마련 연구』, 2019.
국가재건최고회의, 『최고회의보』, 1961~1963.
국민권익위원회, 『국유지 무상 불하 또는 저리 장기 분할 상환 방식 불하 요구 등』(민
        원표시 2BA-1011-044628), 2011. 8.
國防部, 『韓國戰亂一年誌』, 1951. 10. 15.
國防部, 『韓國戰亂二年誌』, 1952. 4. 20.
農林部, 『韓國農政二十年史』, 1965.
The United Nations High Commissioner for Refugees, Agenda for PROTECTION, 2003(국가
        인권위원회 옮김, 『난민보호의제』, 2007).
保健社會部, 『國政監査資料』, 1956.

保健社會部, 『國政監査答辯書』, 1957.

保健社會部, 『國政監査資料』, 1958.

保健社會部, 『國政監査資料』, 1959.

보건사회부, 『한국아동복지사업 4282~4291(1949~1958)』, 1958.

보건사회부, 『단기四二九二년도 보건사회행정연보』, 1959.

보건사회부, 『보건사회통계연보』, 1955~1970.

보건사회부, 『부랑아보호선도사업계획』, 1961.

保健社會部, 『保健社會白書』, 1965.

보건사회부, 『사회복지장기계획(시안)』, 1969.

復興部, 『復興白書』, 1957.

부흥부, 『부흥월보』, 1956~1960.

부흥부지역사회개발중앙위원회, 『지역사회개발』 1, 1960. 4.

서울特別市史編纂委員會, 『서울特別市史: 解放後 市政編』, 1965.

제주4·3사건 진상규명 및 희생자명예회복위원회, 『제주4·3사건진상조사보고서』, 2003.

제주4·3사건 진상규명 및 희생자명예회복위원회, 『제주4·3사건추가진상조사보고서』 I, 2019.

行政改革調査委員會, 『干拓事業의 改善을 爲한 調査報告書』, 1965. 11. 30.

3) 지역 간행 자료

(사)여수지역사회연구소, 『다시 쓰는 여순사건 보고서』, 한국학술정보, 2014.

장흥문화원(http://www.jhculture.or.kr).

長興文化院, 『大德邑誌』, 1996.

長興文化院, 『冠山邑誌』, 2009.

진도 안농 마을 역사관(전남 진도군 군내면 둔전리 안농 마을 소재) 전시 패널.

河東郡誌編纂委員會, 『河東郡誌』 上, 1996.

花開面誌編纂委員會, 『花開面誌』 上, 2002.

4) 언론 및 학술지

『국도신문』, 『경제신문』, 『경향신문』, 『동아일보』, 『독립신문』, 『동광신문』, 『매일경제』,

『민주신보』, 『부산일보』, 『서울신문』, 『세계일보』, 『신동아』, 『여원』, 『영암신문』, 『연합신문』, 『자유신문』, 『조선일보』, 『제주도』, 『제주신보』, 『제주의소리』, 『제주일보』, 『주간희망』, 『주택』, 『주택금융』, 『지방행정』, 『충청투데이』, 『평화신문』, 『한국농어민신문』, 『한겨레』, 『한성일보』, 『한라일보』.

5) 자서전(자전 소설) 및 회고록

김시종 지음, 윤여일 옮김, 『조선과 일본에 살다』, 돌베개, 2016.

金春三, 『나는 이렇게 살아왔다』, 文佑社, 1986.

김춘삼, 『거지왕 김춘삼 1~3』, 열림원, 1991.

Dean E. Hess, *Battle Hymn*, 1987(이동은 옮김, 『신념의 조인』, 도서출판 플래닛미디어, 2010).

Russell L. Blaisdell , John P. Kennedy, *Father of a Thousand-Kids of the Korean War*, 2007(충현원을 사랑하는사람들 옮김, 『1,000명의 아버지』, 충현원, 2011).

李乙植, 『全南道政의 回顧』, 竹軒 李乙植 先生 古稀記念 事業會, 1981.

이청준, 『당신들의 천국』, 문학과지성사, 2012.

정지아, 『아버지의 해방일지』, 창비, 2022.

차길진, 『빨치산 토벌대장 차일혁의 수기』, 기린원, 1990.

차길진, 『또 하나의 전쟁』, 후아이엠, 2014.

華國亮, 『거지왕 金春三』, 三亞出版社, 1971.

黃溫順文集刊行委員會, 『天聲을 받들어 九十年』, 도서출판 해돋이, 1992.

현기영, 『순이 삼촌』, 창작과비평사, 2006.

6) 연구

(1) 단행본 및 박사학위 논문

① 국내

강인철, 『전쟁과 종교』, 한신대학교출판부, 2003.

Tai Hwan Kwon, *Demography of Korea: population change and its components, 1925~66*, Seoul National University Press, 1977.

권혁태·조경희·이정은·이승희·박사라·차승기·전갑생·현무암·김귀분·고화정, 『주권의 야만―밀항, 수용소, 재일조선인』, 한울엠플러스, 2017.

기광서·김보영·양영조·오보경·이선우·정병준·한모니까·황윤희, 『한국전쟁기 남·북
한의 점령 정책과 전쟁의 유산』, 선인, 2014.

김경학·박정석·염미경·윤정란·표인주, 『전쟁과 기억―마을 공동체의 생애사』, 한울
아카데미, 2005.

김경현·김귀옥·김진환·김현선·심규상·오유석·윤택림·이용기·조은, 『구술사로 읽는
한국전쟁』, 휴머니스트, 2011.

김귀옥, 『월남민의 생활 경험과 정체성』, 서울대출판부, 1999.

김귀옥, 『구술사 연구―방법과 실천』, 한울아카데미, 2014.

김귀옥·조은·이임하·김동환·강우성·이태주·윤충로, 『전쟁의 기억 냉전의 구술』, 선
인, 2008.

김동춘, 『전쟁과 사회』, 돌베개, 2006.

김득중, 『빨갱이의 탄생』, 선인, 2009.

김보영, 『전쟁과 휴전』, 한양대학교출판부, 2016.

김성보, 『남북한 경제구조의 기원과 전개』, 역사비평사, 2000.

김성보·김세림·차철욱·김아람·양정필·이준희·이봉규·김선호·한성훈·윤정란, 『분단
시대 월남민의 사회사―정착, 자원, 사회의식』, 혜안, 2019.

김아람·이동원·황윤희·이은희·소현숙·김선호·오보경, 『6·25전쟁과 1950년대 서울의
사회변동』, 서울역사편찬원, 2018.

김영미, 『그들의 새마을운동』, 푸른역사, 2009.

김원, 『박정희 시대의 유령들』, 현실문화, 2011.

김재형, 『질병, 낙인―무균사회와 한센인의 강제격리』, 돌베개, 2021.

김태우, 『폭격―미공군의 공중 폭격 기록으로 읽는 한국전쟁』, 창비, 2013.

김태우, 『냉전의 마녀들』, 창비, 2021.

노영기, 『1945~50년 한국군의 형성과 성격』, 성균관대 사학과 박사학위 논문, 2008.

노용석, 『국가폭력과 유해 발굴의 사회문화사』, 산지니, 2018.

대한사회복지회 50년사 편찬위원회, 『나눔, 그 아름다운 삶―대한사회복지회 50년사』,
사회복지법인 대한사회복지회, 2004.

박명림, 『한국 1950, 전쟁과 평화』, 나남, 2002.

박소연, 『물신 신고 태평양을 건널거나』, 도서출판 한겨레, 1987.

박찬승, 『마을로 간 한국전쟁』, 돌베개, 2010.

박태균, 『원형과 변용』, 서울대출판부, 2007.

夫萬根, 『光復濟州 30年』, 文潮社, 1975.

서중석·김학재·이임하·강성현·양정심, 『전장과 사람들』, 선인, 2010.

서중석·김득중·강성현·이임하·김학재, 『전쟁 속의 또 다른 전쟁』, 선인, 2011.

신기철, 『한국전쟁과 버림받은 인권』, 인권평화연구소, 2016.

양재진·김영순·조영재·권순미·우명숙·정흥모, 『한국의 복지정책 결정과정—역사와 자료』, 나남, 2008.

양정심, 『제주4·3항쟁—저항과 아픔의 역사』, 선인, 2008.

역사문제연구소 민중사반, 『민중사를 다시 말한다』, 역사비평사, 2013.

역사문제연구소 민중사반, 『민중 경험과 마이너리티—동아시아 민중사의 새로운 모색』, 경인문화사, 2017.

오미일, 『근대 한국의 자본가들』, 푸른역사, 2014.

유상수, 『1960년대 민주당 정부의 국토건설사업 연구』, 한성대 사학과 박사학위 논문, 2019.

유진·강석구·박경구·김아람, 『과거사 청산을 위한 국가폭력 연구—노역동원을 중심으로 I. 1960년대 초법적 보안처분과 국토건설사업』, 한국형사정책연구원, 2019.

윤정란, 『한국전쟁과 기독교』, 한울아카데미, 2015.

윤택림, 『인류학자의 과거여행—한 빨갱이 마을의 역사를 찾아서』, 누리미디어, 2008.

윤택림, 『구술로 쓰는 역사—미수복 경기도민의 분단과 이산의 삶』, 아르케, 2016.

이대근, 『解放後·1950年代의 經濟』, 2002.

이봉규, 『1960년대 한국 사회과학계의 인간 관리·개발 담론』, 연세대 사학과 박사학위 논문, 2022.

이연식, 『조선을 떠나며—1945년 패전을 맞은 일본인들의 최후』, 역사비평사, 2012.

이용기, 『19세기 후반~20세기 중반 洞契와 마을자치—전남 長興郡 蓉山面 語西里 사례를 중심으로』, 서울대 국사학과 박사학위 논문, 2007.

이임하, 『여성, 전쟁을 넘어 일어서다』, 서해문집, 2004.

이임하, 『전쟁미망인, 한국 현대사의 침묵을 깨다』, 책과함께, 2010.

이임하, 『전염병 전쟁—한국전쟁과 전염병 그리고 동아시아 냉전 위생 지도』, 철수와영희, 2020.

이준희, 『북한의 '사회주의 상업' 체계 형성(1945~1958)』, 연세대 사학과 박사학위 논문,

2022.

이하나, 『'대한민국', 재건의 시대(1948~1968)』, 푸른역사, 2013.

이현진, 『미국의 대한경제원조정책 1948~1960』, 혜안, 2009.

정병준, 『한국전쟁—38선 충돌과 전쟁의 형성』, 돌베개, 2006.

정용욱, 『미군정 자료 연구』, 선인, 2003.

정진아, 『한국 경제의 설계자들—국가주도 산업화 정책과 경제 개발 계획의 탄생』, 역사비평사, 2022.

최인기, 『가난의 시대』, 동녘, 2012.

최정기·정호기·최호림·김권호·노영기·양라윤·박현정, 『전쟁과 재현—마을 공동체의 고통과 그 대면』, 한울아카데미, 2008.

카바 40년사 편찬위원회, 『외원 사회사업 기관 활동사—외국 민간 원조 기관 한국연합회 40년사』, 1995.

표인주·염미경·박정석·윤형숙·김동춘·김용의·김봉중·김경학, 『전쟁과 사람들—아래로부터의 한국전쟁연구』, 한울아카데미, 2010.

한국사회복지협의회, 『복지한국 향한 희망의 대장정—한국사회복지협의회 55년사』, 2007.

한국사회학회, 『한국전쟁과 한국사회 변동』, 풀빛, 1992.

한국역사연구회 현대사분과, 『(역사학의 시선으로 읽는) 한국전쟁—사실로부터 총체적 인식으로』, 휴머니스트, 2010.

한국지명유래집, 『한국지명유래집 경상편』, 진한엠앤비, 2015.

한모니까, 『한국전쟁과 수복지구』, 푸른역사, 2017.

한성대학교 사회과학연구원 전쟁과평화연구소, 『동아시아, 전쟁의 기억과 평화 공동체』, 한성대학교, 2008.

한성훈, 『가면권력』, 후마니타스, 2014.

한성훈, 『학살, 그 이후의 삶과 정치』, 산처럼, 2018.

허병식·홍양희·박선주·오경환·권은혜·김아람·김청강, 『고아, 족보 없는 자』, 책과함께, 2014.

허은, 『미국의 헤게모니와 한국 민족주의』, 고려대학교민족문화연구원, 2008.

허은, 『냉전과 새마을—동아시아 냉전의 연쇄와 분단국가체제』, 창비, 2022.

홍성찬 편, 『농지개혁연구』, 연세대학교출판부, 2001.

洪性囿, 『韓國經濟와 美國援助』, 博英社, 1962.

홍정완, 『한국 사회과학의 기원—이데올로기와 근대화의 이론 체계』, 역사비평사, 2021.

② 국외

매튜 데스몬드, 황성원 옮김, 『쫓겨난 사람들』, 동녘, 2016.

미셸 푸코, 박정자 옮김, 『비정상인들』, 동문선, 2001.

미셸 푸코, 박정자 옮김, 『사회를 보호해야 한다』, 동문선, 1998.

스베틀라나 알렉시예비치, 박은정 옮김, 『전쟁은 여자의 얼굴을 하지 않았다』, 문학동네, 2015.

스베틀라나 알렉시예비치, 연진희 옮김, 『마지막 목격자들—어린이 목소리를 위한 솔로』, 글항아리, 2016.

조르조 아감벤, 박진우 옮김, 『호모사케르—주권 권력과 벌거벗은 생명』, 새물결, 2008.

한나 아렌트, 박미애·이진우 옮김, 『전체주의의 기원』 1, 한길사, 2006.

Alexander Betts edited, *Global Migration Governance*, Oxford: Oxford University Press, 2011.

Alexander Betts and Gil Loescher edited, *Refugees in International Relations*, New York: Oxford University Press, 2011.

Alexander Betts, Gil Loescher and James Milner, *UNHCR: The Politics and Practice of Refugee Protection*, Second Edition, London: Routledge, 2012.

Gil Loescher and Laila Monahan edited, *Refugees and International Relations*, Oxford: Clarendon Press, 1990.

Giorgio Agamben, *Means without End*, London: University of Minnesota Press, 1996.

Lori Watt, *When empire comes home : repatriation and reintegration in postwar Japan*, Harvard University Asia Center, 2009.

Peter Gatrell, *War and Population Displacement in East Asia, 1937-1950, The Making of the Modern Refugee*, Oxford: Oxford University Press, 2013.

(2) 논문

강인철, 「미군정기 남한 유입 인구의 사회인구학적 분석과 정치적 효과」, 『미군정기 한국의 사회 변동과 사회사』 I, 한림대 아시아문화연구소, 1999.

곽경상, 「5·16 군정기 군사정부의 지방정책과 정치·행정구조 개편」, 『역사와현실』 92, 2014.

權哲賢,「韓國地域社會開發의 戰略에 關한 事例研究—都市貧民의 歸農定着化政策을 中心으로」, 연세대 행정학과 석사학위 논문, 1974.

권혁태,「강제수용과 병역거부—재미 닛케이진과 『노노보이』의 세계」, 『역사비평』 134, 2021.

김도형,「식민지 시기 재만 조선인의 삶과 기억」, 『동방학지』 144, 2008.

김두섭,「미군정기 남한 인구의 재구성」, 『미군정기 한국의 사회 변동과 사회사』 I, 한림대 아시아문화연구소, 1999.

김성보,「李承晩政權期(1948. 8~1960. 4) 糧穀流通政策의 추이와 農家經濟 변화」, 『한국사연구』 108, 2000.

김성보,「1945~50년대 농촌사회의 권력 변화—충청북도의 面長·面議員 분석을 중심으로」, 『역사와담론』 35, 2003.

김성보,「1950년대 이승만 정권의 농정과 농업 문제의 성격」, 『인문학지』 29, 2004.

김성보,「1900~50년대 鎭川郡 梨月面의 토지소유와 사회 변화」, 『한국사연구』 130, 2005.

김성보,「전쟁과 농업협동화로 인한 북한 농민생활의 변화」, 『동방학지』 143, 2008.

김성보,「남북 국가 수립기 인민과 국민 개념의 분화」, 『한국사연구』 144, 2009.

김성보,「남북분단의 현대사와 개성(開城)—교류와 갈등의 이중 공간」, 『학림』 31, 2010.

김성보,「1960년대 남북한 정부의 ‘인간개조’ 경쟁」, 『역사와실학』 53, 2014.

김성보,「비판적 한반도학의 시각으로 본 북조선 연구—탈분단시대 지역학의 탐색」, 『동방학지』 190, 2020.

김세림,「1950년대 공주 유구 지역의 피난민 정착촌 형성과 직조업」, 『학림』, 42, 2018.

김아람,「5·16 군정기 사회정책—아동복지와 ‘부랑아’ 대책의 성격」, 『역사와현실』 82, 2011.

김아람,「가족이 짊어진 구호와 자활」, 『역사문제연구』 33, 2015.

김예림,「‘배반’으로서의 국가 혹은 ‘난민’으로서의 인민—해방기 귀환의 지정학과 귀환자의 정치성」, 『상허학보』 29, 2010.

김은희,「제주 4·3 시기 ‘전략촌’의 형성과 주민생활」, 『역사민속학』 23, 2006.

金辰,「고아입양특례법」, 『법학』 4, 서울대학교법학회, 1962.

金春善,「광복 후 중국 동북 지역 한인들의 정착과 국내 귀환」, 『한국근현대사연구』 28, 2004.

김학재,「1950년대 국가권력과 행정말단기구—국민반을 통한 감시와 동원」, 『역사연구』14, 2004.

김현정, 「1945~60년 월남 개신교인의 현실인식과 통일론」, 이화여대 사회과교육과 석
　　사학위 논문, 2010.

남찬섭, 「한국의 60년대 초반 복지제도 재편에 관한 연구─1950년대와의 관련성을 중
　　심으로」, 『사회복지연구』27, 2005.

노영기, 「여순사건과 구례」, 『사회와 역사』68, 2005.

박은영, 「한국 원호정책의 전개와 정치적 활용(1948~1963)」, 연세대 사학과 석사학위
　　논문, 2016.

박해남, 「한국 발전국가 시기 사회정치와 부랑인의 사회적 배제」, 『민주주의와 인권』
　　19(4), 2019.

박홍근, 「사회적 배제의 형성과 변화」, 『사회와 역사』108, 2015.

서준석, 「1950년대 후반의 자유당 정권과 '정치깡패'」, 성균관대 사학과 석사학위 논문,
　　2011.

소현숙, 「경계에 선 고아들─고아 문제를 통해 본 일제시기 사회사업」, 『사회와역사』
　　73, 2007.

소현숙, 「황국신민으로 부름 받은 '집 없는 천사들'」, 『역사비평』82, 2008.

소현숙, 「전쟁고아들이 겪은 전후」, 『한국근현대사연구』84, 2018.

宋柱仁, 「韓國의 難民定着事業과 家內手工業에 關한 考察」, 서울대 행정대학원 석사
　　학위 논문, 1961.

신지영, 「수용소 이후의 수용소와 인종화된 식민주의」, 『역사비평』134, 2021.

양영조, 「북한의 남한 점령기 민간인 학살─한국 정부와 미군(KWC) 조사 기록의 비교
　　를 중심으로」, 『한국전쟁기 남·북한의 점령 정책과 전쟁의 유산』, 선인, 2014.

吳有權, 「김형서 선생─지도를 바꾼 간척왕」, 『막사이사이賞 受賞者들의 외길 한평
　　생』, 獎學社, 1981.

尹欽, 「KAVA의 활동」, 『社會福祉』11, 1958. 8.

오제연, 「4월혁명의 기억에서 사라진 사람들─고학생과 도시하층민」, 『역사비평』106,
　　2014.

예지숙, 「일제시기 조선에서 부랑자의 출현과 행정당국의 대책」, 『사회와역사』107,
　　2015.

이상록, 「경제제일주의의 사회적 구성과 '생산적' 주체 만들기」, 『역사문제연구』25,
　　2011.

이상의, 「한국전쟁 이후의 노무동원과 노동자 생활」, 『한국사연구』 145, 2009.

이선아, 「여순사건 이후 빨치산 활동과 그 영향」, 『역사연구』 20, 2011.

이세영, 「해방~한국전쟁기 인천 지역 월남민의 정착과 네트워크 형성」, 『동방학지』 180, 2017.

이소영, 「"건전사회"와 그 적들―1960~80년대 부랑인 단속의 생명정치」, 『법과 사회』 51, 2016.

이용기·김광미, 「주한미군 정보보고서(G-2 보고서)에 나타난 미군정기 귀환·월남민의 인구이동 규모와 추세」, 『한국역사연구회회보』 32, 1998.

이영환, 「미군정기 전재민 구호 정책의 성격 연구」, 서울대 석사학위 논문, 1989.

이연식, 「해방 직후 해외동포의 귀환과 미군정의 정책」, 서울시립대 국사학과 석사학위 논문, 1998.

이연식, 「해방 직후 서울로 유입된 귀환동포의 주택 문제」, 『전농사론』 9, 2003.

이연식, 「전후 해외 귀환자에 대한 한일 양국의 지원법 비교연구」, 『근현대 한일관계의 제 문제』, 동북아역사재단, 2010.

이연식, 「해방 직후 '우리 안의 난민·이주민 문제'에 관한 시론」, 『역사문제연구』 35, 2016.

이주실, 「1950년대 후반 실업 문제의 대두와 이승만 정부의 실업대책」, 고려대학교 사학과 석사학위 논문, 2011.

이현주, 「해방 후 인천 지역의 戰災同胞 귀환과 사회변화」, 『인천학연구』 4, 2005.

이홍석, 「1960년대 전반 탄광촌의 현실과 탄광노동자의 대응」, 연세대 사학과 석사학위 논문, 2008.

임송자, 「민주당 정권기 국토건설사업의 추진 과정」, 『사림』 46, 2013.

임송자, 「1961년 5·16 이후 국토건설사업과 국토건설단 운영 실태」, 『한국근현대사연구』 67, 2013.

임송자, 「여순사건 이후 선무공작을 중심으로 본 지리산 지구의 빨치산 진압」, 『한국근현대사연구』 81, 2017.

임송자, 「한국전쟁기 전남 지역 빨치산 활동과 지역민」, 『동북역사논총』 67, 2020.

임송자, 「여순사건 연구의 현황과 쟁점, 그리고 과제」, 『남도문화연구』 42, 2021.

임송자, 「제주4·3과 냉전 공간―제주4·3수용소를 중심으로」, 『성균관대 동아시아역사연구소·수선사학회 2022 추계학술대회 자료집』, 2022.

장미현, 「1960~70년대 산업재해보상보험제도의 시행과 산재(産災)노동자의 대응」,

『사림』 50, 2014.

장미현, 「1950년대 기술인력 양성책의 추진과 한계」, 『사림』 81, 2022.

장석흥, 「해방 후 귀환 문제 연구의 성과와 과제」, 『한국근현대사연구』 25, 2003.

정수남, 「1960년대 '부랑인' 통치 방식과 '사회적 신체' 만들기」, 『민주주의와 인권』 15(3), 2015.

정일영, 「노동의 부정을 통한 최대효율의 추구—식민지 시기 한센인 소록도 강제노동과 1960년대 오마도 사건을 중심으로」, 『역사연구』 44, 2022.

정희섭, 「자조사업에 대한 소고—전라남도 장흥군 소재 흥업회 사업장에 대한 조사보고를 중심으로」, 『정경연구』 1권 6호, 1965. 7.

Janice C. H. Kim, "Living in Flight: Civilian Displacement, Suffering, and Relief during the Korean War, 1945~1953", 『사학연구』 100, 2010.

조경희, 「오무라 수용소를 둘러싼 젠더화된 기억 서사—수용소(asylum)의 공간, 피난소(asyl)의 시간」, 『동방학지』 194, 2021.

차철욱, 「부산 정착 한국전쟁 피란민의 상흔과 치유」, 『지역과 역사』 36, 2015.

최득진, 「국내 실향민의 법적 보호와 국가책임」, 『법학논문집』 30-1, 2006.

최선웅, 「14연대 반군의 종착지, 지리산」, 『지리산의 저항운동』, 선인, 2015.

최원규, 「한국전쟁 중 국제연합민사원조사령부(UNCAC)의 전재민 구호 정책에 관한 연구」, 『전략논총』 8, 1996.

추지현, 「박정희 정권의 '사회악' 호명—형사사법의 효율성 확보 전략을 중심으로」, 『사회와 역사』 117, 2018.

탁연택, 「현대적 입양의 성격과 문젯점」, 한국사회복지협의회, 『사회복지』 제10호, 1972.

하금철, 「한국의 부랑인 강제수용—빈곤의 범죄화와 사회안보의 적(敵) 만들기」, 성공회대 NGO대학원 석사학위 논문, 2017.

하용삼·배윤기, 「경계의 불일치와 사이 공간에서 사유하기」, 『차이와 차별의 로컬리티』, 소명출판, 2013.

한귀영, 「일제시대 '부랑자'의 사회적 성격에 대한 연구」, 서울대 사회학과 석사학위 논문, 1997.

한봉석, 「이승만 정권 말기 지역사회개발사업 연구」, 성균관대 사학과 석사학위 논문, 2005.

한봉석, 「1950년대 말 농촌지도의 한 사례」, 『역사문제연구』 19, 2008.

한봉석, 「1950년대 미국 대한 기술원조의 역사적 한 맥락」, 『한국인물사연구』 23, 2015.

한봉석, 「인도주의 구호의 '냉전적 기원'—1950년대 주한 케아(C.A.R.E.)의 우유급식 사업과 '푸드 크루세이드(Food Crusade)'」, 『사이』 28, 2020.

한봉석, 「1960년대 미공법 480호 2관과 3관 원조의 의미—주한 케아의 '근로를 위한 식량(Food for Work)'을 중심으로」, 『사림』 74, 2020.

허은, 「박정희 정권하 사회개발 전략과 쟁점」, 『한국사학보』 38, 2010.

허은, 「박정희 정부 시기 농촌사회 재편과 지역 총력안보 체제 구축—구성면 면정문서 분석을 중심으로」, 『사총』 84, 2015.

홍성찬, 「일제하 고학력 '실업' 청년의 농촌생활과 체제편입」, 『연세경제연구』 12-1, 2005.

홍성찬, 「해방 후 '귀속국내법인'의 운영과 청산」, 『동방학지』 140, 2007.

황병주, 「미군정기 전재민 구호(救護) 운동과 '민족담론'」, 『역사와현실』 35, 2000.

황선익, 「동북아 정세와 중국 지역 한인의 귀환(1944~1946)—중·미 교섭을 중심으로」, 『한국독립운동사연구』 46, 2013.

황선익, 「연합군 총사령부(GHQ/SCAP)의 재일한인 귀환정책」, 『한국근현대사연구』 64, 2013.

후지이 다케시, 「6장 돌아온 '국민'—제대군인들의 전후」, 『죽엄으로써 나라를 지키자』, 선인, 2007.

2. 구술 자료

* 자료 보관 장소 구분: ㉮ 국사편찬위원회, ㉯ 연세대 역사와공간연구소, 한국학중앙연구원(http://waks.aks.ac.kr).

1) 정착사업 참여자

연번	성명	성별	실제 생년	출생 / 피난 시작 또는 사업 이전 거주지	정착사업 구분	정착사업 지역 (현거주지)	구술 날짜	자료 보관 장소
1	김창옥	남	1937	제주 한림읍	난민정착사업	남제주군 남원읍 상효리	2014. 8. 26. 2014. 8. 27.	㉮

2	김만자	여	1927	함북 청진	난민정착사업	남제주군 남원읍 상효리	2015. 6. 3.	㉯
3	김생금	여	1928	강원 김화	난민정착사업	남제주군 남원읍 상효리	2015. 6. 3.	㉯
4	변일녀	여	1925	평남 대동 /만주 봉천	난민정착사업	남제주군 남원읍 상효리	2015. 6. 3.	㉯
5	권호원	남	1938	경기 연천 /강원 철원군 북면	난민정착사업	경기 화성군 서신면 매화리	2014. 6. 21.	㉮
6	임항섭	남	1936	경기 부천군 계양면	난민정착사업	경기 부천군 계양면 선주지리 (인천시 남구)	2014. 3. 18. 2014. 4. 15.	㉮
7	오옥선	여	1934	황해 옹진군	난민정착사업	전남 장흥군 관산면 고마리	2013. 5. 4.	㉮
8	이정순	여	1939	전남 장흥군 용산면	난민정착사업	전남 장흥군 관산면 고마리	2013. 5. 4.	㉮
9	서동휘	남	1932	평남 중화군 /황해 서흥군	난민정착사업	전남 장흥군 관산면 수동	2015. 10. 10.	㉯
10	김선비	여	1921	황해 장연군	난민정착사업	전남 장흥군 관산면	2015. 10. 10.	㉯
11	이가영	남	1931	황해 옹진군	난민정착사업	전남 장흥군 각 처	2015. 10. 11.	㉯
12	오택성	남	1935	황해 옹진군	난민정착사업	경기도 평택시	2013. 6. 24.	㉮
13	오석성	남	1940	황해 옹진군	난민정착사업	전남 영암군 서호면 몽해리	2015. 10. 12.	㉯
14	조운행	남	1937	황해 옹진군	난민정착사업	전남 영암군 서호면 몽해리	2015. 10. 12.	㉯
15	손성명	남	1941	전남 장흥군 안양면	난민정착사업	전남 장흥군 안양면 사촌리	2013. 5. 5.	㉮
16	이강옥	남		경남 하동군 화개면	난민정착사업	경남 하동군 화개면 범왕리	2015. 8. 10.	
17	정영철	남	1941	서울, 부산	개척단 (자활정착사업)	전남 장흥군 충남 서산군 인지면 모월리	2012. 7. 9. 2012. 7. 15.	㉮
18	김이곤	남	1944	전남 광주	개척단 (자활정착사업)	전남 장흥군 관산면 고마리 (전남 광주)	2013. 6. 25. 2013. 6. 26.	㉮
19	김준현	여	1930	전북 정읍	귀농정착사업	경북 군위군 고로면 화북리	2015. 9. 25	㉮
20	서선열	여	1932	경북 상주 /서울	귀농정착사업	경북 군위군 고로면 화북리	2015. 9. 25.	㉯
21	최태현	남	1950	서울	귀농정착사업	경북 월성군 산내면 대현리	2014. 9. 26.	㉮
22	이주태	남	1938	전남 장흥군 용산면	자조정착·자조 근로사업	전남 장흥군 용산면 풍길리	2013. 5. 5.	㉮
23	이성남	남	1944	전남 장흥군 관산읍	자조정착· 자조근로사업	전남 장흥군 관산읍 삼산리	2013. 6. 25.	㉮
24	이옥현	남	1935	전남 장흥군 관산읍	자조정착· 자조근로사업	전남 장흥군 관산읍 삼산리	2013. 6. 25.	㉮
25	이일희	남	1940	전남 장흥군 관산읍	자조정착· 자조근로사업	전남 장흥군 관산읍 삼산리	2013. 6. 25.	㉮

| 26 | 비공개 | 남 | 1930 | 전남 장흥군 관산읍 | 난민정착사업 | 전남 장흥군 관산읍 외동리 | 2015. 10. 11 | ㉯ |

2) 월남민, 지역민

연번	성명	성별	실제 생년	출생 / 피난 시작 지역	주요 경력	현 거주지	구술 날짜	자료 보관 장소
1	차순흥	남	1927	평양시	자영업, 교회 장로	제주도 서귀포시 동홍동	2015. 5. 15.	㉯
2	김용화	여	1931	평양시	자영업, 교회 권사	제주도 서귀포시 동홍동	2015. 5. 15.	㉯
3	송철언	남		제주 서귀포	교회 장로	제주도 서귀포시 상효동	2015. 3. 5.	
4	유한준	남	1941	황해도 송화군 풍해면	농업, 이장	전남 진도군 군내면 둔전리 안농마을	2015. 10. 13	㉯
5	이명월	여	1935	황해도 송화군 풍해면	농업	전남 진도군 군내면 둔전리 안농마을	2015. 10. 13	㉯
6	이순봉	여	1925	황해도	농업	전남 진도군 군내면 둔전리 안농마을	2015. 10. 13	㉯
7	송운호	남	1927	평남 평원군	교회 장로	제주도 서귀포시	이세영 면담 2015. 6. 3.	㉯
8	김진국	남	1942	황해 해주시	교회 장로	제주도 서귀포시	이세영 면담 2015. 6. 4.	㉯
9	박용이	남	1945	평남 진포	교회 장로	제주도 서귀포시	이세영 면담 2015. 6. 4.	㉯
10	이경희	남	1933	전남 장흥군 관산읍 잠두리	농어업, 이장,	민정당 지도위원장	2013. 5. 5	㉮
11	이용우			경남 하동군 하동읍	화개면장	경남 하동군 하동읍	2015. 8. 9.	
12	주우호			경남 하동군 화개면		경남 하동군 화개면 가탄마을	2015. 8. 10.	

3. 영상 및 사진

1) 영화·방송

〈지슬〉 2013. 3. 21 개봉, 오멸 감독, 108분.

〈Hands That Moved the Sea(바다를 밀어낸 사람들)〉, 1958, 미공보원(USIS) 제작, NARA 수집, 29분 10초, 한국근현대영상아카이브(고려대) 소장.

〈농토는 부른다〉, 1963, 국립영화제작소 제작, 김행오 감독, 배성용 촬영, 24분 35초, e-
　　영상역사관(www.ehistory.go.kr).

SBS, 〈그것이 알고 싶다〉 1113회(2018. 3. 3 방송), 〈인간재생공장의 비극, 대한청소년개
　　척단을 아시나요?〉.

〈김노인 가족의 시골생활〉, 1962, 국립영화제작소 제작, 9분 53초, 국가기록원(CEN000
　　2507).

〈서산개척단〉, 2018. 5. 24 개봉, 이조훈 감독, 76분.

2) 대한뉴스(e-영상역사관 www.ehistory.go.kr 제공)

〈최고회의 문교 사회의원 불량아 개척단 시찰〉, 제341호, 1961. 11. 24.

〈재건개척단〉, 제365호, 1962. 5. 19.

〈부산 합심원 자활대 발족〉, 제376호, 1962. 8. 3.

〈내고장 소식〉, 제438호, 1963. 10. 12.

〈자활개척단〉, 제537호, 1965. 9. 18.

〈대한자활개척단〉, 제675호, 1968. 5. 17.

3) 미 육군 통신대 촬영 영상(한림대학교 아시아문화연구소 소장)

LC 31574.

LC 31575A.

LC 31575B.

LC 31579.

4) 국가기록원 소장 사진

공보처 홍보국 사진담당관, 〈피난민생활상및대열사진복사〉, 1950(CET0048125).

공보처 홍보국 사진담당관, 〈피난민대회〉, 1951(CET0042608).

공보처 홍보국 사진담당관, 〈보건사회부난민에게소29필기증〉, 1959(CET0061802).

공보처 홍보국 사진담당관, 〈귀농정착민탈서울광경〉, 1961(CET0043679).

공보처 홍보국 사진담당관, 〈양양자활촌입주식〉, 1961(CET0035546).

공보처 홍보국 사진담당관, 〈윤보선 대통령, 피난민 정착 사업장 대표 및 육군사관학
　　교장·교지기자 접견〉, 1961(CET0028251)

공보처 홍보국 사진담당관, 〈전국피난민정착사업대표자대회〉, 1961(CET0061830).

공보처 홍보국 사진담당관, 〈한국합심자활개척단선발대결단식〉, 1961(CET0058986).

공보처 홍보국 사진담당관, 〈서산청소년개척단작업광경〉, 1962(CET0068594).

공보처 홍보국 사진담당관, 〈전남장흥간척사업매립공사준공식〉, 1962(CET0043727).

공보처 홍보국 사진담당관, 〈박동묘최고회의고문청소년개척단시찰〉, 1963(CET0029932).

공보처 홍보국 사진담당관, 〈정희섭보건사회부장관 달라스 미국공동모금회부회장에게 감사장수여〉, 1967(CET0062054).

국정홍보처, 〈피난민의 남하〉, 1955(DEU0043957).

미국 국립문서기록관리청(NARA), 〈6·25전쟁 제주 4·3사건〉, 1948(DTC0001003).

미상, 〈한국 피난민수용소〉, 1951(DTC0000392).

미상, 〈피난민원조계획〉, 1954(DTC0000328).

5) 장흥군청, 장흥문화원 소장 사진

〈관산 난민정착사업장〉, 1966(장흥-01-1966-000001-080(2)).

〈안양면 사촌리 농지 분배식〉, 1961(https://www.jangheung.go.kr/photo_db).

〈안양면 사촌리 작업현장〉, 1961(https://www.jangheung.go.kr/photo_db).

찾아보기